Funke — Über das Höhere in der Literatur

EPISTEMATA

WÜRZBURGER WISSENSCHAFTLICHE SCHRIFTEN

Reihe Literaturwissenschaft

Band 178 — 1996

Pia-Maria Funke

Über das Höhere in der Literatur

Ein Versuch zur Ästhetik von Botho Strauß

Königshausen & Neumann

Die Deutsche Bibliothek — *CIP-Einheitsaufnahme*

Funke, Pia-Maria:
Über das Höhere in der Literatur : ein Versuch zur Ästhetik
von Botho Strauss / Pia-Maria Funke. – Würzburg :
Königshausen und Neumann, 1996
    (Epistemata : Reihe Literaturwissenschaft ; Bd. 178)
    Zugl.: München, Univ., Diss., 1995
    ISBN 3-8260-1159-7
NE: Epistemata / Reihe Literaturwissenschaft

D 19

© Verlag Königshausen & Neumann GmbH, Würzburg 1996
Gedruckt auf säurefreiem, alterungsbeständigem Papier
Umschlag: Hummel / Homeyer / Lang, Würzburg
Bindung: Rimparer Industriebuchbinderei GmbH
Alle Rechte vorbehalten
Auch die fotomechanische Vervielfältigung des Werkes oder von Teilen daraus
(Fotokopie, Mikrokopie) bedarf der vorherigen Zustimmung des Verlags.
Printed in Germany
ISBN 3-8260-1159-7

Inhalt

	Seite
Einleitung: Von der Demut des Interpreten	7
I. Das Erbe der Moderne	13
1. *Der junge Mann*: Ein Dichterleben im Zeichen der (Post)Moderne	14
Die Abkehr	16
Die ästhetische Existenz	30
Die Apotheose des Verborgenen	42
2. Mallarmé	53
Orphische Zusammenhänge: Von *Sigé* zu *Beginnlosigkeit*	67
II. Das Ästhetische in der Literatur: Gedächtnis als ästhetische Praxis	82
1. *Diese Erinnerung an einen, der nur einen Tag zu Gast war*: Der Dichter als Erinnerer	84
Zu einer Poetologie des Gedächtnisses	84
Das Chaos und das Erhabene	106
Der Tod Gottes und Seine ästhetische Auferstehung	120
2. Borges	140
III. Das Höhere: Die Ethik der Ästhetik	174
Das Gesicht des Anderen	177
An-Sprache	204
Schlußwort: Vom rechten Dichten	224
Abkürzungsverzeichnis	234
Literaturverzeichnis	235

Einleitung: Von der Demut des Interpreten

Botho Strauß fordert „Demut" vor dem Kunstwerk (A 310), dem er sakrale Würde zumißt.[1] „Das Buch - das einzige Wesen, vor dem der heutige Mensch noch den Blick niederschlägt, niederschlagen muß" (K 19), wächst für ihn auf zu metaphysischer Größe und verwehrt sich jeder ehrfurchtslosen Annäherung. Als solche muß sich jeder Versuch der Auslegung bekennen, der das Unantastbare in profane Erklärbarkeit zu überführen sich anmaßt. Hier entspringt ein Legitimierungsbedarf für die wissenschaftliche Arbeit über Botho Strauß, die sich, will sie die „Schamverletzung" (AB 21) der nachträglichen Rede über Literatur begehen, zumindest um einen ‚taktvollen' Zugang, das heißt um eine angemessene Vorgehensweise bemühen muß.

Botho Strauß schützt sein Werk vor Zudringlichkeit durch die Schranken hermetischen Schreibens. Nicht nur, daß er durch Einschübe höchster Gelehrsamkeit[2] ein leichtes Verständnis hindert, auch die komplexe Ausgestaltung der Texte, die kryptischen Gefüge, die „verwebten Bezüge"[3] und zuletzt die ästhetiktheoretische Sakralisierung des Werks im Anschluß an George Steiner erfüllen ein Programm der Verweigerung, das als „Ausleseprinzip" dient, welches „nur solchen Rezipienten den Zugang zum ‚Sinn' erlaubt, die den Strapazen, zuweilen auch den Zumutungen der Lektüre sich gewachsen zeigen."[4]

Literatur, wie Botho Strauß sie favorisiert, bezieht aus der „Absage an [die] Konsumierbarkeit eine große und wesentliche Kraft" (PP 105) und ist nur für eine würdige, eine elitäre Auswahl von Lesern geschaffen.

Kunst ist nicht für alle da. Dies sollte nicht ihr unfreiwilliges Schicksal sein, sondern formbewußt ihrem Entstehungsgrund eingegeben.[5]

Diese Kunst empfängt aus der „Kraft der Verborgenheit" (VE 252) ihre hermetische Besonderheit, und entsprechend versucht Botho Strauß, sich als Dichterpersönlichkeit in dieser Verborgenheit einzurichten.

---

1. Den Gedanken einer „sakralen Poetik" (A 308) faßt er dezidiert anläßlich George Steiners Essay *Von realer Gegenwart*, der mit seinen Thesen zu einer Metaphysik der Kunst Aufsehen erregte. George Steiner: Von realer Gegenwart. Hat unser Sprechen Inhalt? München Wien 1990. Botho Strauß' Essay *Der Aufstand gegen die sekundäre Welt* erschien als Nachwort dieses Buchs.
2. Strauß ist ein Autor, der seine Belesenheit, nicht nur auf dem Gebiet der Literatur und der Philosophie, sondern auch auf dem Gebiet der neuesten Theorie und der Wissenschaft gerne in seinen Werken dokumentiert, was ihm von Seiten der Kritik den Vorwurf des Manierismus eingetragen hat. Vgl. Gerhard vom Hofe; Peter Pfaff: Botho Strauß und die Poetik der Endzeit. In: G.v.H.; P.P.: Das Elend des Polyphem. Königstein 1980, S. 122.
3. So heißt es im Titel der Dissertation von Henriette Herwig: Verwünschte Beziehungen, verwebte Bezüge. Zerfall und Verwandlung des Dialogs bei Botho Strauß. Tübingen 1986.
4. Helga Kaussen: Kunst ist nicht für alle da. Zur Ästhetik der Verweigerung im Werk von Botho Strauß. Aachen 1991, S. 9.
5. Botho Strauß: Der Geheime. Über Dieter Sturm, Dramaturg an der Berliner Schaubühne. In: Die Zeit 23.5.1986. Zitiert nach VE 252.

Folgende Passage aus *Paare, Passanten* dürfte für Strauß persönlich gelten:

> Häufig hast du dich gefragt, was wohl einige Personen, die sich mit Kunst hervortun, die sich mit etwas so Entlegenem und von der Allgemeinheit so ungemochtem wie der Kunst der Heutzeit beschäftigen, was sie wohl dazu verleiten könnte, in die Öffentlichkeit zu treten und sich neben den rundum Beliebten aus Sport und Showgeschäft ebenfalls bekannt zu machen; [...] Ebenso häufig hast du für dich entschieden, daß diese Personen aus reinem Geltungstrieb und nicht zur Erfüllung eines geistigen Auftrags handeln, denn dieser könnte noch so hervorragend sein, die Idee des magazinären Allerleis würde ihn immer niederringen. [...]
> Daher: niemals sich blitzen, filmen, verhören, ehren oder sonstwie erwischen lassen und den Schutz im Strom der Menge dankbar genießen. (PP 153/154)

Die entschiedene Abneigung von Botho Strauß nicht nur gegen jede Vereinnahmung durch die Öffentlichkeit und den Literaturbetrieb, sondern auch gegen jede Form von Interpretation oder Selbstinterpretation machen jede Rezeption verwerflich, die die „umfassende Mentalität des Sekundären, die tief eingedrungen ist in die Literatur, in die Gelehrsamkeit" (A 311) auch an sein eigenes Werk herantragen will.[6] Strauß' „Ästhetik der Verweigerung"[7] wird zum Verdikt gegen die Vertreter des Sekundären, die Verbreiter der „akademisch-journalistischen Paraphrasen"[8], zu deren verwerflicher Gemeinschaft sich auch die Literaturwissenschaftlerin zählen muß, die die Summe der akademischen Deutungsliteratur noch zu vergrößern sich anschickt.

Wenn sich Henriette Herwig angesichts des Dilemmas, vor das sich die Interpretin bei Botho Strauß gestellt sieht, in ihrer Dissertation dafür entscheidet, den Autor „mit seinen eigenen Mitteln [zu schlagen]" und sich den „Röntgenblick des Autors"[9] für eine philologisch-systematische Analyse, die sich einem „strukturalen Textbegriff und einer rezeptionsästhetischen Hermeneutik"[10] verpflichtet, zu eigen machen will, und wenn Helga Kaussen in ihrer Arbeit den hermetischen Gestus der Verweigerung umdeutet in ein Verfahren, „das im Dienste der Verführung zu intensiver Auseinandersetzung mit der Kunst steht"[11], und daraufhin in eine exakte und detaillierte Werkanalyse übergeht, so handelt es sich hier wohl um methodische Vorwände, die die konsequenteste aller Weisen, der Straußschen Ästhetik gerecht zu werden, nämlich die Unterlassung von Interpretation, zu umgehen suchen.

Soll akademische Exegese betrieben werden, so bleibt wohl einzig, sich zur „Tabuverletzung" (AB 14) zu bekennen und „Demut" zu üben im Versuch, das

---

6. Mit dem Satz „Eigentlich will Botho Strauß nicht interpretiert werden" beginnt Henriette Herwig die Einleitung ihrer Dissertation *Verwünschte Beziehungen, verwebte Bezüge* und benennt so gleich zu Eingang die Schwierigkeit einer jeden wissenschaftlichen Beschäftigung mit dem Werk von Botho Strauß.
7. So der Titel der zitierten Dissertation von Helga Kaussen.
8. George Steiner: Von realer Gegenwart, S. 23.
9. Herwig: Verwünschte Beziehungen, verwebte Bezüge, S. 9.
10. Ibid., S. 10.
11. Kaussen: Kunst ist nicht für alle da, S. 9.

dilemmatische Ausmaß des vorgetragenen Problems, nicht unumwunden auf ein Maß philologischer Exaktheit zu reduzieren.

Ohne die Polemik der Diskursanalyse gegen den Wahrheitsanspruch der hermeneutischen Literaturwissenschaft[12] aufgreifen zu wollen und ohne auch George Steiners metaphysischer Infragestellung des „sekundäre[n] Diskurs[es] über Literatur"[13] Folge zu leisten, wohl aber eingedenk dieser Bedenken gegen hermeneutische Verdopplung und philologische Eindeutigkeit will diese Arbeit den Maximen der Straußschen Ästhetik insofern Genüge tun, als sie lediglich ein „Versuch zur Ästhetik" zu sein vorgibt, der seine Befangenheit, sowohl, was die Unzugänglichkeit des Themas als auch, was sein eigenes Vermögen angeht, nicht leugnet.

[Die Kunst] trägt das Denken auf seinen Gipfel: Sie trägt es im Augenblick und am Ort selbst des Ereignisses des Denkens, seiner unmittelbaren Begegnung mit dem Wirklichen, aus der die ästhetische Wahrnehmung besteht.[14]

Befangenheit stellt sich ein angesichts dieses ‚höheren' Standorts, den Ästhetik im Denken einnimmt, nicht nur für Vorkämpfer „erneut aufgebrochener Sehnsüchte nach einer Metaphysik der Kunst"[15], namentlich George Steiner und den hier in Rede stehenden Botho Strauß, auch für jene Denker, etwa Karl Heinz Bohrer und Jean-François Lyotard, die das Ästhetische als inkommensurable, im Falle Lyotards als erhabene Größe definieren, und für diejenigen unter den ästhetiktheoretischen Vordenkern - die genannten nicht ausgenommen -, die unter dem Druck der heutigen Verhältnisse eine „Ethik der Ästhetik" zu ergründen suchen.[16]

Unter dem Druck der heutigen Verhältnisse - damit ist vor allem gemeint das Ästhetischwerden der Erkenntis im Zuge der neuesten Entwicklungen in den Wissenschaften, das Botho Strauß in seinen wissenschaftsgeleiteten Reflexionen in *Beginnlosigkeit* thematisiert, der Siegeszug der Neuen Medien über die alte Buchkultur, deren ästhetische und ethische Wertigkeit es nun neu zu ermitteln gilt, die Unsicherheiten über den Wandel der epistemologischen und gesellschaftlichen Lebensbedingungen im Nachzug der Postmoderne. Unter dem Druck dieser Verhältnisse, deren Konfrontation Botho Strauß sich auszusetzen gewillt ist,

---

12. Vgl. die Einleitung zu: Urszenen. Literaturwissenschaft als Diskursanalyse und Diskurskritik. Hrsg. v. Friedrich A. Kittler und Horst Turk. Frankfurt a.M. 1977, S. 9-43.
13. George Steiner: Von realer Gegenwart, S. 37.
14. Marc Le Bot: Künstlerisches Denken und die Erfahrung der Andersheit. In: Ethik der Ästhetik. Hrsg. v. Christoph Wulf, Dietmar Kamper und Hans Ulrich Gumbrecht. Berlin 1994, S. 211.
15. Wolfgang Lange: Anläßlich erneut aufgebrochener Sehnsüchte nach einer Metaphysik der Kunst. In: Ästhetik und Rhetorik. Lektüren zu Paul de Man. Hrsg. v. Karl Heinz Bohrer. Frankfurt a.M. 1993, S. 329-360.
16. Vgl. den kürzlich erschienenen und soeben zitierten Band zur „Ethik der Ästhetik".

rückt die Ästhetik zur „Fundamentaldisziplin"[17] auf, und die Ethik ist „dabei, zu einer Subdisziplin der Ästhetik zu werden"[18].

Dies ist der Spielraum der hier anzustellenden Überlegungen, die sich damit, was für Botho Strauß, den man einmal einen „literarische[n] Seismographen"[19] nannte, schon notorisch ist, in das vorderste Spektrum aktuellen Denkens begeben müssen: die „Aktualität des Ästhetischen" wie auch die akute Relevanz einer „Ethik der Ästhetik" wurden in eindrucksvollen Kongressen, deren Beiträge in den schon zitierten Bänden niedergelegt sind, zu neuestem akademischem Bewußtsein gebracht. Dieser Stand der Theorie findet in mancher Hinsicht im Werk von Botho Strauß einen Resonanzboden und wird in dieser Resonanz bei Botho Strauß zu bewerten sein.

Von Ästhetik als „Wissenschaft der sinnlichen Erkenntnis" nach Baumgarten[20], als Philosophie der Kunst und als Disziplin der Philosophie, als die sie heute maßgeblich von Jean-François Lyotard praktiziert wird, kommt der „Neologismus des ‚Ästhetischen‘ "[21], der in der aktuellen Befassung mit Ästhetik gebräuchlich wurde. Das Ästhetische kommt von der Moderne her in das Denken, das heute, da die moderne Krise der Wirklichkeit in der postmodernen Leugnung der Wirklichkeit des Wirklichen gipfelt, in jenem realitätsneutralen Spielraum ansässig zu werden sucht, den die Ästhetik der Moderne erschlossen hat.

Das Ethische im Ästhetischen ist eine genuine Erfahrung, die in ebenjenem Spielraum stattfindet und die mit Aisthesis, dem Etymon von Ästhetik, mit Wahrnehmung und Empfindung zu tun hat. Die Ethik der Ästhetik, die sich aus dem unabhängigen Wahrnehmungsanspruch des Ästhetischen herleitet, gehorcht nicht der Pragmatik des Zusammenlebens oder sachbezogenen Notwendigkeiten, noch ordnet sie sich einem teleologischen Ideal ästhetischer Bildung unter. Die Geltung jener im Ästhetischen enthaltenen Ethik erweist sich an der Grenze zwischen Wirklichkeit und Einbildungskraft, „an der Grenze zwischen Körper und Welt, zwischen Sichtbarem und Unsichtbarem wird [sie] erfahrbar"[22], dort, wo die Kunst das Nicht-Identische, das Undarstellbare, das unergründliche Rätsel des Anderen wahrnehmbar macht.

---

17. Wolfgang Welsch: Ästhet/hik. Ethische Implikationen und Konsequenzen der Ästhetik. In: Ethik der Ästhetik, S. 3.
18. Wolfgang Welsch: Das Ästhetische - Eine Schlüsselkategorie unserer Zeit? In: Die Aktualität des Ästhetischen. Hrsg. v. Wolfgang Welsch. München 1993, S. 33.
19. Michael Schneider: Botho Strauß, das bürgerliche Feuilleton und der Kultus des Verfalls. Zur Diagnose eines neuen Lebensgefühls. In: M.S.: Den Kopf verkehrt aufgesetzt oder Die melancholische Linke. Aspekte des Kulturzerfalls in den siebziger Jahren. Darmstadt Neuwied 1981, S. 250.
20. Vgl. Armin Wildermuth: Ästhetik - zwischen Philosophie und künstlerischer Praxis. In: Die Aktualität des Ästhetischen, S. 373.
21. Ibid., S. 375.
22. Christoph Wulf; Dietmar Kamper; Hans Ulrich Gumbrecht: Einleitung. In: Ethik der Ästhetik, S. X.

Der Widerstand von Kunst und Literatur gegen Versuche, das Geheimnis des Anderen abzuschaffen, und ihr Eintreten für das Unsagbare und Undurchschaubare sind Ausdruck einer genuinen Ethik der Ästhetik. [23]

Diesen Widerstand leistet auch Botho Strauß mit seiner Literatur, indem er das Geheime, das Verborgene sucht, das den poetischen Rückzug erlaubt und sich der Darstellung - auch der philologischen - widersetzt.

Hiermit sei vorwegnehmend angedeutet, daß die Ästhetik von Botho Strauß und sein Selbstbild als Schriftsteller sich um eine Idee der Undarstellbarkeit formieren, die aus der Annahme einer das in der Sprache Sagbare - ethisch - überhöhenden ästhetischen Erfahrung entsteht, und die jede philologische Annäherung an sein Werk mit ebendiesem Problem der (Un)Darstellbarkeit konfrontiert.

Dennoch, es gilt, den ästhetiktheoretischen und philosophischen Diskurs aufzugreifen, der sich, dies wurde hier angedeutet und die schon erwähnten Namen Steiner, Bohrer und Lyotard stehen dafür, dem Ästhetischen in seiner enigmatischen Unbestimmtheit mit beharrlichem Interesse annähert. Womöglich ist das Undarstellbare, das ethisch-ästhetisch ‚Höhere', das in der Literatur zu vermuten ist, gar ein Produkt der Theorie über die Kunst - ein Verdacht, den die etwas paradoxe Verschränkung von theoretischem Avantgardismus und poetischer Rückzugsmanie bei Botho Strauß vielleicht sogar nahelegt. Seine konstante Aktualität in Fragen der Zeitdiagnostik, seine intellektuelle Beflissenheit in Dingen des neuesten Wissens sind zumindest geeignet, sein Bekenntnis zum Außenseitertum in Frage zu stellen und dementgegen vorauszusetzen, daß Strauß durchaus in den kursierenden theoretischen Diskursen heimisch ist und damit auch in der wissenschaftlichen Abhandlung keine unangemessene Behandlung erfährt.

In Anbetracht des dem Thema inhärenten Vorbehalts, der Demut gebietenden Unzugänglichkeit des Ästhetischen, den ernstzunehmen und darzulegen sich diese Arbeit zum Ziel gesetzt hat, soll hier aber das „Limit-Diktum" gelten, das Botho Strauß verordnet (AB 15), und die philologische Anmaßung zumindest in Grenzen halten.

Es ist an einen begrenzten Zugang gedacht, in drei Schritten, vom Aufkommen des radikal ästhetischen Paradigmas in der Moderne und seiner Inanspruchnahme durch Botho Strauß über mögliche Konzeptualisierungen dieser von hier bezogenen literarischen Ästhetik, die bei Botho Strauß über das Thema Gedächtnis verlaufen müssen - drei Möglichkeiten werden vorgetragen -, zu den Fragen der Ethik und der Metaphysik, die sich über die Philosophie von Emmanuel Lévinas miteinander verbinden lassen.

Zwei Werke, der Roman *Der junge Mann* und dann das Gedicht *Diese Erinnerung an einen, der nur einen Tag zu Gast war*, zentrieren in den ersten Kapiteln den Gang der Überlegungen, daneben wird hauptsächlich die neuere Prosa von Botho Strauß zur Sprache kommen. Im letzten Kapitel ist der Schwerpunkt ein Motiv, das Gesicht, das das ethische Interesse in der Ästhetik von Botho Strauß,

---

23. Ibid., S. XI.

die Sorge für das Andere, die Offenheit für das Geheime und das Fremde, auf den anderen Menschen lenkt.

Die Rede über andere kann leisten, was sich für Botho Strauß verbietet. Die Dichterfiguren Mallarmé und Borges, die eigene Kapitel einnehmen, und Rilke, der immer wieder berufen wird, stehen für eminente poetische Konzepte im Werk von Botho Strauß und lassen stellvertretende Aussagen zu, andererseits sind sie geeignet, den Intertext zu kennzeichnen, den Botho Strauß in sein Werk einarbeitet, mit durchaus universalliterarischem Anspruch.

Ein Intertext ist auch zu kennzeichnen auf theoretischer Ebene, wenn nicht herzustellen, und in den hier zu verfassenden Text aufzunehmen. Es wird eine Art „Zirkel" (VE 252) entstehen, wie es Strauß für den Erhalt der „Kunst und des schönen Wissens" vorschlägt (ibid., vgl. auch NA 147). Die schon genannten Theoretiker Steiner, Bohrer und Lyotard, dann Foucault, insbesondere der Foucault von *Les mots et les choses*, Maurice Blanchot, Octavio Paz und der Ethiker Emmanuel Lévinas, Denker, die untereinander und auch mit den aufgenommenen Dichtern Mallarmé, Rilke und Borges in vielfältiger Beziehung stehen, bilden die ‚geheime Vereinigung' dieser Arbeit, werden herangezogen, nicht allerdings um Rezeptionslinien und direkte Einflußnahmen aufzuzeigen, sondern um auf schonenden Umwegen den gedanklichen Rahmen anzudeuten, in dem Botho Strauß seine Themen bewegt.

Die Frage ist, ob Literatur mehr ist als das, was man über sie aussagen kann, und sie soll hier mit größtmöglichem Respekt angegangen werden.

Die Frage ist aber auch, ob Botho Strauß die Literatur nicht schlicht einem ganz besonderen Diskurs über Literatur überantwortet, der zudem konkreten Anlaß hat im Problemspektrum unserer Zeit, und dies wiederum berechtigt, sich wissenschaftlich auf diesen Diskurs einzulassen.

I. Das Erbe der Moderne

Wenn von aktueller Ästhetik die Rede sein soll, so steht, zumal wenn es um Botho Strauß geht, der Begriff der Postmoderne im Raum, wenn auch dieser jetzt weitaus unspektakulärer zu handhaben ist als zu Zeiten, da er fast ideologischen Charakter hatte und der apologetischen Toderklärung der Moderne diente. Die Polemik um das Ende der Moderne und den Zeitenwandel zur Postmoderne ist verebbt, ohne daß das Phänomen der Postmoderne an Vieldeutigkeit verloren hätte. Und es bleibt ein widersprüchliches Unterfangen, die Definition einer literarischen Postmoderne zu versuchen, wie dies nicht selten gerade unter Berufung auf die Literatur von Botho Strauß versucht wurde.[1]

„Wer von Postmoderne redet, redet auch von Moderne."[2] Diese Erkenntnis verlagert das Interesse wiederum zurück zu jenem Stein des Anstoßes, den es ursprünglich auszuräumen galt. Die Unbestimmtheit des Postmodernebegriffs entspricht wohl auch der Verschiedenheit der Moderne-Diagnosen, denn auch der Modernen gibt es viele. Wie man von der Moderne der Aufklärung und des Rationalismus spricht, so spricht man auch von der industriellen Moderne, von der Moderne des Liberalismus und schließlich von der ästhetischen Moderne und bezeichnet damit eine Vielzahl von Modernen unterschiedlichen Gehalts in unterschiedlichen Zeitkontexten und Epochen.[3]

Literatur im Spielraum der Postmoderne steht auch in einem Verhältnis zur Moderne, und dieses Verhältnis zu bestimmen, bedarf es in erster Linie einer Klärung des Moderne-Problems. In der literarischen Reflexion dieser Konfliktlage wäre dann ein Modus ästhetischer Selbstversicherung im Zeichen der Postmoderne zu erkennen.

Daß aus dem kontroversen Beziehungsfeld von Moderne und Postmoderne zentrale Kategorien zu gewinnen sind für die Annäherung an die aktuelle Ästhetik, läßt sich, was Botho Strauß angeht, zunächst an einer Lektüre des Romans *Der junge Mann* erweisen. *Der junge Mann*, Botho Strauß' einziges breitangelegtes und mit gewissem Recht episch zu nennendes Romanwerk, ist zu lesen als

---

1. Folgende Arbeiten definieren die Literatur von Botho Strauß unter sehr unterschiedlichen Aspekten als postmodern:
Peter Bürger: Das Verschwinden der Bedeutung. Versuch einer postmodernen Lektüre von Michel Tournier, Botho Strauß und Peter Handke. In: Postmoderne oder der Kampf um die Zukunft. Hrsg. v. Peter Kemper. Frankfurt a.M. 1988, S. 294-312.
Lothar Pikulik: Mythos und ‚New age' bei Peter Handke und Botho Strauß. In: Wirkendes Wort 38.2 (1988), S. 235-253.
Heinz-Günther Vester: Konjektur der Konjekturen. Postmodernität bei Eco, Born und Strauß. In: L'80 34 (1985), S. 11-28.
Auch Sigrid Berka leitet ihre sehr ergebnisreiche Arbeit über *Mythos-Theorie und Allegorik bei Botho Strauß* mit einer Abhandlung über die Postmoderne ein (Wien 1991, S. 13-34: Einleitung: Mythos-Theorie, Strauß-Forschung und Postmoderne).
2. Wolfgang Welsch: Unsere postmoderne Moderne. Weinheim 1991, S. 45.
3. Der Versuch einer systematischen Differenzierung der kursierenden Moderne-Begriffe findet sich bei Welsch, S. 45-85.

poetische Synthese seines ästhetischen Standpunkts, den der Autor hier eindeutig vor dem Hintergrund des Moderne/Postmoderne-Problems der neueren Geistesgeschichte entwickelt. Die Lektüre dieses Romans soll hier zunächst Klärung schaffen über die Beschaffenheit dieses Standpunkts und über dessen Verortung am Scheideweg von Moderne und Postmoderne.

Der hier abzulesende Blick auf die Moderne ist anschließend unter Berufung auf die Figur Mallarmés in einer ästhetischen Definition der Moderne zusammenzufassen, auf die sich auch der ästhetische Anspruch von Botho Strauß gründen läßt.

1. *Der junge Mann*: Ein Dichterleben im Zeichen der (Post)Moderne

Soviel ich weiß, ist es ein Roman von den wunderbaren Schicksalen eines Dichters, worin die Dichtkunst in ihren mannigfachen Verhältnissen dargestellt und gepriesen wird.[4]

Dies erfährt Heinrich von Ofterdingen über jenes rätselhafte Buch, dessen Sprache er nicht versteht und in dem er doch seine Lebensgeschichte zu entdecken glaubt.

Zwar fehlt in *Der junge Mann* ein solch expliziter autoreferentieller Verweis auf sein erzählerisches Programm, dennoch ist er nicht weniger als Novalis' *Heinrich von Ofterdingen* ein poetischer Roman über die Lebensgeschichte eines Dichters, die zudem Botho Strauß' eigenem Bekenntnis als Autor sehr nahe kommt. Botho Strauß folgt in diesem, wie er ihn in der Einleitung nennt, „RomantischenReflexionsRoman" (JM 15) dem romantischen Konzept einer poetischen Bildungsgeschichte, das Novalis im *Heinrich von Ofterdingen* zur Apotheose des Dichtertums stilisiert.

Als Deutungsvorgabe für *Der junge Mann* bedarf diese Lesart jedoch einer tiefen Durchdringung des Romans, denn dieser Roman verschließt sein Innerstes unter einem wohl zu Recht postmodern genannten Spiel der Fiktion. Unter vielschichtig verarbeiteten literarischen Versatzstücken, ironisch konterkarierten Perspektiven, diffusen Identitäten und einer hochelaborierten Motivik verliert sich die Hauptfigur Leon Pracht bis zur Unkenntlichkeit und verkörpert gerade in dieser Unkenntlichkeit und in der Schlichtheit ihrer Existenz die unscheinbare, hier jedes apotheotischen Glanzes entbehrende, ästhetische Essenz dieses Romans.

Der großen Mehrheit der Kritik zum Zeitpunkt des Erscheinens von *Der junge Mann* ist es nicht gelungen, dem Geflecht der Mythen, Märchen und Allegorien in

---

4. Novalis: Heinrich von Ofterdingen. In: Schriften. Die Werke Friedrich von Hardenbergs. Hrsg. v. Paul Kluckhohn und Richard Samuel. Zweite, nach den Handschriften ergänzte, erweiterte und verbesserte Auflage in vier Bänden und einem Begleitband. Darmstadt 1960 ff. Im folgenden zitiert als Schriften mit Band- und Seitenangabe. Hier Schriften 1, 265.

diesem Roman, in dem Botho Strauß die romantische „Verwirrung der Fantasie"[5] in ein postmodernes Extrem treibt, die tragfähige Spur einer Lebensgeschichte abzulesen.

[...] *Der junge Mann* zerfällt in viele Einzelstücke, die wenig oder gar nichts miteinander gemein haben. Dieser Roman muß ohne Zentralfigur auskommen (denn jenen Leon Pracht verlieren wir gleich aus den Augen, und er kehrt erst spät wieder), ihm fehlt ein Mittelpunkt, eine Achse, eine einigermaßen einleuchtende, dem Stoff gewachsene, also tragfähige Struktur.[6]

Qualifizierungen wie „ein Scherbenhaufen"[7], „ein mit Bildungsschnörkeln versehener Trümmerhaufen"[8] oder „kein Roman, aber immerhin eine Nummern-Oper"[9] spiegeln „die Unsicherheit über einen diesem Prosaentwurf angemessenen Kunstbegriff"[10] und artikulieren die Versuchung, die offenbare Heterogenität dieses Prosawerks schlichtweg zu seinem Programm zu erheben.

Doch bleibt zu bedenken, daß Leon Pracht gegen Ende des Romans gerade einem solchen Programm eine Vision poetischer Ganzheit entgegenhält:

Ossia! [...] laß endlich den Episodenkram! Du mußt wieder zu einer großen, bündigen Geschichte finden. Nur eine Geschichte mit einer soliden, tragenden Spannung gewährt die echte Freiheit für allerlei Seitensprünge und Nebenkriegsschauplätze. (JM 379)

Aus dem Munde Leon Prachts sollte man diesen Hinweis ernst nehmen, auch wenn man, wie die meisten Deutungen dieses Romans belegen, geneigt ist, viel eher in der Künstlerfigur Ossia, die in der Kunstdiskussion im letzten Kapitel des Romans einer Ästhetik des Zerfalls, des ‚Neo-Fragmentarismus' (vgl. JM 369), das Wort redet, die Legitimationsfigur für die vordergründige erzählerische Heterogenität des Romans zu vermuten.[11] Doch verbürgt schon der Name Leon

---

5. Friedrich Schlegel: Rede über die Mythologie. In: Kritische Friedrich Schlegel Ausgabe, Bd. 2: Charakteristiken und Kritiken I (1796-1801). Hrsg. v. Hans Eichner. München Paderborn Wien 1967, S. 319. Im folgenden zitiert als KA mit Band- und Seitenangabe.
6. Marcel Reich-Ranicki: Manchmal wurde die Langeweile schier unerträglich. Der Roman *Der junge Mann* des erfolgreichen Autors Botho Strauß. In: Frankfurter Allgemeine Zeitung 1.12.1984.
7. Ibid.
8. Jens Frederiksen: Das trügerische Licht der Kunst. Botho Strauß' Roman *Der junge Mann*. In: Rheinische Post 1.11.1984.
9. Joachim Kaiser: Mysterien einer aufklärungssatten Benommenheit. Überreich, doch ohne Zentrum: *Der junge Mann* von Botho Strauß. In: Süddeutsche Zeitung 22./23.9.1984.
10. Henriette Herwig: „RomantischerReflexionsRoman" oder erzählerisches Labyrinth? Botho Strauß: Der junge Mann. In: Strauß lesen. Hrsg. v. Michael Radix. München Wien 1987, S. 268.
11. So etwa Heidy M. Müller: Transformationen romantischer Inspirationsquellen im *Jungen Mann* von Botho Strauß. In: Amsterdamer Beiträge zur neueren Germanistik, Bd. 24. Hrsg. v. Gerd Labroisse und Gerhard P. Knapp. Amsterdam 1988, S. 194. Hier wird die Figur Ossias zum „Sprachrohr ihres Schöpfers, Botho Strauß" erklärt.

Pracht die poetische Bedeutsamkeit dieser Figur. Der Hauptfigur von Botho Strauß ist schon in diesem Namen das romantische Dichterideal eingegeben: sie erhält ihn nach der Schlegelschen Definition des Dichtertums, das sich durch „Adel, Pracht, Würde" auszuzeichnen habe.[12]

Wenn auch die idealische Identifikation des Dichters, wie sie Novalis vorschwebte, hier nicht mehr möglich ist, so will doch die Geschichte Leon Prachts als romantisch poetisiertes Dichterleben gelesen sein, das „intertextuell und allegorisch bezogen auf den *Heinrich von Ofterdingen*"[13] ist.

Auf der Grundlage dieser Vorgabe sei im folgenden erläutert, inwiefern sich an der Figur Leon Prachts das Werden einer poetischen Position ablesen läßt, die den Dichter kennzeichnet, wie ihn Botho Strauß verstanden wissen will.

Die Abkehr

Der Roman *Der junge Mann* gibt sich im Gewand des Bildungsromans als Versuch, jene große epische Form zu realisieren, die ein für die moderne Literaturgeschichte grundlegendes Modell der Literarizität begründete, und anhand dieses Modells erkundet er die Bedingungen heutiger Literatur. In dem diffusen Gefüge der Bildungsgeschichte Leon Prachts verschmilzt Botho Strauß formale Versatzstücke und inhaltliche Motive aus der Tradition des Bildungsromans, sowohl aus der klassischen Tradition in der Nachfolge der *Wilhelm Meister*-Romane als auch ganz besonders - davon wurde hier ausgegangen - aus der Tradition des romantischen Gegenentwurfs. Verschachtelte Novellen, Märchen und Fabeln in der Art des romantischen Kunstmärchens, Mythen und Allegorien fügen sich in *Der junge Mann* zu einem Romankonzept, das sich deutlich auf die „Nach-Wilhelm-Meister-Romane mit ihrem Assoziationsreichtum"[14] beruft. Die Erzählstruktur des *Jungen Mannes* ist derjenigen von Goethes *Wilhelm Meister*, namentlich der *Wanderjahre*, eng verwandt. Auch *Der junge Mann* ist ein Wanderroman, der anknüpft an jene „historisch begründbare[n] Formen der Selbsterfahrung, die Selbst-Sein als Selbst-Werden zu bestimmen suchen, als Bewegung des Körpers durch die Landschaft, als Bewegung der Phantasie im Weltraum der Seele"[15], wie sie der

---

Ähnlich auch und stellvertretend für die große Mehrheit der Interpretationen Bärbel Lücke: Botho Strauß *Der junge Mann*. München 1991, S. 111: „Alles, was sich in Ossias Skizzenbuch als Notiz, als Plan, als unausgefertigte Idee findet, ist in Leons Erzählung, dem Roman, ausgestaltet, zum Kunstwerk geworden [...]."
12. Vgl. Berka: Mythos-Theorie und Allegorik, S. 58, mit Bezug auf Friedrich Schlegel: Athenäums-Fragmente. KA 2, 199.
13. Berka: Mythos-Theorie und Allegorik, S. 150.
14. Volker Hage: Schreiben ist eine Séance. In: Strauß lesen, S. 216.
15. Gerhard Neumann: Der Wanderer und der Verschollene. Zum Problem der Identität in Goethes *Wilhelm Meister* und in Kafkas *Amerika*-Roman. In: Paths and Labyriths. Nine Papers read at the Franz Kafka Symposium held at the Institute of Germanic Studies on 20 and 21 October 1983. Edited by J.P. Stern and J.J. White. Institute of Germanic Studies, University of London 1985, S. 44.

Bildungsroman entwarf. Jedoch handelt es sich in *Der junge Mann* um eine verrätselte „Mythenwanderung" (JM 32) durch erzählerisch verschachtelte Traumwelten nach dem Muster der ineinandergeschalteten Novellen und Erzählstränge und der Vermischung verschiedener Textsorten in den *Wanderjahren*, die Strauß als „vollständig dispersive Form" bezeichnet und deren Modellcharakter in Bezug auf den *Jungen Mann* er bestätigt.[16]

Das erste Romankapitel *Die Straße*, das Leon Pracht als jungen Theaterregisseur zeigt, rückt ihn zunächst auf konventionelle Weise in die Gemeinschaft jener anderen „jungen Männer", deren Lebenswege in der Tradition des Bildungsromans aufgehoben sind.

Leon Pracht figuriert hier als Ich-Erzähler, d.h. als diskursmächtiges Subjekt seiner theatralischen „Sendung" (JM 31), doch schon im darauffolgenden Kapitel verliert sich seine Identität. Das lineare Erzählen bricht hier ab, es beginnt der „illusionäre Teil" (JM 306) des Romans. Im zweiten Kapitel *Der Wald* erscheint eine Bankkauffrau, die auf einer traumatischen Irrfahrt von mythisch-allegorischen Visionen bedrängt wird. Ihre Spur bleibt ebenso undeutlich wie auch die Spur Leons, dem man im dritten Kapitel, der Pseudo-Utopie *Die Siedlung*, als grenzgängerischem Kulturforscher und dann als einem der Gesprächsteilnehmer im Kapitel *Die Terrasse* wiederbegegnet, der aber erst wieder die eindeutige Identität Leon Prachts, wie sie zu Beginn des Romans determiniert wird, annimmt, als er im letzten Kapitel des Romans als bescheidener Bild-Archivar wieder dem Lehrer und Vorbild seiner frühen Theaterzeit, dem Regisseur Alfred Weigert, mittlerweile bekannt als Filmkomiker Ossia, gegenübersteht.

Botho Strauß gestaltet in dieser vielgesichtigen Figur keinen identischen Protagonisten mit einer persönlichen Entwicklung. Die Figur Leon Prachts durchläuft die Metamorphosen eines „mehrfache[n] Bewußtsein[s]" (JM 11), in denen die Konstanz einer Hauptfigur durch die Spur einer elaborierten Motivik erkennbar bleibt.[17]

Botho Strauß ist nicht interessiert an Psychologie und an der Darstellung individueller Charaktere:

Meine Schwierigkeit, Charaktere darzustellen, rührt einfach daher, daß ich keinen Begriff vom Individuum habe, was die bürgerlichen Autoren selbstverständlich noch hatten, auch wenn ihnen dieses Individuum in alle möglichen Einzelheiten zerfiel. [...] Es interessiert mich nicht, wie eine einzelne Figur beschaffen ist, mich interessiert das, was transindividuellen Charakter hat.[18]

Ganz wie Leon Pracht bei seiner Theaterarbeit will er also „weder eine psychologische noch eine soziale Bewertung der Figuren vornehmen", ihm ist es „einzig um ihre kulturelle Definition zu tun" (JM 41).

---

16. Vgl. Hage: Schreiben ist eine Séance, S. 210.
17. Zur erzähltechnischen Komposition des Romans vgl. besonders die schon zitierten Arbeiten von Bärbel Lücke und Henriette Herwig.
18. Hage: Schreiben ist eine Séance, S. 192.

Es sei nun hier versucht, den Lebensweg Leon Prachts im Sinne dieser „kulturellen Definition" zu verfolgen, und zwar entlang der geistesgeschichtlichen Folie, die der Roman vorgibt.

Botho Strauß hat mit *Der junge Mann* einen Zeitroman geschrieben. „Mythenumschrift [der] Bundesrepublik" (JM 206) ist ein Stichwort, das der Roman selbst vorgibt, ein „(deutsches) Menschheitsgedicht und Zeit-Gesicht [...], ins Mythische übersteigert"[19] wurde er genannt.

Der junge Mann, 1984 erschienen, ist das Schlüsselwerk für Strauß' [...] Generation und wohl das wichtigste deutschsprachige Buch dieses Jahrzehnts.[20]

Die Geschichte Leon Prachts, die im Zeichen des jugendlichen Aufbruchs am Ende der sechziger Jahre beginnt und fünfzehn Jahre später im luxuriös-sterilen Ambiente einer „postmodernen Hotel-Architektur" (JM 338) endet, durchmißt den Verlauf einer geistesgeschichtlichen Epoche, nämlich die Jahre zwischen 1969 und 1984[21], in denen die Entwicklung des Denkens in der Bundesrepublik eine ganz entscheidende Wendung genommen hat, deren Konsequenzen bis heute diskutiert werden. Es ist die Epoche der Generation auch von Botho Strauß, die aus dem kritischen Engagement der sechziger Jahre hervorging und die sich heute Bilanz zu ziehen genötigt sieht.

Botho Strauß zeichnet in Leon Pracht einen „zeitgenössischen Phänotyp"[22], einen exemplarischen bundesrepublikanischen Intellektuellen, und - dies soll hier verfolgt werden - er verschmilzt mit dieser poetisch verrätselten Figur eine Aussage über ein dichterisches Konzept, das sich in diesem Zusammenhang zu behaupten habe.

Der hier zu unternehmende Versuch, die Entwicklung der poetischen Figur Leon Pracht unter diesem geistesgeschichtlichen Vorzeichen zu beschreiben, führt konkret zum Thema der Bestimmung ästhetischer Positionen im Feld der Auseinandersetzung um die Moderne, das an dieser Stelle in die Entwicklung der ästhetischen Konzeption von Botho Strauß einführen soll. Die Deutung dieser letzten Phase bundesdeutscher Geistesgeschichte, die Botho Strauß in seiner ‚Mythenumschrift der Bundesrepublik' in *Der junge Mann* anbietet, beinhaltet eine Diagnose, die die Kernprobleme der Moderne, die als Kritik des kritisch-emanzipatorischen Denkens die intellektuellen Konfrontationen unserer Epoche noch immer bestim-

---

19. Peter von Becker: Platos Höhle als Ort der letzten Lust. Das Motiv der Liebe, am Abend der Aufklärung - Zu den neueren (Theater-)Texten von Botho Strauß. In: Strauß lesen, S. 11.
20. Andreas Kilb: Spleen und Ideal. Neues von Botho Strauß. In: Die Zeit 6.10.1989.
21. Konkrete Hinweise zur Datierung sind spärlich in *Der junge Mann*. Das Nötigste ergibt sich aus der scheinbar nebensächlich erwähnten Jahreszahl 1969, anhand derer sich Leon Prachts erste Theaterarbeit am Kölner Theater datieren läßt (JM 37) und aus der Bemerkung am Ende des Romans, daß seitdem „rund fünfzehn Jahr[ ]" (JM 347) vergangen sind.
22. Paul Konrad Kurz: Banken-Glamour in Klingsohrs Zauberwald. Botho Strauß: Sinnsuche im dritten industriellen Zeitalter. In: Rheinischer Merkur 5.10.1984.

men, weiterverfolgt und sie in eine Aussage über zeitgenössische Poetik überführt.

Mit dem Bezug zur Romantik und zum Bildungsroman geht Botho Strauß zurück auf Grundkonstellationen der neuzeitlichen Epistemologie und Ästhetik, um hier die Kategorien auszumachen, die für eine Deutung der aktuellen Konstellation notwendig sind.

Das typisierende Theatererlebnis Leon Prachts im ersten Kapitel *Die Straße* ist zu deuten als intellektuelles Schlüsselerlebnis, das neben einer Reminiszenz an die Tradition des klassischen Bildungsromans und einer Anspielung auf den Beginn von Strauß' eigener Karriere, die am Theater ihren Ausgang nahm, vor allem eine Referenz auf die geistige Konstellation am Ende der sechziger Jahre beinhaltet, die sowohl für Botho Strauß als Intellektuellen und Schriftsteller als auch gesamtgesellschaftlich von großer Relevanz war.

Als „junger Mann" von zweiundzwanzig Jahren kommt Leon Pracht zum Theater „während anderswo [seine] Altersgenossen zum Aufruhr riefen, überall Väter stürzen und Völker befreien wollten" (JM 22) - ein deutlicher Hinweis auf das aufrührerische Klima am Ende der sechziger Jahre. Und wenn Leon im letzten Kapitel in der Diskussion mit Ossia sagt, er habe sich zu dieser Zeit „auf [seinen] kritischen Verstand viel zugute" gehalten (JM 334), so gilt dies als Hinweis auf das kritisch-emanzipatorische Denken im Geiste der Frankfurter Schule, auf das sich zu dieser Zeit intellektuelles und politisches Engagement maßgeblich gründete.

Unter diesen Vorzeichen sollte sich das Theatererlebnis Leon Prachts als eine Erprobung des kritischen Denkens lesen und als Versuch von Botho Strauß, seinen eigenen Umgang mit diesem Denken zu reflektieren, hat er doch selbst „sein Schreiben einmal auf solche Kritik gegründet"[23], und gerade in seiner eigenen Karriere am Theater manifestiert sich sein Bezug zu dieser Denkform und zum intellektuellen Klima seiner Zeit. Seine Theaterkritiken aus den Jahren 1967-1971, die er als Redakteur der Zeitschrift *Theater heute* schrieb[24], belegen nur zu deutlich seine Prägung durch die *Ästhetische Theorie* Adornos[25] und seine nächste Station am Theater, bevor er sich 1972 selbst mit *Die Hypochonder* als Theaterautor profilierte, führte ihn als einen der ersten Mitarbeiter Peter Steins an die Berliner Schaubühne am Halleschen Ufer mit ihrem reformerischen Theaterkonzept.

Doch Leon Prachts Inszenierung von Genets *Die Zofen* gerät ihm kaum zu einem Exempel kritisch-engagierten Theaters und dialektischer Kunstauffassung im Sinne Adornos. Die kritische Szenerie „zwischen ‚befreitem Theater' und radikaler Theaterverneinung" (JM 24), die der Zeitbezug und der Bezug zu Strauß' eigener Geschichte nahelegen, täuscht, denn Leon Prachts Inszenierungsarbeit

---

23. Hage: Schreiben ist eine Séance, S. 212.
24. Seine Theaterkritiken sind herausgegeben in dem Band *Versuch, ästhetische und politische Ereignisse zusammenzudenken*.
25. In geradezu reinster Form etwa nachzulesen in seiner Kritik der Inszenierung von Goethes *Tasso* durch Peter Stein in Bremen 1969: Das schöne Umsonst. Peter Stein inszeniert *Tasso* in Bremen. In: Theater heute 5 (1969). Auch in: VE 164-170.

zeigt das kritisch-dialektische Kunstverständnis im Moment seiner Krise und läßt es an seinen Endpunkt gelangen. In seiner Konzeption „spielte das Stück in einer nicht allzu fernen Zukunft" (JM 32) und weist damit schon über die bestehenden Verhältnisse hinaus. Wo nach dialektischer Auffassung die Versöhnung des Widerspruchs zu stehen hat, setzt Leon Pracht Bilder der Grenze.

Seine Schauspieler sind „auf die Schwelle erhobene Körper" (JM 51), die eine unaufhebbare Grenze bezeichnen:

denn ihr müßt bis zum Ende gehen mit eurer Geschichte, mit eurer Zeremonie bis an die Grenze, wo sie zerbricht und das Unwiederholbare beginnt. (JM 38/39)

In seiner Vision der Grenze bleibt Leon Pracht der gnostischen Lehre verpflichtet, deren Studium unter der Obhut des Vaters seine Jugend erfüllt hatte. Diese Grenze ist für ihn bezeichnet durch „das Zeremoniell, die Institution der Formen" (JM 41) und sie ist für ihn nicht allein im mystisch-religiösen Ritus gestaltet, auch das Wechselspiel von Theater und Gesellschaft läßt sich für ihn auf das Muster der Zeremonialität zurückprojizieren.

Durch die Suggestion einer mystisch-religiösen Metaphorik, in der sich seine jugendliche Hingabe an das Studium der altchristlichen Gnosis fortführt, nähert sich Leons Rede über das Theater der Beschwörung einer leeren Medialität, die die Rituale kulturellen Bedeutens in starrer Zeremonialität verhaftet sieht:

Die Menschen haben sich in ihre Zeremonien zurückgezogen, verkrochen, verkapselt. Die Spiele sind ihre seelischen Überlebensnischen. (JM 32)

Sein Theater ist nicht mehr gesellschaftskritisch, es hat die Gesellschaft hinter sich gelassen. Es

[...] flüchten sich die Gesellschaftslosen in den Schutzkreis der Kulte und Gebräuche. Ihre ganze Begehrlichkeit gehört den schönen Formen, so wie die Begehrlichkeit der Zofen den schönen Kleidern, dem kostbaren Plunder der Madame gehört. [...] Wir, die Formlosen, versuchen aufzutreten, das ist das Theater und wir schützen uns durch seine festen Spielregeln. Während andere mühsam, fast verendend schon, Mama und Papa spielen, Arzt und Patient, Chef und Gehilfe, Lehrer und Schüler, da betreten wir den durchsichtigen Raum der geordneten Bedeutungen, strecken uns aus in einem Schaufenster, durch das man in eine unbekannte, mit Leben erfüllte Welt zurückblicken kann. (JM 38)

Das Theater als „Mysterienstätte" (JM 50) einer überlebten Gesellschaft entlarvt, um hier Foucault ins Feld zu führen, die Institution der sozialen Diskurse als „mise en oeuvre d'un rituel"[26] und enthebt sie ihrer Bedeutsamkeit, es reproduziert die Mechanismen der „mehrdeutigen Spiegel- und Rollenmaschinerie" (JM

---

26. Michel Foucault: L'ordre du discours. Leçon inaugurale au Collège de France prononcée le 2 décembre 1970. Paris 1971, S. 41.

40), als die sich das im Sozialen verwaltete Leben darstellt; und offenbart die autonome Gewalt sozial fixierter Ordnungen.[27]

Leon Pracht verzichtet auf eine kritische Durchdringung der gesellschaftlichen Wirklichkeit, zu der ihn dialektisches Denken verpflichten würde. Sein Blick auf die Gesellschaft scheint geschult an Foucaults Diskurstheorie: er reduziert gesellschaftliches Denken auf die unumschränkte Positivität institutionalisierter Zeichenordnungen, er diagnostiziert die Unüberschreitbarkeit der Ordnung der Diskurse, die „Institution der Formen" verharrt in der Materialität der Zeichen.

Hören Sie, Leon, [...] hinter mir ist gar nichts. Hier steh allein ich. Eine einfache Schauspielerin. Sie müssen schon vorliebnehmen mit dem, was Sie vor sich haben. (JM 58)

Botho Strauß hat 1969, dem Jahr in dem er auch Leons Theaterinszenierung situiert, in einer Theaterkritik noch selbst auf der gesellschaftlichen Relevanz eines dialektischen Verfahrens in der Kunst bestanden. An Peter Steins Inszenierung von Goethes *Tasso* hebt er besonders das Moment dialektisch-mimetischer Aufhebung in seiner gesellschaftskritischen Funktion hervor:

Indem hier das Theater das ihm angetragene bürgerliche Schönheitsbedürfnis gleichsam zynisch in aristokratischer Übersteigerung erfüllt, vermag es dann wiederum auch, den Bürger an seinem Plaisir irre zu machen. (VE 166)

Kaum später, in seinem Essay *Versuch, ästhetische und politische Ereignisse zusammenzudenken* (VE 50-73) über neues Theater zwischen 1967 und 1970 kontrastiert er diese dialektisch vermittelnde Betrachtungsweise unter Berufung auf Foucaults *Archéologie du Savoir* mit einer archäologischen als einer notwendigen Erneuerung der dialektischen Vernunft durch ein Prinzip nicht mehr vermittelbarer Heterogenität.

Mit Leon Pracht befinden wir uns in diesem Moment der Ablösung eines Denkmodells, die Botho Strauß in *Paare, Passanten* mit seiner Absage an die Dialektik - in dem spektakulären Satz „Ohne Dialektik denken wir auf Anhieb dümmer; aber es muß sein: ohne sie!" (PP 115) - hat historisch werden lassen.

Foucaults Philosophie steht - dies sind die Worte Foucaults - für „das noch dumpfe und tastende Inerscheinungtreten einer Denkform, in der die Frage nach der Grenze an die Stelle der Suche nach der Totalität tritt und in der die Gebärde der Übertretung die Bewegung des Widerspruchs ersetzt."[28] Ebendiese Kontraste, die Foucault hier benennt, werden in Leons Umgang mit dem Theater offenbar.

Genau wie auch im klassischen Bildungsroman ist in *Der junge Mann* das Theater der Ort einer ersten Auseinandersetzung mit den gesellschaftlichen Verhältnis-

---

27. Dasselbe wurde für Strauß' eigene Theaterfiguren in *Kalldewey, Farce* festgestellt: „Die Figuren werden nicht im Vollzug ihrer Interaktionen gezeigt, sondern sie führen die Strukturen, die ihr Verhalten prägen, in Spielen bloß als Muster vor." Henriette Herwig: Verwünschte Beziehungen, verwebte Bezüge, S. 81.
28. Michel Foucault: Zum Begriff der Übertretung. In: M.F.: Schriften zur Literatur. Frankfurt a.M. 1988, S. 87.

sen. Galt das Theater in *Der junge Mann* somit zunächst der Erprobung des gültigen gesellschaftlichen Denkens, das für den jungen Leon Pracht das kritisch-dialektische war, so weist Leon Prachts Blick auf Theater und Gesellschaft jedoch schon über jenes dialektische Denken und über den Prozeß gesellschaftlicher Verständigung, in den dieses das Theater miteinbegriffen sah, hinaus, indem Leon Pracht die dialektische Volte nicht mehr mitvollzieht und die „Ordnung des Diskurses" als Grenzwert gesellschaftlichen Denkens ausmacht.

Steht also die Theatererfahrung Leon Prachts hier für die Auseinandersetzung mit dem kritischen Geist der sechziger Jahre, so scheint sie, gemäß Strauß' Urteil über diese Phase der intellektuellen Revolte, wie diese nur als „Übergang von Nutzen" (JM 60).

Dies ist die entsprechende Einsicht, die Botho Strauß schon in der Einleitung seinem Roman voranstellt:

In einer Epoche, in der uns ein Erkenntnisreichtum ohnegleichen offenbart wird und in der jedermann Zugang haben könnte zu einer in tausend Richtungen interessanten Welt, werden wir immer noch einseitig dazu erzogen, die sozialen Belange des Menschen, die *Gesellschaft* in den Mittelpunkt des Interesses zu stellen. Man kann aber in dieser Gesellschaft nicht fruchtbar leben, wenn man unentwegt nur gesellschaftlich denkt! [...] Ein solches Denken, wie es allgegenwärtig ist, macht uns nicht mutiger und beraubt uns womöglich der letzten Fähigkeiten, Gesellschaft gerade eben noch bilden zu können. (JM 11/12)

Botho Strauß formuliert diese Einsicht als seine eigene Meinung im Gespräch mit Volker Hage: „Das ‚kritische' Denken, an das sich viele klammern, reiche zur Durchdringung des Gegenwärtigen nicht mehr aus."[29]

Es geht hier nicht punktuell um eine Kritik am Denkmodell der Dialektik und an der Wirkung der Frankfurter Schule auf die Ausprägung künstlerischen und gesellschaftlichen Engagements am Ende der sechziger Jahre. Botho Strauß meint einen ganzen Gesellschafts-Typus, der seine Werte und seine Ordnung auf die kritische Maxime der Emanzipation und auf eine Politik der sozialen Vernunft gründete, er meint - in diesem Sinne zitiert er Baudrillard in *Paare, Passanten* - „das Zeitalter des Sozialen, das wie ein erlöschender Stern in einem schwarzen Loch endet." (PP 200)

Im Wandel von der Fortschrittsgesellschaft zur Konsumgesellschaft, vom revolutionären Aufbegehren zum liberalintellektuellen Establishment hat sich für Strauß der Aufklärungsdiskurs zum oberflächlichen „Bewußtseinsbetrieb" (PP 183) verflacht. Unsere Gesellschaft stellt sich ihm dar als „pluralistisches Chaos" (PP 176) öffentlicher Diskurse. Die Reformation der von Prüderie und Tabus geknebelten Rede der Elterngeneration endete für ihn in der grenzenlosen Öffentlichkeit der Mediengesellschaft, Begehren scheint in totaler Permissivität erstickt (so wird das Thema Liebe in *Paare, Passanten* verhandelt), das „kalte und ausgezehrte Vokabular des kritischen Durchblicks" (PP 199) hat den „platten Redensarten aus dem Fernsehvolksschatz" (PP 25) Platz gemacht.

---

29. Hage: Schreiben ist eine Séance, S. 212.

Genauso lautet auch noch heute seine Diagnose in seinem höchstumstrittenen Essay *Anschwellender Bocksgesang*, mit dem er die Kontroverse zwischen der Front der (alt)linken Intellektuellen und der ihrer Kritiker erst kürzlich neu heraufbeschwor.[30]

Auch hier ist die Rede vom „Aufklärungshochmut" (AB 13), von den „Allmachtsansprüche[n] des Politischen" (AB 23), von der „satte[n] Konvention des intellektuellen Protestantismus" (AB 16) gewendet gegen die doktrinäre Linke und gegen eine „kulturelle Mehrheit" und eine „öffentliche Intelligenz" (AB 14), die ihr Bewußtsein auf diese politische Linksdefinition stützen. Botho Strauß' Argumentation gegen die linksintellektuelle „Hypokrisie der öffentlichen Moral" (AB 11), gegen die Beliebigkeit der Meinungsvielfalt unter dem „Regime der telekratischen Öffentlichkeit" (AB 18), gegen den „Mainstream" unseres „konforme[n] Vokabular[s] der Empörungen und Bedürfnisse" (AB 17) mündet in manifesten Aufklärungspessimismus: „Was einmal die dumpfe Masse war, ist heute die dumpfe aufgeklärte Masse." (AB 18)

In diesem Sinne spricht Botho Strauß der Intellektuellengeneration der Nachkriegsgeschichte geschichtliche und moralische Verantwortung ab. Auch schon in *Niemand anderes* sagt er sich entschieden los

von der zutiefst satirischen Intelligenz, die in diesem Land ein nicht enden wollendes, zwanghaftes und längst erschöpftes Nachspiel gab zu einer blutigen, miserablen Tragödie;

---

30. Die wichtigsten Äußerungen in dieser in den Feuilletons mit unvergleichlich heftiger Beteiligung ausgetragenen Kontroverse:
Thomas Assheuer: Was ist rechts? Botho Strauß bläst ins Bockshorn. In: Frankfurter Rundschau 10.2.1993.
höb: Die neue Sympathisantenjagd. In: Süddeutsche Zeitung 29.12.1992.
Peter Glotz: Freunde, es wird ernst. Die Debatte geht weiter. Botho Strauß als Symptom der nationalen Wiedergeburt oder: Wird eine neue Rechte salonfähig? In: Wochenpost 25.2.1993.
Volker Hage: Dichter nach der Schlacht. Über Botho Strauß, seine Kritiker und ein neues Theaterstück. In: Der Spiegel 26.7.1993.
Andreas Kilb: Anschwellende Geistesfinsternis. Einiges über die Wiederkehr einer alten Epochenstimmung, den *Bocksgesang* von Botho Strauß und Oswald Spenglers Hauptwerk *Der Untergang des Abendlandes*. In: Die Zeit 2.4.1993.
Helge Malchow: Im Glashaus gelebt. Antidemokratisches oder nationalistisches Denken ist dabei, wieder salonfähig zu werden. In: die tageszeitung 23.12.1992.
Eckhard Nordhofen: Vor der Bundeslade des Bösen. In: Die Zeit 9.4.1993.
Elke Schmitter: Vom Pegasus zum Schlachtroß. Der scheue Dichter Botho Strauß dachte im *Spiegel* über Fremdenhaß und Demokratie nach; heraus kam ein „Rechter von ganzem Wesen". In: Wochenpost 8.2.1993.
Tilman Spengler: Der Ekelpegel sinkt. Die stumme Rechte wird laut. Ihr neuer Rufer heißt Botho Strauß. Der Dramatiker fordert die Gegenaufklärung im Geist der alten Werte. In: Die Woche 18.2.1993.
Diese Diskussion ist dokumentiert in dem Band *Deutsche Literatur 1993. Jahresüberblick*. Hrsg. v. Franz Josef Görtz, Volker Hage und Uwe Wittstock unter Mitarbeit von Katharina Frühe. Stuttgart 1994.

eine Intelligenz, deren tiefe Überzeugungsleere im übrigen am allerwenigsten dazu geeignet ist, die Nachfolgenden gegen neue Dämonie und ungute Dunkelheit zu feien. (NA 147)

Wie in *Paare, Passanten* gibt er auch hier schon den antiaufklärerischen Tenor vor, der sich in *Anschwellender Bocksgesang* zur provokanten Bankrotterklärung einer politischen Philosophie und ihres Gesellschaftsprojekts zuspitzt.

Die unleugbare politische Brisanz der Thesen von Botho Strauß, zu denen man sich angesichts des Erstarkens eines neuen Rechtsintellektualismus[31] im wiedervereinten Deutschland durchaus schockiert verhalten mag, überdeckt jedoch eine sehr subtile Verschiebung der Zeitdiagnose. Die Aufklärungskritik von Botho Strauß will sich den klassischen Polarisierungen von Aufklärung und Gegenaufklärung, von Links und Rechts, von Progressismus und Konservativismus, und damit auch von Moderne und Anti-, bzw. Postmoderne entziehen.

Die Kritik an Botho Strauß verhaftet im Vorwurf des „Kulturkonservativismus"[32], der als zeitgeistkonforme, postmodern-preziöse Lust am „Kultus des Verfalls"[33] verworfen wird, sie geht sogar bis zum Vorwurf der Rechts-Ideologie.[34] Doch im Werk von Botho Strauß formiert sich eine Haltung, die sich gerade diesen eindeutigen dichotomischen Klassifizierungen zu widersetzen sucht. Diese Haltung ist bestimmt durch eine entscheidende Differenzierung der Sicht auf die Moderne, die die Vereinnahmung des mit der Aufklärung des 18. Jahrhunderts begründeten ‚Projekts der Moderne' durch die „Neue Aufklärung"[35] der Achtundsechziger-Generation, wie sie in strenger Vernunftgläubigkeit von jemandem wie Jürgen Habermas vertreten wird[36], in Frage stellt.

Habermas glaubt an ein legitimes und für alle Beteiligten segensreiches Zusammenwirken von dem, was er ‚kulturelle Moderne' und dem, was er ‚gesellschaftliche Moderne' nennt.[37]

---

31. Eine Analyse dieses Trends, der zur Zeit in vielen Feuilletons diskutiert wird, legt Iris Radisch vor: Nicht gesellschaftsfähig. (Gefolgt von einem Interview mit Bernard-Henri Lévy) In: Die Zeit 6.8.1993. Vgl. auch den soeben zitierten Artikel von Helge Malchow.
32. Jörg Drews: Über einen neuerdings in der Literatur erhobenen vornehmen Ton. In: Merkur 38 (1984), S. 954.
33. Michael Schneider: Botho Strauß, das bürgerliche Feuilleton und der Kultus des Verfalls, S. 234.
34. So Helge Malchow, Andreas Kilb und Tilman Spengler in den oben zitierten Artikeln. Ignatz Bubis rechnete Strauß dem „Phänomen des intellektuellen Rechtradikalismus" zu, sah sich jedoch nach erheblichen Protesten, die die Aufregung um *Anschwellender Bocksgesang* nocheinmal aufwallen ließen, genötigt, seine Vermutung, Strauß sei ein intellektueller Wegbereiter des Rechtsradikalismus, wieder zurückzunehmen. Vgl.: Die gewaltige Schuld. In: Der Spiegel 18.4.1994.
35. Hans Egon Holthusen: Heimweh nach Geschichte. Postmoderne und Posthistoire in der Literatur der Gegenwart. In: Merkur 38 (1984), S. 910.
36. Vgl. seinen schon klassischen programmatischen Aufsatz: Die Moderne - ein unvollendetes Projekt (1980). In: J.H.: Kleine politische Schriften, Band I-IV. Frankfurt 1981, S. 444-464.
37. Holthusen: Heimweh nach Geschichte, S. 910/911.

Diese einlinige Tradition der Moderne im Zeichen neuzeitlicher Vernunft sieht Botho Strauß nicht.

Wenn man jedoch allein *Paare, Passanten* genauer betrachtet, so wird doch die Moderne als kulturelles Phänomen in der dezidierten Vernunft- und Zivilisationskritik von Botho Strauß nicht durchweg verworfen, wie es das Habermas'sche Freund-Feind-Schema, das Aufklärungsfreunde und Aufklärungsgegner in Pro-Moderne und Anti-Moderne, genauer Moderne und Postmoderne, unterteilt, nahezulegen scheint. Bei genauer Betrachtung ist sogar seine plakative Absage an die dialektische Vernunft trotz der so unüberlesbaren Deutlichkeit keineswegs so apodiktisch wie sie zumeist aufgefaßt wurde. Zu bedenken ist, daß schon jener spektakuläre und vielzitierte Satz, in dem diese Absage formuliert ist, in Klammern steht. Auch liest sich der gesamte Abschnitt, in dem er zu finden ist, eher wie eine wehmütige Reminiszenz, denn als eine erbitterte Abrechnung. Hier sei er noch einmal im ganzen zitiert:

Heimat kommt auf (die doch keine Bleibe war), wenn ich die ‚Minima Moralia' wieder lese. Wie gewissenhaft und prunkend gedacht wurde, noch zu meiner Zeit! Es ist, als seien seither mehrere Generationen vergangen.
(Ohne Dialektik denken wir auf Anhieb dümmer; aber es muß sein: ohne sie!) (PP 115)

Hier verweist Strauß selbst auf jenen Text, dem die Reflexionen in *Paare, Passanten* in ihrer Tagebuchform Gefolge zu leisten scheinen: die *Minima Moralia* Theodor W. Adornos.[38] Adorno ist auch das Schlußbild von *Paare, Passanten*, fast die letzte der Prosaminiaturen, gewidmet. Der Philosoph, von dem der Schreibende sagt, daß er ihn „verehrte wie keinen zweiten", erscheint hier als „traurige[s] Trugbild eines alten Mannes" in einer sommerlichen Caféhaus-Szenerie in Venedig. Diese Imagination wird zugleich kontrastiert durch die Nachricht vom tatsächlichen Tode Adornos „gerade in jenen Sommertagen, vielleicht an demselben, da ich ihn in Venedig sah." (PP 204)

Melancholischer Abschied, „halblaute Huldigung"[39], signalisiert dieses Bild eine paradoxale Bezogenheit, die Abkehr und Rückbindung zugleich ist; wie im obigen Textabschnitt die Wendung „Heimat kommt auf (die doch keine Bleibe war)". Und so ist auch *Paare, Passanten*, jene „Minima Moralia der achtziger Jahre"[40], Widerruf jener dialektischen Reflexion, die Adorno in den *Minima Moralia* zur Meisterschaft brachte, und deren „undialektische Fortschreibung"[41] zugleich.

Genauso gebrochen steht der Bezug zur Moderne über Botho Strauß' Zeitdiagnose in *Paare, Passanten*.

---

38. Joachim Kaiser stellt *Paare, Passanten* in eine Reihe mit den Tagebüchern Ernst Jüngers, den *Minima Moralia* Adornos und den Tagebüchern Max Frischs, die für ihn alle in dieser Form einen speziellen historischen Ort bezeichnen. J.K.: Botho Strauß geht aufs Ganze. Wie sich der Autor vom dialektischen Denken freimacht. In: Süddeutsche Zeitung 14.10.1981.
39. Holthusen: Heimweh nach Geschichte, S. 913.
40. Peter von Becker: Die Minima Moralia der achtziger Jahre. In: Merkur (1982), S.150-160.
41. Drews: Über einen neuerdings in der Literatur erhobenen vornehmen Ton, S. 952.

Wenn er zum einen die Fehlleistungen der Aufklärung in unserer modernen Gesellschaft diagnostiziert, so bezieht er doch auch wiederum aus dem „Erbe der Moderne" seine Gegenposition.

Hat uns die Macht des Vielfältigen, die bunte Liste der tausend Spleens und Richtigkeiten nicht unfähig gemacht, einem wie auch immer imaginären Ganzen gegenüber die exzentrische oder avantgardistische Stellung zu beziehen, durch die es erst Gestalt gewinnt? Ich rede nicht von den Journalisten, die sich Schriftsteller nennen und die allemal das Bedürfnis ‚dieser Tage' zu befriedigen verstehen. Ich rede einzig von den schwierigen Spielern, den Erben der Moderne, den unruhigen Traditionalisten, den pathetischen Manieristen und allen übrigen, die in den Augen der Mehrheit für überflüssige Spinner gelten. (PP 105)

Das „Erbe der Moderne", auf das Botho Strauß sich hier beruft ist das Erbe der ästhetischen Moderne, die er von der zivilisatorischen Moderne abgrenzt. Strauß beruft sich auf eine Moderne der Krisen und der Aporien, die er mit den Namen Mallarmés (PP 106), Kleists, Hölderlins, Nietzsches, Kafkas und Celans (PP 107) bezeichnet, jene Moderne also, in der sich eine „ästhetische Opposition"[42] zum Aufklärungsdiskurs unseres Zeitalters formiert.

Botho Strauß „sucht nach einer neuen, nicht mehr ‚vermittelten' Ursprünglichkeit des menschlichen Potentials, jenseits des gesellschaftlichen und gesellschaftskritischen Horizonts, nach einer anderen, neuen und uralten Möglichkeit des Erkennens"[43] und diese findet er im Ästhetischen, wie es sich in der Moderne als Kategorie des Unvermittelten, des „indéterminé"[44] in den Worten Jean-François Lyotards, der Neigung zum „Unfaßlichen, Nicht-Wahrnehmbaren und Nicht-Darstellbaren"[45] in den Worten Wolfgang Welschs, etablierte.

Gleich im allerersten Text von *Paare, Passanten* findet sich ein vorausweisendes Bild für diese Konfrontation mit dem Unvermittelten, die in *Paare, Passanten* das Pathos synthetisierender Aufhebung ersetzt.

Ein Mann in einem grauen, zu kurzen Anzug, der im Restaurant allein am Tisch sitzt, ruft plötzlich ‚Psst!' in die dahinplappernde Menge der Gäste, so laut, daß alle, nachdem er dies zwei Mal wiederholt hat, zu seinem Tisch hinblicken und das Stimmengewoge stockt, beinahe versickert und nach einem letzten, kräftigen ‚Psst!' des Mannes endlich einer Totenstille weicht. Der Mann hebt den Finger und sieht horchend zur Seite und alle horchen mit ihm still zur Seite. Dann schüttelt der Mann den Kopf: nein, es war nichts. Die Gäste rühren sich wieder, sie lachen albern und uzen den Mann, der sie zu hören ermahnte und die gemischteste Gesellschaft in eine einträchtig hörende Schar verwandelt hatte, wenn auch nur für Sekunden. (PP 9)

Das so schlichte „Psst!" unterbricht als bedeutsamer Moment des Schweigens das unaufhörliche Gemurmel der Rede. Nicht Mitteilung, nur kaum nachwirkende

---
42. Welsch: Unsere postmoderne Moderne, S. 74.
43. Holthusen: Heimweh nach Geschichte, S. 913.
44. Jean-François Lyotard: Le sublime et l'avant-garde. In: J.-F. L.: L'Inhumain. Causeries sur le temps. Paris 1988, S. 105.
45. Wolfgang Welsch: Zur Aktualität ästhetischen Denkens. In: W.W.: Ästhetisches Denken. Stuttgart 1990, S. 66.

Unterbrechung, Verstörung, hat es doch die plappernde Gesellschaft „in eine einträchtig hörende Schar verwandelt." Der Einbruch dieses unberedten Schweigens in den raunenden Fluß der Rede steht unvermittelt im Raum, ist bald wieder übertönt. Der alleinsitzende Mann muß schließlich feststellen, „es war nichts", und hiermit bewendet sich dieses Ereignis des Schweigens, eine dialektisch vermittelnde Synthese bleibt aus.

Genauso unvermittelt erhebt sich am Ende von *Paare, Passanten* über der gedoppelten Leere von halluzinierter Präsenz und tatsächlichem Tod Adornos im Gewirr der Stadt Venedig der Gesang eines Mädchens. Dem Schweigen der ersten Szene entspricht der Gesang in der letzten Szene, beide Male ist es etwas wie ein „geistesgegenwärtige[r] Griff nach dem Unvermuteten" (PP 183), der die geschlossene Normalität durchbricht und der hier ausklingt im poetischen Bild des Gesangs.

Dem Schweigen und dem Gesang entspricht in *Paare, Passanten* eine weitere Instanz des Unvermittelten, das Gedächtnis:

Die Leidenschaft, das Leben selbst braucht Rückgriffe (mehr noch als Antizipationen) und sammelt Kräfte aus Reichen, die vergangen sind, aus geschichtlichem Gedächtnis. Doch woher nehmen ... ? Dazugehörig sein in der Fläche der Vernetzung ist an die Stelle der zerschnittenen Wurzeln getreten; das Diachrone, der Vertikalaufbau hängt in der Luft.
(PP 26)

Das Gedächtnis steht hier wiederum für ein Ausgegrenztes, das dem Prozeß der diskursiven Vernetzung zum Opfer fiel und im „Strom unzähliger Ordnungen, Funktionen, Erkenntnisse, Reflexe und Einflüsse" (PP 176) unterzugehen droht. In der Sehnsucht nach der ursprünglichen Kraft des Gedächtnisses erhält sich ein „diachrone[s] Verlangen" (W 64), das dem Eindruck totaler Gegenwärtigkeit in unserer medienbestimmten Informationsgesellschaft, der „Erledigung der Erinnerung durch die totale Gegenwart der Massenmedien" (PP 171) widerstrebt.

Die zu Anfang unternommene Beschreibung der Dichterfigur Leon Pracht hat hier zuletzt auf Abwege geführt, die grundlegende Faktoren der Poetik von Botho Strauß zu Tage treten ließen. Zum einen ein Rückbezug zur ästhetischen Moderne, der sich auf eine im Ästhetischen erfahrbare krisenhafte Wahrnehmung und auf ein Moment nichtintegrierbarer Erfahrung stützt, zum anderen eine Konzeption von Gedächtnis, in der gleichermaßen die „heraufrufenden Kräfte" (PP 15) eines ausgegrenzten Anderen gegenüber der Geschlossenheit der diskursiven Ordnungen des Vernunftdenkens berufen werden. Beidem, sowohl der hier vorgefundenen Moderne-Diagnose, als auch dem Thema Gedächtnis sind im folgenden noch gesonderte Kapitel vorbehalten.

Hier sei jedoch zunächst weiter dem Dichterbild nachgegangen, um wieder zum exemplarischen Leon Pracht zurückzufinden.

In der Passantenwelt von *Paare, Passanten* persistiert ein Einzelgängertum gegenüber der Einheitsfront der gesellschaftlich assimilierten Masse - man erinnere sich an den alleinsitzenden Mann und an das einsam singende Mädchen.

Kann nicht Mitläufer bei den Jungen sein. In Strömen kommen sie mir entgegen, da ich als einziger Passant in Gegenrichtung zurückgehe. (PP 94)

In dieser Passage wendet sich dieses Einzelgängertum gegen die mitreißende Welle des Protests in einer Menge von Demonstranten. Hier ist das Argument wie oben beschrieben gegen eine ins Politische und ins Gesellschaftliche verallgemeinerte kritische (dialektische) Denkweise gerichtet. Mit diesem geistigen Einzelgängertum, in dem sich ein politisch und gesellschaftlich nicht assimilierbares Denken behauptet, ist - dies vermitteln die oben beschriebenen ästhetischen Konnotationen von Schweigen und Gesang - eine Vorstellung von Dichterschaft verbunden.

Auch in dem Essay *Anschwellender Bocksgesang* wendet sich die Opposition gegen die synthetisierende Denkbewegung kritisch-emanzipatorischen - ‚linken' - Denkens, die im Gesellschaftlichen ihren Niederschlag findet, in ein ästhetisches Argument im oben dargestellten Sinne.

Anders als die linke, Heilsgeschichte parodierende Phantasie malt sich die rechte kein künftiges Weltreich aus, bedarf keiner Utopie, sondern sucht den Wiederanschluß an die lange Zeit, die unbewegte, ist ihrem Wesen nach Tiefenerinnerung und insofern eine religiöse oder protopolitische Initiation. Sie ist immer und existentiell eine Phantasie des Verlustes und nicht der (irdischen) Verheißung. Eine Phantasie also des Dichters, von Homer bis Hölderlin. (AB 13)

Und auch hier nötigt diese ästhetische Haltung, die nicht nach gesellschaftlicher Vermittlung strebt, zum Einzelgängertum.

Dabei: so viele wunderbare Dichter, die noch zu lesen sind so viel Stoff und Vorbildlichkeit für einen jungen Menschen, um ein Einzelgänger zu werden. Man muß nur wählen können; das einzige, was man braucht, ist der Mut zur Sezession, zur Abkehr vom Mainstream. (AB 16)

Auch Leon Pracht ist ein Außenseiter in diesem Sinne. In seiner Neigung zum undialektischen Denken liegt mehr als allein ein geistiger Ablösungsprozeß. Nach allem, was hier im Blick auf *Paare, Passanten* und *Anschwellender Bocksgesang* zu erkennen war, liegt hier seine Neigung zu einem rein ästhetisch begriffenen Dichtertum begründet.

War der Reflexionsband *Paare, Passanten* die erste klar formulierte Abgrenzung seines dichterischen Schaffens gegenüber den Erfordernissen gesellschaftlichen Denkens, die in *Anschwellender Bocksgesang* ihre aktuelle essayistische Fortschreibung fand, so ist *Der junge Mann* die poetische Ausgestaltung jener dichterischen Abkehr von einer gesellschaftlich bemächtigten und begriffenen Wirklichkeit.

Am Theater erfährt Leon Pracht „Krise und Klärung" (JM 60) hinsichtlich eines Wirklichkeitsmodells und gleichermaßen klärt sich für ihn das Verhältnis seines Künstlertums zu dieser Wirklichkeit. Leon Pracht verläßt das Theater, jene Stätte der „Prüfung" (JM 59), das heißt der Erprobung eines ‚kritischen', begrifflichen Weltbezugs, um fortan als „Grenzgänger" (JM 172) einer diskursiv umgrenzten

Wirklichkeit zu existieren und um, wie es sein Name verheißt, die „Pracht der letzten Dinge" (JM 160) zu erfahren.

Das Theater war jetzt deutlich zu erkennen als eine eherne Pforte, die ich durchschreiten mußte, um die weiteren Schritte ‚hinter die Dinge' zu tun. (JM 59)

Leon Pracht hat das „Sein der Grenze"[46] entdeckt, jenes undialektische Insistieren auf der Schwelle eines unaufhebbaren Widerspruchs, das nicht mehr auf Verständigung in einer gesellschaftlichen Sinntotalität zielt.

Dieses Denken der Grenze verführt ihn zu Phantasien der Überschreitung, die er mit den Metaphern mystischer Transzendenz aus seinem gnostischen Wissensschatz umschreibt.

Ich wußte genau, wie es auszusehen hatte, mein Theater, meine Zofen, mein ekstatisches Spiel. Ich nannte es nicht mit geringen Namen. Die Gegen-Welt, die Mythenwanderung, die Überschreitung, die Bühne als Eingangspforte zur Großen Erinnerung, Tanz der Reflexionen mit den Geistern, das Gebärden-Zeremoniell, die Lupe hinhalten, auf die Jagd gehen, den Zuschauer in den ‚Hinteren Raum' locken, Zustände auslösen ... (JM 32)

Leons mystische Rede von der Überschreitung läßt sich vor dem Hintergrund des bisher Gesagten fassen mit Foucaults Begriff der „Übertretung", der nach der Vorstellung Foucaults an die Stelle der Dialektik tritt und vielleicht „eines Tages für unsere Kultur so entscheidend sein [wird], so eingewurzelt in ihren Boden, wie es einst für das dialektische Denken die Erfahrung des Widerspruchs war."[47]

Leon Pracht konzipiert seine Theaterinszenierung als Rückversicherung über jene diskursiven „Strukturen", die „die eigentlichen Herren unserer Lage" (JM 369) sind, und er bezeichnet die Grenze des Diskursiven mit Bildern der Übertretung: die Schlagworte „Grenze", „Schwelle", „Pforte" sind hier bereits gefallen. In den oben zitierten Worten Leons über sein Konzept der Zeremonialität fällt dementsprechend das Bild des Schaufensters auf, das die Schwelle zur Gesellschaftslosigkeit bezeichnet. Die Blickführung läuft hier rückwärtsgewandt auf die ehemals „mit Leben", also Sinn, erfüllte Welt des Gesellschaftlichen.[48]

Das Insistieren des Textes auf dem „Sein der Grenze" meint die „Grenzen jedes möglichen Sprechens", soweit Sprache als gesellschaftlicher Diskurs begriffen wird. Es ist eine „Grenze, die absolut nicht überschritten werden kann."[49]

Foucaults Begriff der Übertretung „bricht ganz mit der Transitivität"[50].

Die Übertretung verhält sich also zur Grenze nicht so wie weiß und schwarz, wie das Verbotene zum Erlaubten, das Äußere zum Inneren, das Ausgeschlossene zum Geborgenen.

---

46. Foucault: Zum Begriff der Übertretung, S. 86.
47. Ibid., S. 73.
48. Vgl. Berka: Mythos-Theorie und Allegorik, S. 151 und S. 46 ff. Auch Sigrid Berka führt die Bilder der Pforte, der Grenze und eben hier des Fensters auf Foucaults Begriff der Übertretung als einem Gegenentwurf zum dialektischen Denken zurück.
49. Foucault: Zum Begriff der Übertretung, S. 73.
50. Ibid., S. 75.

Sie ist an die Grenze gebunden in einer sich spiralig einrollenden Beziehung, die nicht einfach dadurch gelöst werden kann, daß man sie aufbricht [...] An der Übertretung ist nichts negativ. Sie bejaht das begrenzte Sein, sie bejaht jenes Unbegrenzte, in das sie hineinspringt [...].[51]

In diesem Begriff der Übertretung tritt wiederum jene Struktur zu Tage, die auch schon in *Paare, Passanten* ablesbar war, denn es geht hier nicht um antithetische Oppositionen, wie es hier etwa Diesseits und Jenseits, Wirklichkeit und Transzendenz sein könnten. Es geht um die Erfahrung der Grenze des Sagbaren als einer Erfahrung, die allein inmitten der gedeuteten Welt und in unaufhebbarem Kontrast zu ihr eintreten kann. Es geht um eine inkommensurable Erfahrung, die allein als unvermittelte Brechung der gültigen Rede in Erscheinung tritt. Diese Erfahrung ist, so deutet es Botho Strauß, eine ästhetische, auch dies wird sich am weiteren Lebensweg Leon Prachts erweisen.

Die ästhetische Existenz

Insofern befindet sich Leon Pracht an einem Scheideweg: Zum einen sieht er sich zeithistorisch konfrontiert mit einem geistesgeschichtlichen Wandel. In seiner Theatererfahrung vollzieht sich die Erschütterung des für unser Zeitalter so prägenden Denkmusters der Dialektik, wie sie in den sechziger Jahren durch Denker wie Foucault massiv in Gang gesetzt wurde, und er optiert für das undialektische Gegenmodell. Zum anderen offenbart sich ihm aufgrund dieser Option die nicht mehr aufhebbare Grenze des Gesellschaftlichen, die als Ordnung der Diskurse die Grenze des Sagbaren und damit die Grenze unseres Denkens markiert. Hier begründet sich Leon Prachts Grenzgängerexistenz, die an den Bruchstellen der gesellschaftlichen Rede, in der unvermittelten Unterbrechung „de ce grand bourdonnement incessant et desordonné du discours"[52], ihren Ort hat.

Das unvermittelte Ereignis der Unterbrechung, die jäh in das Rauschen des Diskurses, den *Rumor*, wie es im Titel eines anderen Werks von Botho Strauß heißt[53], hereinbricht, ist gleichermaßen ein Zeit-Ereignis, das die lineare Zeit des regulierten Redeflusses unterbricht.

Entsprechend wird Leons weitere Entwicklung eingeleitet durch die Motivik einer alinearen Zeit, der „Gleichen Zeit" (JM 14), wie es schon in der Einleitung von *Der junge Mann* heißt, wo dieses Zeitmotiv poetologisch vorbereitet wird. Nachdem schon die ersten Worte des Romans „Zeit Zeit Zeit" (JM 7) das Thema vorgeben, mit dem sich der Roman in die große Tradition der modernen Zeit-Romane einordnet, die das spielerische Vermögen der Fiktion erkannt und umgesetzt haben und in der Nachfolge Prousts „schalten und walten mit verlorener und

---

51. Ibid., S. 74/75.
52. Foucault: L'ordre du discours, S. 53.
53. Dort heißt es an einer Stelle in deutlicher Übereinstimmung mit Foucault: „Die Unordnung, die immer noch unterdrückte Rede des Ganzen, ein Rumor bloß, aber überall stärker hervordringend." (R 145)

wiederkehrender Zeit" (JM 15), wird dort der ästhetische Moment gegen die reale, lineare Zeit ausgespielt, indem es heißt, der Erzähler werde „bis zuletzt dem Zeit-Pfeil trotzen und den Schild der Poesie gegen ihn erheben." (JM 15) Unter Berufung auf die Idee der ästhetischen Zeitaufhebung wird dort das poetologische Programm des Romans formuliert:

Statt in gerader Fortsetzung zu erzählen, umschlossene Entwicklung anzustreben, wird er dem Diversen seine Zonen schaffen, statt Geschichte wird er den geschichteten Augenblick erfassen, die gleichzeitige Begebenheit. (JM 10)

Demgemäß setzt sich Leons Lebensweg fort als Übertritt in eine irreale Szenerie, in der kein geregeltes Zeitmaß mehr Gültigkeit hat. Die Straße, die er nach seinem Abschied vom Theater beschreitet, verliert sich auf der Schwelle - hier fällt der Begriff „Kippe" - momentanen Verharrens.

Und je länger ich schritt und je stärker ich schaute, umso mehr enthüllte sich mir, der ich unter Tage arbeitete, das normale Leben, die anfallende Gegenwart als ein ausladendes Gemälde in übertrieben leuchtenden Farben, eine einzige gewaltige Bewegung aus Zeit und Unzeit, vielfach verschlungen und stets auf der Kippe, augenblicklich zu einer ungeheuren Plastik, zu einem schreckhaften Monument zu erstarren, zu schwirrendem Stillstand zu gelangen. (JM 61)

Das erste Kapitel des Romans ist bekanntlich *Die Straße* überschrieben und signalisiert damit das Maß der Linearität, das ja auch hier noch von der Erzählung eingehalten wird. Der Roman vollzieht Leons Bewegung auf der Schwelle zur „Gleichen Zeit", indem er von hier ab vom linearen Erzählen in allegorische Bildhaftigkeit verfällt. Die Allegorien, Mythen und Märchen, die in den folgenden Kapiteln die Linearität des Erzählens durchbrechen und das Geschehen ins Phantastische wenden, werden wieder im Fluß linearen, ‚realistischen' Erzählens aufgehoben, nachdem Leon am Ende des vierten Kapitels *Die Terrasse* nach seiner Wanderung durch das „Illusions-Gelände" (JM 310) jäh wieder in die „schiere freie Wirklichkeit" (JM 311) der Straße gelangt, um im fünften Kapitel wieder in seiner eindeutigen Identität aufzutreten. Die Geschichte des Mönchs von Heisterbach, die Leon im ersten Kapitel erzählt, liefert ein Gleichnis für diese Romanstruktur der Zeitaufhebung.

Dieser war doch im Grübeln über dem Bibelwort, daß vor dem Herrn tausend Jahre wie ein Tag seien, unmerklich entrückt worden und erst dreihundert Jahre später zu seinem Kloster heimgekehrt. (JM 59)

Das allegorische Kapitel *Der Wald* wiederholt diese Grundstruktur, ist gleichsam Allegorie der Poetologie des Romans. Auch die Bankkauffrau, die Protagonistin des irrlichternden Geschehens in diesem Kapitel, macht wie Leon einen „Besuch auf der anderen Seite der Zeit" (JM 59). Ihre traumatischen Erlebnisse entpuppen sich am Ende des Kapitels als Phantasma einer minutenwährenden Erinnerungsarbeit. Sie hatte den Namen eines neuen Kunden „einige qualvolle Augenblicke lang" (JM 102) vergessen und durch dieses „kleine, zugige Loch in ihrem Pflichtbewußtsein" eröffnete sich ihr „das Fehlende selbst [...] wie eine Pforte, bald schon wie ein erhabenes Tor" (JM 67), durch das sie ihre schreckensreiche Irrfahrt antritt. Auch Leon Pracht hatte diese „Pforte hinter die Dinge" durchschritten und es verwundert nicht, daß sich die Bankkauffrau im Moment dieses Übertritts in der Nähe der Ortschaft Heisterbach befindet (JM 68).

Der Roman setzt sukzessive Zeichen dieser Zeitverwandlung. Jener „schwirrende Stillstand", in den sich für Leon die bewegte Vielfalt der Gegenwart, das ‚Rauschen des Diskurses', verwandelt, geht im Roman über in das Bild des „Stehenden Liebespfeils". Diese quasi photorealistische Sequenz über wartende Läufer auf einem Sportfeld verwandelt die erotisch aufgeladene Situaton eines „vage[n] Warten[s]" zwischen den männlichen und weiblichen Läufern in ebenso „schwirrenden Stillstand" (JM 61). „Die absurden Weisheiten des Zenon über das unbewegte Stückwerk der Zeit" (ibid.), seine Idee, daß der fliegende Pfeil ruht[54], sind die Quelle dieser Bildlichkeit, die jenes „Zeitmaß des Säumens" (JM 64) vorgibt, das fortan den Roman regiert.

Das Bild des auratisierten Zeit-Pfeils setzt sich wiederum fort in einer Vielzahl von Pfeilerscheinungen - etwa der „Lichtpfeil aus einem Wolkenspalt" (JM 69) oder „der goldrote Pfeil, den die absteigende Sonne durch die Tannenwipfel schickte" (JM 74) -, die wie im Märchen auf geheimnisvolle Weise die junge Bankkauffrau in eine „nachdrückliche Pfeilrichtung" leiten, bis sie schließlich die „Schranke zur Gleichen Zeit" (JM 76) übertritt.

Dieser motivische Übergang blendet in Übereinstimmung mit der Zeit-Poetologie des Romans die Figuren Leons und der Bankkauffrau ineinander. An der Bankkauffrau löst sich Leons vorausweisende Frage am Ende des ersten Kapitels, welches denn seine nächste Verwandlung sein sollte (JM 60), ein. Es scheint, daß „der Text an ihrem Beispiel füllt, was er an seinem offen läßt"[55], und zwar in zweifachem Sinne: sie durchläuft die Phantasmen jenes Grenzgängertums, in dem Leon am Ende des ersten Kapitels seine Existenzform erkennt, und auch ihre Erlebnisse lassen sich auf jene „Folie der Zeitgenossenschaft" (PP 111) projizieren, die im ersten Kapitel als geistesgeschichtlicher Hintergrund das Geschehen motivierte.

Wenn das Kapitel *Die Straße* das Denken an einen Punkt gelangen ließ, an dem die ‚kritische' Entlarvung der Zwänge, die sich der junge Theaterregisseur Leon Pracht ganz im Sinne der gesellschaftlichen Tendenz am Ende der sechziger Jahre zum Ziel macht, auf jene Grenze stößt, die jeden Widerspruch aufhebt, so führen die folgenden Kapitel die geistesgeschichtliche „Allegorese der Epoche"[56] dort weiter, wo sich die Kritik gegenüber ihren eigenen Grundlagen verselbständigt, d.h. dort, wo sich, wie Horkheimer und Adorno gezeigt haben, das aufklärerische

---

54. Vgl. Berka: Mythos-Theorie und Allegorik, S. 168. Berka weist auch darauf hin, daß einer der Beweise Zenons die Bewegung von Sportlern in einem Stadion zum Gegenstand hat. Auch hierin geht die Sportfeld-Situation bei Botho Strauß auf Zenon zurück.
55. Herwig: „RomantischerReflexionsRoman" oder erzählerisches Labyrinth. In: Strauß lesen, S. 272/273.
56. Joachim Müller: Die verantwortete Existenz im Erzählwerk von Botho Strauß. In: Universitas 11 (1985), S. 1228.

Denken seiner ideologischen Verfestigung überhebt und die Verschlingung mit dem Mythos eingeht. Das Kapitel *Der Wald* läßt sich als eine traumatische Inszenierung der „Dialektik der Aufklärung" lesen, die die mythische Gewalt einer im Sinne Horkheimers und Adornos totalitären Herrschaft der Vernunft drastisch verdeutlicht. Die Bankkauffrau ist die - Ironie des Geschlechterwechsels - ökonomische Variante des Wissenschaftlers und Künstlers Leon Pracht. Diese ehrgeizige Repräsentantin der kapitalistischen Ökonomie gerät wie Leon an die Grenze des hier unter dem ökonomischen Aspekt beleuchteten aufklärerischen Denkens. Ihr begegnet der Mythos der Aufklärung als Phantasmagorie der spätmodernen Gesellschaft. Zwischen Zivilisationsmüll und psychotischen Visionen schlägt ihr zweigesichtig in Herrn Gründe und dem „Besitzer der Deutschen" (JM 82) die mythische Fratze einer spätmodern gescheiterten Aufklärung entgegen. Erinnert Herr Gründe mit seinem menschenfreundlichen Projekt an jenen aufklärerischen Optimismus, den im *Wilhelm Meister* die Turmgesellschaft vertrat (die Anspielung auf Goethes Turmgesellschaft ist deutlich), so wird dieser hier als sozialengagierte Projektlust eines finanzkräftigen Investors verhöhnt. Der Name Herrn Gründes, der buchstäblich den fundatorischen Akt der Aufklärung in sich trägt, ist Gegenstand der konvulsivischen Erinnerungsabsenz der Bankkauffrau und in der phantasmatischen Erfahrung dieser Absenz entlarvt sich ihr die Facies negativa des aufklärerischen Gründungspathos: im „karpfenmäuligen Haupt aller Deutschen" (JM 107), Schreckensfigur des deutschen Übermenschen und Heideggersche Seinsfigur in einem, zeigt sich die Fratze der entgrenzten Menschenkraft, in seinem Stimmenkaufhaus, in dem mit „Ich-Quanten" (JM 82) bezahlt wird, verbildlicht sich das Prinzip der „herrschaftliche[n] Entsagung"[57] des identisch beharrenden Selbst um den Preis gesellschaftlicher Identität, das Horkheimer und Adorno am Beispiel des Odysseus als „Introversion des Opfers"[58] beschreiben.

In diesem modernen Zivilisationsmärchen über die anti-aufklärerischen Traumata der Bankkauffrau wendet der Roman den Mythos der Aufklärung in mythische Rede. Ausgehend von Horkheimers und Adornos These vom Umschlagen der Aufklärung in Mythologie zeigt Strauß „Mythos und Moderne in ihrer dialektischen Bezogenheit auf die jeweils ‚Andere Zeit' "[59] und übersetzt dieses Verhältnis in dichterische Rede, die sich hier jedoch derart verwirklicht, daß die im Mythos aufscheinende Aporie nicht mehr aufgehoben wird.

Im Unterschied zur dialektischen Wieder-Holung des Mythos verweist der allegorische Umgang in seiner Form auf die Diskrepanz zwischen Mythos und Allegorie, Rede und Anders-Rede. Ort der Nicht-Versöhnung ist ‚der andere Schauplatz': die Schrift.[60]

---

57. Max Horkheimer; Theodor W. Adorno : Dialektik der Aufklärung. Frankfurt a.M. 1986, S. 52.
58. Ibid., S. 51.
59. Berka: Mythos-Theorie und Allegorik, S. 165.
60. Ibid., S. 164.

Die Ankündigung der Einleitung „Allegorien. Initiationsgeschichten. RomantischerReflexionsRoman" (JM 15) benennt schon vorab jenes Erzählverfahren, mit dem dieser Roman die Versöhnung von Begriff und Wirklichkeit unterläuft. Die komplex aufgebaute Bildlichkeit in *Der junge Mann* läßt sich anhand vieler Beispiele als allegorische beschreiben.[61] Hier sei nur festgehalten, daß der Roman mit dem allegorischen ein Verfahren wählt, das wiederum dialektische Sinnkonstruktion unterläuft. Die Allegorie zerstört die Dialektik von Zeichen und Begriff, indem sie das Repräsentationsverhältnis von Zeichen und Bezeichnetem zugunsten einer reinen Bildlichkeit auflöst. Die Allegorie ist, um hier auf Walter Benjamins Theorie der Allegorie zurückzugreifen, „Bilderspekulation"[62]. „Fixiertes Bild und fixierendes Zeichen in einem"[63] insistiert sie auf der Differentialität von Zeichen und Bezeichnetem und dirigiert den Blick auf die reine Bildlichkeit des Signifikanten.

„Wo ein Bild ist, hat die Wirklichkeit ein Loch. Wo ein Zeichen herrscht, hat das bezeichnete Ding nicht auch noch Platz." ist eine Feststellung aus Strauß' *Trilogie des Wiedersehens* (T 42). Das Allegorische „bedeutet genau das Nichtsein dessen, was es vorstellt"[64], formuliert Walter Benjamin.

In ihrer Lossagung vom symbolischen Konnex von Zeichen und Bezeichnetem eröffnet die Allegorie „schwindelerregende Möglichkeiten referentieller Verirrung"[65]. Sie läßt jenes „semiologische Rätsel"[66] offen, das die dialektische Einebnung referentiellen Bedeutens in figuralem Sinn aufgehen ließ und so ermöglicht sie - in dieser Weise denkt Paul de Man diese Denkfigur weiter - die Freisetzung eines ‚Unkodierbaren', die „Freisetzung dessen was [in der sprachlichen Figur] niemals aufgeht"[67]. Die Allegorie spricht „von der unbestimmbaren Andersheit dessen, wovon die Rede ist"[68] und in eben dieser Andersheit verortet Botho Strauß die dichterische Rede. Indem er vom dialektischen Mythosbegriff zur Denkfigur der Allegorie weitergelangt, verweist Strauß wiederum auf ein unverfügbares Anderes als Impuls seines literarischen Schaffens. Wenn er in der oben zitierten Passage aus *Anschwellender Bocksgesang* die dichterische Phantasie als „Phantasie des Verlusts" bezeichnet, so äußert sich dieser Verlust, eben die Preis-

---

61. Mit anderer Akzentuierung als der meinen untersucht Sigrid Berka in ihrem schon zitierten Buch das Erzählverfahren der Allegorien (Kapitel V.: Allegorien der Literatur, Loc. cit., S. 97-148.) Auch Sabine Wilke beschreibt die Unterwanderung des Mythologischen durch die Allegorie bei Botho Strauß in dem Kapitel ‚*Das Durchscheinen des Mythologischen im Alltäglichen*': Anverwandlungen klassischer Mythologie bei Botho Strauß. In: S.W.: Poetische Strukturen der Moderne. Stuttgart 1992, S. 119-167, bes.S. 144 ff.
62. Walter Benjamin: Ursprung des deutschen Trauerspiels. Hrsg. v. Rolf Tiedemann. Frankfurt a.M. ¹1978, S. 197. Es gibt deutliche, vor allem auch bildliche Referenzen auf diesen Text von Benjamin in *Der junge Mann*, die hier jedoch nicht im einzelnen beschrieben werden können.
63. Ibid., S. 161.
64. Ibid., S. 208.
65. Paul de Man: Allegorien des Lesens. Frankfurt a.M. 1988, S. 40.
66. Ibid.
67. Werner Hamacher: Unlesbarkeit. In: Paul de Man: Allegorien des Lesens, S. 24.
68. Ibid., S. 11.

gabe der sinnstiftenden Funktion symbolischen Bedeutens, gerade in der Allegorie als Denkfigur. Benjamin läßt in seiner Schrift über das Trauerspiel den Gegenstand „unter dem Blick der Melancholie allegorisch" werden[69], und auch Strauß bezieht sich in seinem Essay auf die Tragödie in der wörtlichen Übersetzung „Bocksgesang". Es ist jener melancholisch oder dramatisch empfundene Verlust[70] - der ja auch aus der wehmütigen Erinnerung an Adorno in *Paare, Passanten* sprach -, das schmerzhafte Gewahren einer ungeborgenen Andersheit, von dem die Dichtung in der Konzeption von Botho Strauß zu zeugen hat.

Auch Leon Pracht hat sich, dies machte auch der Übertritt in das mythisch-allegorische Erlebnisfeld der Bankkauffrau deutlich, auf dieser Verlustseite des Denkens eingerichtet, was, wie wir sahen, der Existenzweise des Dichters entspricht.

Wenn sich nun aber diese Haltung wie in diesen beiden ersten Kapiteln des Romans aus einer entschieden unversöhnlichen Aufklärungskritik entwickelt, so scheint der Zeitbezug zur geistesgeschichtlichen Unterwanderung dieser Denktradition durch Poststrukturalismus und Dekonstruktion in den zurückliegenden Jahrzehnten, den der Roman etwa in den hier erläuterten Bezügen zum Denken Foucaults oder Paul de Mans herstellt, eine Affinität zur Postmoderne als zeitgeschichtlichem Paradigma dieser Unterwanderungsbewegung nahezulegen. Botho Strauß spielt mit dieser Affinität - nicht von ungefähr sind seine Texte oft als postmodern etikettiert worden -, er sucht jedoch auch, der Suggestivität jener Theoreme zu entkommen, die Aufklärungskritik für einen radikalen Bruch mit der Tradition der Moderne vereinnahmen.

Botho Strauß' Verhältnis zur Moderne ist, wie wir schon gesehen haben, ambivalent. Im selben Atemzug, in dem er sich in *Paare, Passanten* von der Dialektik lossagt, wendet er sich auch gegen die „kichernden Formverstöße" „einige[r] jüngerer Denker-Satiriker" und „Ethno- und Anarcho-Essayisten" (PP 115) und er meint hiermit offenkundig die Denker aus dem Umkreis des Poststrukturalismus und der Dekonstruktion.

Wenn Strauß sich in ein und derselben Prosaskizze von der dialektischen Vernunft der Frankfurter Schule und der poststrukturalistischen Vernunftkritik abgrenzt, dann geht es auch um sein Verhältnis zum philosophischen Diskurs der Moderne und dem der Postmoderne.[71]

Im Kontext von *Der junge Mann* steht für dieses ambivalente Verhältnis, sowohl zur Moderne als auch zur Postmoderne, das Kapitel *Die Siedlung*, und es erhellt zugleich die Position, die Strauß in jenem Zwiespalt einzunehmen gedenkt.

---

69. Benjamin: Ursprung des deutschen Trauerspiels, S. 161.
70. Sigrid Berka verweist in diesem Zusammenhang auf den Verlustcharakter der Straußschen Figuren, alle „Melancholiker, Hypochonder, Scheintote" mit allegorischer Qualität. Mythos-Theorie und Allegorik, S. 101.
Helmut Schödel spricht von einer „Ästhetik des Verlustes". H.S.: Ästhetik des Verlustes. Zur Literatur des Botho Strauß. In: Theater heute, Jahressonderheft 1976, S. 104-106.
71. Thomas Anz: Modern, postmodern? Botho Strauß' *Paare Passanten*. In: The German Quarterly 63.3/4 (1990), S. 405.

War das Kapitel *Der Wald* eine Auseinandersetzung mit der Dialektik der Aufklärung, die die dialektische Wiedereinholung des Mythos allegorisch scheitern ließ, „so ist das Kapitel *Die Siedlung* eine teils parodistische, teils ernsthafte Auseinandersetzung mit Strukturalismus und Poststrukturalismus in fiktionalisierter Form"[72], d.h. mit den neueren geistesgeschichtlichen Antipoden des dialektischen Denkens. Das spätmoderne Trauma im Kapitel *Der Wald* kippt hier, indem der Verlauf der neueren Geistesgeschichte wiederum allegorisch nachvollzogen wird, um in eine „dem poststrukturalistischen Modell verpflichtete Horrorvision"[73].

Das Volk der Synkreas, der „Gesellschaftslosen", wie es im Untertitel dieses Kapitels heißt (JM 109), hat sich nach einem „kulturelle[n] Erdrutsch", der das „Auseinanderfallen unserer westlichen Erfolgsgesellschaften" (JM 114) zur Folge hatte, in der verlassenen Freizeitanlage im Gründschen Forst (vgl. JM 111), in den Ruinen der „Alt-Gesellschaft" (JM 143), niedergelassen und pflegt dort einen Kult der Gesellschaftslosigkeit, in dem alle differentiellen Systeme gesellschaftlichen Denkens, von der Sprache über die Liebe bis zur Funktion der individuellen Identität, aufgehoben sind.

Durch die Räumlichkeit wird das Geschehen der bisherigen Kapitel hier wieder direkt aufeinander bezogen. Die „vom Gestrüpp überwucherten Tennisplätze" (JM 111 und 175), die in diesem Kapitel als „Punkt des Nicht-weiter-Schreitens" (JM 175) das Sportfeld vom Ende des ersten Kapitels wiederauftauchen lassen, und die Anknüpfung an den „Gründschen Forst", an jenen selben „Wald", in dem die Straße des ersten Kapitels sich verlief, lassen hier durch die Räumlichkeit den Erzählverlauf, so wie es die Einleitung ankündigte, im „geschichteten Augenblick" (JM 10) zusammenfallen. Das Kapitel *Die Siedlung* ist eine weitere Verwandlung des Themas, das am Ende des ersten Kapitels angeschlagen wird, eine andere Facies des Gesellschaftlichen, die wie der Mythos der Aufklärung anknüpft an jenem Punkt, an dem die Grenzen des gesellschaftlichen Denkens offenbar wurden.

Dieses Kapitel variiert die Chiffren des kulturellen Wandels in diesem Roman als Kult der Aufhebung, der deutlich die epigonalen Züge der Postmoderne trägt. Botho Strauß zeichnet hier das ironische Bild einer Postmoderne, die sich - man erinnere sich an die Schärfe der Polemik, mit der in der aufbrandenden Diskussion um die Postmoderne das Ende der Moderne proklamiert wurde - als posthistorische Endzeitvision und endgültiger Widerruf neuzeitlicher Denk-Schemata zu verstehen gab. Die Schilderung der Synkreas als nutzlos dekadenter Splittergruppe der Gesellschaft, die als „ausgehaltenes Völkchen [...] gefällig ‚Modell stand' für eine alte, um Fassung ringende, verbrauchte Erfolgsgesellschaft" (JM 138/139, vgl. auch 117), könnte nicht ironischer die Paradoxien eines Aufhebungsdenkens reflektieren, das sich der Grundlagen seiner Entstehung nicht vergewissert hat. So zumindest scheint nach Strauß auch die Postmoderne nicht der Zwangsläufigkeit gewisser Vorgaben aus der Tradition des modernen Denkens zu entkommen.

---

72. Ingeborg Hoesterey: Verschlungene Schriftzeichen: Intertextualität von Literatur und Kunst in der Moderne/Postmoderne. Königstein 1988, S. 172.
73. Wilke: Poetische Strukturen der Moderne, S. 162.

Mit dieser Relativierung der Postmoderne relativiert der Roman, der doch so vehement gegen die Aufklärung vorgeht, gleichzeitig seine eigenen Maßstäbe. Parodistisch führt er jene Denkmuster vor, die sich im Trend der Zeit unter dem Begriff der Postmoderne einordnen lassen und die auch im Blick auf die Literatur von Botho Strauß für die Definition einer literarischen Postmoderne geltend gemacht wurden. Sei es die esoterische Vorstellung vom Ende der Aufklärung und dem Beginn eines mythischen Zeitalters, von Holismus und kosmischem Bewußtsein in der Bewegung des ‚New Age'[74], seien es die Anklänge an die Romantik, die so ausdrücklich in der Einleitung berufen werden und die hier, illustriert durch ein Görres-Zitat (JM 139), als Versatzstücke eines naiv-träumerischen Neo-Gnostizismus erscheinen[75], seien es der Zitatzwang in der postmodernen Literatur[76], bei den Synkreas in einem Höhlenkult persifliert als „banaler Abwehrzauber, der sie vor der rächenden Rückkehr der Sprache bewahren sollte" (JM 148), oder die Dekonstruktion, die auch verschiedentlich für die Lektüre der Straußschen Texte bemüht wurde[77] und die in der „Lutz-Arbeit" der Synkreas ihre Karikatur findet (JM 142/143) - im „synkretischen Spiel" (JM 148) jener „kulturelle[n] Abfallfresser" (JM 144) scheint sich der Roman den eigenen Boden zu entziehen. Doch der Roman bleibt nicht stecken in diesen Schleifen der Selbstrelativierung, die im ironisch-beliebigen Spiel letztendlich nur noch den „Text ohne Bedeutung"[78] nach dekonstruktivistischem Muster sichtbar werden lassen können.[79]

---

74. In seiner Analyse des Verhältnisses von Moderne und Postmoderne geht Wolfgang Welsch auch auf den Charakter der Postmoderne als einer „Epoche jenseits der modernen Zersplitterung, einer Epoche neuer Ganzheitlichkeit" ein. W.W.: Unsere postmoderne Moderne, S. 42. Lothar Pikulik hat diese Tendenz für *Der junge Mann* geltend gemacht. Vgl. L.P.: Mythos und New Age bei Peter Handke und Botho Strauß, S. 244 ff.
75. „Neoromantik" ist bekanntlich auch ein Stichwort der Postmoderne-Diskussion. Vgl.: Hauke Brunkhorst: Romantik und Kulturkritik. Zerstörung der dialektischen Vernunft? In: Merkur 39 (1985), S. 484-496.
Hermann Timm: Phantombild der Neoromantik. Eine Mutmaßung zum Dekadenwandel. In: L'80 15 (1980), S. 5-19.
76. Insbesondere, und auch dies trifft auf den *Jungen Mann* zu, im Zusammenhang mit der Figur der Allegorie als Schreibverfahren. Vgl. Andreas Kilb: Die allegorische Phantasie. Zur Ästhetik der Postmoderne. In: Postmoderne: Alltag, Allegorie und Avantgarde. Hrsg. v. Christa und Peter Bürger. Frankfurt a.M. 1987, S. 106. Eine ähnliche Interpretation auch mit Blick auf das Prinzip der Allegorisierung findet sich bei Christa Bürger: Die Aufhebung der Literatur in der Allegorie. Anläßlich Botho Strauß' *Theorie der Drohung*. In: LiLi. Zeitschrift für Literaturwissenschaft und Linguistik 65 (1987), S. 143: „Der postmoderne Autor, indem er das Zitat als Zitat behandelt, betreibt die Entsemantisierung des avantgardistischen Schreibens."
77. „Rückendeckung gibt ihm [Botho Strauß] neben dem französischen auch der amerikanische Dekonstruktionismus." stellt Sigrid Berka fest. Mythos-Theorie und Allegorik, S. 33.
78. Bürger: Das Verschwinden der Bedeutung, S. 308.
79. Diese dekonstruktivistische Lesart appliziert Sigrid Berka auf *Der junge Mann*. S.B.: ‚Vorsicht Lebensgefahr.' Die Spätfolgen der Romantik bei Botho Strauß. In: Romantik - eine lebenskräftige Krankheit: ihre literarischen Nachwirkungen in der Moderne. Hrsg. v.

Auch hier ist es Leon Pracht, der aus diesem Dilemma des Texts, der sich hier selbst an den Rand des Bedeutens bringt, einen Ausweg weist. Gerade der „hohe Grad der Beliebigkeit" (JM 120), die „innere Leere" (JM 147), „die endlose[ ] Faulheit und Gedankenleere" (JM 113) sind ja für ihn, der hier als Mythologe von den Synkreas berichtet, die unerträglichsten Auswüchse dieser synkretischen Kultur.

Wohl aber scheint er zunächst einer betörenden Beeinflussung durch das Objekt seiner wissenschaftlichen Beobachtungen zu erliegen. Sein Bewußtsein ist so ernsthaft „angeweht worden" (JM 115), daß er den Übertritt in die Gemeinschaft der „Gesellschaftslosen" versucht. Indem jedoch sein Versuch, in den „Großen Schmelzfluß" (JM 135) des synkretischen Denkens einzutauchen, unwiderruflich scheitert, indem er verwiesen bleibt auf die Rolle des „geduldeten Beobachters" und „Sympathisanten" (JM 153), illustriert diese Begebenheit gleichnishaft das Verhältnis des Dichters zu einer sich als diffuse Amalgamierung präsentierenden Postmoderne. Denn als Dichter müssen wir Leon Pracht auch hier wieder sehen, und zwar in demselben Konflikt, aus dem sich schon in den beiden vorherigen Kapiteln die Figur des Dichters herauskristallisierte. Als „erste[r] Chronist" (JM 148) der Synkreas, der ihre Geschichte zu schreiben und ihre „piktogrammatischen" Fabeln zu entziffern und zu übersetzen hat, ist er einer „Frankfurter Kommission" (JM 170-173) verpflichtet, der er über seinen unerlaubten Übertritt in das „traumförmige Sozialgebilde" (JM 132) Rechenschaft abzulegen hat. Doch bleibt seine offensichtlich poetische Rede der ‚kritischen Haltung' dieser demokratisch-bürokratischen Institution der „Restgesellschaften" (JM 172) gegenüber ungenügend.

Ich redete unerschrocken weiter in meinem wechselvollen Stil, in dem Fabeln und Fakten, Idee und Tat vollkommen gleichberechtigt zur Wahrheitsfindung beitrugen. Ich erläuterte nichts und bereute nichts, selbstverständlich redete ich mich auf solche Weise um Kopf und Kragen. (JM 173)

Zurückgewiesen also sowohl von den rigiden Anforderungen der kritischen Kommission als auch von der esoterischen Gemeinschaft der Aufhebungsdenker endet Leon Pracht auf den verwilderten Tennisplätzen am Rande des Waldes, jener hier konstant variierten Topologie, an jenem „Punkt des Nicht-weiter-Schreitens" (JM 175), an dem er „vor gut acht Jahren" (ibid.) nach seiner Theaterarbeit schon einmal angelangt war. Ihm schien, er sei nach allem, was hinter ihm liegt, „im wesentlichen nicht über die Entdeckung der verwilderten Tennisplätze" (ibid.) hinausgelangt. „Man hat nur einen Ton, sein Lebtag." (ibid.) heißt es an dieser Stelle. Beharrlich scheint sich jene Erfahrung zu behaupten, die nur als Bruchstelle des Denkens identifizierbar war. Sie scheint sich - und dies sagt Strauß in Bezug auf seine eigene Auseinandersetzung mit den ‚nouveaux philosophes', die wohl im gröberen Sinne dem Phänomen der Postmoderne zuzuordnen sind und die unleugbare Spuren in seinem Werk hinterlassen haben - der Veror-

---

Erika Tunner. Amsterdam 1991 (Amsterdamer Beiträge zur neueren Germanistik, Bd. 34), S. 203 ff.

tung in einem geistesgeschichtlichen Schema zu entziehen, denn jede geistesgeschichtlich begründbare Tendenz, dies verdeutlicht das Beispiel der Synkreas, muß doch immer auf eine konkrete gesellschaftliche Konstellation bezogen bleiben.

Auch dieses Kapitel verweist also wieder auf die unvermittelbare Position, die Leon als „fortschrittlich assimilierter Grenzgänger" (JM 172) zwischen den Fronten gesellschaftlich gültiger Denkmuster einnimmt.

Daß es in diesem Roman konstant um die Behauptung einer gesellschaftlich nicht assimilierbaren poetischen Position geht, macht noch einmal umso mehr die erzählerische Konstellation im folgenden Kapitel *Die Terrasse* deutlich.

Wenn das Gespräch auf der Terrasse, das die klassische erzählerische Struktur des Novellenkranzes annimmt, „die Situation des Künstlers in einer Staatsform"[80] reflektiert, so mündet diese Konstellation wiederum in eine poetische Auflösung. Die „Terrasse" in diesem Kapitel wird im Bann des allegorischen Hitlerleichenzuges zum Schauplatz der deutschen Nachkriegsgeschichte. Legt diese historische Verankerung des Gesprächs noch den Vergleich zu Goethes *Unterhaltungen deutscher Ausgewanderten* nahe, so verweist dessen poetischer Gehalt auf das Vorbild von Schlegels *Gespräch über die Poesie*.

Die relativierende Selbstreflexion des Texts setzt sich auch in diesem Kapitel fort, und zwar in der verwirrend zirkulierenden Diskussion zwischen dem „Sanitäterdenker" Reppenfries und Hanswerner, dem „Modernen", einer „Parodie der Parodie der Begriffsklopfereien von Settembrini und Naphta in *Der Zauberberg*"[81], die Tiefgründiges und Widersprüchliches, ernsthafte Gedanken über Themen der Zeit und der Gesellschaft und auch verwertbare Reflexionen zur Deutung des Romans gegeneinanderhält und doch wieder aufhebt. Diesem diskursiven Vexierspiel zwischen den nur scheinbar klaren Positionen des kulturkonservativen Nietzscheaners Reppenfries und des „Modernen" mit seinem Wissenschaftsoptimismus entzieht sich Leon, indem er, peinlich berührt von der Forderung, auch einen Diskussionsbeitrag zu leisten, eine Geschichte erzählt.

War nicht jenes mich bewegende Prinzip ungleich schonungsbedürftiger, unfaßlicher auch als das der beiden anderen, deren Mitteilungen sich dagegen wie Manifeste oder Ideologien ausnahmen, die man auch in Zeitungen oder öffentlichen Debatten hätte vortragen können? (JM 221)

Leon erklärt sich in seiner erotisch-ekstatischen Geschichte von Mero, der „Frau auf der Fähre" als „Erotiker aus Entsagung" (JM 250). Er eröffnet mit diesen „Geständnissen" (JM 221) seiner erotischen Leidenschaft innerhalb des Gesprächskreises einen Komplex, in dem Kunst und Eros sich poetisch vermitteln und aus dem verfahrenen ideologischen Wortgefecht, das doch wieder „nur Pole in einem postmodernen diskursiven Raum [markiert]"[82], hinausweisen.

---

80. Berka: Mythos-Theorie und Allegorik, S. 159.
81. Ibid., S. 73.
82. Vester: Konjektur der Konjekturen, S. 25.

„Leon wirbt mit Mero um Almut und findet Yossica."[83] Almut, die „schöne Niedergeschlagene" (JM 182), in ihrem Ringen um Harmonie eine entfernte Verwandte der Goetheschen schönen Seele, verlockt Leon zu seinen Bekenntnissen. Die Geschichte der Almut ist die Geschichte einer „Kunstverletzung" (vgl. JM 250), des enttäuschten Glaubens an die mimetische Vollkommenheit der Kunst. Im harmonischen Wirken des demokratischen Restauratorenteams, in dem Almut im „Dienst am Kunstschönen" (JM 257) Heilung von ihrer „Kunstverletzung" sucht, geht es um das klassische Ideal einer Kunst, die die Realität verklärt, indem sie „gehorsam nachzuschaffen" (JM 286) vorgibt. Almuts erste Arbeit als Restauratorin wird jedoch zu einem traumatischen Kampf mit der Mimesis, dem sie schließlich erliegt. Ihr Medaillon verfehlt jede Ähnlichkeit mit der Vorlage. „Wie ein erloschener Spiegel sah es [sie] an." (JM 188) Anstatt wie Pygmalion „Leben zu erwecken" (JM 291), anstatt identifikatorische Einheit erlebbar zu machen, endet ihr mimetisches Kunststreben in der alptraumhaften Vision ihrer eigenen „entsetzliche[n], zerstückelte[n] Gestalt" (JM 290). Eine Kunst, die die imaginären Phantasmen der Zerstückelung im „Kraftfeld des Kunstschönen" (JM 291) aufzuheben versucht und unter dem mimetischen Konstrukt zu verbergen sucht, gilt hiermit als gescheitert.

Leons Werben um diese Kunst führt zu keinem Ergebnis, wollte er doch nur wissen, „wieviel an geschilderter Verworfenheit ihr zuzumuten wäre" (JM 221). Seine Bekenntnisse führen in eine ganz andere Richtung, die einmal mehr die Inkommensurabilität seines Denkens offenbar werden läßt und die es hier mit der Eigenschaft des Erotischen konnotiert. Die orgiastische Phantasie in der Erzählung von Mero allegorisiert einen dionysischen Kunstbegriff - das Wort Mero aus dem Griechischen bedeutet Wein oder Rausch[84] - im erotischen Bild ekstatischer Verschmelzung. Mero ist ein „allegorisierter Gedanke"[85], der die anarchische Kraft der Grenzerfahrung zwischen dem „Gipfel des Lustwehs" (JM 240) und todbringendem Selbstverlust auf der Schwelle der Zeit zum Moment der Erlösung erhebt. Es ist ein „erotisches Denken" (JM 244), das hier eine befreiende und doch unverfügbare, nicht perpetuierbare Kraft demonstriert.

[...] und es ist zuletzt nur noch die Synkope, die Unterbrechung des Daseins im Geschrei, im sinnlichen Winseln, im Aufbäumen der Hüfte, die wir suchen, und nicht den anderen Menschen. (JM 244)

Von der „erotischen Gnade" (JM 22), die im gnostischen Denken beheimatet sei, sprach Leon Pracht schon zu Beginn seiner Geschichte. Sie ist als „Prinzip der erotischen Transzendenz"[86] schon als Schreibprinzip der Texte von Botho Strauß ausgemacht worden. Im erzählerischen Labyrinth von *Der junge Mann* erhellen die „Geständnisse" Leon Prachts im Kapitel *Die Terrasse* also tatsächlich sein

---

83. Herwig: „RomantischerReflexionsRoman" oder erzählerisches Labyrinth? In: Strauß lesen, S. 277.
84. Vgl. ibid., S. 276.
85. Ibid., S. 178.
86. Gerhard vom Hofe; Peter Pfaff: Botho Strauß und die Poetik der Endzeit, S. 113.

wahres Gesicht, denn sie umschreiben jenen Moment des Unvermittelten, auf den er sich immer wieder verwiesen sah, mit der Sprache der Sexualität als „erotische Synkope".

In *Der junge Mann* nimmt Strauß eine Gleichung wieder auf, die er bereits in *Die Widmung* in *Theorie der Drohung* und *Rumor* aufgestellt hat: Die Gleichung zwischen Schreibprozeß, Erotik und Vernichtung. Im Hintergrund steht eine Philosophie der Erotik, die Strauß sich über Bataille, Barthes, Artaud und Foucault zu eigen gemacht hat.[87]

Der erneuten und ausführlichen Durchführung dieser Gleichung hat Botho Strauß später eigens einen erotischen Roman gewidmet, *Kongreß. Die Kette der Demütigungen* (1989). Was zunächst das Ergebnis dieser Gleichung im Blick auf *Der junge Mann* angeht, so gilt: das „erotische Denken" als Denken einer Grenzerfahrung erfaßt jenen Zustand der Aufhebung, der sich an Leon Pracht als Existenzgrund des Dichters erwiesen hat.

Der „Erotiker aus Entsagung" ist der Erotiker der Sprache. Seine Grenzerfahrung ist die Erfahrung eines unerlösten Begehrens, das den allegorisch erfahrenen Verlust aufzuheben sucht und doch nur im ‚synkopischen' Gewahren eines uneinholbaren Anderen eine blitzartig vergängliche Erfüllung findet.

Das Schreiben deutet die Sachlage des Fehlens. Alles fehlt, wo der Buchstabe ist. Die entschwundenen Dinge, den entschwundenen Leib zu begehren ist die ursprüngliche Erotik der menschlichen Sprache [...] Das Zeichen selbst hat auch eine Physis, die Schrift ist auch Zeichnung, ist - halbwegs, verschrumpelt - ein Ding, schmaler Aufstrich, ein Hauch von Materie, Schmuck und Sekret. (PP 102)

Die Rede von der Erotik ist eine andere Dimension der Rede von der „Übertretung". Foucault hat diesen Begriff ja gerade an Batailles und de Sades Sprache der Sexualität entwickelt.[88] Sein Denken der Grenze macht den erotischen Exzeß als „Bewegung, die nichts wird begrenzen können (weil sie von allem Anfang an und insgesamt ständige Begegnung mit der Grenze ist)"[89] zum Paradigma einer - gleichermaßen aporetischen - Übertretung, die er im Raum des Sprachlichen ansiedelt.

Bis hierher, nachdem sich sowohl seine Affinität zu diesem undialektischen Denkparadigma als auch seine Neigung zum erotischen Denken erwiesen hat, können wir schließen, daß sich Leon Pracht ebenfalls in diesem Raum der Sprache bewegt. Dieser Roman ist nichts anderes als eine poetische Ausgestaltung jener grenzgängerischen Bewegung im Raum der Sprache, die der Dichter vollzieht.

Leons „verlassenes und dahinirrendes" (JM 244) erotisches Denken verbündet sich zuletzt mit der bescheidenen Briefsortiererin Yossica. Leon findet sie als verletztes Wesen, dem aus dem Kampf mit den beiden perfiden Talentsuchern nur sein Gesicht geblieben ist, das Leon - so wie Heinrich von Ofterdingen das Gesicht Mathildes in der blauen Blume - am Waldboden findet. Die Begegnung mit

---

87. Berka: Mythos-Theorie und Allegorik, S. 60.
88. Vgl: Foucault: Zum Begriff der Übertretung, bes. S. 69 ff.
89. Ibid., S. 72.

dem baren menschlichen Gesicht beruft Leon am Ende seiner phantasmatischen Bewußtseinsreise zurück in die reale Welt, so als wäre der Bezug zum anderen Menschen in der Blöße seines Gesichts der „erlösende Ausgleich", der seiner „hin und her irrenden Lust" (vgl. JM 247) vorenthalten bleiben mußte. Das Motiv des Gesichts als erlösende Offenbarung des anderen Menschen verbildlicht in der Begegnung von Leon und Yossica ein Schlüsselmoment der Ästhetik von Botho Strauß, eine letztendlich ethische Auflösung des ästhetischen Konflikts, die aber erst in einem späteren Kapitel dieser Untersuchung in ihrer ganzen Tragweite erläutert werden kann.

Leon beendet hier seine „Mythenwanderung", um im letzten Kapitel des Romans abermals in realistischer Gestalt in dem Filmkomiker Ossia, dem Lehrer und Vorbild seiner frühen Theaterzeit wiederzubegegnen. Seine Erlebnisse im Reich der allegorischen Phantasie haben ihn immer wieder auf dieselbe Erkenntnis seines ortlosen Denkens zurückkommen lassen. Die Siedlung der „Gesellschaftslosen" hatte er in der Geschichte von der „Frau seines Bruders" (JM 158 ff) gleichsam „durch die Tür einer Allegorie"[90] verlassen müssen, um wieder an jenem „Punkt-des-Nicht-weiter-Schreitens" anzugelangen, der in diesem Roman ein nur als ästhetisches faßbares, unvermittelbares Moment bezeichnet. Auch das Kapitel *Die Terrasse* variiert in der erotischen Rede die ästhetische Rede von der Grenze des Erfahrbaren. Die Irrfahrt Leon Prachts durch das „Illusions-Gelände" (JM 310) am Ende des Kapitels variiert die Irrfahrt der Bankkauffrau. So wie sie zu Beginn des Kapitels *Der Wald* in das Reich allegorischer Bildlichkeit eintritt, so verläßt Leon den allegorischen Irrgarten am Ende des Kapitels *Die Terrasse* in umgekehrter Richtung. Das vielfältige Geschehen des Romans reduziert sich zuletzt wieder selbst auf die Insistenz der ästhetischen Grenzerfahrung in der erzählerischen Entfaltung des „geschichteten Augenblicks", der gleich einer ‚ästhetisch-erotischen Synkope' den nun wieder einsetzenden linearen Erzählverlauf unterbrochen hatte.

Diese Erfahrung gilt es für Leon in der sich nun entspannenden Kunstdiskussion mit Ossia zu verteidigen.

Die Apotheose des Verborgenen

Die Ankunft im anderen Gesicht, das zauberhaft-platonische Zusammenwachsen mit dem lädierten Menschenwesen Yossica, befördert Leon Pracht in eine dagegen sehr prosaische, gewöhnlich-unauffällige Existenz. Der Roman bereitet ein geradezu enttäuschend bescheidenes Ende für diesen „Nicht-Helden, der am Ende dieses Nicht-Bildungsromans, ein simpler Photoarchivar ist, der seine dümmlich-ehrgeizige Liedermacherin geheiratet hat oder mit ihr zusammenlebt"[91]. Er, der „aus allen Künstler-Träumen verstoßen, in einer rüden und illusionslosen Alltagswelt Fuß fassen mußte" (JM 382), steht nun in diesem letzten Kapitel als beschei-

---

90. Fritz Wefelmeyer: Pan als Allegoriker. Erinnerung und Überbietung im Werk von Botho Strauß. In: Strauß lesen, S. 79.
91. Drews: Über einen neuerdings in der Literatur erhobenen vornehmen Ton, S. 953.

dener Bild-Archivar dem großen Künstler Ossia gegenüber und sieht sich verwickelt in eine ausschweifende Kunstdiskussion, die den ästhetischen Grundkonflikt dieses Romans nochmals aufarbeitet: „Man könnte die Kritik an diesem Roman mit lauter Zitaten aus den Gesprächen Leon/Ossia bestreiten."[92]

Um die Positionen dieser beiden Figuren zu erhellen, ist hier auf das Modell des Bildungsromans zurückzukommen, anhand dessen der Roman ja zunächst eingeführt wurde. Hat sich auch mittlerweile mehrfach erwiesen, inwiefern sich an der Figur Leon Pracht eine dichterische Konzeption einlöst, so steht doch immer noch aus, zu erläutern, warum hier das Vorbild Heinrich von Ofterdingens berufen wurde und inwiefern der Roman sich hier der Kategorien des Bildungsromans bedient. Der Bezug zum Bildungsroman geht weit über die eingangs beschriebenen erzählerischen Parallelen hinaus. Gerade in der Konfrontation der beiden Traditionslinien des Bildungsromans, der klassischen[93] und der romantischen, verweist *Der junge Mann* auf eine literarische Grundkonstellation, die die Konflikte, die in diesem Roman auf der Ebene der aktuellen ästhetischen Reflexion ausgetragen werden, rückbindet an die Tradition neuzeitlichen Denkens. Diese Rückbindung zu erläutern, ist wichtig, denn hieraus ergibt sich der Maßstab, anhand dessen die ambivalente Position der Ästhetik von Botho Strauß zwischen Moderne und Postmoderne zu beurteilen ist.

Das letzte Kapitel des Romans *Der junge Mann*, dessen Untersuchung hier nun Klarheit schaffen soll, läßt zunächst wieder die Autorität des Goetheschen Modells gegenwärtig werden.

Bezeichnenderweise ist dieses Kapitel, das wieder unmittelbar an Leons „Zeit [der] Lehre" (JM 356) im Theater anknüpft, *Der Turm* überschrieben und verknüpft damit in zitathafter Anlehnung an Goethes *Wilhelm Meister* Theater und Turm(gesellschaft) als Anfangs- und Endpunkte einer Bildungsgeschichte. Der Topos Turm durchzieht leitmotivisch diesen Roman: zunächst stand er als „Turm der Deutschen" (JM 77) und Kaufhaus der Identitäten für die spätmoderne Aufklärungsgesellschaft, dann war er als verfallene Ruine Siedlungsplatz der „Gesellschaftslosen" (JM 111/157), als „Freimaurerturm" begegnet ihm Leon im vierten Kapitel als Monument der Folter und der Qual (JM 306), als Denkmal des nationalsozialistischen Grauens für die in diesem Kapitel portraitierte Nachkriegsgesellschaft, und schließlich wird er als steril-bombastisches Hotelgebäude im letzten Kapitel Wahrzeichen der postmodernen Gesellschaft. In diesen Verwandlungen des Turms wird das „Tätigkeitskonzept der Meister-lichen Turm-Gesellschaft"[94] als Projekt ‚Gesellschaft' zum allgegenwärtigen Bezugspunkt des Romans. Nun war ja auch der Bildungsroman um 1800, der mit Goethes exemplarischem Roman hier diesen Topos stiftet, ein durchaus gesellschaftlich orientiertes

---

92. Kaiser: Mysterien einer aufklärungssatten Benommenheit.
93. Es sei hier erlaubt, vereinfachend von ‚klassischen' Bildungsromanen zu sprechen, ohne hiermit tatsächlich eine rein historische Einordnung vornehmen zu wollen. Von klassischen Bildungsromanen soll als solchen Romanen gesprochen werden, die sich in der Nachfolge der *Wilhelm Meister*-Romane ein Muster gesellschaftlicher Integration zum Maßstab machen. Die Notwendigkeit dieser Abgrenzung wird im folgenden deutlich werden.
94. Berka: Mythos-Theorie und Allegorik, S. 130.

Unterfangen, wurde doch hier die Literatur in den Dienst einer sozialen Notwendigkeit gestellt: der Sozialisation als Integrationsmodell der funktional differenzierten Gesellschaft, die sich um 1800 etablierte.[95]

Der von der Aufklärung beförderte epistemologische und sozial-strukturelle Wandel veränderte auch den Status von Literatur. Das Diskursnetz der funktional differenzierten Gesellschaft, das sich um 1800 etablierte, bewerkstelligte zunächst die Organisation von Lebenswelt in säkularisierten Wissensordnungen. Ebendieser Wandel bildet auch die Voraussetzung für jene semantischen Transformationen, denen sich die Entstehung moderner Subjektivität im 18. Jahrhundert verdankt. Das wohl fundamentalste Ereignis des epistemologischen Wandels, mit dem uns die Aufklärung in das Zeitalter des neuzeitlichen Denkens beförderte, ist die Erfindung des Menschen als seiner selbst mächtigen Subjekts, das von der religiös-metaphysischen Fremdbestimmung entbunden, seine Identität nunmehr im Netz sozial codierter Ordnungen erfährt. Die Entstehung der bürgerlichen Gesellschaft als eines Systems diskursiver Ordnungen und die Erfindung moderner Subjektivität als Paradigma bürgerlicher Identifikation gehen konsequent einher mit der „Entstehung moderner Literatur als Ausdifferenzierung eines sozialen Subsystems im Übergang von stratifikatorischer zu funktionaler Systemdifferenzierung"[96]. Es ist der Bildungsroman, in dem sich am beispielhaftesten die Inanspruchnahme der

---

95. Die folgende stark zusammenfassende Charakteristik des Bildungsromans stützt sich wesentlich auf die Ergebnisse der folgenden grundlegenden Studien:
Jochen Hörisch: Gott, Geld und Glück. Zur Logik der Liebe in den Bildungsromanen Goethes, Kellers und Thomas Manns. Frankfurt a.M. 1983.
Friedrich A. Kittler: Über die Sozialisation Wilhelm Meisters. In: Gerhard Kaiser; Friedrich A. Kittler: Dichtung als Sozialisationsspiel. Studien zu Goethe und Gottfried Keller. Göttingen 1978.
Gerhard Neumann.: „Ich bin gebildet genug, um zu lieben und zu trauern." Die Erziehung zur Liebe in Goethes *Wilhelm Meister*. In: Liebesroman - Liebe im Roman. Eine Erlanger Ringvorlesung. In Verbindung mit Egert Pöhlmann hrsg. v. Titus Heydenreich. Erlangen 1987, S. 41-82.
Gerhard Neumann.: Der Wanderer und der Verschollene. Zum Problem der Identität in Goethes *Wilhelm Meister* und in Kafkas *Amerika*-Roman. In: Paths and Labyriths. Nine Papers read at the Franz Kafka Symposium held at the Institute of Germanic Studies on 20 and 21 October 1983. Edited by J.P. Stern and J.J. White. Institute of Germanic Studies, University of London 1985, S. 43-65.
Hannelore Schlaffer: Wilhelm Meister. Das Ende der Kunst und die Wiederkehr des Mythos. Stuttgart 1980.
Wilhelm Voßkamp: Gattungen als literarisch-soziale Institutionen. In: Textsortenlehre. Gattungsgeschichte. Hrsg. v. Walter Hinck. Heidelberg 1977, S. 27-44.
Wilhelm Voßkamp: Utopie und Utopiekritik in Goethes Romanen *Wilhelm Meisters Lehrjahre* und *Wilhelm Meisters Wanderjahre*. In: Utopieforschung. Interdisziplinäre Studien zur neuzeitlichen Utopie, Band 3. Hrsg. v. Wilhelm Voßkamp. Stuttgart 1982, S. 227-249.
96. Gerhard Plumpe: Systemtheorie und Literaturgeschichte: In: Epochenschwellen und Epochenstrukturen im Diskurs der Literatur und Sprachhistorie. Hrsg. v. Hans Ulrich Gumbrecht und Ursula Link-Heer. Frankfurt a.M. 1985, S. 253.

Literatur für diese epochale Neubegründung von Wissen und Subjektivität verwirklicht.

Erzählform dieser neuen Lebens- als einer Sozialerfahrung ist der ‚Bildungsroman'.[97]

Der Bildungsroman als „literarisch-soziale Institution"[98] bestätigt die Konzeption einer sozial verbürgten Subjektivität, indem er ein ‚erzählbares Ich' konstruiert, das er durch die Schrift auf die Funktion gesellschaftlicher Diskursivität verpflichtet. Die Schrift als Instrument logozentrischen Denkens garantiert die Einheit bürgerlicher Subjekterfahrung im literarischen Konzept der Erzählbarkeit von Leben. Es geht hier um die Maßstäbe von Einheit und Linearität, die individuelle Selbsterfahrung in einem kontinuierlichen Lebenszusammenhang aufheben und die durch das Konzept der Erzählbarkeit von Leben im Schriftraum der Literatur eingelöst werden. Es geht um die Konstitution von Sinntotalität und Identität, um die Erfassung von Wissen und Welterfahrung in einem homogenen, sinnstiftenden Zusammenhang, wie sie zum einen durch die Techniken rationaler Weltverwaltung und die Semantik der Subjektivität und zum anderen durch einen parallel verfahrenden literarischen Diskurs geleistet werden.

Im klassischen Bildungsroman wird Literatur zum Instrument gesellschaftlicher Rede. Sie wird zur affirmativen Instanz, indem sie narrative Strategien entwickelt, die geeignet sind, die Mechanismen der gesellschaftlich determinierten Diskurspraxis zu reproduzieren. Goethes *Wilhelm Meister*-Romane vollziehen diese Affirmation, indem sie im Konzept der „Entsagung" das persönliche Ideal individueller Selbstverwirklichung im Ideal sozialer Funktionalität aufgehen lassen. Im *Wilhelm Meister* werden unter der Aufsicht der Turmgesellschaft letztendlich alle selbstlegitimatorischen Entwürfe einer zunächst als Selbstverwirklichung verstandenen Bildung in sozial funktionale Muster überführt. Dies geschieht zwar nicht, ohne auch die Willkür jener „procédures d'exclusion"[99] zu demonstrieren, die den sozialen Diskurs zustandekommen lassen, nicht, ohne also auch die Krisenhaftigkeit dieses Verfahrens aufzuzeigen, das die konfliktiven Momente persönlichen Erlebens, etwa die Vermittlung von Augenblick und Lebensganzem, Liebe und Sozialität, Intimität und Öffentlichkeit, gewaltsam einebnet, doch wird zuletzt im Zeichen der „Entsagung" der selbstlimitative Kompromiß der Sozialisation idealistisch harmonisierend als ‚Bildung' verklärt. Die Schriften der Turmgesellschaft übersetzen diesen Prozeß der sozial-limitativen Identitätskonstitution in jenes Muster der Schriftlichkeit, das auch für den Bildungsroman verbindlich ist.

Der Standpunkt einer solchen ‚gesellschaftlichen' Literatur ist im letzten Kapitel von *Der junge Mann* repräsentiert in der Figur Ossias, allerdings in einem Verfallsstadium, das auf die Beschränktheit und Kurzlebigkeit eines solchen Literaturverständnisses schließen läßt. Ossia, Leons „einstige[r] Lehrer" (JM 362) am Theater, „glaubte stur und inbrünstig daran, daß der starke Einzelne wie eh und je beinahe alles vermöge, wenn er sich nur von hohen Ideen, von grandiosen

---

97. Gerhard Neumann: „Ich bin gebildet genug, um zu lieben und zu trauern.", S. 42.
98. Vgl. Wilhelm Voßkamp: Gattungen als literarisch-soziale Institutionen.
99. Foucault: L'ordre du discours, S. 11.

Vorsätzen leiten ließe." (JM 333) Doch dieser optimistische Glaube an die Kraft des Individuums und das Menschenmachbare findet sich widerlegt durch seine desolate Verfassung und sein verzweifeltes Scheitern als Künstler. Ossia ist Filmkomiker geworden. Er spielt nun den „Narr des hohen Willens und der Ideale" (JM 332), den „letzten Ritter vom heiligen Orden des Individuums" (JM 333). In dieser gealterten, degenerierten und krankhaft fettleibigen Figur verkommt das idealistische Menschenbild zu einer aufgeschwemmten Karikatur. Das idealistisch gefeierte Individuum sozialen Zuschnitts war auch Inbegriff eines Künstlertums, in dem sich die individuelle Verfügungsgewalt über die Wirklichkeit behauptete. Der Bildungsroman etablierte dieses Künstlertum in der „Funktion Autorschaft"[100], die Dichtertum und Individualität in der „klassischen Verknüpfung von Autorschaft, Lebensgeschichte und Textualität"[101] miteinander verschränkte. Gegen die Behauptung der Allmacht des Individuums in der Figur des Künstler/Autoren führt Ossia nun den Beweis, „daß der Einzelne nicht einmal mehr als komische Figur zu gebrauchen ist." (JM 369)

In seinem postmodernen Elfenbeinturm jagt dieser „gefangene[ ] Koloss" (JM 356) vergeblichen „Künstler-Träumen" (JM 382) nach und konfrontiert sich mit der unaufhaltsamen Auflösung jener Ordnungen, die einst seinen Status begründeten.

Der Künstler war eins geworden mit dem Schweigen der ungeformten Materie: Pläne nichts als Pläne. (JM 351)

Schon in der Einleitung des Romans ist die Rede von der Verflüchtigung der objektiven Wirklichkeit, die seit der Aufklärung in einem weltstiftenden Gefüge rationaler Wissensordnungen verbürgt war.

Das große Medium und sein weltzerstückelndes Schalten und Walten hat es längst geschafft, daß wir Ideenflucht und leichten Wahn für unsere ganz normale Wahrnehmung halten. (JM 9)

Es ist das Fernsehen, das die „unwirkliche Lage der Menschheit" (PP 168) vor Augen führt, die Durchlässigkeit jener „medialen Vorspiegelung von Totalität" (PP 118), auf die sich das Vertrauen in eine festgefügte Wirklichkeit doch eigentlich gründete.

Vielleicht ist es dieser Irrealität der Medienzivilisation zu verdanken, diesem weltumspannenden Fluß des Vergessens, dieser behutsamen Trennung des Menschen vom Menschlichen, mit einem Wort: dem Fernsehen, daß wir überhaupt noch am Leben sind. (PP 167/168)

Deshalb hat sich Ossia dem Film zugewandt, dem „Haus der kostbaren Unsichtbarkeiten" (JM 365), dem letzten Hort des nunmehr paradoxen Glaubens an die Realität des Menschen - im Zustand ihrer Verflüssigung.

---

100. Friedrich A. Kittler: Aufschreibesysteme 1800/1900. München 1985, S. 128.
101. Kittler: Über die Sozialisation Wilhelm Meisters, S. 119.

„Ossia, dies klapprige, windschiefe Gestell des letzten Subjekts" (JM 369), fügt sich in die dezentrierte Wirklichkeit der postmodernen Medienzivilisation, der er nun durch eine „neo-fragmentarische" (vgl. JM 369) Kunstform, die „Splitter-Sprache" (JM 360) des Augenblicks und der Episode Rechnung zu tragen versucht. Er, der einst „fest an sich und auch an andere Menschen glaubte" (JM 337), verhält sich jetzt „exzentrisch zu sich selbst und seiner bisherigen Arbeit" (JM 358) und macht es sich zum künstlerischen Prinzip, „kaum noch erkennbare Handlungsmuster zu benutzen und in zersplitterter Schnittfolge zu erzählen" (JM 336).

‚Jede Geschichte', erklärte Ossia, ‚ist ein frevelhafter Eingriff in die schöpferische Unordnung der Lebensfülle. Alles, was ich zu sagen habe, ist: ein Haufen Zeugs. Die einzige Ausdrucksform, die der Wahrheit nahekommt: ein Haufen Zeugs.' (JM 349)

Was in den *Wilhelm Meister*-Romanen die Schriften der Turmgesellschaft waren, sind in *Der junge Mann* die „Skizzenbücher" Ossias, die nichts als „versprengten Stoff" (JM 381) enthalten, eine unbewältigte Flut von Ideen und Entwürfen ohne Zusammenhang, die genauso wie die „Schriften des Lebens" im *Wilhelm Meister* ein Modell für das Erzählverfahren des Romans abgeben können.

Auch schon der Erzähler der Einleitung fand „die elementare Situation, jemandem etwas zu erzählen, nicht mehr [vor]" (JM 10) und so scheint auch der Roman *Der junge Mann* jenem Programm zu folgen, das Ossia zur Kunstform der heutigen Zeit erklärt. *Der junge Mann*, dieser einzige ‚große Roman' von Botho Strauß, bedient sich der Form des Bildungsromans, jener exemplarischen Großform der Literatur, die das Individuum als Garanten einer festverbürgten Wirklichkeit feierte, um sie zu widerlegen. Dieser heterogene Roman, „überreich, doch ohne Zentrum"[102] in der verwirrenden Vielfalt der Geschichten und Allegorien, die keinem geradlinigen Erzählmuster gehorchen, scheint nur noch „Bildungsroman-Splitter"[103] zu vereinigen, die im Sinne Ossias belegen, daß die Geschichte des Individuums, die sich der Bildungsroman zum Anliegen machte, heute nicht mehr zu schreiben ist.

Doch dieser Roman geht viel weiter als Ossia, der die Schimäre einer wohlverständigten Einheit in seiner Zerfallsästhetik doch immer noch beschwört. Indem er den klassischen Bildungsroman widerruft, will dieser Roman gegen eine Literatur vorgehen, die sich wie der Bildungsroman die gesellschaftliche Realität zum Maßstab machte, um sich reibungslos in ihr Diskursmuster einzufügen. Einer solchen Literatur bleibt wie Ossia - angesichts einer extrem diversifizierten Realität im Zeitalter der Überinformation und der multimedialen Aufspaltung der ehemals festgefügten Sinntotalität - nur noch die Klage über den Zerfall jener Strukturen, die vormals ihren Status begründeten.

Leon Pracht konstatiert das in Ossia verkörperte Dilemma einer gesellschaftlich verankerten Literatur:

---

102. Kaiser: Mysterien einer aufklärungssatten Benommenheit.
103. Jens Frederiksen: Das trügerische Licht der Kunst. In: Rheinische Post 1.11.1984.

Was er zu seiner „neuen Form" verklärt - komplex und offen, radikal und fragmentarisch -, das ist in Wahrheit nur die zerstörte alte. (JM 359)

Eine Literatur, die die Krise der Aufklärungsgesellschaft und ihres Weltverständnisses zu ihrer eigenen Krise macht und die aporetische Verklammerung von Kunst und Welt fortsetzt, indem sie nurmehr Mimesis an den Zerfall betreibt, bleibt deren Maßstäben verhaftet. Entstand mit dem Bildungsroman die Idee der entwickelten Form im Vertrauen auf die Zentralfigur des sozialen Individuums und die in ihm verbürgte Beherrschbarkeit der Wirklichkeit, so ist die heute beklagte ‚Krise des Romans', die Erkenntnis, „daß spätere Menschen überhaupt keine Großformen mehr erkennen können", daß sie „weder das Zeit- noch das Interessen-Raster [besitzen], um das Ganze eines Romans, einer Filmerzählung zu erfassen" (JM 360), eine Erkenntnis, die auf die gesellschaftlichen Voraussetzungen einer solchen Literatur bezogen bleibt.

Ironischerweise erinnert der Name Ossia an eine große Literaturfälschung, die Ossian-Dichtung Macphersons, die schon der Goethezeit die Fragwürdigkeit ihres idealistischen Dichtungsideals vor Augen hielt.

Hier zuletzt erweist sich Leon Pracht in seiner stillen und unausgesprochenen Affinität zu einem andersgearteten Denken, in dem sich ein sublimiertes Dichtertum offenbart, definitiv als Hauptfigur dieses Romans. Gegenüber der literarischen Täuschung über die welt- und literaturstiftende Macht des Diskursiven, die in der Künstlerfigur Ossia großartig scheitert, vertritt er das beständigere Konzept einer realitätsüberwindenden Poesie.

Seinen Ursprung entdeckt er im poetischen Konzept der Romantik, das sich als Gegenkonzept zu einer an der gesellschaftlichen Realität orientierten Literatur gerade auch in der Form des Bildungsromans zu bewähren suchte. Es ist die Definition von Subjektivität, die hier als grundlegender Faktor des neuzeitlichen Denkens zum Maß der literarischen Konzeptionen wird. Während der klassische Bildungsroman Goethescher Prägung Subjektivität in sozialen Ordnungen lokalisierte und den Prozeß individueller Selbstfindung als Selbstunterwerfung unter die Kategorien einer objektiven gesellschaftlichen Vernunft beschreibt, verzichtet das romantische Konzept auf die ‚entsagende' Selbstobjektivierung und siedelt die Erfahrung von Subjektivität sogleich auf der Verlustseite jenes Prozesses an.

Im klassischen Bildungsroman wurde der emphatische Selbstbezug und damit auch die anarchische Erfahrung eines kontingenten Selbsts gebannt durch den realitätsorientierten Kompromiß der Sozialisation. Die romantische Generation um 1800, die Generation Novalis', der Brüder Schlegel und Brentanos, entdeckt die „reine Selbstreferenz des sakralen Ego ohne äußere Beglaubigung"[104], sie begibt sich der identifikatorischen Einheit des Vernunft-Ichs und eröffnet dieser Verlusterfahrung, die zugleich emphatische Selbsterfahrung ist, einen Fluchtpunkt im Ästhetischen. Die romantische Phantasie verlegt die Erfahrung von Subjektivität als „innre Selbstheterogeneisierung"[105], als Erfahrung von Diskontinuität und

---

104. Karl Heinz Bohrer: Der romantische Brief. Die Entstehung ästhetischer Subjektivität. München Wien 1987, S. 57.
105. Novalis: Vermischte Fragmente. Schriften 2, 594.

Kontingenz, als imaginären Weltverlust, als Traumerlebnis und Illusion in den universalen Raum der Poesie. In dieser poetischen Radikalisierung der Subjekt-Emphase substituiert die „ästhetische Subjektivität als Alternative zur Anpassung des bürgerlichen Subjektivismus an das Realitätsprinzip"[106] das Prinzip der Sozialisation, das der klassische Bildungsroman zu einem Prinzip literarischer Rede gestaltete.

Die romantischen Briefe, die Briefe Brentanos, Kleists und der Günderrode[107], die Märchen Ludwig Tiecks und sein melancholisch zweifelnder Roman *William Lovell*[108], Friedrich Schlegels Literaturtheorie und schließlich Novalis' poetischer Bildungsroman *Heinrich von Ofterdingen* erproben dagegen das alternative Modell einer ästhetisch fundierten, autonomen Subjektivität und betreiben hiermit auch die Autonomisierung des ästhetischen Anspruchs von Literatur, die sich im Bewußtsein ihres realitätskritischen Potentials der Verpflichtung auf die Ansprüche der sozialen Vernunft entzieht.

Novalis nennt Goethes *Wilhelm Meister* „undichterisch im höchsten Grade"[109]. Romantische Dichtung nennt sich Poesie, weil sie die realitätsstiftende Vermittlung der Vernunft, das heißt das Realitätsprinzip des Wissens und des Sozialen zugunsten einer rein selbstbezüglichen Autonomie aufgibt. Sie statuiert eine „Rede, die als Selbstaussprache und -auslegung den Namen Poesie erhält"[110].

Wie in *Wilhelm Meisters Lehrjahre* gibt es auch in Novalis' *Heinrich von Ofterdingen* einen autoreferentiellen Punkt, an dem der Roman den Modus seiner literarischen Rede preisgibt. Hier finden wir zurück zu der schon eingangs zitierten Stelle, an der Heinrich von Ofterdingen jenes Buch in die Hände fällt, das sein Leben enthält. Doch liest er nicht eine logisch und folgerichtig entwickelte Geschichte, die wie die Lebensgeschichte Wilhelm Meisters nach den Maßgaben einer sprachlich verfaßten Wirklichkeit zu verstehen wäre. Heinrichs Selbsterkenntnis verläuft nicht über die Logik der Sprache. Geschrieben in der ihm fremden provenzalischen Sprache, der Sprache der ersten Dichter, scheint dieses Buch aus einer geheimnisvollen Vergangenheit aufzutauchen, um ihm Bilder zu entwerfen, die mit dem Traum seines Lebens verschmelzen und ihm eine Vision seines Lebens entstehen lassen, die zugleich seine Berufung als Dichter ist. An diesem autoreferentiellen Punkt erfüllt sich die Lebensgeschichte Heinrich von Ofterdingens als Verklärung der Poesie. Das Bilden der emphatisch isolierten Subjektivität

---

106. Ibid., S. 14.
107. Diese sind Gegenstand der oben zitierten Untersuchung von Karl Heinz Bohrer zur Entstehung ästhetischer Subjektivität in der Romantik.
108. Die Subjektivitätsproblematik in der Dichtung Ludwig Tiecks wurde maßgeblich von Manfred Frank untersucht: Manfred Frank: Das Problem der ‚Zeit' in der deutschen Romantik. Zeitbewußtsein und Bewußtsein in der frühromantischen Philosophie und in Tiecks Dichtung. München 1972.
109. Novalis: Fragmente und Studien 1799-1800. Schriften 3, 638.
110. Friedrich A. Kittler: Der Dichter, die Mutter, das Kind. Zur romantischen Erfindung der Sexualität. In: Romantik in Deutschland. Ein interdisziplinäres Symposion. Hrsg. v. Richard Brinkmann. Sonderband der Deutschen Vierteljahrsschrift für Literaturwissenschaft und Geistesgeschichte 52 (1978), S. 103.

des Dichters hat hier erklärterweise keinen Maßstab in der Realität, sondern vollzieht sich in der imaginären Gegenwelt der Phantasie.

Novalis stilisiert ästhetische Subjektivität zum Paradigma von Dichtertum. Der ästhetische Subjektivismus der Romantik untergräbt die Selbstgewißheit des sozial fixierten Individuums durch die Erfahrung von Weltverlust und Kontingenz. Die romantisch-poetische Intuition reiner Selbstbezüglichkeit ohne objektive Beglaubigung liefert das Ich jener katastrophischen Erfahrung aus, die die idealpositive Fixierung der Identität in den objektiven Ordnungen des Gesellschaftlichen ausgeschlossen hatte, die aber im Zuge der ästhetischen Moderne immer mehr Gegenstand der Literatur wurde.

Diese Definition von „Identität als Selbstverlust" ist die „früheste Definition des radikal ästhetischen Menschen, dessen Geschichte das 19. Jahrhundert durchläuft, um am Ende, im Frühwerk Hugo von Hofmannsthals oder in Musils *Mann ohne Eigenschaften*, als eine moderne Identität analysiert zu werden."[111]

Auch Leon Pracht ist ein solcher ästhetischer Mensch. Der ästhetische Status dieser Figur liegt begründet in der Unvermitteltheit ihrer Existenz, die sich im Laufe unserer Lektüre des Romans *Der junge Mann* immer wieder erwiesen hat. Indem sich Leon Pracht dem objektivierenden Verfahren der Dialektik versagte, richtete auch er sich auf jener Verlustseite des Denkens ein, die das romantisch-poetische Denken erschlossen hat. Seine Geschichte verliert sich in ausschweifender allegorischer Bildlichkeit, und sie verläuft sich immer wieder an jener unerreichbaren Grenze der Aufhebung, die Leons Existenz einer unbehebbaren Ortlosigkeit aussetzt, ihn zu „ewig unerlöstem Handeln" (JM 246) verdammt.

So begegnen wir Leon Pracht am Ende dieses „RomantischenReflexionsRomans" als unscheinbarem „Nicht-Helden", der gegenüber der groß ausgemalten Künstlerfigur Ossia nur blasse Konturen annimmt. Leon hatte es gewagt, die „heilige Allmacht des Individuums in Zweifel zu ziehen", daran war seine Zusammenarbeit mit Ossia zerbrochen (JM 333). Er mußte ein „Geschlinge von Umwegen" (JM 337) zurücklegen, um die Phasen der Aufhebung zu erfahren und sich am Ende „hinter einer nahezu bedeutungslosen Arbeit und Anstellung" (JM 337) zu verstecken. Doch als „Bild-Archivar" hat er sich die imaginäre Bilder-Welt seiner Bewußtseinsreise, die Fähigkeit des allegorischen Bild-Denkens, bewahrt, die allerdings in den Bahnen der (Erzähl-)Logik und der Linearität, in die der Roman in diesem letzten Kapitel zurückgefunden hat, nicht mehr begreifbar ist und folglich verblassen muß.

Am Ende des Romans läßt Leon Pracht Ossias postmodernen Hotel-Turm, jene letzte Bastion eines überlebten Gesellschaftskonzepts, erleichtert hinter sich. Er verabschiedet sich damit endgültig von einer Kunst, die sich in dieser öffentlichen Behausung eingerichtet hatte.

---

111. Karl Heinz Bohrer: Identität als Selbstverlust. Zum romantischen Subjektbegriff. In: Merkur 38 (1984), S. 375.

Für die meisten Interpreten dieses Romans sieht dieses Ende aus wie eine ‚Entsagung' nach dem Beispiel der *Wilhelm Meister*-Romane.[112] Doch „die romantischen Bildungsromane lassen ihre Künstlerhelden nicht notwendig scheitern"[113] und von diesem romantischen Paradigma ist bei *Der junge Mann* auszugehen. Novalis gibt im *Heinrich von Ofterdingen* eine Beschreibung jenes emphatisch isolierten Dichtertums, die auch für Leon Pracht gültig ist:

Menschen, die zum Handeln, zur Geschäftigkeit geboren sind, können nicht früh genug alles selbst betrachten und beleben. [...] Ihre Seele darf keine in sich gekehrte Zuschauerin sein, sie muß unablässig nach außen gerichtet und eine emsige, schnell entscheidende Dienerin des Verstandes sein. Sie sind Helden und um sie her drängen sich die Begebenheiten, die geleitet und gelöst sein wollen. [...] Anders ist es mit jenen ruhigen, unbekannten Menschen, deren Welt ihr Gemüt, deren Tätigkeit die Betrachtung, deren Leben ein leises Bilden ihrer inneren Kräfte ist. Keine Unruhe treibt sie nach außen. Ein stiller Besitz genügt ihnen und das unermeßliche Schauspiel außer ihnen reizt sie nicht selbst, darin aufzutreten, [...] Ein einfaches Leben ist ihr Los.[114]

Botho Strauß' eigene Bekundungen zum Wesen des Dichters in seiner Rede zum Empfang des Büchner-Preises *Die Erde, ein Kopf* lesen sich wie eine Fortführung der Gedanken von Novalis nach fast 300 Jahren der fortgesetzten Erprobung des Umgangs von Literatur und Gesellschaft. Sie bestätigen wiederum, wie ernst es Botho Strauß mit dem unscheinbaren, ja verborgenen Charakter seiner Künstlerfigur Leon Pracht ist. Dem Dichter, heißt es in dieser Rede, ist

die Welt ein Grund zur Flucht; ein Grund niemand zu sein oder viele. Seine Stellung, sein Ort vor der Allgemeinheit: unbekannt. Er fände kaum mehr Spuren einer solchen Kultur, in der er zu irgendeiner Repräsentation befähigt oder berufen wäre. [...] Der bittere Verdacht kommt auf: Der Dichter habe letztlich nichts, aber auch gar nichts mit seinem Volk, mit den glasigen Millionen, die sich fortwährend selbst durchleuchten, zu tun. Ja, sie sind ihm die wahrhaft Fremden. (EK)

Im Rückbezug zur Romantik bestätigt sich das Einzelgängertum Leon Prachts nochmals als ästhetische Existenz.

Im letzten Kapitel von *Der junge Mann* gibt es eine Szene, die einen verhaltenen ästhetischen Kontrast setzt zum großtuerischen Gerede des ‚öffentlichen' Künstlers Ossia. Sie erinnert an jene Szene, mit der Botho Strauß *Paare, Passanten* ausklingen läßt, an den Gesang des jungen Mädchens über der Stadt Venedig.

---

112. In diesem Ergebnis wäre schließlich auch der Studie Sigrid Berkas zu widersprechen, die im Einzelnen doch sehr wesentliche Einsichten zu *Der junge Mann* vorzuweisen hat (Vgl. Loc. cit., S. 174 ff).
Vgl. auch Hans Wolfschütz' Deutung der „kritisch-resignativen Anpassung" in seinem Artikel über Botho Strauß im Kritischen Lexikon zu deutschsprachigen Gegenwartsliteratur als Beispiel für den Tenor von Entsagung, Anpassung und Verzicht in den Interpretationen bezüglich des Ausgangs von *Der junge Mann*, der schon in der oben zitierten Deutung von Jörg Drews zum Ausdruck kam.
113. Kittler: Aufschreibesysteme 1800/1900, S. 83.
114. Schriften 1, 266/267.

Hier sind es zwei Schlittschuhläuferinnen, die auf einem „Illusionsteich" ihre träumerisch leichten Bahnen ziehen (JM 376) und Leon für einen Augenblick von dem angestrengten Künstlergespräch ablenken.

Inmitten der Kommunikation bleibt [der Dichter] allein zuständig für das Unvermittelte, den Einschlag, den unterbrochenen Kontakt, die Dunkelphase, die Pause. Die Fremdheit. Gegen das grenzenlos Sagbare setzt er die poetische Limitation. (EK)

Wir kommen hier zurück auf jenes ästhetische Moment, das als Phänomen des Unvermittelten und als undialektische Reaktion auf die Formation des Gesellschaftlichen der Ausgangspunkt der Geschichte Leon Prachts und auch dieser Erörterungen war. Mit dem Bezug zur Romantik erhellt sich dieser Gedanke wiederum als Grunddispositiv der modernen Literatur, mit dem diese die fundamentalen Dichotomien des neuzeitlichen Denkens - die Vernunft und ihr Anderes, das begriffliche Wissen und das Imaginäre, die Eindimensionalität des Sozialen und die vielfachen Dimensionen der Sprache - anders als durch die Ausschlußfunktionen des Diskursiven aufzufangen sucht. Wir kommen damit auch zurück auf das Thema Moderne, das sich auch hier als Grundlage des ästhetischen Standpunkts von Botho Strauß erweist. Wie Karl Heinz Bohrer sieht Botho Strauß das „Erbe der Moderne" in der Romantik verankert als erstem Inerscheinungtreten eines ästhetischen Bewußtseins, das sich in der modernen Literatur als Sprach- und Realitätskritik, als Erfahrung von Verlust und Dissoziation, Zufall und Zerfall bis ins zwanzigste Jahrhundert hinein auszuprägen beginnt: „Romantik ist Moderne."[115] Durch seine Berufung auf die „Modernität der Romantik"[116] begründet Botho Strauß seine Option für eine rein ästhetisch begriffene Moderne, denn mit Karl Heinz Bohrer gilt es, ab diesem Punkt zu differenzieren zwischen ästhetischer und sozialer Moderne[117] und diese Differenz zu benennen als „Differenz, die schon am Anfang des Modernitätsdiskurses steht."[118]

In *Der junge Mann* verarbeitet Botho Strauß beide Konzepte. In Almut und in Ossia läßt er, wie wir sahen, eine Kunst, die sich den idealistisch-teleologischen Perfektibilitätsgedanken der sozialen Moderne zum Maßstab machte, scheitern. Auch läßt er sich das Erzählproblem der Moderne angelegen sein, indem er die Erzählstrategie des klassischen Bildungsromans problematisiert, die Kohärenz der Lebenserzählung zertrümmert, das Erzählsubjekt in diffuse Identitäten und multiple Perspektiven aufspaltet. Doch verwendet er sich dagegen, daß das Ende der Moderne besiegelt sei, indem die Postmoderne aus dem Theorem des Zerfalls einen neuen ästhetischen Anpruch begründet. In Ossia müssen wir die Karikatur des in diesem Sinne ‚Postmodernen' erkennen, der auf den „ausgetretenen Pfa-

---

115. Karl Heinz Bohrer: Zur Kritik der Romantik. Der Verdacht der Philosphie gegen die literarische Moderne. Frankfurt a.M. 1989, S. 23.
116. Karl Heinz Bohrer: Zur Modernität der Romantik. Zur Tradition ihrer Verhinderung. In: Merkur 42 (1988), S. 179-198.
117. Vgl. Bohrer: Der romantische Brief, Kapitel I: Das Problem: Die Differenz von ästhetischer und sozialer Moderne, S. 9-41.
118. Bohrer: Zur Kritik der Romantik, S. 7.

de[n] eines sterilen Modernismus" (JM 336) - Modernismus ist hier der Gegenbegriff zur rein ästhetischen Moderne - in eine künstlerische Sackgasse gerät.

Die These von einer Opposition zwischen ästhetischer und sozialer Moderne richtet sich sowohl gegen die geläufig gewordene Bestimmung moderner Kunst unter soziologischen und sozialhistorischen Kategorien als auch gegen die Theorie von einem erst unter postmodernen Bedingungen Ästhetischwerden des ‚Diskurses'.[119]

Daß dagegen die Tradition der ästhetischen Moderne in der „bedeutungslosen Arbeit" des Bild-Verwalters und Bild-Dichters Leon Pracht abseits aller spektakulären Zeitgeist-Debatten stillen und immerwährenden Bestand hat, sollte sich in dieser Lektüre von *Der junge Mann* erweisen. Der Dichter am Scheideweg zwischen dem Sozialen und dem Ästhetischen soll nach Botho Strauß für jene Autonomie optieren, die ihm das Ästhetische gewährt und die ihn in eine den Wandel der Zeit überstehende Tradition literarischer Selbstbezüglichkeit einberaumt. Der Dichter, so fährt Botho Strauß in seiner Büchner-Preis-Rede fort

spricht folglich - so war es ja nicht immer! - am liebsten zu Entfernten, zu seinesgleichen, so wie er stets auch von ihnen gesprochen wurde. Sein Volk erstreckt sich von Dante bis Doderer, von Mörike bis Montale, von Valéry zurück bis zu Seneca - ein zählbares Volk gewiß, nicht beliebig viele, ein kleiner Bergstamm, Strahler und Kristallsucher über die Zeiten und Länder hin.

Im nächsten Kapitel wird noch genauer zu erörtern sein, was diese Tradition bis in das aktuelle Extrem der Straußschen Ästhetik zusammenhält.

2. Mallarmé

Eine Formulierung Maurice Blanchots zur Tendenz der modernen Literatur könnte für die Entwicklung der Dichterfigur in *Der junge Mann* Gültigkeit haben: „la littérature va vers elle-même, vers son essence qui est la disparition."[120]

Mit dieser Feststellung beruft sich Blanchot auf eine Schlüsselfigur seiner Literaturtheorie, auf den Dichter Mallarmé.[121] Dessen Rückzug in die Sprache wird ihm zum Modell des „écrivain sans pouvoir"[122], der weder über die Welt noch über sich selbst etwas vermag, der in der Sprache existiert und sich doch deren gesellschaftlicher Bemächtigung entzieht. Auch Botho Strauß' Figur Leon Pracht entspricht diesem Modell, das Mallarmé in folgenden Worten beschreibt:

---

119. Bohrer: Der romantische Brief, S. 8.
120. Maurice Blanchot: Le livre à venir. Paris 1959, S. 237.
121. Vgl. ibid., S. 238.
122. Vincent Kaufmann: Le livre et ses adresses. Mallarmé, Ponge, Valéry, Blanchot. Paris 1986, S. 183.

„L'oeuvre pure implique la disparition élocutoire du poète, qui cède l'initiative aux mots [...]."[123]

Schreiben, wenn es nurmehr nur Entstehenlassen von Sprache, nicht mehr intentioneller, vernunftgeleiteter Akt ist, bedeutet Verzicht auf Machtausübung, Verzicht auf eine Verfügungsgewalt, die die Ordnung des Diskurses als „technologie de pouvoir"[124] gewährt, und damit bedeutet es, wie für Leon Pracht, Abtauchen in eine verborgene Existenz. Behauptet wird hier ein extra-diskursiver Status von Sprache, der sich allein in der Dichtung aufrechterhält und der dieser Existenz im Ästhetischen Raum gibt.

Mallarmé unterscheidet bekanntermaßen zwischen „parole brute" und „parole essentielle":

Un désir indéniable à mon temps est de séparer comme en vue d'attributions différentes le double état de la parole, brut ou immédiat ici, là essentiel.[125]

Diese Unterscheidung begründet die Unterscheidung von Diskurs und Literatur, die, wie wir im vorigen Kapitel sahen, auch Botho Strauß geltend macht. Die „parole brute" ist der begrifflichen Sprache unserer gesellschaftlichen Kommunikation verpflichtet, sie ist „la parole utile, instrument et moyen, langage de l'action, de la logique et du savoir"[126]. Die „parole essentielle" dagegen stiftet den Sprachraum der Literatur, sie ist nicht der Mitteilung verpflichtet, sie ist reine Äußerung ihrer selbst, „notion pure"[127] in den Worten Mallarmés.

[...] il semble que la parole seule se parle. Le langage prend alors toute son importance; il devient l'essentiel; le langage parle comme essentiel, et c'est pourqoui, la parole confiée au poète peut être dite parole essentielle.[128]

Die instrumentalisierte „parole brute" gehorcht der zeichentheoretischen Vorgabe einer begrifflichen Referenz, indem sie die repräsentative Verknüpfung von Zeichen und Bezeichnetem realisiert. „[La parole brute] nous donne les choses dans leur présence, les ‚représente'."[129] Die autonome „parole essentielle" dagegen hat keine repräsentative Verweiskraft, sie sieht von den Dingen ab, bezeugt ihre Abwesenheit. „La parole essentielle les éloigne [les choses], les fait disparaître [...]."[130]

---

123. Stéphane Mallarmé: Crise de vers. In: S.M.: Oeuvres complètes. Édition établie et annotée par Henri Mondor et G. Jean-Aubry. Paris 1989, S. 366. Im folgenden zitiert als OC.
124. Foucault, Michel: Histoire de la sexualité I: La volonté de savoir. Paris 1976, S. 190. Vgl. auch „L'ordre du discours", S. 12 über den Zusammenhang von „discours" und „pouvoir".
125. Mallarmé: Crise de vers. OC, 368.
126. Blanchot: Le livre à venir, S. 248.
127. Mallarmé: Crise de vers. OC, 368.
128. Blanchot: L'espace littéraire. Paris 1955, S. 34.
129. Ibid., S. 31.
130. Ibid.

Die säkulare Sprachskepsis der Moderne, wie sie für die deutsche Literatur Hugo von Hofmannsthal exemplarisch in seinem *Ein Brief* des Lord Chandos äußerte, ist bei Mallarmé nicht wie bei Hofmannsthal Verzweiflung über die Unvereinbarkeit von Wort und Welt, sondern bewußte Fügung in die sprachliche Gegenständlichkeit des Worts und in die ästhetisch sublimierte Abwesenheit des Bezeichneten.

Je dis: une fleur! et, hors de l'oubli où ma voix relègue aucun contour, en tant que quelque chose d'autre que les calices sus, musicalement se lève, idée même et suave, l'absente de tous bouquets.[131]

In diesen berühmt gewordenen Worten ist das zeichentheoretische Problem schon verschoben auf die Ebene der Dichtung. Die Blume ist hier schon ‚uneigentliches Wort', Symbol der Dichtung in der Tradition der antiken Rhetorik.[132] In der Ausgesprochenheit des Worts erhebt sie sich als real Abwesendes: in keinem Strauß vorhanden. Dichtung ist Sprachwerdung ohne äußere Referenz.

Hugo Friedrich erläutert in seinem grundlegenden Werk über die Struktur der modernen Lyrik am Beispiel des Gedichts *Surgi de la croupe et du bond*, wie Mallarmé aus der inneren Spiegelung von Abwesenheiten seine Dichtung konstruiert.[133]

Surgi de la croupe et du bond
D'une verrerie éphémère
Sans fleurir la veillée amère
Le col ignoré s'interrompt

Je crois bien que deux bouches n'ont
Bu, ni son amant, ni ma mère,
Jamais à la même Chimère
Moi, Sylphe de ce froid plafond!

Le pur vase d'aucun breuvage
Que l'inexhaustible veuvage
Agonise mais ne consent,

Naïf baiser des plus funèbres!
A rien expirer annonçant
Une rose dans les ténèbres.[134]

Kaum erkenntlich tritt ein flüchtiges Glasgebilde aus dem Bewegungsumriß der „croupe" (Rundung) und des „bond" (Absprung) hervor, dessen „unerkannter Hals" jedoch sogleich abbricht, und das erst in der übernächsten Strophe, im er-

---

131. Mallarmé: Crise de vers. OC, 368.
132. Vgl. Hugo Friedrich: Die Struktur der modernen Lyrik. Reinbek bei Hamburg 1985, S. 106 mit Bezug auf Cicero: De Oratore.
133. Vgl. ibid., S. 103-107 für die nun folgende Interpretation.
134. OC, 74.

sten Terzett des Sonetts, als „pur vase" zu erkennen ist ohne Inhalt als einer „unerschöpfliche[n] Witwenschaft". Diese kaum existente Vase ist dem Tod geweiht („agonise"), ihr Inhalt ist Verlust, sie kann nicht einwilligen („ne consent"), der „rose dans les ténèbres" Gefäß zu sein und in dieser Bestimmung der Verkündigung („annonçant") jener nur zu flüchtigen Blüte in der Finsternis zu dienen. Schon in der ersten Strophe wird die Assoziation von Vase und Blume aufgehoben und mit der Totenwache konnotiert („Sans fleurir la veillée amère"). Das Bild des Todes im Hintergrund bildet eine Folie absoluter Negativität, denn die Worte in diesem Gedicht sagen nur Abwesendes aus: die Vase ist leer, ja kaum vorhanden, die Blume, der Gegenstand ihrer Bestimmung, wird benannt, doch nur als abwesende. Wie in der oben zitierten Reflexion und wie in vielen Gedichten Mallarmés ist hier die Blume, die Rose, als Synonym für Dichtung das Schlüsselwort. „L'absente de tous bouquets" stiftet dieses Gedicht, dessen Worte sich über deren Abwesenheit zusammenschließen. „Nur das Mißlingen der absoluten Sprachwerdung wird zum Wort - eben zu diesem Gedicht."[135]

Mallarmés Sprache bewegt sich in der Dichte ihrer Abstraktion an der Grenze des Sagbaren, an der Grenze zum Schweigen. Das Verhältnis von Sprache und Schweigen ist zentrales Moment der ästhetischen Reflexion für Mallarmé - er spricht von der Dichtung als „l'écrit, envol tacite d'abstraction"[136] - und wird es auch für Maurice Blanchot.

Quand on a découvert dans le langage un pouvoir exceptionnel d'absence et de contestation, la tentation vient de considérer l'absence même de langage comme enveloppée dans son essence et le silence comme la possibilité ultime de la parole. Chacun sait que ce silence a hanté le poète. [...] Le silence est sans doute toujours présent comme la seule exigence qui vaille. Mais, loin d'apparaître l'opposé des mots il est au contraire supposé par les mots, et comme leur parti pris, leur intention secrète, plus encore la condition de la parole, si parler c'est remplacer une présence par une absence et, à travers des présences de plus en plus fragiles, poursuivre une absence de plus en plus suffisante. Le silence n'a tant de dignité que parce qu'il est le plus haut degré de cette absence qui est toute la vertu de parler (qui est elle même notre pouvoir de donner un sens, de nous séparer des choses pour les signifier).[137]

Blanchot insistiert auf Mallarmés Loslösung der Sprache von äußerer Referenz. Durch die Dichtung, in die „das Schweigen mittels der ‚verschwiegenen' Dinge [hineinreicht]"[138], durch „le vide silencieux de l'oeuvre"[139] führt jener Weg, auf dem Sprache auf tautologische Weise zu sich selbst findet. Die Tautologie reiner Selbstbezüglichkeit - „le langage se parle, le langage comme oeuvre et l'oeuvre du langage"[140] - ist eine Figur der Abwesenheit. Die Präsenz des Worts impliziert

---

135. Friedrich: Die Struktur der modernen Lyrik, S. 107.
136. Mallarmé: Le mystère dans les lettres. OC, 385.
137. Maurice Blanchot: La part du feu. Paris 1980, S. 41/42.
138. Friedrich: Die Struktur der modernen Lyrik, S. 117.
139. Blanchot: L'espace littéraire, S. 12.
140. Ibid., S. 34. Allein die bisher zitierten Passagen machen deutlich, wie sehr die Figur der Tautologie auch die Redeweise Blanchots bestimmt.

die Abwesenheit des empirischen Gegenstands. Die Materialität seiner Erscheinung hat autonomen Bestand, denn sie hat keine notwendige Entsprechung in der empirischen Welt außer einer durch die willkürliche Konvention des Logos bestimmten Referenz. In seiner Buchstäblichkeit als Zeichen ist das Wort verkörperte Abwesenheit. „C'est donc ce manque, ce vide, cet espace vacant qui est l'objet de la création propre du langage."[141] Weil aber - und hier liegt die paradoxe Konsequenz dieser radikalen Aufspaltung des Zeichenbegriffs zugunsten des Signifikanten - das Wort diese Abwesenheit erst in Erscheinung treten läßt, die Aporie der sprachlichen Konvention notwendig in sich trägt, betreibt es seine Selbstaufhebung, ist mithin Unterpfand seiner eigenen Auflösung.

[...] l'accomplissement du langage coincide avec sa disparition où tout se parle [...], tout est parole, mais où la parole n'est plus elle-même que l'apparence de ce qui a disparu [...].[142]

In diesem sprachtheoretischen Sinne spricht Blanchot, wie eingangs zitiert, vom Verschwinden der Literatur. Die Literatur verschwindet in dem Maße, wie sie sich der wirklichkeitsstiftenden Macht sprachlichen Bedeutens entzieht. „L'apothéose de sa disparition"[143], die stille Feier des Verlusts und des Verborgenen, ist auch in *Der junge Mann* eigentliche Einlösung ästhetisch selbstreferentieller Autonomie.

Der Bruch der sprachlichen Konvention durch Mallarmé wird historisch als Bruch der Moderne. Mehr noch als er mit seinem Werk in einzigartiger Weise die moderne Poesie inspirierte, inspirierte Mallarmé am Scheideweg in die Moderne die Theorie der Ästhetik mit Konsequenzen bis in die aktuelle Ästhetikdiskussion.

Maurice Blanchot erhebt das Mallarmésche Erbe der Moderne zum theoretischen Diskurs. In der Rezeption Blanchots wird Mallarmé zur Symbolfigur der ästhetischen Moderne mit einer entscheidenden Konsequenz: die auf Mallarmé gegründete Definition der ästhetischen Moderne wird für ihn zum Maßstab literarischer Ästhetik überhaupt, zum eigentlichen Begriff von Literatur.

Die Neubestimmung des Literaturbegriffs, die Blanchot unter Berufung auf eine durch den Namen Mallarmé bezeichnete ästhetische Moderne vornimmt, wird genauso auch von Michel Foucault vorgenommen, der auf Mallarmé sich beziehend und Blanchot variierend spricht von „ce langage qui ne dit rien, ne se tait jamais et s'appelle ‚littérature' ".[144] In seinem grundlegenden Werk über die Entwicklung der neuzeitlichen Epistemologie *Les mots et les choses* erhält diese Neubestimmung des Literaturbegriffs den Rang eines epistemologischen Ereignisses.

Auch für Foucault gibt es die „charnière mallarméenne"[145] am Übergang in die Moderne. Was er als Übergang vom „âge classique" zum „âge moderne" be-

---
141. Blanchot: La part du feu, S. 46.
142. Blanchot: L'espace littéraire, S. 37.
143. Ibid., S. 39.
144. Michel Foucault: Les mots et les choses. Une archéologie des sciences humaines. Paris 1966, S. 317.
145. Kaufmann: Le livre et ses adresses, S. 184.

schreibt, führt über Mallarmé zu einem Begriff von Literatur, dem er eine Leitfunktion für das aktuelle Denken zuschreibt. „[...] avec Mallarmé la pensée fut reconduite, et violemment, vers le langage lui-même, vers son être unique et difficile."[146] War das „âge classique" bestimmt durch das Denken der Repräsentation, durch den zeichentheoretischen Sprachbegriff, der die Identität von Sprache und Welt herstellte, so löst im „âge moderne" das autonome „Sein der Sprache" als neues Dispositiv des Denkens das Dispositiv der Repräsentation ab.[147] Das „Sein der Sprache" zu denken, wurde möglich innerhalb einer selbstreferentiell gewordenen Literatur. Literatur, die das „Sein der Sprache" denkbar macht, kompensiert in der Theorie von *Les mots et les choses* die Aporien des zeichentheoretischen Sprachbegriffs des „âge classique".

A l'âge moderne, la littérature, c'est ce qui compense (et non ce qui confirme) le fonctionnement significatif du langage. [...] C'est pourquoi de plus en plus la littérature apparaît comme ce qui doit être pensé; mais aussi bien, et pour la même raison, comme ce qui ne pourra en aucun cas être pensé à partir de la théorie de la signification.[148]

An dem Punkt, den Blanchot und Foucault mit Mallarmé bezeichnen, wird Ästhetik zum Fluchtpunkt eines Denkens, das eine auf die repräsentative Funktion des sprachlichen Zeichens gegründete Bedeutungstheorie hinter sich lassen will. Der Wendepunkt Mallarmé, die Wendung zu einem Sprachbegriff, der ohne eine Vorstellung von Bedeutung auskommt, wird bei Foucault zur Bedingung der Möglichkeit heutigen Denkens und heutiger Literatur. Heutiges Denken, das Denken nach dem sprachkritischen Bruch mit der Repräsentation, hätte von daher die moderne Literatur zu denken.

In *Les mots et les choses* vollzieht Foucault die „Geburt der postmodernen Philosophie aus dem Geist der modernen Kunst"[149].

Es ergibt sich hier ein Verhältnis von Moderne und Postmoderne, an dem sich schließlich auch der Blick auf das Werk von Botho Strauß orientieren läßt.

Was in den künstlerischen Avantgarden der Moderne richtungweisend wurde, das ist philosophisch im postmodernen Denken zum Tragen gekommen. Daraus wird erstens ersichtlich, daß der Unterschied zwischen Moderne und Postmoderne kein absoluter ist, anders gesagt: daß die Postmoderne nicht einfach die Trans- oder Anti-Moderne sein kann, zu der ihre Gegner sie stilisieren möchten. In sachlicher Betrachtung erweist sie sich vielmehr als Einlösungsform radikal moderner Gehalte bzw. als exoterische Alltagsform von einst esoterischen Errungenschaften der Moderne.[150]

---

146. Foucault: Les mots est les choses, S. 317.
147. Vgl. hierzu ibid., S. 314-323, das Kapitel *Le retour du langage*.
148. Ibid., S. 59.
149. Wolfgang Welsch: Die Geburt der postmodernen Philosophie aus dem Geist der modernen Kunst. In: W.W.: Ästhetisches Denken. Stuttgart 1990, S. 79-113, bes. S. 100 f. Vgl. auch Peter Bürger: Die Wiederkehr der Analogie. Ästhetik als Fluchtpunkt in Foucaults *Die Ordnung der Dinge*. In: Postmoderne: Allegorie, Alltag und Avantgarde, S. 114-121.
150. Welsch: Die Geburt der postmodernen Philosophie, S. 103.

Botho Strauß' Definition der ästhetischen Moderne lautet gleich wie die Blanchots und Foucaults: radikale Selbstbezüglichkeit der Sprache in der Literatur. Wenn er, wie sich im vorigen Kapitel erwies, in seinem Werk für eine so definierte ästhetische Moderne optiert, so vertritt er damit wie Foucault auch einen postmodernen Standpunkt. Einen Standpunkt aber, von dem aus Postmoderne, nicht mehr den Bruch mit der Moderne bedeutet, sondern deren „réécriture"[151], um einen Begriff von Jean-François Lyotard zu gebrauchen, der auch das Werk von Botho Strauß charakterisieren könnte: als postmoderne Neuschrift oder Umschrift der Moderne.

Mit Blanchot und Foucault wurden hier zwei Denker berufen, die für Botho Strauß eine wichtige Rolle gespielt haben. Von Blanchot sagt er dies selbst im Gespräch mit Volker Hage.[152] Was Foucault angeht, so wurde dies schon im letzten Kapitel zur Sprache gebracht. Es ließe sich noch ein weiterer Theoretiker nennen, der für Strauß von Bedeutung ist und der sich auch in das Theoriegebäude um Mallarmé einfügen läßt. George Steiners Buch *Von realer Gegenwart* wurde von Botho Strauß durch den Essay *Der Aufstand gegen die sekundäre Welt* mit Bedeutung gewürdigt. Steiners „Ästhetik der Anwesenheit", die sich auch Botho Strauß zu eigen macht, fußt auf einer Interpretation unserer Geistesgeschichte, die wiederum Mallarmé in Verantwortung setzt, denn auch Steiner bezeichnet mit seinem Namen jenen nun schon mehrfach beleuchteten Vorgang der Auflösung der Referentialität von Sprache.[153] Steiner konstatiert, „daß Geschichte, wo es sich um menschliche Geschichte handelt, die Geschichte des Bedeutens ist"[154], und diese Geschichte wird für ihn durch den Eingriff Mallarmés in zwei große Phasen unterteilt. In eine erste Phase, in der, wie Steiner es formuliert, der „Vertrag"[155] zwischen Wort und Welt Gültigkeit hatte, der die Bedeutung der Welt und des Daseins garantierte, und eine zweite Phase, die durch Mallarmés Bruch dieses Vertrages eingeleitet wird, jenen Bruch, der nun „die Moderne definiert"[156].

[...] die erste Phase, die sich von den Anfängen verzeichneter Geschichte und propositioneller Äußerung (bei den Vorsokratikern) bis ins späte 19. Jahrhundert erstreckt, ist die des logos, in der sich das Dasein ‚sagen' läßt. Die zweite Phase ist die dessen, was danach kommt.[157]

Die Zeit „nach dem Wort", wie diese, unsere Phase des Denkens, nun zu nennen ist, oder die Zeit des „Epilogs"[158] - in diesem Begriff läßt Steiner den vormals

---

151. Vgl. Jean-François Lyotard: Réécrire la modernité. In: J.-F. L.: L'inhumain, S. 3344.
152. Hage: Schreiben ist eine Séance, S. 200. Dennoch gibt es wenige, die die Spuren Blanchots im Werk von Botho Strauß verfolgen. Eine Ausnahme ist Stefan Bollmann: Schrift verlangt nach Schrift. Botho Strauß: Die Widmung. In: Strauß lesen, S. 237-249.
153. Vgl. ibid., S. 129 ff und S. 141 f.
154. Ibid., S. 123.
155. Vgl. ibid., S. 124.
156. Vgl. ibid., S. 127.
157. Ibid., S. 128.
158. Ibid.

regierenden Begriff des Logos nachklingen - ist nun, wie dies Mallarmé für das sprachliche Zeichen feststellte, geprägt durch die Konfrontation mit einer substantiellen Abwesenheit.

Mallarmés Zurückweisung der Vereinbarung von Referenz und sein Beharren darauf, daß Nicht-Referenz den wahren Genius und die Reinheit von Sprache konstituiert, implizieren eine Annahme von ‚realer Abwesenheit'.[159]

Für Steiner liegt hier das zentrale Problem und für ihn ist es ein eigentlich ethisches. Der ursprünglich gültige Vertrag zwischen Wort und Welt forderte einen „Akt semantischen Vertrauens", war „Verpflichtung zur Antwort", wobei die Begriffe ‚Antwort' und ‚Verantwortung' das Wort im Sinne von Descartes und Kant in die ethische Pflicht nehmen, ein Verhältnis zur Welt herzustellen, ‚Antwort' zu sein und Ansatz zu existentiellem Handeln. „Verantwortliche Antwort, antwortende Verantwortlichkeit machen aus dem Verstehensprozeß einen moralischen Akt."[160] Mallarmés Vertragsbruch - neben Mallarmé nennt Steiner noch Rimbaud, der mit seiner dekonstruktiven Aussage „Je est un autre" gleichermaßen diesen Vertrag gebrochen hat[161] - nun „trennt das Ästhetische vom Ethischen"[162]. Diese Feststellung trifft vor allem den Dekonstruktivismus, den beherrschenden theoretischen Diskurs in der ‚Zeit nach dem Wort', der das Mallarmésche Postulat der Abwesenheit programmatisch fortsetzt und im unabschließbaren Kommentar der Bedeutungsleere einem rigorosen Nihilismus, einer Nullität zustrebt.[163]

Steiners Anliegen ist es, die Verknüpfung von Sprache und Ethik wiederherzustellen, indem er sich erneut und dem dekonstruktivistischen Theorem der Abwesenheit zum Trotz einer „realen Gegenwart" im Sprachgeschehen zu versichern sucht. Er begründet den Antwortcharakter des Worts neu als Antwort auf Transzendenz. Die Begegnung mit „realer Gegenwart" ist Begegnung mit der Gegenwart Gottes. Ort dieser Begegnung ist das Kunstwerk.

Die These lautet, daß jede logisch stimmige Auffassung dessen, was Sprache ist und wie Sprache funktioniert, daß jede logisch stimmige Erklärung des Vermögens der menschlichen Sprache, Sinn und Gefühl zu vermitteln, letztlich auf der Annahme einer Gegenwart Gottes beruhen muß. Ich stelle die These zur Diskussion, daß insbesondere auf dem Gebiet der Ästhetik, also dem der Literatur, der bildenden Künste und musikalischer Form die Erfahrung von Sinn auf die notwendige Möglichkeit dieser ‚realen Gegenwart' schließen läßt.[164]

Steiner versucht nicht, Mallarmés Vertragsbruch rückgängig zu machen oder die Konsequenz des Dekonstruktivismus zu bestreiten. „In einer Zeit des Epilogs,

---

159. Ibid., S. 131.
160. Ibid., S. 124/125.
161. Vgl. ibid., S: 134 ff.
162. Ibid., S. 137.
163. Vgl. ibid., S. 177.
164. Ibid., S. 13/14.

einer Zeit ‚nach dem Wort' muß eine Kritik wie die des Dekonstruktivismus formuliert werden."[165] Steiner fragt nach einer Möglichkeit von Sinn, nach einer Möglichkeit der „Erfahrung bedeutungserfüllter Form (der Ästhetik) [...] im Licht oder, wenn man so will, in der Dunkelheit der nihilistischen Alternative"[166] und diese Möglichkeit sieht er in der neugewonnenen Freiheit des Worts, das Mallarmé aus dem konzeptuellen Raster referentiellen Bedeutens befreite.

Weder das Gedicht noch das metaphysische System besteht aus ‚Ideen', aus verbalisierten externen Daten. Sie bestehen aus Worten. Gemälde, so insistierte Degas, bestehen aus Pigmenten und internen Raumbeziehungen. Musik besteht aus konventionsbestimmt arrangierten Tönen. Sie bedeutet nur sie selbst. Und nur im Maße, wie sie sich der Grundgegebenheit der Musik und der selbstgenügsamen Autonomität des musikalischen Kodes nähert, findet Sprache für Mallarmé und die Moderne zurück zu ihrer numinosen Freiheit, zu ihrem Rückzug aus dem unfertigen, heruntergekommenen Gewebe der Welt. Solch totaler Rückzug kann den Worten ihre magische Energie wiedergeben, kann in ihnen das verlorengegangene Potential zu Benediktion oder Anathema (Schlüsselbegriffe beim Erben Mallarmés, Valéry) wiedererwecken. Nur ein so radikaler Bruch mit dem, was ein philosophisch lügenhafter und utilitaristischer Vertrag war, kann für den menschlichen Diskurs die ‚Aura', die unbegrenzt schöpferischen Möglichkeiten der Matapher wiederherstellen, die den Ursprüngen aller Sprache innewohnt.[167]

Steiner bestreitet die Beweisfähigkeit einer systematischen und erschöpfenden Hermeneutik und die Möglichkeit nachweisbarer Bedeutung, er plädiert mit Mallarmé für eine Freiheit des Worts, die sich nur im Ästhetischen verwirklicht und die sich jeder Rechenschaft entzieht.[168] Bedeutung definiert er als „ästhetisches Phänomen"[169], dem allein Begriffe wie Mysterium, Intuition und Teilhabe, Erfahrung, Vertrauen und Glaube gerecht werden, da hier eine unaussprechliche „Andersheit"[170] in Erscheinung tritt, Gegenwart wird, die nur mit dem Namen Gottes zu belegen ist. Der Name Gottes ist in der jüdischen Religion das Unaussprechliche.[171] Sprache beherbergt nach Steiner jenes Unaussprechliche, indem sie ihm ‚ant-wortet', ohne es zu benennen und darum gilt es, dies sind nun die Worte von Botho Strauß, „die Rede so zu führen, daß sie, wie es talmudischer Überlieferung entspricht, ursprünglich aus der Scheu vor der tabuverletzenden Benennung hervorgeht." (A 311) So wird die „Erfahrung gestalteter Bedeutung im Dichterischen"[172] zu einer Begegnung mit Transzendenz.

---

165. Ibid., S. 161.
166. Ibid., S. 178.
167. Ibid., S. 134.
168. Vgl. ibid., S. 216 ff. Der erste Teil seines Essays ist eine fulminante Kritik an den Wucherungen des sekundären Diskurses, an Literaturwissenschaft und Literaturkritik, die der Tradition hermeneutischer Auslegung entwuchsen.
169. Ibid., S. 237.
170. Ibid., S. 218.
171. Vgl. ibid., S. 82.
172. Ibid.

Botho Strauß nimmt Steiners poetische Metaphysik, sein „Setzen auf Transzendenz"[173], zum Anlaß für eigene *Bemerkungen zu einer Ästhetik der Anwesenheit*[174], die Steiners Thesen in die Sphäre des Religiösen Gefolge leisten. Er wendet im Sinne einer „sakralen Poetik" (A 308) den religiösen Begriff der Eucharistie in ein sprachtheoretisches Argument, das das Dilemmma von Substitution und Absenz im sprachlichen Zeichen aufhebt durch den von Steiner übernommenen Begriff der Realpräsenz.

Im Gegensatz zur rationalen Sprachtheorie ersetzt das eine (das Zeichen, das Brot) nicht das fehlende andere (den realen Leib), sondern übernimmt seine Andersheit. Dementsprechend müßte es in einer sakralen Poetik heißen: Das Wort Baum ist der Baum, da jedes Wort wesensmäßig Gottes Wort ist und es mithin keinen pneumatischen Unterschied zwischen dem Schöpfer des Worts und dem Schöpfer des Dings geben kann. (A 307/308)

Die Frage nach der göttlichen Qualität des Geschaffenen, die hier eigentlich die Frage nach dem Ursprung des Schöpfungsgestus und damit der Kunst-Schöpfung ist, die Rede von der Präsenz des Unaussprechlichen und das Postulat einer ästhetischen Ethik, wie es Steiner durch den Bezug zur Transzendenz zu begründen versucht, werden uns von hier an durch das Werk von Botho Strauß begleiten.

Mit Mallarmé waren wir ausgegangen von jenem fundamentalen Bruch, der die Autonomisierung des Ästhetischen in der Moderne einleitete und der sich bei Botho Strauß in der prononcierten Trennung von Gesellschaftlichem und Ästhetischem, die das vorhergehende Kapitel herausgestellt hatte, fortsetzt. War im letzten Kapitel das Thema Moderne in seiner Bedeutung für das poetische Konzept von Botho Strauß deutlich hervorgetreten, so erwies sich dieser Bezug zur Moderne über die Mallarmé-Rezeption Blanchots und Foucaults als Konsequenz einer radikal ästhetischen Moderne-Definition, die das logosfixierte Denken außer Kraft setzt und somit gegenüber der kritisch-emanzipatorischen Vernunft-Moderne der Aufklärung mit ihren gesellschaftlichen Konsequenzen und ihrer philosophischen Tradition von Hegel bis Habermas privilegiert wird.

Mit Blanchot folgt Strauß Mallarmé in die rein ästhetische Dimension des Worts, in die selbstbezügliche Dichte sprachlicher Nicht-Referenz, in der Sprache und Schweigen eins sind. In *Der junge Mann* überträgt Botho Strauß diesen konzeptuellen Vorgang in ein Handlungsschema. Seine Dichterfigur Leon Pracht steht, wie wir sahen, für die Einlösung einer vollkommen unveräußerten ästhetischen Existenz, die besteht in Aufhebung und Verlust und sich vollzieht im Gestus des Verschwindens. Dieses Wesen der Literatur spricht noch einmal deutlich aus *Sigé*, wo Botho Strauß die Nähe der Sprache zum Schweigen, die Blanchot unter Berufung auf Mallarmé für die Literatur geltend macht, reflektiert. Die Reflexionen in *Sigé* werden im nächsten Kapitel zur Sprache kommen.

---

173. Ibid., S. 279.
174. So heißt der Untertitel seines Essays *Der Aufstand gegen die sekundäre Welt*.

Mit Foucault teilt Strauß den archäologischen Standpunkt[175], der hier zu einer Relationierung des Postmoderne-Problems beiträgt. Foucaults Inanspruchnahme der modernen Literatur für die Begründung postmodernen Denkens erfolgt über eine nachträgliche, eben postmoderne Rekonstruktion der Moderne und bewegt sich damit in einem Zirkel: wenn das ästhetische Denken der Moderne zur philosophischen Denkkategorie unseres Zeitalters erklärt wird, so wird damit eine Kontinuität behauptet, die nur aus dem Blickwinkel der Postmoderne entsteht. Demnach ist zu schließen, „daß wir, indem wir die Moderne rekonstruieren, uns zugleich unseres heutigen, ‚postmodernen' Selbstverständnisses versichern."[176] Genau dies tut Botho Strauß, wenn er jenen postmodernen Rückschluß auf die ästhetische Moderne nachvollzieht.

Mit George Steiner sieht Strauß das ethische Problem in der ‚Zeit des Epilogs', das durch den ästhetisch-philosophischen Bruch mit dem sprachlichen Logos entsteht. Er versucht im Anschluß an Steiner, die Sprache im Ästhetischen wieder an ein Höheres zu binden, was nicht zuletzt dem Versuch gleichkommt, die postmoderne Rede von der Moderne als Rede von der Eminenz des Ästhetischen zur Rede von Transzendenz zu wandeln.

Bei aller Befremdlichkeit, die diese Wendung ins Transzendente hervorrufen mag - das Aufsehen, das Steiners Essay und Strauß' diesen noch überhöhendes Nachwort erregten, spricht für die Umstrittenheit der „sakralen Poetik" (A 308), die hier verfochten wird[177] - , die Spektakularität dieser theologisch-metaphysischen Wendung läßt sich auf ein durchaus faßliches Maß ästhetischer Theorie reduzieren, wenn man sie im weiteren Umfeld der aktuellen Ästhetikdiskussion betrachtet.

Die Annahme einer ästhetischen Präsenz wird hier auch ohne die religiöse Emphase von Steiner und Strauß vertreten, etwa von Jean-François Lyotard in seiner Theorie des Erhabenen oder von Karl Heinz Bohrer, der mit seiner im letzten Kapitel schon angesprochenen Theorie von der Modernität der Romantik schon lange eine Theorie ästhetischer Selbstreferentialität verficht, die er zuletzt zu einer „Theorie der ästhetischen Grenze" umformulierte, in der auch er den Begriff der Präsenz zu umschreiben versucht[178]. In diesem Vortrag zur Eröffnung

---

175. Foucault nennt *Les mots et les choses* im Untertitel eine „archéologie des sciences humaines". Vgl. auch weiter oben zu Strauß' Aufnahme des Foucaultschen Archäologiebegriffs.
176. Welsch: Unsere postmoderne Moderne, S. 66.
177. Einige Beiträge zur Debatte in den Feuilletons:
Reinhart Baumgart: Vertrauen ins Fremde. *Von realer Gegenwart*: George Steiners Versuch einer Metaphysik der Kunst. In: Die Zeit 2.11.1990.
Jörg Drews: Die metaphysische Dampfwalze. George Steiners Kampf um die Kunst als letztes Mysterium - eine Polemik. In: Süddeutsche Zeitung 23./24.3.1991.
Bernhard Greiner: Vornehmer Ton? In: Frankfurter Rundschau 4.6.1990.
Ludger Heidbrink: Ejakulation ohne Subjekt. George Steiners Predigt gegen die Coolness der Dekonstruktion. In: die tageszeitung 2.11.1990.
Gerhard Neumann: Essen vom Baum der Erkenntnis. In: Frankfurter Rundschau 4.6.1991.
178. Die Grenzen des Ästhetischen. In: Die Aktualität des Ästhetischen, S. 48-64.

des Kongresses zur *Aktualität des Ästhetischen*[179] - symptomatisch gerade dieser für die erweiterte Relevanz des Ästhetischen in Philosophie und Theorie - versucht auch Bohrer dem Ästhetischen ein Arkanum zu sichern, indem er eine deutliche Grenzziehung vornimmt. Er definiert die Ästhetik als eigene Disziplin, als „eine als Kunstwissenschaft vorgehende Literaturwissenschaft" und er versucht, den Begriff des Ästhetischen strikt abzuschirmen, einerseits gegen die Ansprüche von Philosophie und Geschichte, die traditionell das Ästhetische als Funktion des sozialen Diskurses interpretierbar machten, und andererseits gegen die hedonistisch-egalitäre „Entgrenzung des Ästhetischen" in unserer überkulturisierten Gesellschaft. Bohrer versucht dagegen, das „enigmatisch-elitäre Moment des eigentlich Ästhetischen" oder, wie auch sagt, den „substantiellen Kern des ästhetischen Diskurses"[180] zu wahren, er spricht in einer bewußten „Vagheit", die an Steiners „Peinlichkeit"[181] erinnert, von dem „enigmatische[n] Surplus des ästhetischen Eindrucks", vom „reinen begrifflosen Hauch des Ästhetischen"[182] und auch er beruft sich auf eine ästhetische Moderne - wiederum fällt der Name Mallarmé -, die zuerst die Grenze ästhetischer Selbstreferenz aufgeworfen und Kunst in diesem emphatischen Sinne zur Möglichkeit verholfen habe.

Bohrer stellt seine Thesen in Beziehung zu Steiner und Lyotard als zwei weiteren Polen der aktuellen Rede von einer geläuterten Ästhetik, nicht ohne jedoch die Verschiedenheit der drei Positionen, die hier als Bezugsrahmen für die Untersuchung der Ästhetik von Botho Strauß skizziert werden, zu betonen.

Bei Steiner eine metaphysische Kategorie, bei Bohrer emphatischer Kunstbegriff, ist das Ästhetische bei Lyotard ein philosophisches Schlüsselmoment des neuzeitlichen Denkens, das zurückgeht auf Kants transzendentale Philosophie.

Im Anschluß an Kants Theorie beschreibt Lyotard im Zeichen des Erhabenen eine geistesgeschichtliche Entwicklungslinie, die von Kant bis zur Moderne des 20. Jahrhunderts führt.[183] Lyotard rückt die Fortführung des Kantschen Gedankens einer negativen Darstellung des Unendlichen in der Analytik des Erhabenen in den Mittelpunkt seiner Reflexion. Für ihn resultiert aus diesem Gedanken der Undarstellbarkeit „la tâche d'avoir à témoigner de l'indéterminé"[184] in der modernen Kunst. Jener ‚Abgrund des Unendlichen', den Kant in der Analytik des Erhabenen beschreibt und eigentlich in der Kritik der Urteilskraft zu beheben versucht, birgt für Lyotard den Urgrund des Ästhetischen im Vernunftgefüge des neuzeitlichen Denkens. Wo Kant den Ideen der Vernunft zur Anschauung verhelfen will und die Erschütterung des Erhabenen durch die Bestätigung der Vernunft so-

---

179. Veranstaltet von der Stiftung Niedersachsen im Herbst 1992 versammelte dieser Kongreß einige der renommiertesten Theoretiker unserer Zeit von Lyotard über Neil Postman, Paul Feyerabend und Wolfgang Welsch bis zu Humberto Maturana.
180. Bohrer: Die Grenzen des Ästhetischen, S. 48/49.
181. Steiner: Von realer Gegenwart, S. 262.
182. Bohrer: Die Grenzen des Ästhetischen, S. 60/61.
183. Vgl. den schon zitierten Aufsatz *Le sublime et l'avant-garde*. Lyotards Theorie des Erhabenen, die hier nur kurz angerissen wird, wird in dem späteren Kapitel *Das Chaos und das Erhabene* noch ausführlicher zum Tragen kommen.
184. Lyotard: Le sublime et l'avant-garde, S. 114.

gleich wieder zurücknimmt, besteht Lyotard auf der Inkommensurabilität des unfaßlichen Phänomens. Für Lyotard kehrt im Zeichen des Erhabenen ästhetisch wieder, was die Kritik der reinen Vernunft verdrängte, doch nicht wie bei Steiner als Offenbarung eines höheren Seins, sondern als Ereignis, das jeder Anschauung unmittelbar innewohnt. „L'inexprimable ne réside pas en un là-bas, un autre monde, un autre temps, mais en ceci: qu'il arrive (quelque chose)."[185] Das Ereignis des Unbegreiflichen ist das Eintreten eines nichtdarstellbaren Geschehens innerhalb jeder Darstellung. Hier ereignet sich das, was man ästhetische Präsenz zu nennen hätte. Bei Lyotard ist es die Präsenz eines Geschehens, des „il arrive", das alle Formgebung durchbricht. Das Prinzip der Kunst ist es, dieser Präsenz Raum zu geben, den „Bruch der Darstellung"[186] eintreten zu lassen, das „Unbestimmte geschehen [zu] lassen"[187].

Lyotards Reflexion über das Erhabene geht aus von einer Analyse der modernen Kunst (Barnett Newman, der sich als Maler selbst in die Tradition der Theorien des Erhabenen stellte [188], ist neben anderen, etwa Adami, Arakawa und Buren in *Que peindre?*[189] der favorisierte Vertreter.) Das Theorem des Nicht-Darstellbaren, vorbereitet in Kants Analytik des Erhabenen, findet für Lyotard seine Vollendung im extremen Kunstwerk der modernen Avantgarde. „L'avantgardisme est [...] en germe dans l'esthétique kantienne du sublime."[190] Auch Lyotard stellt hier das Ästhetische ins Zentrum einer Moderne-Diagnose, die sich auf die Präsenz eines Unverfügbaren beruft, auf ein beharrlich insistierendes ‚Anderes der Vernunft', das in der Moderne der Tradition seiner Verdrängung zu entkommen sucht.

Von einer Präsenz, „die eben gerade nicht durch die Darstellung entsteht"[191], spricht auch Lyotard durchaus im Sinne einer ästhetischen Ethik. Dort, wo er Kants Analytik des Schönen und des Erhabenen fortzudenken versucht, wird dem Anspruch der dritten Kritik zufolge auch eine Reflexion auf den Übergang von Ästhetik zu Ethik notwendig. Und es handelt sich genau um eine solche Reflexion, die Lyotard, indem er gegenüber Kant eine wesentliche Korrektur zugunsten

---

185. Ibid., S. 104.
186. Das Undarstellbare - wider das Vergessen. Ein Gespräch zwischen Jean-François Lyotard und Christine Pries. In: Das Erhabene. Zwischen Grenzerfahrung und Größenwahn. Hrsg. v. Christine Pries. Weinheim 1989, S. 328.
187. Zitiert nach der deutschen Übersetzung von *Le sublime et l'avant-garde*. Das Erhabene und die Avantgarde. In: Merkur 424 (1984), S. 152. Vgl. S. 103 des französischen Originals.
188. Vgl. Max Imdahl: Barnett Newman. Who's afraid of red, yellow and blue III. In: Das Erhabene, S. 232-252. Vgl. auch Jean-François Lyotard: L'instant, Newman. In: L'inhumain, S. 89-99.
189. Jean-François Lyotard: Que peindre? Adami, Arakawa, Buren. Paris 1987.
190. Le sublime et l'avant-garde, S. 110.
191. Das Undarstellbare - wider das Vergessen. In: Das Erhabene, S. 321.

des Erhabenen vornimmt, zu einer „Ethik der fühlbaren Präsenz"[192] fortentwickelt.[193]

In dieser Bemühung um eine ethische Grundierung des Ästhetischen trifft sich Lyotard, wenn auch aus ganz anderer Richtung kommend, zuletzt mit dem Anliegen Steiners. In der aktuellen Thematisierung des Ästhetischen scheint sich letztendlich ein ethisches Interesse zu äußern, der Versuch, im Kunstwerk den Bestand einer Ethik zu garantieren. Dies deutet sich auch bei Botho Strauß an, ganz plakativ in *Anschwellender Bocksgesang*, wo er der defekten gesellschaftlichen Wirklichkeit ein ästhetisches Ideal entgegenhält, ganz metaphorisch in *Der junge Mann*, wo die Ankunft im anderen Gesicht - die Begegnung Leons mit dem bloßen Gesicht Yossicas - Leons ästhetische Existenz zur Ruhe kommen läßt. Diese Auflösung des ästhetischen Konflikts im Motiv des Gesichts erhält ihre Tragweite durch die Philosophie von Emmanuel Lévinas, dem jüdischen Philosophen des „Antlitzes" und einer Ethik „des Anderen", an dessen Denken sowohl Lyotard[194] als auch Steiner[195] und nicht zu vergessen der ihm sehr nahestehende Maurice Blanchot Anschluß suchen. Lévinas konzipierte mit seiner Philosophie eine Metaphysik als Ethik, die, ohne hinter die Ergebnisse des Poststrukturalismus und die Philosophie Jacques Derridas zurückzugehen, die ontologische Qualität der traditionellen Metaphysik zurücknimmt, um sie durch eine ethische zu ersetzen. Seine ethische Philosophie gründet sich wiederum auf ein außerweltliches Konzept der ‚Andersheit', auf die unaufhebbare Differenz des absolut Anderen, die sich, und dies ist der entscheidende Zug seiner Philosophie, im anderen Menschen offenbart. Lévinas definiert den anderen Menschen als ‚das absolut Andere': „L'absolument Autre, c'est Autrui."[196] Er lokalisiert die Begegnung mit dem absolut Anderen in der Begegnung mit dem anderen Menschen und folgert hieraus eine metaphysische Verpflichtung zur Humanität. Die Orte dieser Begegnung sind zum einen die Sprache[197] und zum anderen das Gesicht des Anderen, unmittelbarer, sehend erfahrbarer Ausdruck der Andersheit: „Trace [de l'invisible] qui luit comme visage du prochain".[198]

Das Motiv des Gesichts als Auflösung der ästhetischen Problematik in *Der junge Mann* ist ein erster Hinweis in die Richtung, die diese Überlegungen zur Ästhetik von Botho Strauß zu nehmen haben. Das ‚Sehen des Anderen' im Gesicht des anderen Menschen, der Blick, das Auge, das Gesicht, bilden im Werk

---

192. Jacob Rogozinski: Lyotard: Der Widerstreit, die Präsenz. In: Jean-François Lyotard. Hrsg. v. Walter Reese-Schäfer. Cuxhaven 1990, S. 82.
193. Besonders in den neueren Texten, vor allem in: L'intérêt du sublime. In: Du sublime. Hrsg. v. Jean-Luc Nancy und Michel Déguy. Paris 1988, S. 153. (Deutsch: Das Interesse des Erhabenen. In: Das Erhabene, S. 91-118.) Vgl. auch seine Ausführungen über Ethik und Ästhetik im Gespräch mit Christine Pries in: Das Erhabene, S. 329 ff.
194. Vgl. Bernhard H. F. Taureck: Wo steht Lyotard? In: Jean-François Lyotard. Hrsg. v. Walter Reese-Schäfer, S. 194 ff zur Bedeutung von Lévinas für die Philosophie Lyotards.
195. Steiner referiert Lévinas in *Von realer Gegenwart*, S. 195.
196. Emmanuel Lévinas: Totalité et infini. Essai sur l'exteriorité. Den Haag 1961, S. 9.
197. Die Theorie der Sprache wird besonders in *Autrement qu'être ou au-delà de l'essence* (Den Haag 1974) abgehandelt.
198. Ibid., S. 14.

von Botho Strauß ein - noch ausführlich darzustellendes - Motivgeflecht, das im Anschluß an Lévinas der ästhetischen Anbindung an ein wie auch immer zu fassendes Anderes - die hier referierten Theorieansätze stehen für die aktuelle Spannweite der ästhetiktheoretischen Annäherung an dieses ‚Andere' - eine ethische Konnotation verleiht.

In diesem Kapitel, das nun nach einem sehr weitläufigen Bogen durch Ästhetiktheorie und Philosophie sein Ende findet, sollten die Ergebnisse der zunächst noch sehr werkimmanenten Lektüre von *Der junge Mann* auf den Boden der Theorie gestellt werden. Auf der Grundlage des hier abgesteckten Theorierahmens bekommen die Ergebnisse des ersten Kapitels eine deutliche ästhetiktheoretische Kontur, auf die diese Untersuchung in ihrem weiteren Verlauf aufbauen kann.

Unter dem Titel *Mallarmé* wurden sehr verschiedene Theorieansätze in Beziehung gesetzt, denen, von Blanchot bis Lyotard, eines gemeinsam ist: der Bezug auf eine durch diesen Namen bezeichnete ästhetische Moderne als Schlüsselreferenz für die Rede von der Eminenz des Ästhetischen. Die Moderne des 20. Jahrhunderts gilt als das Ereignis, das das Unsagbare aus seiner Befriedung durch die diskursive Vernunft befreite und die Spekulation über das Jenseits des Sagbaren dem Ästhetischen anheimstellte. Das „Erbe der Moderne", das nach der Lektüre von *Der junge Mann* im ersten Kapitel hier noch genauer zu bestimmen war, wäre demnach zu benennen als eine Ästhetik des Unverfügbaren, als eine Suche nach dem ästhetischen Anderen, die durch die moderne Entdeckung ästhetischer Selbstreferenz in Gang gesetzt wurde und bis heute die Relevanz des Ästhetischen ausmacht.

Bezüglich der Frage der Postmoderne heißt das, „daß der Modernismus, nicht die Moderne nicht mehr möglich ist, nämlich eine Kunst, die ein allgemeines Emanzipationsprojekt begleitet, unterstützt und illustriert."[199] Genau diese Unterscheidung zwischen Moderne und Modernismus, d.h. zwischen ästhetischem und gesellschaftlichem Denken, trifft, wie wir sahen, auch Botho Strauß. Daß er sich damit als ‚Postmoderner', genauer gesagt als „postmoderner Moderner", wie Wolfgang Welsch in seinem Buchtitel formuliert, erweist, daß sich in der Berufung auf das - ästhetische - „Erbe der Moderne" ein postmodernes Reflexionsverhältnis äußert, ist klargestellt worden.

Bleibt nun, der Spur des Unvermittelten, die sich in der Lektüre von *Der junge Mann* auftat und die hier ästhetiktheoretisch untermauert wurde, im Werk von Botho Strauß weiter nachzugehen und noch genauer anzuzeigen, wo und mit welchen Konsequenzen Botho Strauß seine Ästhetik um das Nicht-Darstellbare formiert.

Orphische Zusammenhänge: Von *Sigé* zu *Beginnlosigkeit*

Der Name Mallarmé stand bis hier in Beziehung zum Werk von Botho Strauß als eine Figur der ästhetiktheoretischen Rezeption. In *Paare, Passanten* findet sich

---

199. Das Undarstellbare - wider das Vergessen. In: Das Erhabene, S. 326.

dazu eine Stelle, an der Botho Strauß sein Schreiben direkt von Mallarmé herleitet. Diese Stelle findet sich am Übergang zum zentralen Kapitel von *Paare, Passanten*, genannt *Schrieb*, in dem Botho Strauß die Bedingungen seines Schreibens reflektiert:

In dieser Szene sagte ich eben noch zu meinem Schulfreund, als wir nach den Hausaufgaben am freien, warmen Nachmittag in den Badehosen lagen und Ausschau hielten, ich wolle doch einmal philosophieren und ein unaufhörliches Buch („über Alles") zu schreiben beginnen, und so ist heute mein geringster Schrieb um keinen Deut bescheidener und weniger verlangend, als am unaufhörlichen Geweb ein Fädlein weiterhin zuzusetzen. Die Szene hält an, der Ort ist abgebröckelt. (PP 97)

Mallarmés Idee eines universalen Buches, der er bis zu seinem Tod sein Schaffen widmete und die doch jeder Verwirklichung widerstrebte, wird hier zur Ursprungsphantasie des jugendlichen Dichters. Fast zynisch weist Strauß auf den nächsten Seiten dieses dichterische Verlangen wieder in seine Schranken.

Doch wer könnte noch so blind an seine Sendung, an die unanfechtbare Bestimmung der Dichtung glauben, wie es, sagen wir, ein Mallarmé getan hat, der davon überzeugt war, daß die Arbeit der Welt in einem Buch sich vollenden werde. Das Buch zur Metapher für das universale Archiv unserer Kultur zu erheben, wäre heute ein ebenso harmloser wie obsoleter Privatspaß.
Die Arbeit der Welt des Kopfes wird vermutlich in 87 Fernsehkanälen enden und das Mallarmésche Buch wird ein Kultobjekt eines winzigen Geheimzirkels an der Universität von Wisconsin sein und nur dort und nirgends sonst auf der Welt wird man ihm ein ehrendes Andenken bewahren. Wo die Schrift selbst aus dem Zentrum der Kultur verschwindet, wird der Außenseiter unter den Schriftstellern, der Exzentriker zur trolligen Figur - der Radikale, der in die Wurzeln greift auf einem im ganzen abrutschenden Kontinent. (PP 106)

Kein Zweifel jedoch, daß sich Strauß zu diesen verzweifelten Radikalen zählt, zu den „Außenseitern unter den Schriftstellern", die in der Nachfolge Mallarmés den Glauben an die „unanfechtbare Bestimmung der Dichtung" bewahren und sei es wie im Falle des Mallarméschen Buchs um den Preis eines grandiosen Scheiterns.
Das Mallarmésche Buch sollte nie existieren. Ausuferndes Projekt eines universalen Texts, blieb *Le Livre* ein Gedankenkonstrukt, eine enorme Ansammlung von Notizen, Ideen und Theorien, die Mallarmé zuletzt zur Verbrennung bestimmt hatte, „ein Werk also, das lediglich in seiner Abwesenheit Wirklichkeitsstatus gewinnt: es ist *das* und es *ist* das, was sich durch seine eigene Negativität am Da-Sein hindert."[200]
Mallarmé nannte *Le Livre* eine „explication orphique de la terre"[201]. Gemeint ist mit diesem Adjektiv jenes orphische Oszillieren zwischen Dichtung und Tod, zwischen poetischer Erfüllung und Abwesenheit, jener orphische Weg im Zwi-

---

200. Felix Philipp Ingold: Das Buch. In: Aisthesis. Wahrnehmung heute oder Perspektiven einer anderen Ästhetik. Hrsg. v. Karlheinz Barck u.a. Leipzig 1990, S. 291.
201. OC, 663.

schenreich, den Rilke in seinem Gedicht *Orpheus. Eurydike. Hermes*[202] beschreibt.

Der mythische Dichter Orpheus galt Rilke wie Mallarmé als Symbolfigur der Dichtung. Die Poesie habe seit der „großen Abirrung Homers" den Weg verloren, sagt Mallarmé, und gegen Homer hält er den Dichter Orpheus.[203] Bei Rilke heißt es in den *Sonetten an Orpheus*: „Ein für alle Male / ists Orpheus, wenn es singt"[204].

„Ecrire commence avec le regard d'Orphée"[205] formuliert Maurice Blanchot. Er entwickelt an der Figur des Orpheus die Dichtungstheorie Rilkes und Mallarmés, eine Theorie der Abwesenheit: „Rilke, comme Mallarmé, fait de la poésie un rapport avec l'absence [...]."[206]

Der Blick des Orpheus bindet die Dichtung auf immer an ein Abwesendes, er unterstellt sie auf immer der Macht des Todes.

Es ist die Tragik des Orpheus, daß sein Gesang nur durch die Liebe zu Eurydike Bestand hat, die ihn in das Reich des Todes zieht.

Il n'est Orphée que dans le chant, il ne peut avoir de rapport avec Eurydice qu'au sein de l'hymne, il n'a de vie et de vérité qu'après le poème et par lui, [...] dans le chant seulement, Orphée a pouvoir sur Eurydice, mais, dans le chant aussi, Eurydice est déjà perdue et Orphée lui-même est l'Orphée dispersé, ‚l'infiniment mort' que la force du chant fait maintenant de lui.[207]

Seine Ungeduld, sein verfrühter Blick im Totenreich wäre, wenn man Blanchot folgen will, ein „mouvement juste": die Ausrichtung auf die wahre Inspirationsquelle seiner Dichtung, auf „cette autre mort qui est mort sans fin, épreuve de l'absence de fin."[208] Weil er dichten will, hat sich Orpheus dem Tod ausgeliefert, einer Abwesenheit, die ihn gleichzeitig inspiriert und vernichtet. Deswegen ist er „l'infiniment mort": der Tod ist für ihn nicht das Ende, sondern unaufhörliche Quelle seiner Inspiration, die zugleich Vernichtung ist.

Sei immer tot in Eurydike -, singender steige,
preisender steige zurück in den reinen Bezug.[209]

Durch den Blick des Orpheus ist somit auch die grandiose Unmöglichkeit des Mallarméschen Buchs besiegelt: „En ce regard l'oeuvre est perdue."[210]

---

202. Rainer Maria Rilke: Sämtliche Werke. Hrsg. vom Rilke-Archiv. In Verbindung mit Ruth Sieber-Rilke. Besorgt durch Ernst Zinn. Erster Band. Frankfurt a.M. ¹1987, S. 542 ff. Im folgenden zitiert als Werke mit Band- und Seitenangabe.
203. Vgl. Friedrich: Die Struktur der modernen Lyrik, S. 139 mit Bezug auf Henri Mondor: Vie de Mallarmé. Paris 1951.
204. Rilke: Die Sonette an Orpheus, Erster Teil, V. Sonett. Werke I, 733.
205. Blanchot: L'espace littéraire, S. 184.
206. Ibid., S. 164.
207. Ibid., S. 181.
208. Ibid.
209. Rilke: Die Sonette an Orpheus, Zweiter Teil, XIII. Sonett. Werke I, 759.

Die Zusammenhänge von Dichtung und Abwesenheit, von Ästhetik und Verschwinden, Sprache und Schweigen sind im letzten Kapitel als sprachtheoretisches Problem erörtert worden. Wo das dichterische Wort sich selbst behauptet, bezeugt es eine ‚reale Abwesenheit' und betreibt damit seine Selbstaufhebung. Hierfür steht auch die Figur des Orpheus.

Es wurde schon gesagt, daß die Dichterfigur Leon Pracht in *Der junge Mann* eben jene ästhetische Selbstaufhebung verkörpert. Auch hier steht das Orpheus-Motiv im Hintergrund, denn es handelt sich in *Der junge Mann* um eine nun wohl orphisch zu nennende Jenseitsreise, die allerdings das klassische literarische Modell der Renaissance bemüht. Francesco Colonnas *Hypnerotomachia Poliphili* vom Ende des fünfzehnten Jahrhunderts war Botho Strauß, wie er selbst bestätigt, unmittelbares Vorbild für die formale Struktur des Romans.[211] In diesem Werk aus der Tradition von Dantes *Divina Commedia* durchlebt Poliphilo im Traum einer Nacht ein ganzes Leben und findet durch verschlungene Traum- und Architekturwelten den Weg zu seiner Geliebten.

Soweit hiermit der sprachtheoretische Hintergrund von Strauß' Literaturtheorie ein weiteres Mal belegt ist, läßt sich dem Orpheus-Motiv im Werk von Botho Strauß noch weiter nachgehen.

In *Die Widmung* entsteht aus dem Verlust der Geliebten ein Stück Literatur, eben jene Erzählung *Die Widmung*, die wir in Händen halten. Richard Schroubek verfaßt, nachdem ihn seine Geliebte Hannah verlassen hat, das „Protokoll ihrer Abwesenheit" (W 83), füllt seine Tage mit Schreiben. Die Schrift Richard Schroubeks füllt die Abwesenheit der Geliebten, sie vollzieht den Prozeß einer unendlichen Annäherung an die Verlorene: „Meine Schrift läuft ihr auf der Asymptote nach." (W 62) Doch dieser Text der „kühne[n] und festliche[n] Trauer" (W 93) vertilgt Richards Leben, ohne Hannah je erreichen zu können. „Richard-ohne-Leben" (W 61) verfehlt das Objekt seines schriftlichen Verlangens auf fast tragikomische Weise. Hannah vergißt den Text, den ihr Richard aufdrängen mußte, im Taxi. Sie wird die ihr zugedachte Schrift nie lesen und sie wird nicht zu Richard zurückkehren. Dieser Text von Botho Strauß läßt „keinen Zweifel daran, daß die Schreibpassion Richards den gemeinten anderen immer schon verfehlt haben wird, und zwar konstitutiv verfehlt haben wird, da dessen Abwesenheit die Bedingung für ihr Wiedererwachen wie auch ihre Insistenz darstellt."[212]

Die orphische Struktur dieser „Todesentelechie des Schreibens"[213] ist demnach so zusammenzufassen: die Schrift erfüllt die Funktion des Blicks auf die unerreichbar Abwesende. Die Abwesenheit der Geliebten wird zur Schrift und in ihr erlischt das Leben des schreibend Sehnenden. Was bleibt, ist das „Protokoll einer Abwesenheit", die Erzählung *Die Widmung* - Dichtung also.

---

210. Blanchot: L'espace littéraire, S. 182.
211. Hage: Schreiben ist eine Séance, S. 210.
212. Bollmann: Schrift verlangt nach Schrift. In: Strauß lesen, S. 241.
213. Bollmann: Kaum noch etwas - Zur Poetik von Botho Strauß. In: Das schnelle Altern der neuesten Literatur. Hrsg. v Jochen Hörisch und Hubert Winkels. Düsseldorf 1985, S. 75.

Anders findet sich eine orphische Struktur in *Kalldewey, Farce*. Hier bildet der Orpheus-Mythos die Rahmenhandlung des szenischen Geschehens. Zu Beginnn des Stücks sehen wir den „Mann" und die „Frau". Beide sind Musiker, Zeichen ihrer Verwandtschaft mit Orpheus und Euridyke. Diese erste Szene ist eine Abschiedsszene, sie erinnert an Orpheus und Eurydike auf dem Weg aus dem Hades, an jene Szenerie, die auch Rilke in dem oben erwähnten Gedicht gestaltet, und sie endet mit einem orphisch-paradox gefaßten Abschiedswort: „Bis bald, ewig bis bald!" (KF 8) Aus diesem ewig fortzutragenden Abschied erwächst nun die Theaterhandlung, die allerdings das mythische Pathos dieses Abschieds in eine krasse gesellschaftssatirische Farce übergehen läßt. Die Paarkonstellation dieser ersten Szene bleibt jedoch bis in die beiden Schlußvarianten prägend.

Das Programmheft zur Aufführung an der Berliner Schaubühne beweist die Bedeutsamkeit des Orpheus-Mythos auch als literaturtheoretisches Modell, nicht nur in diesem Stück, sondern mit durchaus verallgemeinerndem Anspruch. Von Ovid über Borges, Pavese und Jünger bis zu Blanchot wird hier die orphische Konstellation von Begehren, Abschied und Tod variiert, zum einen als konfliktive Struktur der Paarbeziehung und der Liebe - dies ist die eine Seite des Themas in *Kalldewey, Farce* -, zum anderen als konzeptuelle Bewegung zwischen Anwesenheit und Abwesenheit von sprach- und literaturtheoretischer Relevanz.[214]

Die motivisch-orphische Nähe Strauß' zu Mallarmé und zu Rilke, die hier erwiesen wurde, geht also zurück auf das bis hier hinreichend erläuterte Sprachproblem der ästhetischen Moderne.

Daher sieht sich auch Strauß immer wieder an jenen Abgrund gestellt, an dem bereits Mallarmé gestanden hat und der aus der Dialektik von Begründung und Abgründigkeit im Innern des poetischen Worts resultiert.[215]

Die Verwandtschaft zu Rilke und zu Mallarmé prägt vor allem den kurzen Reflexionsband *Sigé*, veröffentlicht als ein Teil der *Fragmente der Undeutlichkeit*. Strauß bezieht hier die griechische Opposition von „taraché" und „sigé" auf die unterschiedlichen Erscheinungsweisen des Worts, in seiner „herrschsüchtigen Ausgesprochenheit" zum einen, als das schweigende „andere Wort" (S 46) zum anderen.

---

214. Das Programmheft zur Aufführung an der Berliner Schaubühne (Premiere am 19. Juni 1982) entstand unter der Dramaturgie von Dieter Sturm, dem geistigen Wegbegleiter von Botho Strauß aus der Zeit an der Berliner Schaubühne, den er 1986 in einem Aufsatz würdigte. B. S.: Der Geheime. Über Dieter Sturm, Dramaturg an der Berliner Schaubühne. In: VE 247-255.
215. Rita Bischof: Das Buch nach dem Buch - Figuren des Widerrufs. In: manuskripte 32 (1992), S. 115-125. Rita Bischof ist die einzige aus dem großen Kreis der Strauß-Interpreten, die Strauß und Mallarmé in Beziehung setzt, und zwar genau wie dies hier geschehen ist, im Hinblick auf seine Verwurzelung in einer mit Mallarmé zu bezeichnenden ästhetischen Moderne. Mit ihrer Deutung dieses Verhältnisses - sie deutet es als einen mißglückten Widerruf - und mit ihrer Interpretation von George Steiners Mallarmé-Rezeption in *Von realer Gegenwart* kann ich jedoch nicht übereinstimmen.

Die Worte sind die Treiber, Quelle von taraché, Verwirrung und Ortlosigkeit.
Sigé ist das Schweigen der Ideen. Die Stätte. Der Schweigende, der Wächter. (S 44)

Sigé ist eine Reflexion über jenes Schweigen, das der poetischen Sprache innewohnt, über das ruhevolle Sein einer referenzlos auf sich selbst bezogenen Sprache - Mallarmésche Gedanken.

Wir wissen, daß wir nichts sagen. Daß alle Sätze vollkommen hauchdicht untereinander verbunden sind und sich in dunkler Abgeschlossenheit ohne jeden Reflex von außen bewegen. Wir sagen nichts: wir sprechen weiter. Die Wörter bleiben unter sich. Sie entlassen keinen Sinn. Sie bewahren die strengste Selbstbezogenheit. (S 45)

Dieser Gedanke isolierter Selbstbezüglichkeit verbindet sich mit dem orphischen Bild des Höllenabstiegs:

Ich mußte die Ränge der Dichtung nach Arten abwärtssteigen, wie in den Höllenkegel hinab, um auf dem Grund die herrenlos kreisenden Metaphern zu finden einer sich selbst saugenden Sprache. (S 58)

Wo so deutlich Mallarmé zu sprechen scheint, verschiebt sich jedoch in *Sigé* das Gewicht zu jenem anderen ‚Orphiker', Rilke, der hier auch im Hintergrund steht.

In *Sigé* geht es wie in den *Duineser Elegien* um ein Sprechen am Rande des Schweigens.[216]

Dieses Sprechen am Rande des Schweigens, die tiefe Befangenheit im Innern der Sprache, die sich nicht vernehmlich machen kann, steht als große Klage am Anfang der *Duineser Elegien*: „Wer, wenn ich schriee, hörte mich denn aus der Engel Ordnungen?"[217] Es geht hier wie in *Sigé* um eine Sprache, die unvernehmlich bleibt, weil sie sich selbst zu sprechen beginnt: „Und was ich noch sage, bringt redlich die eigene Stille hervor." (S 63)

Das Schweigen Rilkes hat jedoch eine entscheidend andere Qualität als das Schweigen Mallarmés und der Bezug zu Rilke ist hier für Strauß der wegweisende, denn Rilke bahnt einen Weg aus dem Abgrund der Abwesenheit zu jener affirmativen Ästhetik, zu der sich Strauß in den Werken der letzten Jahre immer deutlicher bekennt.

Blanchot charakterisiert den für Strauß entscheidenden Unterschied zwischen Rilke und Mallarmé, die zunächst gemeinsam von einem ursprünglichen Bezug zu Tod und Absenz ihren Ausgang nehmen.

---

216. Berka: Mythos-Theorie und Allegorik, S. 200. Während Sigrid Berka ausschließlich auf die Präsenz Rilkes in *Sigé* hinweist, macht Rita Bischof allein die Nähe zu Mallarmé geltend.
217. Werke I, 685.

Alors que pour Mallarmé, l'absence reste la force du négatif, ce qui écarte „la réalité des choses", ce qui nous délivre de leur poids, pour Rilke l'absence est aussi la présence des choses [...].[218]

Zwischen Mallarmé und Rilke eröffnet sich die Möglichkeit, das Negative ins Positive zu kehren, der Abwesenheit von Referenz die Anwesenheit des poetischen Worts entgegenzuhalten, die poetische Rede nicht als Verneinen, sondern als Jasagen zu begreifen.

En ce temps où, dans la migration de l'interminable et la stagnation de l'erreur sans fin, il nous faut séjourner hors de nous, hors du monde et comme mourir hors de la mort même, Rilke veut reconnaître une suprême possibilité, un mouvement encore, l'approche de la grâce, de l'ouverture poétique: un rapport finalement heureux avec l'Ouvert, la libération de la parole orphique [...].[219]

Die Glücksverheißung des poetischen Worts besteht in seiner reinen Anwesenheit. Aus seiner Verklammerung mit dem Nichts und dem Tod gibt es Rettung durch absolute Bejahung.

- Und diese, von Hingang
lebenden Dinge verstehn, daß du sie rühmst; vergänglich,
traun sie ein Rettendes uns, den Vergänglichsten, zu.[220]

In den *Duineser Elegien* kann von daher die Klage in Rühmen umschlagen, in ein Preisen des Hier und des reinen Sagens: „Hier ist des Säglichen Zeit, hier seine Heimat"[221]. „Dieses emphatische Hier bezeichnet den dichterischen Text selbst [...]."[222]
Die Feier des poetischen Worts bedeutet für Rilke ein „endgültige[s], freie[s] Jasagen zur Welt"[223], ein Jasagen zu den Dingen, denen in der Dichtung ihre Freiheit wiedergegeben wird - eine rhetorische Freiheit allerdings, wie Paul de Man nachgewiesen hat, eine Freiheit der reinen sprachlichen Figur, die auf begrifflichem Substanzverlust gründet.[224] Dies ist das „große schwere Ja (eines Rilke zum Beispiel)" (PP 15), von dem sich Botho Strauß in *Paare, Passanten* beeindruckt zeigt und das er in seiner Dichtung aufzunehmen sucht.
In *Sigé* gibt Rilke einen Parameter vor, mit dem sich der Kern der ästhetischen Reflexion von Botho Strauß fassen läßt. Hierfür ist es aufschlußreich, den Zusammenhang von *Sigé* und *Beginnlosigkeit*, Strauß' bisher letztem Prosawerk mit ähnlichem Reflexionscharakter, zu betrachten. Es sind zwei Rilkesche Metaphern, die uns von *Sigé* zu *Beginnlosigkeit* gelangen lassen: der Baum und das Herz.

---

218. Blanchot: L'espace littéraire, S. 164.
219. Ibid., S. 165.
220. Werke I, 719.
221. Werke I, 718.
222. Paul de Man : Tropen (Rilke). In: P.d.M.: Allegorien des Lesens, S. 56.
223. Rainer Maria Rilke: Das Testament. Werke III, 600.
224. Vgl. Paul de Man: Tropen (Rilke), Loc. cit., S. 52-90, bes. S. 79 ff.

Der Baum ist eine deutlich orphische Metapher. Der Sänger des griechischen Mythos vermochte es, mit seinem Gesang Tiere, Steine und Bäume zu rühren. So wird es überliefert, etwa in den *Metamorphosen* des Ovid. Die Assoziation des ersten Dichters mit dem Baum wird von Rilke fortgeführt. Er setzt das Baummotiv an den Anfang seiner *Sonette an Orpheus*:

DA stieg ein Baum. O reine Übersteigung!
O Orpheus singt! O hoher Baum im Ohr!
Und alles schwieg. Doch selbst in der Verschweigung
ging neuer Anfang, Wink und Wandlung vor.

Der Baum wird hier zum Inbegriff des orphischen Gesangs, der sich in der poetisch-figurativen Verschmelzung mit der stummen Größe des Baumes als „Verschweigung" und „Übersteigung", als gewaltiges, urmächtiges Schweigen zu verstehen gibt, dem in der letzten Strophe „Tempel im Gehör" geschaffen wird.[225]

In *Sigé* verwendet Strauß Rilkes Baummetapher für genau diese paradoxe Zuschreibung von Schweigen und Gehör, deren ästhetiktheoretischer Hintergrund bekannt ist. Hier ‚brüllt der Baum' - „brüllen" ist ein Wort, das auch in Rilkes Sonett vorkommt - ‚übersteigt' das Schweigen, das ihm eigen ist:

Irgendwann ganz leise, aus dunkelster Entfernung, aus Chaos fast, brüllt auch der Baum. (S 35)[226]

Von hier aus lassen sich nun ‚orphische' Zusammenhänge mit *Beginnlosigkeit* erkennen, denn das Chaos, über dem sich hier zu Beginn von *Sigé* das Brüllen des Baumes erhebt, ist Thema dieses Essays, in dem die ästhetische Reflexion von Botho Strauß eine neue Stufe erreicht. Thema ist, genauer gesagt, die Chaostheorie als ein bedeutendes Feld der neueren Naturwissenschaften, mit denen Botho Strauß in *Beginnlosigkeit* eine Auseinandersetzung sucht. Chaosforschung, Kognitionstheorie, Gehirnphysiologie, Molekularbiologie, Physik - in dies für den Dichter so ungewohnte Gebiet begibt sich Botho Strauß, weil er begreift, daß sich in diesen Wissenschaften zur Zeit ein tiefgreifender Wandel des Erkennens vollzieht, der unser Weltverständnis grundlegend verändern wird, und der auch für die Literatur Folgen haben muß.[227]

---

225. Werke I, 731.
226. Das Baummotiv findet sich bei Botho Strauß noch an anderer Stelle als orphisches Motiv, denn in seinem Werk gibt es noch eine weitere Orpheusfigur: Bekker, die Hauptfigur des Romans *Rumor*. Bekker ist, auch wenn dies erst, wie Helga Kaussen in ihrer Arbeit vorführt, nach einer komplizierten Interpretationsleistung zu erkennen ist, eine Dichterfigur. Helga Kaussen stellt einige Parallelen zum Orpheus-Mythos dar, die die orphische Veranlagung Bekkers als Dichter überzeugend belegen, insbesondere die Verbindung mit dem Baummotiv, das in *Rumor* einen zentralen Bildbereich stiftet. Vgl. Helga Kaussen: Kunst ist nicht für alle da, S. 315 ff.
227. Botho Strauß „hofft auf eine ganz neue Konvergenz zwischen ästhetischem und naturwissenschaftlichem Wahrnehmen", wie er sie schon in *Der junge Mann* zu verwirklichen sucht (Hage: Schreiben ist eine Séance, S. 210). Ihm schwebt ein Dichter-Typus vor,

Der „Weltbildsturz" (B 13), der sich hier ereignet, läßt sich in einer knappen Feststellung zusammenfassen: die Erkenntnis hat ihr Objekt verloren. Der Siegeszug der modernen Wissenschaft ging aus von der Idee der Berherrschbarkeit der Objekte durch das erkennende Subjekt, das damit zum Herrscher über die vorhandene Realität avancierte. Botho Strauß referiert nun das Erkenntnismodell des ‚radikalen Konstruktivismus', jener Meta-Theorie wissenschaftlicher Erkenntnis, die zur Zeit im Begriff ist, die Subjekt-Objekt-Beziehung im Prozeß des Erkennens aufzuheben und die sinnstiftende Einheit von subjektiver Erkenntnis und objektiver Realität zu zerbrechen. „Ein Universum, das den Menschen nicht hervorgebracht hätte, könnte gar nicht existieren." (B 10) lautet die radikal konstruktivistische Formel, in der Botho Strauß einen Kernsatz Humberto Maturanas abwandelt: „Wir erzeugen daher buchstäblich die Welt, in der wir leben, indem wir sie leben."[228] Wir erkennen nicht eine vorhandene Welt, sondern wir erschaffen diese Welt mittels Erkenntnis. Diese Erkenntnis ist eine selbstreferentielle kognitive Konstruktion nach dem kybernetisch-biologischen Modell der Autopoiesis. Kognition ist die neue Formel des Erkennens und der Weltwahrnehmung.

So resümiert Strauß in einem der zentralen Abschnitte von *Beginnlosigkeit* die konstruktivistische Kognitionstheorie (B 10-12): „Unser Gehirn besitzt keinen unmittelbaren Zugang zur Welt. Es ist vollkommen auf sich selbst bezogen." Daraus folgt:

Erkennen hat nicht mit Gegenständen zu tun, es ist effektives Handeln, rastloses Erschaffen. Was wir als bewußte Wahrnehmung empfinden, ist in Wahrheit die Fokuseinstellung des Gehirns auf eigene, in einem bestimmten Augenblick besonders stimulierte Prozesse.

Die Welt ist keine sinnvoll gefügte Realität, denn „außer Informationen hat Gott nichts geschaffen". Im Nebel der Informationen erkennen wir „bald ein bizarres, bald ein harmonisches Gebilde, das sich nur in jener einzigartigen Sphäre entwickeln konnte, in der uns von der Welt nichts begreiflich ist als das Selbstgemachte." Autopoiesis ist das Prinzip dieser kognitiven Welt, die aus sich selbst besteht und sich erhält nach dem Modell rekursiver Selbstähnlichkeit. Die „Rückkopplungsschleife [ist] die herrschaftliche Wahrnehmungsfigur der kybernetischen Epoche." Die Selbstgenügsamkeit des autopoietischen Systems, die perfekte

---

den er in Novalis, dem Ingenieur, in Büchner, dem Anatom, in den Modernen Benn und Musil, Wissenschaftler und Literaten auch sie, verkörpert sieht. Dies äußert er im Gespräch mit Marianne Alphant für die Zeitschrift *Libération* (1988). Abgedruckt in: L'oeil de la lettre. Heft: Les écrivains de la langue allemande depuis 1945. Zitiert bei Berka: Mythos-Theorie und Allegorik, S. 16. Vgl. auch die Büchner-Preis-Rede und B 81/82.
„Georg Büchner war Naturwissenschaftler, Botho Strauß wäre es in einer anderen Zeit auch beruflich gewesen." (Luc Bondy: Der Alchimist. Lobrede auf Botho Strauß. In: Die Zeit 27.10.1989.)
228. Humberto R. Maturana: Erkennen: Die Organisation und Verkörperung von Wirklichkeit. Ausgewählte Arbeiten zur biologischen Epistemologie. Braunschweig Wiesbaden 1982, S. 269. Zitiert nach: Der Diskurs des radikalen Konstruktivismus. Hrsg. v. Siegfried J. Schmidt. Frankfurt a.M. 1991, S. 26. Botho Strauß bezieht sich in *Beginnlosigkeit* auf diesen Band S.J. Schmidts zum radikalen Konstruktivismus (B 10).

selbstreferentielle Funktionalität der Kognition, macht die Annahme einer unabhängig von einem Beobachter und seiner kognitiven Leistung existierenden Welt überflüssig. „Kognition ist alles, die Welt nur ein Etwas."
Hier hat die Erkenntnis den Gegenstand der Erkenntnis überholt.

Wenn nun gilt, daß das Maß allen Erkennens in der funktionalen Geschlossenheit eines Systems beschlossen ist, so ist dieses Maß der Autopoiesis auf jegliches Wirklichkeitskonstrukt übertragbar und damit - dies ist es, was den Dichter Botho Strauß interessiert - auch auf die Dichtung. „Das Hirn verarbeitet die Außenwelt, indem es sie erschafft. Die Poesie reagiert mit einem ähnlich autonomen Verlangen nach sich selbst." (B 58) Da sie am selben Schaffensprinzip teilhat, muß Dichtung der Wirklichkeit nicht mehr prinzipiell unterlegen sein. Kognition und Poesie stehen in enger Verwandtschaft.

[...] da wir überhaupt nur als pausenlose Weltbild-Erzeuger überlebensfähig sind, ist es kaum verwunderlich, daß Erschaffen und Herstellen, Poesie und Poiesis, als Fortsetzung und Maß des kognitiven Betriebs, zur Menschennatur gehört wie der Flug zum Vogel. (B 12)

„Bewußtsein ist aus solchem Stoff, wie Dichtung ist", zitiert Botho Strauß Julian Jaynes an dieser Stelle.

Der „Realitätsverlust, der das Endstadium des durch die instrumentelle Vernunft der Moderne eingeleiteten Zusammenstoßes von Subjekt/Objekt bildet"[229], verändert den Status von Poesie, wobei das Wort Poesie nun bewußt zu gebrauchen ist im Anklang an Poiesis.

Auf dem Umweg über die wissenschaftliche Moderne scheint sich nun ein Ideal zu verwirklichen, das schon dem Romantiker Friedrich Schlegel vorschwebte: „In einem idealischen Zustande der Menschheit würde es nur Poesie geben; nämlich die Künste und Wissenschaften sind alsdann noch eins."[230]

Dies ist die epochale Veränderung, die Botho Strauß in *Beginnlosigkeit* darzustellen sucht.

Beginnlosigkeit ist ein programmatisches Buch, wie es 1981 *Paare Passanten*, das erste in der Reihe seiner „Denk-Erzähl-Werke"[231], war. War es zu Beginn der achtziger Jahre die Auseinandersetzung mit der untergehenden Herrschaft des dialektischen Denkens, die Strauß zu einer kategorischen Abgrenzung seines Schaffens veranlaßte, so ist es jetzt, zu Beginn der neunziger Jahre, die Konfrontation mit den neuesten Entwicklungen in Wissenschaft und Theorie, die Strauß zu einer ähnlich ‚epochal' gedachten Reflexion über den Status von Literatur veranlassen. In *Beginnlosigkeit* findet wie in *Paare, Passanten* eine Reise nach Venedig statt (vgl. B 84 ff), ein Bezug, der dieses Buch und *Paare, Passanten* deutlich miteinander verklammert und die Verschiebung auf einen neuen Gegen-

---

229. Jacques Le Rider: Die moderne Blindheit und die postmoderne Wiedergewinnung der Vision. In: manuskripte 32 (1992), S. 127.
230. Friedrich Schlegel: Gespräch über die Poesie. KA 2, 324.
231. Volker Hage: Das Ende vom Anfang. Botho Strauß' aufregender Versuch über *Beginnlosigkeit*, seine *Reflexionen über Fleck und Linie*. In: Die Zeit 10.4.1992.

stand akzentuiert: hier geht es um eine Begegnung mit Karl Popper, die Bewußtseinstheorie tritt hier an die Stelle der dialektischen Philosophie und in der Figur des alternden Wissenschaftstheoretikers nehmen wir hier Abschied von einer Theorie der objektiven Erkenntnis.

So ist *Beginnlosigkeit* ein weiterer Markstein innerhalb der ästhetischen Reflexion von Botho Strauß und ein Markstein auch innerhalb der Geschichte literarischer Bewußtseinsschübe, als deren Fortsetzung er seinen epistemologisch-poetologischen Entwurf in *Beginnlosigkeit* versteht. „Muß nicht ein erkenntniskritischer Zusammenbruch, ein Weltbildsturz gleichsam als Initiation der glaubwürdigen schöpferischen Tat vorausgehen?" (B 13), fragt er und beruft Kleist und Hofmannsthal, die sogenannte Kant-Krise des einen und die Chandos-Krise des anderen, als Beispiele solcher erkenntniskritisch-literaturgeschichtlicher Erschütterungen.

Die Erschütterung, die Strauß hier beschreibt, ist eigentlich eine Radikalisierung.

Jener schmerzhafte Bewußtseinsschub, den Hofmannsthals Lord Chandos zu Beginn des 20. Jahrhunderts ertrug, da ihm die Wörter, die Dinge in Teile und diese wieder in Teile zerfielen, erweist sich am Ende desselben als Gleichnis des überschwenglichen, des komplexen Begreifens. Es ist nicht Zerfall gewesen, sondern ‚Dissipation', nicht Auflösung, sondern Energiewandel, der zum Aufbau neuer Erkenntnisfelder beitrug. Der Weg zu den Teilchen war die unabdingbare Voraussetzung, um Genaueres vom Ganzen zu erfahren. (B 117)

In den neueren Wissenschaften wird, wie Strauß es sieht, weiterhin am ‚Projekt der Moderne' gearbeitet, vielmehr: es wird ‚auf die Spitze getrieben': „Akrolog" (B 25, 89) nennt er in einer ähnlichen Wortkonstruktion wie George Steiner unser heutiges technisches Zeitalter, in dem die instrumentelle Moderne vielleicht ihr höchstes Stadium erreicht in einem Konzept universeller Erkenntnis, das jedoch das instrumentelle Verhältnis von Erkenntnis und Realität so weit radikalisiert, daß Erkenntnis die Realität verdrängt.

Siegfried J. Schmidt, Wegbereiter des radikalen Konstruktivismus in der Literaturwissenschaft[232], plädiert für eine Fortschreibung der Moderne durch eine konstruktivistische Erkenntnis- und Evolutionstheorie, wie sie Strauß in *Beginnlosigkeit* für die Charakterisierung unseres wissenschaftlichen Zeitalters nutzt:

Wir stehen m.E. heute vor der Alternative, entweder ‚die Moderne' (im Sinne der Entfaltung des eingangs skizzierten Krisensyndroms) durch eine postulierte Postmoderne primär irrational zu liquidieren oder sie durch eine produktive Weiterentwicklung zu ‚modernisieren'. Mit J. Habermas und vielen anderen bin ich der Ansicht, daß das ‚Projekt der europäischen Aufklärung' unvollendet ist, und daß es dazu (noch) keine Alternative gibt.[233]

---

232. Vgl. den schon erwähnten, in seiner Herausgeberschaft entandenen Band *Der Diskurs des radikalen Konstruktivismus*, den auch Botho Strauß zitiert.
233. Siegfried J. Schmidt: Liquidation oder Transformation der Moderne. In: Besichtigung der Moderne: Bildende Kunst, Architektur, Musik, Literatur, Religion. Aspekte und Per-

In diesem Sinne ist das affirmativ generalisierte Wissenschaftskonzept in *Beginnlosigkeit*, das sogar auf die Literatur übertragen wird, als eine Radikalisierung der Moderne zu verstehen.

Es ist geradezu so, daß in der Verschmelzung von Poesie und Wissenschaft die eigentliche Radikalisierung der Moderne betrieben wird.

Dieses wissenschaftsgeleitete Konzept einer ultramodernen Postmoderne[234] orientiert sich am Gedanken eines universellen Organisationsprinzips, dem der Autopoiesis, in dem nun das moderne Projekt der Verfügbarmachung von Wirklichkeit in erhöhter Potenz verwirklicht wird.

Man könnte es durchaus Positivismus oder Szientismus nennen, was Botho Strauß hier vorstellt. Im „Weltbild der Kybernetik" (B 38) ist alles

im Einklang mit einer hypertechnischen Sphäre, welche im wesentlichen nur die Aufrechterhaltung ihrer selbst produziert. Sie wird (und mit ihr der Globus selbst) die Gestalt des Gehirns annehmen und eine kortexartige Autonomie besitzen. Das letzte Ziel aller Technik ist Stasis: das vollkommen mit dem Menschen ausgeglichene Werk des Menschen. (K 56)

Diese Worte, die Strauß hier in *Kongreß* bezeichnenderweise einem Techniker in den Mund legt, nehmen das autopoietische steady-state-Konzept in *Beginnlosigkeit* vorweg in einer Vision kosmisch-technischer Egalität. Im „statische[n] Reich der Technologie" (B 48) herrscht das einheitliche Maß der Autopoiesis: in der durchdringenden Komplexität der „Systemverwebungen" (B 61), in der geschlossenen Ornamentik der Fraktale, im molekularen Nebel der Materie, im Zyklus der Neuronen und Enzyme in unserem Körper (vgl.B 88 f) - mit einem: es herrscht „das große Selbe, das auch uns verwirft"(B 86). Die Welt erlebt hier in ihrer kosmozentrischen Neubestimmung „einen neuen Sturz des Ichs" (B 88). Ein bestürzender Ausblick auch für den Dichter, den Strauß hier anspricht, indem er das in *Sigé* eingeführte Wächter-Motiv wieder aufgreift.[235]

Die magische Welt: die technische in vollendeter Selbstbezüglichkeit. Ein plötzlicher Zusammenschluß, der uns ausschließt, in Verständnislosigkeit zurückläße vor einem Wissen,

---

spektiven. Hrsg. v. Hans Holländer und Christian W. Thompsen. Köln 1987, S. 67. Schmidt sieht sich allerdings veranlaßt anzumerken, daß er, abgesehen von diesem grundsätzlichen Argument, in vielen Punkten nicht mit Habermas übereinstimmen kann.
234. „Die Postmoderne wird ultramodern sein." heißt es bei Jacques Le Rider in dem oben zitierten Artikel, in dem er auch mit Blick auf die Rolle der neuesten Wissenschaft konstatiert, daß Strauß sich „in Richtung einer hypermodernen Postmodernität zu bewegen [scheint]." (S. 130)
235. Platons idealische Darstellung der Wächter in seiner Staatsutopie dürfte eines der Vorbilder sein für dieses Dichter-Motiv bei Botho Strauß. Wichtiger ist aber Heideggers Vorgabe vom „Wächter im Haus des Seins": „Die Sprache ist das Haus des Seins. In ihrer Behausung wohnt der Mensch. Die Denkenden und Dichtenden sind die Wächter in dieser Behausung." Martin Heidegger: Über den Humanismus. Frankfurt a.M. 1949, S. 5. Die Konzeption Heideggers von der Sprache als „Haus des Seins" wird an späterer Stelle noch von Bedeutung sein.

das über sich selbst verfügt. Die Wächterrolle in einer Kultur wäre beendet. Der schweigende Dienst des Wärters folgte. (B 44)

Das heißt, der Dichter als „technizistischer Ästhet" (B 68) hätte nurmehr von jener allgewaltigen kybernetischen Organik zu zeugen, der er selber unterliegt. Das Rilkesche Ja zur Dichtung in *Sigé* wäre damit widerrufen. Hier ist allerdings der Konditional zu beachten. Techniksimulation und „Chaosdienst" (B 14) werden in *Beginnlosigkeit* zwar als Theorie literarischer Produktion erprobt, wie Gerhard Neumann gezeigt hat[236], doch rebelliert der Dichter gegen seine kybernetische Vereinnahmung.

Doch was geschieht, wenn ich mich in der unruhigen Schönheit fraktaler Gebilde auf dem Bildschirm verliere, im unendlichen Spiel der Selbstähnlichkeit? Laufe ich nicht Gefahr, von den Abstraktionen des Organischen, von der Musterkollektion der Natur vereinnahmt, mitgerissen zu werden - was da strömt, strömt auch durch mich, ist die Formenwelt meiner Adern und Gefäße - laufe ich nicht Gefahr, meine Antwort zu verlieren, nämlich etwas dagegenzusetzen, die Verbindung zu einem konstruktiven Jenseits der Natur aufrechtzuerhalten und zu bezeugen? (B 68)

Wenn sich in *Sigé* Rilkes Baummetapher aus dem Chaos erhebt, so ist dies nach unseren Erkenntnissen zu *Beginnlosigkeit* keineswegs eine unschuldige Metapher. Das Chaos ist hier nunmehr als technizistische Metapher zu sehen, die mit der poetischen Metapher des Baumes konfrontiert wird. Ein Bild, das dem Chaos als Motiv der restlosen Selbstexplikation des Universums ein Unerklärliches entgegenhält, Dichtung im alten Sinne Rilkes als Schweigen eines Unsagbaren. In *Sigé* geht es um die dichterische Pflicht, der Ausgesprochenheit einer Epoche „das ‚andere Wort' einzuschleusen" (S 46), das heißt, auch in der Epoche technischer Selbstexplikation die Möglichkeit des poetischen Schweigens zu behaupten.

[...] der Poet, der Ergänzer der technischen Metapher, von dieser selbst auf den Plan gerufen, um sie zu brechen, zu öffnen, wieder einschweigbar zu machen und den Geist vor eine abrupte, unergründliche Schönheit zurückzuführen - (S 48)

In *Beginnlosigkeit* wird weiter nach dieser Möglichkeit gefragt.

Irgendwo müssen wir dem Ersten und Bloßen begegnen in einem Raum, der nur aus Ornamenten und Fioritüren der einen Vielfältigkeit besteht. Gewiß, man wird sich damit abfinden: alles schwelgt, webt und bezieht sich, aber der Einschlag der Unlösbarkeit - (B 30)

Rilkes orphischer Subtext in *Sigé* läßt sich weiterverfolgen in *Beginnlosigkeit*, wo die poetische Frage nach dem Bloßen und Unvermittelten nur mit noch erhöhter Dringlichkeit gestellt wird.

Hier zählt nun jene andere Rilkesche Metapher in *Sigé*, die in *Beginnlosigkeit* als zentrale Metapher weitergeführt wird: das Herz.

---

236. Gerhard Neumann: Gedächtnis-Sturz. In: Akzente 2 (April 1993), S. 100-114.

Als erzählerisches Leitmotiv durchzieht diese Reflexionen die Beschreibung eines medizinischen Selbstversuchs, des 1929 gelungenen Versuchs des Arztes Forßmann, mittels eines Katheters in das eigene Herz vorzudringen.

Wie Forßmann, der Arzt, einst seinen Katheter, so wollte er nun ebenfalls im Selbstversuch die Sonde des Gedankens einführen ins Herz der Unvernunft. (B 45)

In *Sigé* wird die Bedeutung dieses gedanklichen Vorstoßes zum Herzen klar. Das Herz ist der blinde Fleck der Unvernunft, die unerforschliche Mitte im universalen Netzwerk der Erklärbarkeit.

Wo ist das Herz, wenn der Organismus in ein Vielfaches von Kreis- und Netzläufen, von Komplexen, Systemen und Untersystemen, ‚sich selbst organisierenden‘, aufgelöst wird? Wissenschaft und Technik haben ihre kybernetischen Leitbilder bis in die feinsten Darstellungen von Blut und Nerv, Geist und Enzym getragen - aber das Herz, das Herz? Das Herz ist das Ganze. Wessen Herz dann? Sind wir eines anderen Mitte? Wem schlagen wir? (S 47)

Das Herz ist das Organ des Poetischen, zumindest nach der Vorgabe Rilkes, der diese Worte von Botho Strauß vorgeprägt hat.

Nur, wer mit dennoch preisendem Laut
sänge das Herz, das ins Ganze geborne.[237]

Das Herz, das Ganze, die Mitte - diese Begriffe konvergieren bei Rilke im Motiv des orphischen Gesangs: „Du wußtest noch die Stelle, wo die Leier sich / tönend hob -; die unerhörte Mitte."[238]

Im letzten Fragment von *Beginnlosigkeit* ist der Selbstversuch gelungen, die „Sonde des Gedankens" hat ihr Ziel erreicht: „der Gedanke stand im Herzen und maß den Druck der Unvernunft" (B 133). Hier würde der Erzähler mit den abschließenden Worten der neunten *Duineser Elegie* sagen können: „Überzähliges Dasein entspringt mir im Herzen"[239].

Der Selbstversuch in *Beginnlosigkeit* ist der Versuch, der wissenschaftlichen Textur dieses Werks eine poetische Metapher zu implantieren. Es ist der Versuch, die Verbindung der Dichtung zu einem immerwährenden „Unerreichbaren" (B 54) jenseits aller Erklärbarkeit aufrechtzuerhalten, denn „schneller als jedes Wissen erneuert sich das Unbedachte, es ist unerschöpflich" (K 59).

So wird hier auch für das Zeitalter der universellen kybernetischen Verfügbarmachung wiederum ein Unverfügbares behauptet, und zwar mittels Dichtung.

Und wir dürfen dem Grenzgänger Strauß unterstellen, daß er genau das e contrario beweisen wollte: die Unaufhebbarkeit der Metaphysik auf dem Wege ihrer experimentellen

---

237. Die Sonette an Orpheus, Zweiter Teil, II. Sonett. Werke I, 752.
238. Die Sonette an Orpheus, Zweiter Teil, XXVIII. Sonett. Werke I, 770.
239. Werke I, 720.

Aufhebung durch die Technik! Und nun begreifen wir erst, warum er die Technik so stark gemacht hat: um ihre Anmaßung umso besser zu Fall zu bringen.[240]

Der Text gleicht einem Selbstexperiment ähnlich dem des Arztes Forßmann: dem kybernetisch-wissenschaftlichen Textmodell werden ‚Sonden der Unvernunft' eingeführt. Die poetische Herzmetapher des Leitmotivs deckt ein ganzes Spektrum unverfügbarer Phänomene ab, die der Text benennt: das Vermissen und die Erinnerung, das Einstweh (B 53 ff), das „Abwas", das „jedes Etwas tilgt" (B 57), den Mythos (B 107), Gott (B 45) und nicht zuletzt die Geburt, ein weiteres zentrales Motiv dieser Reflexionen, den Sohn Nanos, das Rätsel des Menschen, das das Rätsel der Seele ist. All dies gehört einem Urwissen zu, das so alt wie die Sprache ist (vgl. B 78 f) und das die Sprache als ihr Anderes bis ins kybernetische Zeitalter beförderte. Dichtung ist ebenfalls seit jeher die „Stätte" (S 44), an der dieses Andere der Sprache zur Sprache kam. Die ästhetische Moderne war nur der Moment, in dem das Unverfügbare in der Sprache sich radikal äußerte als Exaltation der Abwesenheit und des Verlusts.

Botho Strauß' Versuch, dem gegenwärtigen Denken seine „technische Selbstbegegnung" zuzumuten (B 91), läuft zuletzt darauf hinaus, der Dichtung jenen - um mit Lyotard zu sprechen - erhabenen Platz zu sichern, den sie spätestens seit der Moderne Mallarmés behauptete.

Es gilt also weiterhin, „eine Sprache, die von einem anderen, höheren Ungegenstand, als sie selbst einer war, redete", zu suchen, „die Kraft des Unsichtbaren" (B 76) zu bezeugen, den Einschlag des Unvermittelten, den „(frommen) ictus" (B 29) des Nichtverstehbaren zuzulassen.

Dichtung bleibt wie für Mallarmé und für Rilke „die Rose unter den Dingen" (B 29).

---

240. Gerd Bergfleth: Die statische Welt und die Technik. Überlegungen zur *Beginnlosigkeit* von Botho Strauß. In: Der Pfahl. Jahrbuch aus dem Niemandsland zwischen Kunst und Wissenschaft VI (1992), S. 262.

II. Das Ästhetische in der Literatur: Gedächtnis als ästhetische Praxis

Die zur Zeit so vehement auflebende Gedächtnistheorie[1] rekurriert auf die klassische Rhetorik, um dort den Ursprung von Poetik aufzufinden. Poetik entbindet sich aus dem klassischen Erkenntnisspektrum, das dem fundamentalen Anspruch von Rhetorik und Philosophie entwächst.

Beiden, der ursprünglichen wie der modernen Konstellation, ist als implizite dritte Größe zwischen Rhetorik und Philosophie, Ästhetik und Psychoanalyse, die Poetik eingezeichnet, die von Rhetorik und Ästhetik gleichermaßen unterworfen, von Philosophie und Psychoanalyse gleicherweise marginalisiert und begrenzt wird.[2]

Wo die Memoria-Theorie ansetzt, an einer ursprünglichen Konstellation von Wissen und Erkenntnis, aus der heraus sich Rhetorik und Poetik als kulturelle Ordnungen formieren, dort entsteht Literatur zusammen mit der kulturstiftenden Funktion des Gedächtnisses, die zuerst in die Rhetorik einging in der Erfindung der Ars Memoriae. Die „poetische Dimension der *memoria*"[3] als Stiftungsfigur der Literatur scheint beglaubigt durch die Stiftungslegende der Mnemotechnik, die Geschichte des Simonides von Keos, denn dort ist es der gottesfürchtige Dichter, der als einziger Überlebender nach der Katastrophe die rettende Gedächtnisleistung vollbringt, die die in der eingestürzten Halle vom Tode ereilten Gäste der Tafelrunde identifizieren hilft und damit der Rhetorik ein mnemonisches Muster kultureller Ordnungsfindung zur Verfügung stellt.[4] Doch nicht nur das, er prägt für die Literatur das Formwerdungsprinzip von Sprache und Schrift.

---

1. Folgende Veröffentlichungen belegen das aktuelle Interesse am Thema Gedächtnis, das auch die Literaturwissenschaft betrifft und das aus den verschiedensten Richtungen, von der Rhetorik bis zur Gehirnforschung, gespeist wird:
Gedächtnis. Probleme und Perspektiven der interdisziplinären Gedächtnisforschung. Hrsg. v. Siegfried J. Schmidt. Frankfurt a.M. 1991.
Gedächtniskunst. Raum - Bild - Schrift. Studien zur Mnemotechnik. Hrsg. v. Anselm Haverkamp und Renate Lachmann. Frankfurt a.M. 1991.
Renate Lachmann: Gedächtnis und Literatur. Intertextualität in der russischen Moderne. Frankfurt a.M. 1990.
Memoria. Vergessen und Erinnern. Hrsg. v. Anselm Haverkamp und Renate Lachmann. München 1993. (Poetik und Hermeneutik, Bd. XV)
Mnemosyne. Formen und Funktionen der kulturellen Erinnerung. Hrsg. v. Aleida Assmann und Dietrich Harth. Frankfurt a.M. 1991.
2. Anselm Haverkamp: Hermeneutischer Prospekt. In: Memoria, S. XV.
3. Ibid.
4. Zitiert in der Nacherzählung Ciceros bei Renate Lachmann: Gedächtnis und Literatur, S. 20 f.

Es bedurfte eines Überlebenden, des Dichters, als eines Kultur(Gedächtnis)trägers, um in die Syntax des Ortes, die Repräsentanten der unkenntlichen (abwesenden) Primärzeichen einzutragen.[5]

So muß auch für Botho Strauß Gedächtnis in stellvertretende Form einfließen, mit „*viel Sprache*" in ihrem „Dichtewert", der Literatur, als Ergebnis.

[...] und es füllt sich das Gedächtnis aus allen seinen Höhlen, es läuft der Traum im Bewußtsein zusammen, der Appetit auf Gestalt und Form wird unbezwinglich. (D 117)

Lange bevor die Literaturwissenschaft in ihren aktuellen Ausläufern den Zusammenhang von Gedächtnis und Zeichenproduktion als literatur- und kulturstiftenden zu thematisieren begann, führte Strauß in seinem Werk den Begriff des Gedächtnisses ein und zwar als zentrale Figur seiner literarischen Ästhetik.

Wenn er von Herder spricht und seiner „Entdeckung der Poesie als der ‚Muttersprache des Menschengeschlechts' " (D 110), so evoziert er einen „Traum von geschichtlicher Geborgenheit" (PP 111), der, wie Herder sich dies dachte, die Literatur mit mythisch gewordener Sprache anfüllt. Strauß bezeichnet mit Herder eine „lyrische[ ] Urzeit" der Sprache (D 110), in der sich die ästhetische Kraft der Dichtung bündelt, die „gegen den Mythos der Jetztlebigkeit" (D 118) durchschlägt als Erinnerung an etwas unerreichbar Vorgängiges und „wachruft, was an verborgener Sprachgemeinschaft unter dem Kürzel-Regime der Kommunikation schlummert" (D 118).

Gedächtnis steht bei Strauß für das unerreichbar Vergangene, das Gestalt wird, indem die Sprache bezeugt, daß sie es nicht erreichen kann, für das Unsagbare, das die Sprache sagt, indem sie sagt, daß sie es nicht sagen kann. Dieses Gedächtnis eignet dem Dichter, den Strauß in *Anschwellender Bocksgesang* als Bewahrer einer „Tiefenerinnerung", als Hüter der „*Anwesenheit* von unaufgeklärter Vergangenheit, von geschichtlichem Gewordensein, von mythischer Zeit" (AB 13) aus dem Strom der „ganz und gar Heutigen" (PP 26) aussondert, und dieses Gedächtnis verfolgen heißt, das Ästhetische definieren, das sich vor dem Hintergrund der Moderne als inkommensurable Größe in der poetischen Sprache abzeichnete.

Die „Lehre der Erinnerung" (D 115) durchzieht das Werk von Botho Strauß „in doppelter Gestalt": „als unveräußerliche persönliche Verlusterfahrung und als quantifizierter und beliebig abrufbarer Inhalt des Weltgedächtnisses."[6]

Diese zweifache Ausprägung des Themas Gedächtnis wird die folgenden Annäherungen an die Erscheinung des Ästhetischen im Werk von Botho Strauß strukturieren. Das Erinnern „im Sog eines Verlustempfindens" (PP 50), Ursprungssehnsucht, Abschied und Tod prägen verschiedene Interpretationsansätze zu Strauß' Gedicht *Diese Erinnerung an einen, der nur einen Tag zu Gast war*.

Das Weltgedächtnis als anderer Aspekt des Erinnerns ist bei Jorge Luis Borges ein Synonym für das Gedächtnis der Literatur, was zum Thema Memoria und

---

5. Ibid., S. 26.
6. Bergfleth: Die statische Welt und die Technik, S. 263.

literarische Intertextualität einen Exkurs zum Werk des argentinischen Autors angelegen sein läßt.

1. *Diese Erinnerung an einen, der nur einen Tag zu Gast war*: Der Dichter als Erinnerer

Ganz besonders in Botho Strauß' Gedicht *Diese Erinnerung an einen, der nur einen Tag zu Gast war* spricht der Dichter als Erinnerer.

Der Dichter ist die schwache Stimme in der Höhle unter dem Lärm. Ein leises, ewiges Ungerührtsein, das Summen der Erinnerung. (EK)

Dem poetischen „Propheten der Erinnerung" (D 111) sei hier Gehör geschenkt, zunächst in einer poetologischen, dann in zwei ästhetiktheoretischen Annäherungen, um zu ersehen, wie sein „Summen der Erinnerung" zu ästhetischer Sprache wird.

Zu einer Poetologie des Gedächtnisses

Wem gilt die Erinnerung, die dieses Langgedicht in elegischem Gestus zelebriert? Der Titelvers, der im Verlauf des Gedichts noch einige Male ausgesprochen wird (E 16, 64), verschweigt den Gegenstand der Erinnerung. Nur von Erinnern ist die Rede und von jemandem, der Gast war. Der Gast bleibt eine unbestimmte Figur, eine Leerstelle, in diesem Gedicht. Zuweilen spricht er, wird seine Rede zitiert, meistenteils erinnert sich seiner das Dichter-Ich und spricht von ihm als „er", zuweilen wird er angesprochen im „Du".

Es gibt einen Hinweis, der die Herkunft des Titelverses belegt. Eine Anmerkung zitiert das *Buch der Weisheit* Salomos:

Denn die Hoffnung des Gottlosen ist wie Staub, vom Winde zerstreut, und wie feiner Schnee, vom Sturm getrieben, und wie Rauch, vom Winde verweht, und wie man einen vergißt, der nur einen Tag zu Gast gewesen ist. (*Die Weisheit Salomos* 5, 15)

Wäre der Gast, dem dieses Gedicht gewidmet ist, der Gottlose der Verse Salomos, dessen Hoffnung umsonst ist? Gleicht die elegische Erinnerung dieses Gedichts jenem ins Leere verwehenden Sehnen?

Mich enthält der leere Raum wie die
Erinnerung an einen, der nur einen Tag
zu Gast gewesen ist. (E 16)

Sieht man ab von der biblischen Schilderung des Gottlosen und wendet den Blick auf die Geschichte unserer Kultur, so sieht man hier den Gottlosen herrschen über ein ganzes Zeitalter. Der Mensch sagte sich los von der göttlichen Macht, die zuerst sein Dasein begründete und machte sich zum Herrn seiner selbst. Die Häresie der Aufklärung, der Akt der „Selbstvergottung"[7] des Menschen hob das emanzipierte, vernunftbegabte Individuum auf das Podest der Geschichte. Der Mensch, wie er seitdem als selbstmächtiges Subjekt das Weltgeschehen beherrscht, verdankt sein Inerscheinungtreten dem säkularisierten Denken, das die Aufklärung etablierte - eine Erscheinung von nur kurzer Dauer vielleicht, wie Michel Foucault zu verstehen gibt, der das Auftauchen dieser Figur im Feld unserer Episteme in *Les mots et les choses* beschreibt. So wie sich die Erfindung des Menschen einem „changement dans les dispositions fondamentales du savoir"[8], einer epistemologischen Neukonstellation verdankt, die vor kaum 200 Jahren entstand, genauso wird er auch wieder aus dem Gesichtsfeld der Geschichte verschwinden können, wenn sich die Dispositive des Wissens erneut verändern sollten: „L'homme est une invention dont l'archéologie de notre pensée montre aisément la date récente. Et peut être la fin prochaine." Dieses definitiv antihumanistische Résumée von *Les mots et les choses* gipfelt in dem berühmt gewordenen Schlußsatz: „on peut bien parier que l'homme s'effacerait, comme à la limite de la mer un visage de sable."[9]

Botho Strauß greift diese Schlußgedanken von *Les mots et les choses* in *Rumor* auf. Der letzte Satz erfährt hier eine drastische Variation:

Das Menschenkind, die ewige Nummer Eins der Weltgeschichte? Schwamm drüber. Dies Wesen beginnt nun endlich, das Spiel der Regeln zu durchschauen, dem es sein Erscheinen in der Geschichte verdankt. Inzwischen weiß es immerhin so viel, daß dieses selbe Spiel der Regeln es auch wieder aus der Geschichte heraustragen wird. Wenn wir nicht mehr sind, weht noch lang der Wind. Und die Codes gehen ihren unermeßlichen Gang. Wir aber versanden, wir werden zugeweht wie ein Scheißhaufen am Strand. (R 143)

Auch in *Diese Erinnerung* verwendet er das Foucaultsche Bild:

Nur Sand, Sand ist unser Verstehen,
darin mit deutendem Finger gemalt
eines Fremdlings undeutbarer Krakel. (E 59)

Die Wette Foucaults scheint mittlerweile gewonnen. Die postmodern genannte Theorie hat inzwischen die philosophische, psychoanalytische und zuletzt die systemtheoretische Toderklärung des Subjekts vollzogen. Die Figur des Menschen scheint nach kaum 200jähriger Geschichte im Begriff, wieder aus dem Feld unseres Denkens zu verschwinden.

Was war? Was in der Zwischenzeit? In der Zeit zwischen Zehe und Ferse. Zwischen Spitze und Absatzbogen des gleichen Schuhs...

---

7. Max Horkheimer: Zur Kritik der instrumentellen Vernunft (1947). In: M.H.: Zur Kritik der instrumentellen Vernunft. Frankfurt a.M. 1974, S. 124.
8. Foucault: Les mots et les choses, S. 398.
9. Ibid.

Wir sind wie Quarks, Wesen ohne jede Ausdehnung, weniger als ein Punkt in der Dauer, und immer zu dritt und unzertrennlich wie Raum und Zeit. Es ist nichts geschehen; unser Leben - die Zwischenzeit - war ein Ereignis auf der untersten, unbestimmbarsten Szene der Materie. Ein Ich, ein Haus, ein Gast. Masselos und ungemessen. (S 65)

Man denkt hier auch an die Philosophie Heideggers, das Ich als Gast im „Haus des Seins". Der Erinnerung an dieses Ich, der Erinnerung an die „Zwischenzeit" seiner gottlosen Herrschaft, die nur von so kurzer Dauer war, ist dieses Gedicht gewidmet.
Eine weitere Dimension dieser Erinnerung deutet sich an:

Ich bin nur ein Wächter sagt er *von schlafender Gesellschaft bestellt.* (E 21)

Dies ist die Rede des Gastes, zum ersten Mal im Verlauf des Gedichts zu Beginn des zweiten Teils zitiert. Dieses Wächtermotiv, eingeführt in der direkten Rede des Gastes, ist das Motiv des Dichters, das Botho Strauß, wie wir im letzten Kapitel sahen, in *Sigé* und in *Beginnlosigkeit* weiterführt.

Poeta otiosus. Der zurückgetretene, der nutzlos gewordene, der in Vergessenheit geratene Ursprüngliche.
Seine Muße ist die ganz entbundene, ruhend-ruhlose Wache.
Seine Ataraxie: die Wörter sich finden zu lassen und nicht einzugreifen (So viele sind mit so vielen noch nie in Berührung gekommen!) Das absichtslose Auge im Hintergrund. Der Untätige jetzt. (S 45)

Es ließe sich also bis hierher folgende Gleichung aufstellen: der Gast ist der Mensch in seiner geschichtlichen Ausprägung als gottlos-selbstmächtiges Subjekt, er ist in einer weiteren Dimension auch der Dichter, der seinen Platz in der Gesellschaft der „Zwischenzeit" einzunehmen hatte, auf eine Weise, die Botho Strauß für sich selbst geltend macht und die er im Motiv des Wächters zusammenfaßt: als Ausgeschlossener, als Hüter eines Schweigens unterhalb der säkularisierten Ausgesprochenheit der Epoche. Es handelt sich also um ein zweifaches Gedenken: um das einer epistemologischen Konstellation, die gipfelte in der Erfindung des Menschen, und um das Gedenken des Dichters, der sich im Zeichen dieser Konstellation einzurichten hatte.
  Die Erinnerung, gilt sie dem Dichter, so wird sie auch vom Dichter vollzogen. Sie ist Gedicht, poetische Äußerung.
  Die Erinnerung, wie sie hier vollzogen wird, ist wiederum eine poetische Figur der Abwesenheit, die nicht nur, wie dies im letzten Kapitel erörtert wurde, ein sprachtheoretisches, sondern auch ein ontologisches Problem ist. Der Gottlose - das gottlose Ich, der Dichter in gottloser Zeit - ist der Ursprungslose (etwa bei Derrida), der Ungeschaffene. Diese Erinnerung an einen, der nur einen Tag zu Gast war, kreist als poetische Äußerung um eine Leerstelle, eben die Leerstelle, die der Titelvers ausspart.

War ich der Traum des Toten:
diese Wolke Gedächtnis zu sein,
die heimatlos über das Land zieht? (E 10)

Das Gedächtnis umschließt eine Abwesenheit, fügt dem Dichter-Ich ein „Haus gemacht aus Gewesenem", den „Ort [seines] Ungeborenseins" (E 10). Dieses Gedächtnis muß Gedicht werden, da das poetische Wort, wie es Mallarmé und Rilke ins Recht gesetzt haben, von dieser ursprünglichen Abwesenheit zeugen kann.

Gedächtnis, gib es zum Spielen
dem See, der Wiege hochmögender Worte,
daß es aufwächst zu Gedicht. (E 9)

In *Diese Erinnerung an einen, der nur einen Tag zu Gast war* läßt Botho Strauß das Gedächtnis „aufwachsen zu Gedicht".

Das Gedicht ist Gedächtnis als poetische Form, die jenem „Urvermissen" (B 80) Rechnung trägt, das die Erinnerung in Gang hält, sie permanent fordert als Prozeß der Vergegenwärtigung von etwas, das nie gewesen ist, das immer schon verloren war.

Einige Zitate aus *Beginnlosigkeit* können dieses konstante Thema des Verlusts bei Botho Strauß nochmals belegen:

Sein Erleben war Missen. Erinnerung, die nicht von der geballten Ladung Verlust gesprengt wird, ist keine tiefe.

Wie sollte er etwas sagen, solange ihn das, was fehlte, nicht freigab? Ihm war nicht et-was, sondern ab-was vorhanden.
Das Abwas ist ein Ding der Abwesenheit und scheinbar ein Ding der Erinnerung. [...]

Wenn das Abwas jedes Etwas tilgt: wenn zum Beispiel ein vermißter Mensch deine ganze Gegenwart ausfüllt, mehr als je seine Anwesenheit es vermöchte. (B 56/57)

In diesem Sinne sind Gedächtnis und Erinnerung[10] poetologische Begriffe für Botho Strauß, die er auf dem sprachtheoretischen Hintergrund der Moderne entwickelt.

---

10. Die Begriffe Gedächtnis und Erinnerung sind natürlich inhaltlich zu unterscheiden. Das Gedächtnis einerseits als die Summe des zu Erinnernden, als der Speicher oder das Archiv, um nur die geläufigsten Metaphern zu gebrauchen, und die Erinnerung andererseits als Vorgang der Abrufung des im Gedächtnis Bewahrten sind genauso auch als poetologische Begriffe nicht deckungsgleich, wenngleich eine systematische Trennung dieser Begriffe bei Botho Strauß nicht wirklich eingehalten wird. Im folgenden wird also hier nicht rigoros unterschieden werden, denn mit Aleida Assmann ist festzustellen, „daß sich beide ‚Pole' nicht ohne Schaden voneinander trennen lassen." Ihre Folgerung soll auch hier gelten: „Statt Gedächtnis und Erinnerung als Begriffsopposition zu definieren, sollen sie als komplementäre Aspekte eines Zusammenhangs aufgefaßt werden, die in jedem Modell gemeinsam auftauchen." (A.A.: Zur Metaphorik der Erinnerung. In: Mnemosyne, S. 14.)

Hierfür steht auch hier wieder Rilke, denn auch in diesem Gedicht versucht Botho Strauß, Halt „in den Rilkeschen Elegien" zu finden (PP 119). Es ist das Thema der Verwandlung von Sehen in Sagen in den *Duineser Elegien*, das Strauß in diesem Gedicht aufnimmt[11] und das er in erhebenden Schlußworten gipfeln läßt: „Im Dunkeln loben. Dem Sehen entgegen." (E 74)

In der neunten *Duineser Elegie* wird dieses Thema angeschlagen in der poetischen Forderung nach Verwandlung des Sichtbaren in Unsichtbarkeit. Wir sollen die Dinge „ganz im unsichtbarn Herzen verwandeln", im Durchgang durch das poetische Zentralorgan unsichtbar machen:

Erde ist es nicht dies, was du willst: *unsichtbar*
in uns erstehn? - Ist es dein Traum nicht,
einmal unsichtbar zu sein? - Erde! unsichtbar!
Was, wenn Verwandlung nicht, ist dein drängender Auftrag?[12]

Rilke spricht deutlich aus folgenden Versen des Straußschen Gedichts:

Doch wie verschieden noch hinter den Namen die Dinge!
Des Vagen Masse und Eigengewicht: da und unsäglich. (E 46)

Diese ‚unsäglichen Dinge' zu ‚sagen', wie die Aufforderung in Rilkes neunter Elegie lautet, heißt auch bei Strauß, sie in Blindheit zu erhalten.

Wie aber sollte ich es sehen?
Wie es erblicken und sagen?
Blindheit erhält und Sehen verzehrt. (E 9)

Der letzte Vers des Gedichts vermeldet schließlich feierlich die geglückte Rilkesche Wendung: das Sehen in Blindheit, „im Dunkeln" wie es hier heißt, ist Sagen geworden, „Loben" sogar, Preisen im Sinne Rilkes.

Das Patronat Rilkes in diesem Gedicht deutet auf Strauß' konstantes Anliegen hin: Es geht auch in diesem Gedicht um die Frage, wie es möglich ist, diesen poetischen Standpunkt zu halten, denn gleichzeitig vermerkt dieses Gedicht ja auch den Wandel der Epoche, in der sich dieser Standpunkt formierte, beklagt ihn nach der Vorgabe Rilkes in elegischer Form. Indem dieses Gedicht den Gestus der Rilkeschen Elegien nachvollzieht, den Umschlag von Klagen in Rühmen versucht, legt es sein konfliktives Potential offen dar: elegische Erinnerung als Abschied und Verlust, Erfüllung und Vergegenwärtigung zugleich ist eine ästhetische Konstruktion, die in diesem Gedicht gleichermaßen Gegenstand der Erinnerung wird und sich dadurch selbst zu affirmieren versucht. Die Verdopplung der elegischen Selbstaffirmation des Ästhetischen in Strauß' Gedicht ist ein Rettungsversuch, der nunmehr den Entzug seiner epistemologischen Grundlage auszugleichen hat.

Einige Thesen Karl Heinz Bohrers zur ästhetischen Qualität des Abschiedsmotivs in der literarischen Gattung der Elegie können hier im Blick auf dieses Ge-

---

11. Vgl. Berka: Mythos-Theorie und Allegorik, S. 198 f.
12. Werke I, 719/720.

dicht helfen, diesen Rettungsversuch in seiner konfliktiven Struktur näher zu bestimmen.[13]

Nach Bohrer kommt in der literaturgeschichtlichen Entwicklung der Gattung der Elegie der geschichtsphilosophische Ansatz der Aufklärung zum Tragen, nämlich der Versuch, aus dem beklagten Verlust (Abschied) einen Reflexionsgewinn davonzutragen in Form einer utopischen Zukunftshoffnung. Dieses geschichtsphilosophisch konstruierte Verhältnis steht im ausgehenden 18. Jahrhundert am Beginn der modernen literaturgeschichtlichen Tradition der Elegie, wie sie maßgeblich durch Schiller begünstigt wird. Für Schiller und die Klassik ging es vor allem um die Legitimation jenes kulturellen Wandels, der sich gerade zu vollziehen im Begriff war und der vor allem ästhetische Belange anging, das heißt, um die Verabschiedung des großen Ideals der griechischen Antike und um die Überleitung zur neuen nüchtern-rationalen Epoche.

Im Kontext der spezifischen Debatte über das Verhältnis von antiker (griechischer) und moderner Kultur, die mit Verspätung in Deutschland zur Standortbestimmung der Gegenwart überhaupt wurde, erschien das griechische Ideal als der elegisch zu besingende Verlust, dem gleichwohl ein moderner Reflexionsgewinn gegenüberstand.[14]

Schillers Gedichte *Die Götter Griechenlands* oder *Nänie* sind solche elegischen Abschiedsklagen an das vergehende Ideal und gleichzeitig kulturtheoretische Argumente zur Selbstvergewisserung der Epoche.

Gegenüber diesem geschichtsphilosophischen Topos verzeichnet Bohrer eine gegenläufige Entwicklung in der Verwendung der elegischen Redeform des Abschieds, die er in Opposition zu Schiller bei Goethe ansetzen sieht. In Goethes *Torquato Tasso* ist die Redeform des Abschieds ähnlich dominant wie in Schillers philosophischen Gedichten, doch im Gegensatz zum universalistischen Anspruch des geschichtsphilosophischen Abschiedstopos prägt sie sich hier als esoterische Redeform aus, die sich ganz in die Melancholie des Abschieds zurückzieht, sich jeder gesellschaftlichen oder historischen Objektivation verschließt, was im Fall Tassos den Konflikt zwischen Dichtertum und Gesellschaft grundlegend bedingt. Bohrer beruft sich auf Nietzsches Goethe-Lektüre, um die drastische Endgültigkeit zu belegen - über Tasso liegt das „Vorgefühl von Schlimmerem als der Tod" heißt es bei Nietzsche und: „nun ist es aus - nach diesem Abschiede"[15] -, mit der für Tasso die Redeweise des Abschieds zu einem ästhetischen Refugium wird, das der Arm von Gesellschaft und Geschichte nicht erreicht.

---

13. Die Thesen, die ich im folgenden zusammenfasse, formuliert Bohrer in dem Aufsatz: Die Ästhetik am Ausgang ihrer Unmündigkeit. In: Merkur 500 (1990), S. 851-865, bes. S. 853-855.
14. Ibid., S. 853.
15. Bohrer zitiert Nietzsches Anmerkungen zu *Torquato Tasso* aus dem zweiten Band von *Menschliches, Allzumenschliches* § 227. Ibid., S. 854.

Die Grundatmosphäre der Melancholie, die Struktur einer alles handelnde Verhalten in Erinnerung zurücknehmenden Redeweise ist gerade die Auflösung des geschichtsphilosophisch-utopischen Motivs.[16]

Es ist Goethes Variante des elegischen Abschiedstopos, die sich als ästhetisches Paradigma der modernen Literatur eingeprägt hat. Zu nennen sind hier Baudelaire, Hofmannsthal, Proust, Benjamin und auch Rilke, der, wie wir schon sahen, dieses ästhetische Paradigma für die Klagerede der *Duineser Elegien* in Anspruch nimmt. Auch ist zu denken an das orphische Abschiedsmotiv, das in seiner sprachtheoretischen Dimension, wie ebenfalls schon gezeigt, gleichermaßen ein ästhetisches Paradigma der modernen Literatur darstellt.

Bohrer beschreibt in diesem kurzen Abriß über die Entwicklung der Gattung der Elegie einen Prozeß der Autonomisierung des Ästhetischen. Der elegische Topos des Abschieds wendet sich in seiner von Goethe vorbereiteten emphatisch-isolativen Ausprägung gegen generalisierende Deutungsnormen wie die der Geschichtsphilosophie. An der von Bohrer skizzierten Entwicklungslinie, die schließlich in die ästhetische Moderne führt, läßt sich somit ein weiteres Mal die „Ästhetik am Ausgang ihrer Unmündigkeit", das heißt der Ausbruch des Ästhetischen aus seiner gesellschaftlich-ideologischen[17] Verpflichtung, beobachten.

Wir können beobachten, inwiefern eine eigentlich von der Norm des Epochedenkens ermöglichte Sprache plötzlich gerade über diese Norm nicht mehr verständlich ist. Und mehr noch: wie literarische Sprache - und in diesem Sinne ist nur Goethes, nicht Schillers Sprache literarisch zu nennen - offenbar sich dem ihr nächstliegenden ideologischen Schema verweigert. Dichtung ist zum ersten Opponenten von Geschichtsphilosophie geworden [...].[18]

Genau diese literaturgeschichtliche und poetologische Kontrastierung, die Bohrer hier aufweist, reflektiert auch Botho Strauß, wenn er in seinem Erinnerungsgedicht den elegischen Abschiedstopos aufgreift. In Strauß' elegischem Gedicht spielt die Konstellation von Geschichtsphilosophie und Ästhetik im Sinne von Bohrers Theorie der Elegie eine zentrale Rolle. Die Motivation des ästhetischen Anspruchs dieses Gedichts verläuft direkt über diesen von Bohrer herausgearbeiteten Kontrast.

Goldene Frühe und Väter-Zeit - ist nicht über Vergängliches
klagen die Urregung des Dichters? Ist nicht Geschichtstrug
nötig für den Beginn jeden Gesangs? (E 55)

---

16. Ibid.
17. Ideologisch nennnt auch Paul de Man die Ästhetik Schillers. Zu Beginn seines Aufsatzes über Kleists Abhandlung *Über das Marionettentheater* führt er Schiller als ideologischen Gegenpol der modernen Ästhetik ein. Vgl. Allegorien des Lesens, S. 205-207. Zu Paul de Mans Theorie der *Ideologie des Ästhetischen* vgl. den unter diesem Titel veröffentlichten Band, hrsg. v. Christoph Menke. Frankfurt a.M. 1993.
18. Bohrer: Die Ästhetik am Ausgang ihrer Unmündigkeit, S. 854.

So lautet die Frage in Strauß' Gedicht, die jedoch schon gleich das geschichtsphilosophische Konstrukt, den „Geschichtstrug", als „rührende Täuschung" (ibid.) entlarvt. Dennoch fragt das Gedicht in langen Passagen nach der Bedeutung von geschichtlichen Werten wie Heimat, Vaterland, Nation. Der Dichter erkennt seine ‚condition historique', wenn auch nur als Effekt einer nur zu realen Täuschung:

Nicht aus raunendem Rauch bist du entstanden,
nicht aus zerfallender Sage.
Sondern ein emsiges Staatswesen hat dich ausgestanzt
wie einen Wachsstern aus glattem Mandelteig.
[...]
Bin ich denn nicht geboren in meinem Vaterland? (E 47)

Und schließlich die Frage des deutschen Dichters nach der deutschen Nation, ist er doch nichts gewohnt als „die sorglose Jugend des Staats, [seines] Altersgefährten" (E 50), das heißt die Bundesrepublik und jene unpathetische Identifikation, die Habermas Verfassungspatriotismus nannte.

Kein Deutschland gekannt zeit meines Lebens
Zwei fremde Staaten nur, die mir verboten,
je im Namen eines Volkes der Deutsche zu sein.
Soviel Geschichte, um so zu enden?

Man spüre einmal: das Herz eines Kleist und
die Teilung des Lands. Man denke doch: welch ein Reunieren,
wenn einer, in uns, die Bühne der Geschichte aufschlüg! (E 48)

Dieser Fragekomplex - zu beachten ist nämlich, daß dieses gerade in Deutschland problematische Thema historischer und nationaler Werte in Form von Fragen angesprochen wird - ist eine Reminiszenz an Schillers geschichtsphilosophisches Modell, das sich, wie Bohrer zeigt, über Hegel bis zu Habermas als rationalistisch-ideologische Norm der ästhetischen Rede verfestigte. Schiller machte die ästhetische Rede zu einem Instrument epochaler Selbstvergewisserung und gab damit jene Norm des Epochedenkens vor, aufgrund derer die Dichtung der heraufbrechenden Epoche künftig an den historischen, politischen und gesellschaftlichen Kontext gebunden sein sollte. Eine Norm von unbestreitbarer Gültigkeit, wie der ‚geschichtsphilosophische' Fragekomplex in diesem Gedicht erweist. Wenn hier die Redeform der Elegie aufgegriffen wird, wenn die Klage über Vergängliches hier eine „Urregung des Dichters" genannt wird, so wird damit auch der aus dem Schillerschen Modell herzuleitenden Tatsache Rechnung getragen, daß sich der Dichter immer in einer historischen Situation, einer Staatsform, einer Gesellschaft aufzufinden hat.

Dies also ist die eine Seite der elegischen Redeweise in diesem Gedicht, über die sich hier nachträglich auch der oben beschriebene Abschied von einer epistemologischen Konstellation - für den heutigen Dichter von ähnlicher Tragweite wie für Schiller der Abschied vom antiken Ideal - erschließt. Die Elegie als ästhetische

Redeform wird hier durchaus in ihrer geschichtsphilosophischen Tradition eingesetzt, doch wird diese in der von Bohrer beschriebenen Weise kontrastiert durch eben jene Oppostion, die für Bohrer zur Autonomisierung der ästhetischen Rede führt. Innerhalb des Gedichts wird die oben referierte These, daß „eine eigentlich von der Norm des Epochedenkens ermöglichte Sprache plötzlich gerade über diese Norm nicht mehr verständlich ist", unmittelbar nachvollzogen. Hierzu wird der vor unserem Hintergrund nunmehr unter dem Begriff Geschichte zu subsumierende Gedankenkomplex, der in diesem Gedicht assoziiert ist mit der Figur des Vaters als Symbol der männlich dominierten Geschichte (E 47, 53 ff), kontrastiert durch einen weit ausgedehnteren gedanklichen Komplex, der unter dem Begriff Gedächtnis zu fassen ist und der assoziiert ist mit der Figur der „Alten Frau", der weiblichen Kennzeichnung eines alternativen außergeschichtlichen Wissens.

Ah! Alte Frau! Rede nur von der Sonne,
die schien lange vor meiner Geburt! (E 7)

Mit dieser Anrede an die Alte Frau beginnt das Gedicht und im Verlauf der folgenden Strophen verwebt sich ihr Bild mit der Spur eines vorweltlichen Gedächtnisses: des Gedächtnisses der Natur, der ursprünglich lebensstiftenden „Zwiesprache von Land und Gewässer" (E 8), eines Gedächtnisses vor der Sprache, dessen „Zeugin" (E 11) sie ist, des Gedächtnisses der „Stille, die aus der Erde steigt" (E 12) und des Gedächtnisses ursprünglicher mythischer Mutterschaft, die sich jedoch, wir haben dies auf dem oben dargestellten ontologisch-sprachtheoretischen Hintergrund zu verstehen, als Abwesenheit, als „ruinöses Nichtgerufenwerden" (E 15) offenbart.

In diesem ersten Teil des Gedichts wird die eigentliche Opponentin der Geschichtsphilosophie in diesem Gedicht tonangebend eingeführt, die Kosmologie. Die Alte Frau in dem präbiotischen Bildfeld dieses ersten Teils - es fällt auch das Wort „Chaos" (E 12) - repräsentiert ein kosmisches Gedächtnis, das sich hier als ästhetisches Dispositiv gegenüber dem geschichtlichen Weltverständnis anbietet. Diese ästhetische Alternative unterläuft das geschichtsphilosophische Modell in zwei entscheidenden Punkten, zum einen, was dessen teleologische Ausrichtung angeht, zum anderen in Bezug auf die Rolle des Menschen, das zentrale Thema in diesem Gedicht. Setzte eine geschichtsphilosophisch orientierte Ästhetik auf einen Reflexionsgewinn in einer utopisch erhofften Zukunft, so ist die ästhetische Assoziation von Gedächtnis und Kosmologie ein statisches Konzept, jeder Verzeitlichung enthoben.

[...] wenn unter Mittag
Uhren ticken überkreuz,
und Fliegen mit Schweigen und Schwirren
wölken die Zeit. (E 16)

Das geschichtsphilosophische Denken der Aufklärung erst verleiht dem Phänomen Zeit jene gravierende Qualität, die seit dem Ende des 18. Jahrhunderts durch den Kollektivsingular der Geschichte bezeichnet wird.[19] Diese Historisierung der Zeit vollzieht sich im Dienst der neuzeitlichen Subjektivitätssemantik, im Dienst des Menschen, der sich gerade das Feld der Geschichte zu erschließen beginnt. Die geschichtlich teleologisierte Zeit ist eine zentrale anthropologische Kategorie der Neuzeit, mit der sich die Konzeption einer einmaligen Weltgeschichte und hiermit wiederum die „Supposition eines weltgeschichtlichen Subjekts"[20] verbindet.

Die kosmologische Vision widerspricht dagegen der Anthropodizee der Geschichtsphilosophie. Im kosmischen Geschehen ist die Figur des Menschen ein Epiphänomen, „Niemandgebraus" (E 14) im universalen Fluß organischen Werdens.

Nun können wir nur noch Werden denken. Diese Welt also ist von A bis Omega, durch Leben und durch Unbelebtes an die Unumkehrbarkeit allen Geschehens gefesselt, an das Nicht-Gleichgewicht, an die Dynamik von Unordnung und verschwenderischer Struktur. Sie hat offenbar für ein Sein keinen Platz. Nur der sich selbst bewußte Menschen-Geist, um seiner angeborenen Verzweiflung Herr zu werden, bedurfte der jahrtausendewährenden ‚Lebenslüge' - von Platons Ideen bis zur Quantenmechanik - immer neuer Trostbeweise, daß etwas universal und zeitlos gültig sei. (JM 14)

So faßt in der Einleitung zu *Der junge Mann* der Erzähler die antihumanistische Konsequenz kosmologischen Denkens zusammen. Der Mensch verliert hier seine Sonderstellung, die die geschichtliche Vernunft ihm zugedacht hatte, die Besonderheit und Einmaligkeit seiner geschichtlichen Existenz.

In dieser Form stellt Stefan Bollmann mit Bezug auf Kant und auf Nietzsche Geschichtsphilosophie und Kosmologie gegenüber, auch mit Konsequenzen für Botho Strauß, dessen Werk er auf der Grundlage dieser Opposition zu erläutern versucht.[21] Auch, was das hier in Rede stehende Gedicht angeht, ist von dieser grundsätzlichen Opposition auszugehen.

Die Opposition, die sich hier auftut, ist bekannt aus dem ersten Kapitel dieser Arbeit. Es ist letztendlich die Opposition von neuzeitlich-rationalem, gesellschaftlichem Denken und ästhetischem Denken, die das Werk von Botho Strauß durchquert.

Das kosmische Gedächtnis in diesem Gedicht ist, will man dem poetologischen Modell von Bohrer folgen, die ästhetische Überwindung der Geschichtsphilosophie als Leitinstanz gesellschaftlicher Selbstdeutung und Selbstlegitimierung, der sich nach Schiller auch die Literatur verschreiben mußte. Hier tritt Stasis an die Stelle teleologischer Zeitlichkeit, unendliche Perpetuation an die Stelle des utopischen Reflexionsgewinns, und so wird in der Form, die Bohrer für die poetologi-

---

19. Vgl. Reinhart Koselleck: Vergangene Zukunft. Zur Semantik geschichtlicher Zeiten. Frankfurt a.M. 1979, S. 321.
20. Jürgen Habermas: Über das Subjekt der Geschichte. In: Geschichte und Theorie. Umrisse einer Historik. Hrsg. v. Hans Richard Baumgartner und Jörn Rüsen. Frankfurt a.M. 1976, S. 391.
21. Vgl. Stefan Bollmann: Vom erhabenen zum komischen, vom geschichtlichen zum kosmologischen Denken. Botho Strauß im Kontext. In: Das Erhabene, S. 253-274.

sche Entwicklung der Elegie geltend macht, das rationalistische Modell durch ein ästhetisches überboten.

Ästhetik wird angesichts der Aporie nicht nur des emanzipierten Menschen sondern ‚des Menschen' überhaupt gebraucht ‚als Ausweg dort, wo das geschichtliche Denken nicht mehr [...] trägt'.[22]

Die Erinnerung, die dieses Gedicht begeht, ist also zugleich die ästhetische Kompensation des beklagten Verlusts. Verloren ist die säkulare Gewißheit der welt- und literaturstiftenden Koinzidenz von Menschheit und Geschichte. Dies beklagt das Gedicht in der elegischen Erinnerung an jenen Gast, den Menschen, dessen Aufenthalt nur von so kurzer Dauer war. Nach dem Modell der ästhetischen Moderne hat nun Ästhetik an diese Stelle zu treten, eine selbstreferentielle Ästhetik, die sich über der eingetretenen Leere erhebt als autonomes Refugium einer Sprache, die noch erinnernd diesen Substanzverlust in sich trägt. Wenn nun der Erinnerungstopos derart ästhetisch besetzt ist, so betrifft dies auch seine kosmologische Ausgestaltung in diesem Gedicht. Die Kosmologie erscheint hier als adäquate Denkform für ein ästhetisches Problem. Jenes kosmische Gedächtnis, das in diesem Gedicht berufen wird, hat vor dem Hintergrund der epistemologisch-poetologischen Problematik in diesem Gedicht ästhetische Qualität. Es steht für ein extrahumanes, überzeitliches Werden, für ein vorweltliches, vorsprachliches Schöpfungsprinzip, an dem eine de-ideologisierte, das heißt nicht-anthropozentrische und nicht-logozentrische, Ästhetik zu partizipieren hätte, es repräsentiert jenes substanzlose Dunkel des ‚Unsichtbaren', zu dem das ästhetische Wort Beziehung hält.

Hier jedoch gestaltet sich der ästhetische Rettungsversuch, den dieses Gedicht nach dem Modell der ästhetischen Moderne zu unternehmen versucht, komplizierter als dies für die Moderne abzusehen war, denn zwischen die Annäherung der Ästhetik an das kosmische Dunkel, das heißt im ästhetischen Sinne, an ein sprachlich Unverfügbares, tritt heute die Wissenschaft. Dieser epochale Eingriff der Wissenschaft in das Arkanum der Poesie ist, wie wir sahen, das zentrale Thema in *Beginnlosigkeit*.

Auch in diesem Gedicht kollidiert die ästhetische Äquivalenz von Kosmologie und Gedächtnis mit der Wissenschaft.

Uns ist für immer die rührende Täuschung zerschlagen.
Wir sind gehalten zu wissen, daß es nur Zuwachs gibt und
keine Verringerung. Nur *eines* schaffenden Geistes fort-
gesetzte Verlagerung, und vielfältige Erbschaft der
Poiesis. Veränderlich verteilt macht sie mal Glaube, mal
Kunst, mal Staat und Gemeinschaft, mal Wissen und Technik
reicher als gerade die übrigen. Nur *ein* Feuer läuft über
die Erde, nur *eine* Erfindungskraft ist es, die einst

---

22. Ibid., S. 257.

die großen Epen gründete, die sich nicht minder bezeugt
jetzt in der Verscheinung von Stoff und Fabrik zu reinem
Geleucht. (E 55)

Poiesis, dies ist auch in *Beginnlosigkeit* jenes gleichmacherische Prinzip, das die Differenz von Poesie und Wissenschaft einebnet. Auch das kosmische Gedächtnis in diesem Gedicht verliert hier sein ursprüngliches schöpferisches Geheimnis, indem es von der Wissenschaft eingeholt wird: computerisierte Speicher machen den kosmischen Mythos verzichtbar, die Unendlichkeit des kosmischen Gedächtnisses braucht sich nicht mehr unserer Vorstellungskraft zu entziehen, denn die unendliche Dimension ist faßbar geworden durch elektronische Digitalisierung.

Wir, geboren zum Wissen-Wie, wir leben vom Sammeln
und schufen ein Chip für Babylon, zu fassen den menschenerdenklichen Vorrat,
dem Ende des Endens ein tiefes Gemäß, ein endloses Archiv. (E 54)

„Was ist vergänglich, wenn das Gewesene bleibt?" ist die leitmotivische Frage im zweiten Teil dieses Gedichts (E 54, 56). Die Dialektik von Vergessen und Erinnern, auf der die Notwendigkeit des Gedächtnisses fußt, scheint durch die unendlichen Speichermöglichkeiten der elektronischen Medien außer Kraft gesetzt, denn Vergessen ist nun entweder nicht mehr möglich oder es ist vollkommen - die Löschung im Computer ist endgültig.[23]

Welchen Sinn hätte es da, wenn die Dichtung weiterhin an das ursprüngliche Dunkel Anschluß suchte und weiter versuchte, poetische Erinnerung zu stiften, wo doch das Dunkel des poetischen Gedächtnisses in vollkommener Perfektion technisch erschlossen ist?

Müßte nicht das Wissen um die Auflösung des Elementaren, des Letztgründlichen irgendeine Wirkung tun auch auf unseren Symbolverstand? Unsere Metaphern leiten wir her wie eh und je von der sichtbaren Natur. Was hingegen dem menschlichen Auge verborgen bleibt, technisch jedoch längst erblickt und erfahren ist, das subatomare Geschwirr, ist noch nicht eingebildet und erträumt, noch nicht durch die anthropomorphe Schmiede gegangen. (NA 140)

In *Beginnlosigkeit* beschreibt Botho Strauß, was es heißt, wenn jenes neue technische Wissen durch die „anthropomorphe Schmiede" der Sprache zu gehen hätte:

Viele gängige Metaphern, die bildkräftig sind - der Prägestock, Kette und Schuß, Hammer und Amboß - stammen aus einer technisch längst vergangenen Welt, ja, sie sind insgeheim wohl sogar Metaphern, Übertragungen, Bezüglichkeiten von einst zu heute. Wer mag schon einen Chip zum Gleichnis nehmen? Und doch gehörte es sich. (B 92)

---

23. „Ein Vorteil der künstlichen Intelligenzen ist, daß sie problemlos vergessen können. Wir lernen von ihnen die Wichtigkeit des Vergessens. Das ist ein gewaltiges Umlernen, denn es verlangt von uns, die Funktion des Gedächtnisses umzudenken." In: Vilém Flusser: Die Schrift. Hat Schreiben Zukunft? Frankfurt a.M. 1992, S. 131.

Die Schwierigkeit liegt wohl jedoch nicht in der Unangepaßtheit der Sprache, die nicht auf der Höhe ihrer Zeit ist, sondern in der Inadäquatheit des Mediums selbst. Angesichts der technischen Entwicklung unseres Zeitalters scheint viel eher ein Wandel vom diskursiven, das heißt, sprachlichen, zum digitalen Denken angezeigt, das der informatischen Perfektionierung unseres Weltverständnisses besser gerecht werden kann.[24] Sprache und Schrift würden dann allerdings obsolet werden.

Da klingt es geradezu unbelehrbar, wenn in *Beginnlosigkeit* behauptet wird, „ältere Sprache [befördere] ein komplexeres Verstehen als neuere, technisch angepaßte." (B 78)

Nur Sprache selbst kann auf eine sinnliche, partikuläre, nicht-historische Weise Vergangenheit, Zeitenstaub enthalten, Sprache, die ihrer Herkunft nach eine aus Werken gebrochene Sprache ist, also eine aus erhöhtem Bewußtsein hervorgegangene, die neues erhöhtes Bewußtsein schafft. Dies macht vielleicht den tieferen Sinn von Muttersprache aus. In einer fremden trägt einen die Erinnerung der Sprache nicht. (ibid.)

Das kulturelle Gedächtnis der Sprache, das in die Untiefen „ruhloser Noch-nicht-Sprache" (D 101) reicht, hat einen Bewußtseinsvorsprung gegenüber der flächendeckenden Vernetzung der digitalen Speicher zu behaupten. Dies wäre heute die Aufgabe von Literatur: sie hätte sich als kulturelle Form der Wissensbewältigung gegenüber der technischen Datenverarbeitung zu profilieren, indem sie ein „erhöhtes Bewußtsein" schafft.

Vor diesem Hintergrund erhält der Versuch einer Affirmation des Ästhetischen, den Strauß in diesem Gedicht unternimmt, eine ganz neue Brisanz. Konnte Rilke noch fordern, die sichtbaren Dinge seien in unsichtbare zu verwandeln, und hierfür die Macht des poetischen Worts beanspruchen, so ist dieses poetisch Unsichtbare, wie Botho Strauß in der oben zitierten Passage aus *Niemand anderes* feststellt, mittlerweile „technisch jedoch längst erblickt und erfahren".

Der wissenschaftliche Geist hat sich vorgearbeitet bis zur Schwelle des - als Ersatz für das verlorene Dunkel - Unübersehbaren, des Undeutlichen, einer sich selbst organisierenden Akrokomplexität. (B 76)

Das Dunkel Rilkes war ein sprachliches Dunkel. Wenn es nun aber am Ende dieses Gedichts von Botho Strauß im Anklang an Rilke heißt „Im Dunkeln loben. Dem Sehen entgegen.", so könnte dies heute sowohl ein poetisches Sehen als auch ein technisches Sehen sein.

In der postmodernen Lage von Wenders und Handke handelt es sich nicht mehr darum, sich blind zu machen gegenüber dem Sichtbaren, um zu den unsichtbaren Wahrheiten zu gelangen (platonische Tradition), noch darum, zum poetischen Sehen durch den Verlust der Sicht (der blinde Homer) zu gelangen, oder den irdischen Blick zu verlieren, um Gott zu empfangen, und zweifellos auch nicht darum, die gesehenen Dinge zu vergessen, um sie aus dem Gedächtnis (Mnemotechnik des Schönen nach Baudelaire) zu beschreiben und zu malen.

---

24. Vgl. Ibid. Besonders das Kapitel *Digitale*, S. 124-130.

Sondern es handelt sich sehr wohl um einen Zug der Realität und des Anderen außerhalb des Sichtbaren und um eine Unfähigkeit der Sehorgane, diese Realität und ihre Bilder zu erfassen.[25]

Dies ist auch die postmoderne Lage von Botho Strauß: das, was dem menschlichen Auge verborgen bleibt, ist heute okkupiert von den Wissenschaften, die ihrerseits derart spezialisierte Techniken entwickelt haben, daß sie jeden Kontakt zur Sichtbarkeit des Wirklichen entbehren können, ja die für das Auge sichtbare Wirklichkeit an Perfektion weitaus übertreffen.
  Dem Verhältnis von Blindheit und Sehen ist somit jene poetische Qualität genommen, die ihr für die ästhetische Moderne noch Rilke zuschreiben konnte. Sehend machen kann nur noch der „Akrotechniker", der imstande ist, mit den hochspezialisierten Techniken der neueren Wissenschaft die Sichtbarkeit des Wirklichen, die die Moderne ästhetisch in Zweifel gezogen hatte, wiederherzustellen.

Das große abendländische Medley, das Benn vor sich hin pfiff, seine kostbare Sammlung kristallisierter Sentimente: spät, müd, nihil. Das ist nicht unsere Lage. Nichts, was heißt das schon, Nichts, das läßt sich immer sagen. Großwort-Ruine. Doch war er der letzte Parabol-Empfänger, der Geschichte aus dem All entschlüsselte, der letzte Bewußtseinsekstatiker aus eigener Kraft.
Wenige Jahrzehnte später wird der Akrotechniker die Spur der Gottheit mit Hilfe gedächtnisstützender Maschinen wieder aufnehmen. Seinem Restlichtverstärker genügt der trübste Schein in der Finsternis, um die Welt in Glanz getaucht zu sehen. (B 116)

Die gedächtnisstützenden Maschinen dringen nun in jenes Dunkel vor, das für die Modernen Benn und Rilke das Nichts oder das Unsichtbare, für andere, etwa Hölderlin, die Gottheit war, denn, wenn das Gedächtnis - so waren wir hier dem Thema Gedächtnis zunächst nahe gekommen - für die Literatur eine konstitutive Funktion haben konnte als ästhetische Figur, die jenes Unverfügbare, Abwesende umschließt und ästhetisch erinnerbar macht, so sehen wir uns heute angesichts der Ergebnisse der neueren Wissenschaft einer veränderten Konzeption von Gedächtnis gegenüber, die geeignet ist, den Erinnerungstopos außer Kraft zu setzen. Das Gedächtnismodell der konstruktivistischen Kognitionswissenschaft verwirft die traditionellen Gedächtniskonzepte, die sich in anschaulichen Metaphern - die des Magazins, des Speichers, des Archivs und Platons Idee der Wachstafel sind nur die grundlegendsten aller mnemotechnischen Bilderfindungen[26] - unserer Kultur eingeprägt haben, denn sie stellt das Gedächtnis nicht als Speicher an einem lokalisierbaren Ort im Gehirn vor, sondern als präsente kognitive Struktur, als

---

25. Le Rider: Die moderne Blindheit und die postmoderne Wiedergewinnung der Vision, S. 128/129.
26. Vgl. Aleida Assmann: Zur Metaphorik der Erinnerung. In: Mnemosyne, S. 13-35.
Vgl. auch Harald Weinrich: Typen der Gedächtnismetaphorik. In: Archiv für Begriffsgeschichte 9 (1961), S. 23-26.

„verhaltenssynthetisches Potential"[27] des sich selbst organisierenden kognitiven Systems, das allein der aktuellen Umweltbewältigung dient und nicht der Reaktualisierung gespeicherter Vergangenheit, das Konstruktionsarbeit leistet anstatt Aufbewahrungsarbeit.

Dies da Höhlengrau, läßt sich nur in der Dämmerung wahrnehmen. Grauer Blick zu grauem Bild, in der Dämmerung der ganzen Person. Windungen, Furchen, Ventrikel, Taschen, Zysten, Kammern jeder Größe. Dort, dritter Ventrikel im Höhlengrau, Sitz der Erinnerung, sagte sein Vater gern. Ach, veraltetes Wissen. (Im Bewußtsein hat nichts seinen festen Platz.) Gutes, gesundes, wohltuendes Wissen, das vorüber ist. Zu nichts mehr zu verwenden, ruht es, strahlt Ruhe aus. (B 56)

Der Neurophysiologie verdanken wir die Erkenntnis, daß Denken vornehmlich ein neuronaler Prozeß ist, ein Austausch elektronischer Teilchen in einer unüberschaubaren Menge von Nervensynapsen. Diesem gehirnphysiologischen Modell der „Neuronenherrschaft"(B 11/12) entsprechen nun viel besser die elektronischen „Denkmaschinen"[28], die die neuronale Gehirnfunktion simulieren, indem sie deren quantische Struktur in digitalen Codes reproduzieren.

Das Gehirn ist ein Apparat, welcher den in ihm vor sich gehenden quantischen Sprüngen einen Sinn verleiht, und jetzt ist es dabei, diese seine sinngebende Funktion aus sich selbst hinaus auf Apparate zu werfen, um das Hinausprojizieren wieder in sich aufzunehmen. Im Grunde also sind die neuen Codes digital, weil sie die sinngebende Funktion des Gehirns in simulierten Gehirnen simulieren.[29]

Das „Höhlengrau" des Gehirns, das unergründliche Dunkel des Gedächtnisses, erhellt sich im elektronischen Licht gedächtnissimulierender Maschinen.
 Die Alte Frau in Strauß' Gedicht, Sinnbild des altertümlichen, vortechnischen Gedächtnisses, das sich, wie in diesem Gedicht versucht, ästhetisch beanspruchen ließ, vergeht.

Rütteln möcht ich die Alte,
daß sie nicht lose und loser vergißt!
Aufhalten mit beiden Armen ihren entfliehenden Sinn,
müd der Sprachverhältnisse, lauter *Alltags*fliegen ...
Zurückreißen die Zeugin von der Schwelle, von wo sie,
nicht mehr anrufbar, hinaus in den Greisennebel tritt. (E 11)

Mit ihr vergeht das Gedächtnis einer Kultur, die ihr memorierbares Wissen der Sprache anvertraut hat und diese Sinnsymbolik wiederum durch die Schrift übertragbar machte. Sprache und Schrift in unserer Kultur sind Funktionen eines kollektiven Gedächtnisses, die einer langtradierten und sehr komplexen mnemo-

---

27. Siegfried J. Schmidt: Gedächtnisforschungen: Positionen, Probleme, Perspektiven. In: Gedächtnis, S. 24.
28. Flusser: Die Schrift, S. 126.
29. Ibid., S. 128.

technischen Grammatik gehorchen. Diese ist ein kaum systematisierbares kulturelles Gefüge, zusammengesetzt aus den Versatzstücken tradierter Imagination, aus konventionalisierten Verfahren der Kodierung und der Bildfindung, altgewachsenen Semantiken, topischen Inventarisierungs- und Kombinierungstechniken. Sie ist das semiotische Regelwerk jenes „komplexeren Verstehens", das Botho Strauß in der „älteren Sprache", der kulturell-mnemonisch gewachsenen, befördert findet.

Die klassische Rhetorik hat diese kulturelle Technik der Gedächtnissemiotik als Ars Memoriae zu formalisieren versucht, die Literaturwissenschaft hat sie heute entdeckt als ein Modell jenes „komplexen Transformations-, Kodierungs- und Imaginationsvorganges"[30], der der Produktion von Literatur zugrunde liegt. Literatur partizipiert an der mnemonischen Praxis, die die Kontinuität eines kulturellen Wissensvorrats und dessen literarische Transformation ermöglicht. Sie ermöglicht den schriftlichen Anschluß an das Gedächtnis der Kultur, das die Theorien der Gedächtniskunst, insbesondere die hermetische Tradition der Renaissance-Mnemonik von Giordano Bruno, Giulio Camillo und Ramón Llull[31], auch in jenen kosmischen Raum ausdehnten, den bei Botho Strauß die Alte Frau besetzt. Gedächtnis kann hier reichen in die kryptischen Tiefen eines universalen Weltwissens, es kann reichen in die Nähe der Kosmologie, die die Gedächtnismodelle der Renaissance zu einer spekulativen Kombinatorik entwickelten, oder in die Nähe des Mythos, der in Mnemosyne die Verwalterin eines Ur-Gedächtnisses personifiziert.[32] Diese kulturellen Gedächtniskonzepte suchen Anschluß an ein universales Weltwissen, aus dem eine höhere, unanfechtbare Legitimation unserer Kultur abzuleiten wäre, das heißt im besonderen Falle auch - mit diesem Ziel betreibt Augustinus Memoria - an die Spur der Gottheit.[33]

Dieses kulturelle Gedächtnis scheint nun in der Alten Frau in Strauß' Gedicht seinen Abschied zu nehmen. Sprache und Schrift haben dieses Gedächtnis bewahrt, und mit ihm nicht nur die hochkomplexen Mechanismen unseres Verstehens, sondern auch die Atavismen des Nicht-Verstehens, indem ein Anderes, Unverfügbares, Vorgängiges, sei es der Mythos, sei es Gott, sei es ein extrahumanes, kosmisches Wissen, immer mitfortgetragen wurde. Es heißt also eigentlich, Abschied nehmen von der Sprache, die unser „komplexes Verstehen" zu einer unkalkulierbaren Begegnung mit dem Rätsel des Seins werden ließ.

Beliebige Signale, nicht nur aus Alltagssprachen oder Büchern, sondern aus allen elektronischen Sensoren oder Medien stehen ebenso beliebigen Manipulationen offen, einfach, weil alle Daten unter eindeutigen Adressen und unter binären Befehlen laufen. Damit ist die Alltagssprache, dieses jahrtausendalte ‚Haus des Seins', schlichtweg verlassen.[34]

---

30. Renate Lachmann: Text als Mnemotechnik - Panorama einer Diskussion, Teil II. In: Gedächtniskunst, S. 20.
31. Siehe hierzu Frances A. Yates: The Art of Memory. London Chicago 1966. Yates handelt vornehmlich von dieser hermetischen Tradition der Gedächtniskunst.
32. Vgl. Renate Lachmann: Kultursemiotischer Prospekt. In: Memoria, bes. S. XXII-XXVII.
33. Vgl. Anselm Haverkamp: Auswendigkeit. Das Gedächtnis der Rhetorik. In: Gedächtniskunst, S. 42 ff.
34. Friedrich A. Kittler: Die Nacht der Substanz. Bern 1989, S. 28/29.

Zu Gast war der Mensch in Heideggers „Haus des Seins", das das Haus der Sprache ist, ein „Haus, gemacht aus Gewesenem" (E 10), wie es in diesem Gedicht heißt.

Die technische Wende, die zur Zeit unser Denken ergreift, scheint zum Verlassen dieses Hauses zu nötigen.

Für uns vermengen sich Denken und Sprechen, so daß wir uns geradezu fragen, ob ein wortloses Denken überhaupt möglich sei [...]. Diese Frage stellt sich mit Nachdruck, wenn wir mit wortlosem Denken - zum Beispiel mit mathematischen Gleichungen oder synthetischen Computerbildern - konfrontiert werden. Wir wollen es in Worte übersetzen. Denn für uns sind die Denkregeln sprachlich (‚logisch'), für uns war im Anfang das Wort, und einige von uns wollen sogar im Wort das Haus des Seins sehen. [...] In dem Maß, in dem die neuen, digitalen Codes immer mehr die Struktur der Vorgänge in den Nervensynapsen des Gehirns nachahmen werden, wird sich das Denken immer mehr von der Vorherrschaft der Sprache befreien, es wird immer ‚reiner' werden. Und damit auch das Fühlen, das Wünschen, und schließlich auch das Wahrnehmen: in ferner Zukunft wird vielleicht sogar die Feldstruktur des Universums wahrgenommen werden. In so einer Situation wäre es lächerlich immer noch Literatur machen zu wollen. Wir müssen lernen, langsam Abschied von ihr zu nehmen, Abschied also von der schier unglaublichen Herrlichkeit der Sprache, einer jeden Sprache.[35]

Diesem Abschied von der „Sprache der dinglichen Altertümer" (B 93) und dem Wandel zur totalen Kalkulierbarkeit und Manipulierbarkeit, zum restlosen Verstehen und zum spurlosen Vergessen, dem Wandel zur puren Medialität, will sich die aktuelle Memoria-Theorie entgegenstellen - im Interesse der Literatur, in der nicht nur Vilém Flusser, sondern auch die Vertreter einer medienorientierten Literaturwissenschaft nurmehr das mediale Relikt einer schwindenden Kultur sehen können.[36]

Die These vom Text als Mnemotechnik, von der Literatur als Gedächtniskunst in einem sehr allgemeinen Sinne besagt deshalb zunächst nicht mehr als dies: daß der Text als Spei-

---

35. Vilém Flusser: Zum Abschied von der Literatur. In: Merkur 451/52 (1986), S. 901.
36. So etwa Norbert Bolz: „Die Gutenberg-Galaxis hat sich in ihrem Medium Buch die Form ihrer Einheit gegeben. Der Kanon des Gotteswortes und das Buch des Menschen sind die aufeinander verweisenden Modelle von Tradition. Den Tod Gottes und das Verschwinden des Menschen konnte das Buch nicht überleben - es hat sich wieder in ein Textum aufgelöst. [...]
Das Buch ist als Speicher und Archiv veraltet. Die elektronischen Speichertechniken mit ihrer schnellen Zugriffszeit und Selektion erfordern zwar weiterhin ein Lesen, obsoleszieren aber die Schrift im Sinne linearer Inskription. Wo man bisher das Genie des Menschen vermutete, waltet jetzt eine aleatorische Kombinatorik von Operatoren, die Informationszustände transformieren." In: Strukturen - Diskurse - Medien. In: Rhetorik. Ein Internationales Jahrbuch 9 (1990), S. 7.
Verweisen muß man hier auch auf die Arbeiten von Friedrich A. Kittler als einem der prominentesten Vertreter einer literaturwissenschaftlichen Medientheorie.

cher nicht überholt ist, weil er eine andere Art der Datenverarbeitung betreibt als elektronische Speicher.[37]

Um die Literatur letztendlich, als schriftliches Gedächtnis in seiner kulturellen Vielschichtigkeit, geht es natürlich auch Botho Strauß. Nicht ohne Hoffnung bemüht er den literarischen Abschiedstopos, um den kulturtheoretischen Zweifel in eine ästhetische Affirmation zu wenden. Schon in diesem Gedicht prägt er jene Wendung, die später in *Beginnlosigkeit* das Kernargument der poetischen Selbstbejahung darstellt. Das „Herz der Unvernunft" (E 11) lebte in der Alten Frau, deren Name Gedächtnis sein könnte. Dieses „Herz der Unvernunft" zu „greifen" (E 11), wäre eine poetische Geste, die auf dem Geheimnis des Nicht-Verstehens besteht, auf dem Geheimnis eines Unverfügbaren, das in den mnemonischen Untiefen der Sprache immer ansässig war, kulturelle Deutungsmuster forderte - zeichentheoretische, philosophische, kultursemiotische oder auch geschichtliche und soziologische - und doch immer poetisch dekuvrierbar war, und das in der informatischen Perfektion des technischen Denkens nun endgültig aufzugehen scheint.

> Und daß mir
> in den Gedichten das große Nicht-Wissen
> niemals aufhöre zu klingen. (E 60)

Unvernunft, Nicht-Wissen aber auch als Eingeständnis eines poetischen Starrsinns, eines Anspruchs auf Arationalität und ästhetisches Denken gegenüber der Evidenz wissenschaftlicher Erkenntnis, in der die moderne Vernunft ihren endgültigen Sieg davonzutragen scheint.

Welche, so wäre aber noch zu fragen, sind die erhaltenswerten Vorzüge des sprachlichen Denkens, deren Weiterwirken Botho Strauß hier wie in *Beginnlosigkeit* durch den starrsinnigen Gestus poetischer Unvernunft garantieren will?

Vilém Flusser befindet in seinem Essay über die Schrift und die Zukunft des Schreibens, daß die Aufgabe der Schrift zugunsten von informationstechnisch leistungsfähigeren Codes vor allem ein Problem der Wertedefinition darstellt, daß die Hinwendung zu kybernetischen Systemen auf die Funktionalisierung von Verhalten und auf die Aufhebung der traditionellen sprachlich-konzeptuellen Wertsemantik hinausläuft.[38] Entsprechend variiert Botho Strauß in *Beginnlosigkeit* die zum Signum der Moderne gewordenen Worte des Chandos-Briefes als Überschrift zur „kybernetischen Epoche" (B 11): „und es zerfiel ihm alles in Werte" (B 52).

Das Nachdenken über den Sinn der Schrift und damit über die Substanz von Sprache und die sinnstiftenden und sinnerhaltenden Strukturen unserer Kultur gründet eigentlich in einer ethischen Fragestellung. Es geht um die Beständigkeit und den Erhalt eines Menschenbildes und der ethischen Wertigkeiten, die an

---

37. Anselm Haverkamp: Text als Mnemotechnik - Panorama einer Diskussion, Teil I. In: Gedächtniskunst, S. 12.
38. Er meint insbesondere die Werte der Freiheit und der Kritikfähigkeit. Vgl. ibid., S. 53, S. 85 ff, bes. S. 91.

dieses Bild gekoppelt sind und die nun mit dem kybernetischen „Weltbildsturz" (B 13) in Frage stehen.

Was werden wir aufgeben, wenn wir die Schriftcodes durch andere, leistungsfähigere ersetzen? Wohl all jene Anthropologien, die direkt oder indirekt auf dem hier besprochenen Mythos [der göttlichen Schöpfung] fußen. Das sind wahrscheinlich alle Anthropologien, über die wir als Okzidentale verfügen.[39]

Der Schriftraum der Literatur könnte ein Refugium jener ‚antiquarischen' Symboliken bleiben, die die Erfindung des Menschen begleitet haben und die sich nicht zuletzt der Verpflichtung auf ein Höheres, sei es ein Schöpfergott, seien es aufgeklärte Werte wie Verantwortlichkeit und Freiheit, verdanken.

Es ist diese ethische Verpflichtung auf ein Höheres, die Botho Strauß mit seinem Eintreten für ein ästhetisches Unverfügbares in der Literatur einhalten will. Wie wir im letzten Kapitel gesehen haben, verbindet sich die ästhetische Behauptung eines Unverfügbaren auch für die gegenwärtig exponierten Theoretiker einer transzendenten (George Steiner) oder einer erhabenen (Jean-François Lyotard) Ästhetik mit der Frage der Ethik.

Auch Anselm Haverkamp unternimmt mit seiner Memoria-Theorie einen Versuch, die Notwendigkeit der Literatur ethisch zu begründen. Er formuliert eine ästhetische Theorie der Gerechtigkeit, die Gerechtigkeit als außersprachlichen Verständnishorizont von Texten definiert, „jenseits dessen, was sich der kommunikativen Einvernahme darbietet"[40]. Jenseits des Textes, jenseits der kommunikativen Verständigung haben wir es „gegen alles Verständigtsein, mit einer grundlegenderen, alle Verständigung mitbegründenden Institution zu tun, dem Gedächtnis."[41] Gedächtnis ist für Haverkamp, aus der dekonstruktivistischen Richtung kommend, der blinde Punkt des Verstehens, den die Dekonstruktion im Gegensatz zu den bisher referierten Ansätzen nicht „unterhalb der Schwelle aufgeklärter Diskurse oder oberhalb der Schallmauer ideologischer Verblendungszusammenhänge"[42], nicht in der Sphäre des Religiösen und nicht im Abstraktum des Ästhetischen, lokalisiert, sondern inmitten des Textes selbst, dem die Memoria, seine rhetorische Verfaßtheit, die Mittel seiner Dekonstruierbarkeit liefert. „Die Dekonstruktion ist Gerechtigkeit.", zitiert Haverkamp Derrida.[43] Das heißt, Gerechtigkeit gegen das Unrecht des Textes, gegen seine prätendierte Wahrheit und seine auktoriale Gewalt. Die dekonstruktivistische Gerechtigkeit der Texte besteht demnach darin, „daß in ihnen ablesbar bleibt, was in ihnen nicht enthalten ist und nie vollständig enthalten sein kann: was ihnen abgeht wie dem Recht, das sie herstellen soll, die Gerechtigkeit."[44]

---

39. Ibid., S. 18.
40. Anselm Haverkamp: Die Gerechtigkeit der Texte. Memoria - eine ‚anthropologische Konstante' im Erkenntnisinteresse der Literaturwissenschaften? In: Memoria, S. 19.
41. Ibid., S. 18.
42. Ibid., S. 20.
43. Ibid.
44. Ibid.

Die Philosophie Lévinas' bietet hier eine Anschlußmöglichkeit, die dekonstruktivistische Theorie von der Gerechtigkeit als einem rhetorischen Jenseits des Textes zu einer Ethik von metaphysischer Größe zuzuspitzen, und Haverkamp führt diese Möglichkeit vor. Mit Lévinas wäre in dem dekonstruktivistisch faßbaren „impliziten Gedächtnis eines explizit Ausgegrenzten"[45] eine transzendente ‚Andersheit' zu entdecken. Lévinas definiert Gerechtigkeit als das Verhältnis zum anderen Menschen und der andere Mensch verkörpert für ihn die Implikation der Ausgrenzung, die Begegnung mit dem ‚ganz Anderen' in seiner unaufhebbaren Differenz, die mit Lévinas Transzendenz zu nennen wäre.[46]

Wenn Haverkamp diese metaphysisch-humanethische Wendung auch sogleich verwirft, so ist doch diese metaphysische Anschlußmöglichkeit für den weiteren Verlauf dieser ästhetiktheoretischen Betrachtungen zum Werk von Botho Strauß, zunächst noch entlang dieses Gedichts, von Bedeutung.

Wir befinden uns hier an jenem Punkt, an dem sich für die ästhetische Rede des Anderen metaphysische Kategorien anbieten, die Botho Strauß in Anspruch zu nehmen sucht.

In einem der zurückliegenden Kapitel ist schon dargestellt worden, wo sich bei Karl Heinz Bohrer, George Steiner und Jean-François Lyotard die ästhetische Rede auf ein unverfügbares Anderes öffnet, das allerdings schon diese drei Theoretiker ganz unterschiedlich zu fassen versuchen. Andere ästhetiktheoretische Standpunkte ließen sich noch nennen, die sich dem Spektrum einer quasi-metaphysischen Rede über das Numinosum des Ästhetischen zurechnen lassen. Mit einem gewissen ironischen Unterton könnte man dieses Spektrum folgendermaßen charakterisieren:

Die Unterschiede innerhalb der ästhetischen Debatte betreffen vielleicht nur theologische Nuancen, auf jeden Fall sind deren Stimmen charakterisierbar. Während Steiner einem Messianismus das Wort redet, der seinen Karfreitag bereits hinter sich hat, Welsch mit Marquard und einigen anderen einem zugleich hedonistisch wie kritisch gestylten Polytheismus frönt, operieren Jauß und Frank im Rahmen einer panhistorisch unterfütterten Negativen Theologie. Bohrer schließlich ließe sich einer durch den Surrealismus erneuerten Gnosis zurechnen.[47]

Natürlich verwehrt sich Karl Heinz Bohrer gegen den Vorwurf der Metaphysik, macht die „Remetaphysierung [...], die sich aber per definitionem verbietet"[48], anderen sogar zum Vorwurf, etwa Lyotard, dem er nachzuweisen versucht, daß er in seiner Theorie des Erhabenen nicht ohne „metaphysisch-philosophische Hintergrundsannahmen"[49] auskommt. Lyotard selbst sagt: „Vielleicht habe ich die Tendenz, ein prämoderner Theologe zu werden."[50]

---

45. Ibid., S. 24.
46. Vgl. ibid., S. 24/25.
47. Wolfgang Lange: Anläßlich erneut aufgebrochener Sehnsüchte nach einer Metaphysik der Kunst, S. 338.
48. Bohrer: Die Ästhetik am Ausgang ihrer Unmündigkeit, S. 852.
49. Bohrer: Die Grenzen des Ästhetischen, S. 57.
50. Das Undarstellbare - wider das Vergessen, In: Das Erhabene, S. 327.

Die Ironie, die der Verfasser der oben zitierten Charakterisierung des metaphysisch-theologischen Spektrums der aktuellen Ästhetiktheorie an den Tag legt, hat gewisse Berechtigung: metaphysische Festlegungen in der Rede über Ästhetik sind arbiträr, seien sie Bekenntnis oder Vorwurf, denn Metaphysikverdacht stellt sich überall dort ein, wo für die Erfahrung des Ästhetischen ein Punkt außerhalb des Diskurses gesucht wird.

Geoffrey Hartman konnte über die Theorie Paul de Mans sagen, sie gehe „right through [the] problem of ideology to that of theology", weil de Man eben jenen Punkt erreiche „where [criticism] must break with representational values."[51]

Steiner etwa, und mit ihm wohl auch Botho Strauß, wäre dieser Analogie zufolge einer Metaphysik der Kunst genauso nahe wie der Blasphemie.

Steiner ist derjenige, der die Annahme eines ästhetischen Ausnahmezustands explizit ins Metaphysische wendete. Diese Annahme geht zurück auf den sprachtheoretischen Bruch der ästhetischen Moderne. Dies galt es im letzten Kapitel zu zeigen, und hierin liegt eine gemeinsame Referenz für die aktuelle Rede von der besonderen Qualität des Ästhetischen. Wo Steiners narzißtische Kunstbeflissenheit die Tradition der von ihm mit prophetischem Gestus entworfenen Ästhetik realer Gegenwart eher verschleiert und prämodern-metaphysische Assoziationen nahelegt, eröffnet der Blick auf das weitere Umfeld der aktuellen Ästhetikdiskussion Bezüge, die die „Aktualität des Ästhetischen", wie sie zur Zeit eben auch ohne den theologischen Impetus Steiners diskutiert wird, rückkoppeln an jene Fragen, die seit dem Bruch der Moderne unser Jahrhundert durchziehen. Auch die Dekonstruktion ging aus diesem Bruch hervor, doch nicht in der von Steiner als Aufstand der Gottlosigkeit dramatisierten Weise, sondern wesentlich nüchterner als Konsequenz jener sprachtheoretischen Wende, die nicht allein poetisch mit dem Namen Mallarmés zu belegen ist, sondern auch wissenschaftsgeschichtlich als ‚linguistic turn' mit den Namen Nietzsches, Mauthners, Saussures und Wittgensteins.[52] Steiner ist wohl der Vorwurf zu machen, daß er mit der forcierten Assoziation von Meta-Ästhetik und Metaphysik das bedeutsamste Ergebnis dieser durch die Moderne eingeleiteten epistemologischen Wende vergessen macht, an dem alle hier erörterten ästhetiktheoretischen Versuche in dieser Folge, so unterschiedlich sie auch sein mögen, weiterarbeiten: der Kritik der Einheit von Sprache und gesellschaftlichem Diskurs und der hieraus folgenden Verflechtung von Ästhetik und Ideologie.

Auch Botho Strauß geht es um eine anti-gesellschaftliche, anti-ideologische Verankerung des Ästhetischen. Unsere eingangs geleistete Lektüre von *Der junge Mann* hat dies unter Beweis gestellt. In dem hier zuletzt betrachteten Gedicht hatte das Gedächtnis jene ästhetisch autonomisierende Funktion, und hier ging es vor allem um das Problem der medialen Reduktion von Sprache als Folge ihrer gesellschaftlich-kommunikativen Vereinnahmung. Das Gedächtnis ließ sich hier stark machen als ästhetisches oder rhetorisches Dispositiv gegen eine rein mediale Funktionsbestimmung von Literatur. Die mediale Qualität von Literatur stand

---

51. Geoffrey Hartman: Criticism in the Wilderness. New Haven 1980, S. 111.
52. Vgl. Wolfgang Lange: Anläßlich erneut aufgebrochener Sehnsüchte nach einer Metaphysik der Kunst, S. 342.

überall dort im Vordergrund, wo sich Literatur in ihrer gesellschaftlich-kommunikativen Funktion darbot, das heißt von Schillers geschichtsphilosophisch-ideologischem Projekt bis zur aktuellen Medientheorie, die nur noch am funktionalen Zeichenmaterial der Texte interessiert ist. Wo die mediale Funktionsbestimmung von Literatur ihre Defizite zu zeigen beginnt, sei es angesichts der Veränderlichkeit gesellschaftlicher Konzepte oder angesichts der aktuellen Medienkonkurrenz, war in diesem Gedicht im Faktor des Gedächtnisses ein ästhetisches Potential zu entdecken, das sich außerhalb objektiver Verständigungsmechanismen entfaltet.

Wenn man allerdings Sprache infolge der medientheoretischen Ernüchterung nur mehr als ein „trügerisches, vornehmlich der Manipulation dienendes Instrument"[53] ansieht, dann bleibt als Ausweg nur die Dekonstruktion, die die ästhetischen Potentiale dieses zweifelhaften Instruments derart radikal aus den Angeln hebt, daß sich jede Identifikation verbietet, eben auch diejenige, die eine ästhetische Theorie zu leisten verspricht. Ästhetische Theorie hat hier zum Ziel, „sich selbst als ein der Kunst irgendwie angemessenes Projekt durchzustreichen"[54], um dadurch jede, auch eine ästhetiktheoretische Suggestion von Bedeutung unmöglich zu machen, die wiederum auf eine Ideologisierung hinauslaufen würde.

Botho Strauß versucht andere Auswege. Er versucht, wie auch Steiner, Bohrer und Lyotard, die Erfahrung des Ästhetischen namhaft zu machen und zu konservieren, um die Schriftsprache der Literatur zu retten. Im folgenden wird dieser Versuch weiterverfolgt werden anhand des hier zu besprechenden Gedichts. Zwei ästhetische Modelle bieten sich hierfür an: zum einen die Theorie des Erhabenen, die sich hier mit Hilfe Kants und Lyotards über dem kosmischen Abgrund des Chaos aufbauen läßt, zum anderen das theologische Modell der Eucharistie, das uns besonders mit Hilfe Steiners, aber auch mit Hilfe der Moderne-Theorien Blanchots und Octavio Paz', auf die Spur des Göttlichen bringen wird. Beide Modelle sind in diesem Gedicht als ästhetische Gedächtnismodelle zu verstehen, mit denen Botho Strauß auf eine „metaphysische Fiktion"[55] zuzustreben sucht.

Dies ist eine eindeutige Entscheidung, was das ethische Problem in diesem ästhetiktheoretischen Dilemma angeht. Eine ethische Verpflichtung soll durch die Annahme eines höheren, vielleicht auch metaphysisch zu nennenden, Absoluten begründet werden, was noch genauer in den folgenden Kapiteln zu erörtern sein wird. Nicht nur das dekonstruktivistische Modell wird hiermit beiseite geschoben, sondern auch Versuche, eine der heutigen Gesellschaft angepaßte pragmatische Ethik zu formulieren, oder auch das Bemühen der kybernetischen Wissenschaft um die Frage der Ethik, die hier allerdings ganz funktional gelöst wird[56].

Die Literatur im Sinne von Botho Strauß hätte somit gegenüber diesen beiseite geschobenen Modellen eine metaphysische Beweislast zu tragen. Oder sie wird zur Glaubensfrage.

---

53. Ibid., S. 343.
54. Ibid., S. 338.
55. Ibid., S. 349.
56. Vgl. Humberto R. Maturana: Kognition. In: Der Diskurs des radikalen Konstruktivismus, S. 89-117, bes. S. 117 zu *Ethik und Liebe*.

Das Chaos und das Erhabene

„Am Anfang war das Chaos, noch vor dem Wort."[57] Kosmologie könnte demnach auch die Ursprungsgeschichte des ästhetischen Worts sein. So ist es zumindest in diesem Gedicht.

Die Alte Frau zu Beginn des Gedichts konnotiert jenes vorzeitliche Chaos, das für den Mythos den Anfang der Welt bildete. Maßgeblich ist hierfür die Theogonie Hesiods.

Doch vor dem Mythos sei hier zunächst das Bildfeld des Chaos in diesem Gedicht näher beschrieben. Interessante Aufschlüsse liefert hierzu eine Passage aus *Beginnlosigkeit*, das Schlußbild des Bandes, das eine chaotisch modellierte Natur zeigt auf der Basis der Chaostheorie.[58] Die Darstellung, die in diesem abschließenden Naturbild nach dem wissenschaftlichen Modell der Chaostheorie Bilder rekursiver Selbstähnlichkeit und Assoziationen mit fraktalen Graphiken entstehen läßt, entspricht in ihren Bildelementen den ersten Strophen von *Diese Erinnerung*. Der „weiße Rauch", das „Fluggarn der Schwalben", die wechselnden Farben des Sonnenuntergangs (E 7) und „die flüsternde Grenze, Räuscheln und Schaumknistern der Welle, das Schirbeln der angesprochenen Kiesel, das Schicksal des Muschelkleins" (E 8) fügen sich hier längst nicht in der technischen Perfektion zu einem chaostheoretischen Naturbild wie in *Beginnlosigkeit* die „großen Verwehungen am Himmel, ungeheure Fahrten kurz vor Sonnenuntergang", die „langen Wolken, Schleifen, Schlieren, Federn", der Flug der Mauersegler und der Stare, „die lange Dünung, kleine Wellenfalten, die gleichen, die das Wasser in den Schlick gräbt, der Wind über den Sand wirft" und die Farbenskala des Himmels (B 133/134), doch genügen diese bildlichen Parallelen, um auch „das weiche Chaos der Müdheit" der Alten Frau und das Bild der „zerfressene[n] Wabe" ihrer Erinnerung (E 12) diesem chaostheoretischen Bildfeld zuzuschreiben. Der chaostheoretische Hintergrund ist hier zu Beginn von *Diese Erinnerung* aber noch nicht deutlich angesprochen, wie sich das ganze Gedicht noch auf der Schwelle zu der in *Beginnlosigkeit* endgültig vollzogenen Wende zur Wissenschaft bewegt. Die Assoziation mit dem Mythos liegt hier noch gleichermaßen nahe.

Hesiod sieht das Chaos am Anfang der Welt als ordnungslosen Urzustand, aus dem schließlich die Ordnung der Welt hervorgeht, zunächst in Gestalt der Götter:

Zuerst von allem entstand das Chaos, dann aber die breitbrüstige Gaia, der ewig feste Halt für alle Dinge, und der dunkle Tartaros im Innern der breitstraßigen Erde, und Eros, der schönste unter den unsterblichen Göttern [...]. Aus dem Chaos aber wurde Erebos und die schwarze Nacht geboren, von der Nacht dann Äther und Heméra, die sie gebar, nachdem sie sich dem Erebos in Liebe vermählt hatte. Gaia aber gebar zuerst, gleich ihr selber, den gestirnten Uranos, damit er sie ganz umhüllte, auf daß er für immer den seligen Göttern ein sicherer Wohnsitz wäre. Sie gebar auch die gewaltigen Berge, die lieblichen Behausungen der Götter. Sie gebar auch das unfruchtbare Meer, das im Wogenschwall daherbraust [...].

---

57. Gert Scobel: Chaos, Selbstorganisation und das Erhabene. In: Das Erhabene, S. 281.
58. Gerhard Neumann hat die chaostheoretischen Hintergründe dieses Naturbilds dargestellt. Vgl. G.N.: Gedächtnis-Sturz, S. 110/111.

Und schließlich gebar sie, nachdem sie sich mit Uranos vermählt hatte, den tiefstrudeligen Okeanos.[59]

Dieses uranfängliche Chaos, von dem die Dichtung Hesiods berichtet, tut sich auf als klaffender Abgrund zwischen Erde und Himmel, bevor die Entstehung der Welt beginnt. „Zuerst von allem" war also ein Aufklaffen, ein Gähnen, ein offener, abgründiger Schlund. Die Etymologie des griechischen Wortes ‚cháos' belegt dies.

Das Wort Cháos heißt ‚Spalt, Höhlung' und gehört zum Verbum cháo, das etwa in seinen gebräuchlichen abgeleiteten Formen vom Aufsperren des Mundes, vom Klaffen einer Wunde, vom Gähnen einer Höhle im Berge gebraucht werden kann.[60]

Der Urzustand der Welt, wie Hesiod ihn vorstellt, ist eine unermeßliche, gähnende Leere, die schließlich den Anfang gebiert, ein „Gähnen vor aller Begrifflichkeit"[61], das schließlich den Logos entläßt.

Es gilt festzuhalten, wie Norbert Bolz betont[62]: Hesiods Kosmogonie ist Dichtung aus der Vorgeschichte der Philosophie, so auch die Darstellung Wilhelm Capelles in seinem Standard gewordenen Werk über die Vorsokratiker.[63] Die Philosophie nämlich erst macht aus jener gähnenden Leere am unergründlichen Anfang der Welt, die Hesiod in ihrer finsteren Abgründigkeit beläßt und der er durch theogonische Gestaltwerdung zu entkommen sucht, ein ontologisches Ursprungsproblem.

Für Hesiod gilt noch:

Als das nur Trennungs- und Unterschiedslose, als das Ordnungs- und Bestimmungslose ist Chaos einzig leere Bestimmtheit und gleicht darin der Nacht, in der alle Kühe schwarz sind; als diese Nacht ist Chaos der Rachen und zugleich das, was er verschlingt, und nur, was entronnen ist, weil es widerstand, vermag eine Ahnung zu haben, wovor es sich rettete.[64]

In der Stofflehre des Anaxagoras verdichtet sich der leere Raum zu einer stofflichen Urmasse. Das Chaos wird nun entropisch gedacht als ordnungslose Urmischung, die alle Stoffe in unendlicher Teilung enthält und damit das unermeßliche und noch unentfaltete Potential aller Gestaltwerdung.

Schellings „Philosophie der Mythologie" nobilitiert das Hesiodsche Mythologem als philosophische Ursprungskategorie.

---

59. Aus Hesiods Theogonie, zitiert nach: Die Vorsokratiker. Hrsg. v. Wilhelm Capelle. Stuttgart 1968, S. 27.
60. Olof Gigon: Der Ursprung der griechischen Philosophie. Basel 1968, S. 28. Vgl. auch: Dietrich Mathy: Poesie und Chaos: zur anarchistischen Komponente der frühromantischen Ästhetik. München u.a. 1984, S. 14 und S. 104.
61. Scobel: Chaos, Selbstorganisation und das Erhabene, S. 281.
62. Vgl. Norbert Bolz: Die Welt als Chaos und als Simulation. München 1992, S. 33.
63. Vgl. Die Vorsokratiker, S. 25 ff: Zur Vorgeschichte der Philosophie: Kosmogonische Dichtung und Prosa.
64. Mathy: Poesie und Chaos, S. 8.

Jenseits aller Verwirrung und Unordnung bezeichnet Chaos qua metaphysische Einheit einer bestimmten Zahl geistiger Potenzen für ihn das Sich-Selbst-Gleiche vor dem Auseinandertreten in verschiedene Seiende.[65]

Der leere Raum Hesiods wird bei Schelling rückwirkend mit philosophischem Seinsdenken angefüllt, damit Philosophie überhaupt erst entstehen kann.

In Schellings Sicht erscheint Chaos so als der erste Begriff, in dem Philosophie ein Pensum der Mythologie auf den Begriff bringt, und Hesiods Theogonie damit als Urzelle der eigenen Philosophie der Mythologie.[66]

In der Geschichte der abendländischen Philosophie setzt sich die theoretische Durchdringung des Chaos und damit die philosophische Einebnung des Hesiodschen Abgrunds weiter fort. Hegel, Nietzsche und Heidegger taten das ihre. Die Romantiker Friedrich Schlegel und Novalis im Rekurs auf Schellings und Fichtes Philosophie leisteten ein Weiteres für eine literarästhetische Einholung des Phänomens.[67]

Die wissenschaftliche Chaostheorie enthob das Chaos schließlich der philosophischen Spekulation, sie brachte gesicherte Ordnung in das Chaos. Das computergestützte Wissen um Fraktale, dissipative Strukturen und sich selbst organisierende Systeme machte die Regularität des Chaos offenbar, mehr noch, das Chaos wurde in seiner nunmehr wissenschaftlich abgesicherten Form zu einer neuen Grundlage des Weltverstehens.

Chaos steht so in vielfältiger Weise im Hintergrund unseres Denkens.

Ohne Chaos, so weiß man inzwischen, gäbe es keine komplexen Systeme, keine Evolution und kein Leben und (für viele entscheidender) noch weniger eine ästhetische Theorie und schon gar keine Philosophie.[68]

Auch die Philosophie Kants partizipiert an diesem Zusammenhang von Denken und Chaos.

Aber in dem, was wir an ihr [an der Naturschönheit] erhaben zu nennen pflegen, ist so gar nichts, was auf besondere objektive Prinzipien und diesen gemäße Formen der Natur führte, daß diese vielmehr in ihrem Chaos oder in ihrer wildesten regellosesten Unordnung und Verwüstung, wenn sich nur Größe und Macht blicken läßt, die Ideen des Erhabenen am meisten erregt.[69]

---

65. Ibid., S. 20.
66. Bolz: Die Welt als Chaos und Simulation, S. 32.
67. Bolz rekonstruiert die Etappen der „Entübelung des Chaos" (ibid., S. 8) im ersten Teil seines Buches. Ausführlicher Mathy: Poesie und Chaos.
68. Scobel: Chaos, Selbstorganisation und das Erhabene, S. 279.
69. Immanuel Kant: Kritik der Urteilskraft. In: Werkausgabe. Hrsg. v. Wilhelm Weischedel, Band X. Frankfurt a.M. 1974, S. 167. Ich ergänze mit dem Kürzel B die Zitierung nach der zweiten Auflage der *Kritik der Urteilskraft* (1793), die der hier zitierten Textausgabe zugrunde liegt. Hier B 78.

Es ist die Theorie des Erhabenen, mit der Kant das chaotisch-regellose Phänomen in die Ordnung der Vernunft zu integrieren sucht, und in seiner Analytik des Erhabenen bemüht er hierzu die ästhetische Urteilskraft. Angesichts dessen, was „schlechthin groß"[70] ist, weil es „jeden Maßstab der Sinne übertrifft"[71], versagt das sinnliche Vermögen der Einbildungskraft, die sich im Falle des Schönen, in dem die Zweckmäßigkeit der Natur zur Anschauung kommt, mit dem Verstand zu einem Gefühl des Wohlgefallens verbinden kann. Im Falle des sinnlich nicht mehr faßbaren Erhabenen erweist sich jedoch die „Unangemessenheit der Einbildungskraft"[72], hier muß sich die Vernunft der Einbildungskraft verbinden, um dem Übersinnlichen, das nicht mehr als zweckmäßig zu erkennen ist, zur Darstellung zu verhelfen. Das Erhabene ist die Darstellung einer Vernunftidee.

Man kann das Erhabene so beschreiben: es ist ein Gegenstand (der Natur), dessen Vorstellung das Gemüt bestimmt, sich die Unerreichbarkeit der Natur als Darstellung von Ideen zu denken.[73]

„Nichts also, was Gegenstand der Natur sein kann"[74] ist erhaben zu nennen, „die wahre Erhabenheit" ist eine Geistesstimmung, sie ist „nur im Gemüte des Urteilenden, nicht in dem Naturobjekte, dessen Beurteilung diese Stimmung desselben veranlaßt"[75], zu suchen. Diese Geistesstimmung aber ist von entscheidendem Wert, sie verhilft dem betrachtenden Subjekt zu seiner vernunftbestimmten „Selbstschätzung"[76]. Anstatt eines Gegenstands des Naturschönen kommt im Erhabenen die „Idee der Menschheit in unserm Subjekte"[77] zur Anschauung. Im Erhabenen haben wir einen „nicht-sinnlichen Maßstab"[78] für das Unermeßliche der Natur, der uns, wo er uns unsere „physische Ohnmacht" gegenüber der Natur zu erkennen gibt, zugleich unser „Vermögen, uns als von ihr unabhängig zu beurteilen"[79], deutlich macht. Wo also die in der Beziehung auf ein „Absolut-großes"[80] scheiternde Einbildungskraft eine Unzweckmäßigkeit der Natur zugestehen muß, gibt die Vernunft eine höhere Zweckmäßigkeit zu erkennen, und zwar die Zweckmäßigkeit der erhabenen Geistesstimmung im Subjekt. Das Erhabene erweist die „Überlegenheit der Vernunftbestimmung unserer Erkenntnisvermögen über das größte Vermögen der Sinnlichkeit"[81]. So macht die Vernunft im Gefühl des Erhabenen das Subjekt über die Natur erhaben. Das Chaos der Natur als erhabener Gegenpol des Naturschönen in der Theorie Kants verweist so den Menschen aus

---

70. Ibid., S. 169, B 81.
71. Ibid., S. 172, B 85/86.
72. Ibid., S. 180, B 97.
73. Ibid., S. 193, B 115.
74. Ibid., S. 172, B 85/86.
75. Ibid., S. 179, B 95/96.
76. Ibid., S. 186, B 106.
77. Ibid., S. 180, B 97.
78. Ibid., S. 185, B 104/105.
79. Ibid., S. 186, B 106.
80. Ibid., S. 181, B 98/99.
81. Ibid., S. 180, B 97.

der jedes Größenmaß übersteigenden Unendlichkeit heraus auf das Vermögen der Vernunft, ist diese doch „allein zum obersten Maße der Größen anzunehmen."[82] Kant glaubt so den „Widerstreit" der Vermögen, der sinnlichen Einbildungskraft und der ideellen Vernunft, der sich im Falle des Erhabenen einstellt, gelöst - zugunsten der Vernunft und der Einheit des Subjekts.

Denn, so wie Einbildungskraft und Verstand in der Beurteilung des Schönen durch ihre Einhelligkeit, so bringen Einbildungskraft und Vernunft hier, durch ihren Widerstreit subjektive Zweckmäßigkeit der Gemütskräfte hervor: nämlich ein Gefühl, daß wir reine selbständige Vernunft haben [...].[83]

In diesem Widerstreit liegt die entscheidende Ambivalenz des Erhabenen, das Doppelspiel zwischen Unlust und Furcht angesichts des sinnlich Unermeßlichen und der Lust angesichts des alles kompensierenden unendlichen Ideenvermögens der Vernunft. An diesem Widerstreit ermißt sich nicht zuletzt die ganze Tragweite des Kantschen Theorieprojekts in der dritten Kritik.[84] Die *Kritik der Urteilskraft* soll, wie Kant in der Einleitung ankündigt, das Theoriegebäude, das er schon mit der *Kritik der reinen Vernunft* und der *Kritik der praktischen Vernunft* angelegt hatte, vervollständigen, als ein „Verbindungsmittel" die „zwei Teile der Philosophie zu einem Ganzen"[85] zusammenfügen. Kant definiert hier die ästhetische Urteilskraft aufgrund der „Zweckmäßigkeit" zweier subjektiver Gefühle, dem des Schönen und dem des Erhabenen, um sie der „Familie der oberen Erkenntnisvermögen"[86], als deren weitere Glieder die beiden vorhergehenden Kritiken schon Verstand und Vernunft definiert hatten, zuzuordnen. Die ästhetische Urteilskraft soll als „Mittelglied"[87] den „Übergang vom Verstande zur Vernunft"[88] möglich machen. Das heißt für das Gebäude der Philosophie im Ganzen: die Endlichkeit des naturgebundenen Verstandesbegriffs und die Unendlichkeit des ideengebundenen Vernunftbegriffs sollen durch die Urteilskraft miteinander vermittelt werden. Auf die Ebene der Vermögen übersetzt heißt das: das Gefühl des Schönen setzt den Verstand und die Einbildungskraft in ein zweckmäßiges Verhältnis, die sich als notwendige sinnliche Komponente dieser Mechanik dagegen im Gefühl des Erhabenen mit der Vernunft ins Verhältnis setzt. Doch so wertvoll das Erhabene im Zusammenspiel der Vermögen ist, wo ihm eine tragende Funktion für den gesuchten Übergang im Gefüge der Kantschen Philosophie zukommt, so riskant ist es für die gesamte philosophische Konstruktion, aufgrund eben seiner Ambivalenz. Dieses bemüht sich Jean-François Lyotard aufzuzeigen, der in seiner Theorie des Erhabenen das Kantsche Erhabene an genau diesem ambivalenten Punkt

---

82. Ibid., S. 181, B 98/ 99.
83. Ibid., S. 182, B 100.
84. Lyotard legt diesen Begriff des Widerstreits einer Diskurstheorie zugrunde, die er in seinem sprachphilosophischen Hauptwerk *Le différend* ausarbeitet. J.-F.L.: Le différend. Paris 1983.
85. Ibid., S. 84, B XXI.
86. Ibid., S. 85, B XXII/XXXIII.
87. Ibid.
88. Ibid., S. 87, , B XXV/XXVI.

weiterzudenken versucht. Für ihn ist es ein überaus „zerbrechlicher Übergang"[89], den Kant hier konstruiert. In der Analytik des Erhabenen, die ja in der *Kritik der Urteilskraft* eigentlich nur als Anhang gedacht war, lege Kant eine empfindliche Bruchstelle seines transzendentalen Philosophiegebäudes offen. Zum einen nämlich macht er im Erhabenen das Übersinnliche namhaft als abschreckende Übermacht, zum anderen muß das abschreckend Übersinnliche durch die wiederum anziehende Idee der Vernunft gewaltsam unterdrückt werden, um die transzendentale Einheit des Subjekts und der Welt zu gewährleisten.

Kant selbst entdeckt den Abgrund in diesem Widerstreit zwischen der Abschreckung durch das Übersinnliche und der Anziehungskraft der Vernunft:

Die Stimmung des Gemüts zum Gefühl des Erhabenen erfordert eine Empfänglichkeit desselben für Ideen; denn eben in der Unangemessenheit der Natur zu den letztern, mithin nur unter der Voraussetzung derselben, und der Anspannung der Einbildungskraft, die Natur als ein Schema für die letztern zu behandeln, besteht das Abschreckende für die Sinnlichkeit, welches doch zugleich anziehend ist: weil es eine Gewalt ist, welche die Vernunft auf jene ausübt, nur um sie ihrem eigentlichen Gebiete (dem praktischen) angemessen zu erweitern, und sie auf das Unendliche hinaussehen zu lassen, welches für jene ein Abgrund ist.[90]

Ist jedoch dieser Abgrund einmal eröffnet, so bleibt der Versuch des Übergangs immer prekär, und das ganze System ist gefährdet. Wo also die *Kritik der Urteilskraft* geschaffen ist, den Abgrund des Unendlichen durch das Zusammenspiel der Vermögen zu überschreiten, markiert sie zugleich im Erhabenen die Schwachstelle, an der ein Nicht-Integrierbares aufscheint, das nur gewaltsam durch die Vernunft in das transzendentale Denksystem integrierbar ist.

Im Falle des Erhabenen - und da wird es interessant - besteht auch ein Abgrund zwischen den Vermögen. Es ist ein Grenzfall, wo die Vermögen plötzlich nicht mehr kooperieren können. Es ist, als ob die Vernunft der Einbildungskraft vorschriebe, ihr etwas Undarstellbares, d.h. eine Idee der Vernunft darzustellen. Die Einbildungskraft bemüht sich und bricht zusammen. Es ist also ein sehr eingeschränkter, exemplarischer Grenzfall eines absoluten Scheiterns jeglichen Versuchs, ein System zu bilden.[91]

Für Lyotard liegt hier ein „Bruchpunkt der *aisthesis* als solcher"[92] vor und er faßt dies ganz allgemein, wo Kant das ästhetische Reflexions-Urteil ausdrücklich in zwei Aspekte unterteilt und das Gefühl des Erhabenen hierbei gerade nicht auf die Kunst, der er das Gefühl des Schönen zuordnet, bezieht, sondern auf die Natur. Lyotard argumentiert, daß es sich, wenn die Einbildungskraft als „Vermögen der Darstellung oder der Synthese" im Spiel ist, grundsätzlich um ein Problem der Darstellbarkeit handelt, das auch die Kunst betrifft. Er sieht eine Konsequenz, die Kant selbst nicht gezogen hat:

---

89. Jean-François Lyotard: Das Interesse des Erhabenen. In: Das Erhabene, S. 98.
90. Kant: Kritik der Urteilskraft, S. 189/190, B 110-112.
91. Das Undarstellbare - wider das Vergessen. In: Das Erhabene, S. 328/329.
92. Ibid., S. 328.

Die großen Schauspiele der sich in Unordnung befindenden Natur sind ein Beispiel dafür. daß die menschliche Kunst soetwas nie hervorbringen kann. [...] Trotzdem ist das eigentlich Wichtige - und das sogar vom Kantischen Standpunkt aus - dieser Bruch oder ‚split' im Darstellungsvermögen durch Synthese, also in dem Vermögen, das etwas in Raum und Zeit zu einer einzigen Form synthetisiert, daher das Thema der Unform. Die natürliche Unordnung, der Sturm usw., also das Inkommensurable für die imaginative Synthese, dient meiner Ansicht nach zur Veranschaulichung dessen, was Kant sagen will. Der eigentliche transzendentale oder kritische Gehalt dessen, was Kant das Erhabene nennt, ist viel eher das Unvermögen zur Synthese, und man kann sich sehr wohl vorstellen, daß Künstler entweder durch Abstraktion oder Minimal Art versuchen, etwas hervorzubringen, was diese Formsynthesen zum Scheitern bringt und deshalb mit der transzendentalen Essenz des Erhabenen bei Kant ziemlich genau übereinstimmt.[93]

So ist für Lyotard aus Kants Analytik des Erhabenen die Annahme eines Nicht-Darstellbaren in der Kunst herzuleiten, eines Inkommensurablen, das nach Kant dem transzendentalen Denken als nur gewaltsam überbrückbarer Abgrund zwischen dem Vermögen der Darstellung und dem Vermögen des Denkens, dem Endlichen und dem Unendlichen, dem Darstellbaren und dem Nicht-Darstellbaren inhärent ist.

Kant selbst findet für diese Darstellungsproblematik die Formulierung einer bloß „negativen Darstellung" des Unendlichen durch die Ideen der Vernunft und als Beispiel dieser „negativen Darstellung" zitiert er das jüdische Bilderverbot „Du sollst Dir kein Bildnis machen" als die erhabenste Stelle im Gesetzbuch der Juden.[94] Wo die jüdische Religion die Absolutheit Gottes annahm, schließt sich für Lyotard die Frage an, wie nun philosophisch mit jenem Unendlichen oder Absoluten umzugehen ist, das sich der Darstellung entzieht, und im Gegensatz zu Kant, der auf das wenn auch nur „negative" Darstellungsvermögen der Vernunft vertraut, setzt Lyotard auf die Kunst, die gerade das „Negative" der Darstellung thematisiert, denn ihr Prinzip ist, zumindest seit der Moderne, „zu zeigen, daß es ein Nicht-Darstellbares gibt".[95] Die Moderne führte in der Kunst zur „Erfindung anderer Wirklichkeiten" und zu der „Entdeckung, wie wenig wirklich die Wirklichkeit" ist und radikalisierte hiermit jenes Darstellungsproblem, das Kant im Erhabenen thematisierte, nämlich, etwas in der Welt zu denken, was nicht in der Welt dargestellt werden kann, das also „nichts Wirkliches"[96], weil nicht durch angemessene Darstellung Belegbares, ist.

Wo Kant an der transzendentalphilosophischen Ausarbeitung des Vernunftdiskurses gelegen ist, ist Lyotard an den - nach seiner Lektüre schon von Kant markierten - Bruchstellen dieses Diskurses interessiert, das heißt, an der - modernen - Kunst, die eben nicht durch das Primat der Diskursformation bestimmt ist.

---

93. Ibid., S. 321/322.
94. Kant: Kritik der Urteilskraft, S. 201, B 125.
95. Jean-François Lyotard: Réponse à la question: Qu'est-ce que le postmoderne? In: Critique 37/419 (1982), S. 357-367. Zitiert nach der deutschen Übersetzung: Beantwortung der Frage: Was ist postmodern. In: Tumult 4 (1982), S. 138.
96. Ibid., S. 137/138.

Lyotard vollzieht gegenüber Kant die Hinwendung der Philosophie zur Ästhetik und versucht auf diesem Terrain das Defizit Kants auszugleichen, indem er hier seine Philosophie „nicht der Vernunft als solcher [unterstellt], sondern einem an Identifizierbarkeit unbestimmt zu haltenden ‚Großen Anderen'"[97].

Auch Foucault hat in *Les mots et les choses* die Frage gestellt, was es ist, das wir nicht denken können. Er sieht das „cogito" und das „impensé" als „apparition jumelle"[98] in der empirisch-transzendentalen Sphäre des Menschen auftauchen, denn als „doublet empirico-transcendantal, l'homme est aussi le lieu de la méconnaissance"[99]:

L'impensé (quel que soit le nom qu'on lui donne) n'est pas logé en l'homme comme une nature recroquevillée ou une histoire qui s'y serait stratifiée, c'est par rapport à l'homme, l'Autre: L'Autre fraternel et jumeau, né non pas de lui, ni en lui, mais à côté et en même temps, dans une identique nouveauté, dans une dualité sans recours.[100]

Für dieses ‚Große Andere' des Denkens, das als Pendant des „cogito" mit der Erfindung des Menschen in unserer Episteme verankert wurde, sucht Lyotard mit Kant transzendentalphilosophische Kategorien zu finden und verlegt deren letztgültige Realisierung in die moderne Kunst.

Für die Formation des „cogito" in seiner abgründigen Doppelheit bildet der Zusammenhang von Chaos und Ordnung, von regelloser Unendlichkeit und den endlichen Regeln des Denkens, ein bildlich-mythisches, ein philosophisches oder ein wissenschaftliches Hintergrundmodell.

Hesiod hat als erster im Chaos jene „région abyssale"[101] entdeckt, die das Denken zu überbrücken hatte, den Abgrund, der noch bei Kant im Erhabenen aufscheint und den Lyotard in der modernen Kunst weiterhin offen sieht.

Zurück nun zu dem Gedicht von Botho Strauß, das wir auf umständlichen Wegen durch Mythologie und Philosophie verlassen haben.

Es gibt eine Stelle in diesem Gedicht, an der sich für das Chaos im ersten Teil des Gedichts, das wir nun mythisch und philosophisch einen Abgrund nennen können, nunmehr zu Beginn des zweiten Teils, eine ästhetische Auflösung andeutet, so wie es die Theorie des Erhabenen im Sinne Lyotards (nicht Kants) vorstellbar macht.

Kam aber Gott näher dem Menschen nicht als im Geräusch
des Aleph, im stimmlosen Tosen vor seinem ‚Ich'
So reicht auf Erden nichts höher zu ihm als
unser sprachloses ‚Oh' ...
Auf einem einzigen Ton, vielfach gewendet,
Klingt und zittert Erleben. Seufzer der Erfüllung
Und Seufzer der Entbehrung lauten stets gleich.

---

97. Florian Rötzer: Französische Philosophen im Gespräch. München 1990, S. 25.
98. Vgl. das Kapitel *Le cogito et l'impensé* in *Les mots et les choses*, bes. S. 337.
99. Ibid., S. 333.
100. Ibid., S. 337.
101. Ibid.

Oh heißt das Staunen, der Schmerz und die Schmach
Oh aus offenem Mund entläßt die Besinnung
Unsägliches Oh entwendet die Welt
Es ist wie das nebelfressende Auge
Es ist wie das singende Ohr. (E 19)

Im „stimmlosen Tosen" des Aleph waltet das unendliche Universum, der kosmische Raum, es ist ein Punkt, in dem alle anderen Punkte des Universums konvergieren - eine Vorstellung, die Jorge Luis Borges in seiner Erzählung *El Aleph* ausgestaltet. Das Aleph, so führt Borges in der für seine Texte typischen Gelehrsamkeit aus, ist der erste Buchstabe im Alphabet der „heiligen Sprache", dem Hebräischen, er bedeutet für die Kabbala das En-Sof, die unendliche und reine Gottheit.[102] Die Welt des En-Sof, die „erste Welt, das Verborgenste von allem"[103], ist nach einer der vielen Symboliken der jüdischen Theosophie „die verborgene Urwelt der Sprache"[104], aus der Gott seine Namen, die zehn Sefiroth, in die Welt hineinrief. Einer anderen Symbolik zufolge, und diese ist es, auf die Botho Strauß hier zurückgreift, spricht Gott sein allumfassendes Wesen aus, indem er zu sich selber ‚Ich' sagt.

Dieses ‚Ich' Gottes ist nach den Kabbalisten der theosophischen Schule - und dies ist eine ihrer wichtigsten und tiefsten Lehren - die Schechina, die Gegenwart und Immanenz Gottes in aller Schöpfung. Sie ist der Punkt, an dem der Mensch, wenn er sein eigenes Ich am tiefsten erkennt, am ehesten mit Gott, mit dem göttlichen Ich zusammenstößt, und erst von dieser Begegnung an, die das Tor zur Welt Gottes öffnet, vermag er auch in die tieferen Stufen des göttlichen Seins, in sein ‚Du' und sein ‚Er', und bis in die Tiefen des Nichts herabzusteigen.[105]

Für das Nichts, in dieser Stufenlehre das verborgenste Selbst der Gottheit, finden die Kabbalisten wiederum das Bild des Abgrunds. Das göttliche Nichts der Kabbala ist ein Abgrund, der in allen Lücken des Seienden sichtbar ist und der, wie einzelne Kabbalisten lehren, in jeder Veränderung des Wirklichen, jedem Formenwandel „neu durchschritten wird und sich in einem mystischen Moment öffnet."[106]

---

104. Vgl. Jorge Luis Borges: El Aleph. In: Obras completas, Band I. Buenos Aires 1989, S. 617-628, bes. S. 627. Im folgenden zitiert als OC mit Band- und Seitenangabe.
Deutsch: Das Aleph. In: J.L.B.: Werke in 20 Bänden. Hrsg. v. Gisbert Haefs und Fritz Arnold. Frankfurt a.M. 1991 ff. Band 6: Das Aleph. Erzählungen 1944-1952. Frankfurt a.M. 1992, S. 131-148, bes. S. 146. Im folgenden zitiert als Werke mit Band- und Seitenangabe.
103. Gershom Scholem: Die jüdische Mystik in ihren Hauptströmungen. Frankfurt a.M. ⁴1991, S. 227.
104. Ibid., S. 235.
105. Ibid., S. 236.
106. Ibid., S. 237.

Tiefe göttliche Abgründigkeit also in diesen Versen, in denen sich das „gottgefällige Oh"[107] des Menschen dem verborgenen Gott zur Antwort erhebt - und in sich selbst den Abgrund eröffnet: Im sprachlosen „Oh aus offenem Mund" öffnet sich der aufklaffende Schlund, das große Gähnen, in dem Hesiod den Abgrund des Chaos erblickt. Das göttliche Aleph und das menschliche „Oh" fallen zusammen in einem Abgrund, der sich öffnet wie das große Klaffen Hesiods und wie „Kants ‚Loch' in der Philosophie, durch das gewaltige, erhabene Winde eindringen"[108].

Hesiod schuf das Urmodell, in dem das kosmische Chaos, hier gegeben im „stimmlosen Tosen" des göttlichen Aleph, und das Erhabene sich gemeinsam zum Abgrund weiten. Schon Hesiod entwindet dem Chaos jene klassischen Elemente, die für Kant das erhabene Gefühl bewirken. Wenn man so will, gebiert Gaia das Erhabene: den bestirnten Himmel, die gewaltigen Berge, den Ozean, der im „Wogenschwall daherbraust"[109], erhaben „wie [ein] alles zu verschlingen drohende[r] Abgrund"[110] in den Worten Kants.

Die Verse zu Beginn des zweiten Teils des Straußschen Gedichts eröffnen so Dimensionen erhabener Abründigkeit: im Aleph die unendlichen Tiefen des Universums, in der stimmlosen Öffnung des Mundes den Schlund des Chaos - zweifach öffnet sich hier die „unübersehbare Kluft"[111] in der Kantschen Philosophie, der Abgrund des Erhabenen, der angesichts des Unermeßlichen aufbricht, das diese Verse mit der Symbolik des (kabbalistisch) Göttlichen versehen.

Lyotards Lektüre Kants macht diese offene Abgründigkeit zum Schauplatz des Ästhetischen.

Lyotard deutet das Bild des Abgrunds, der klaffenden Öffnung, das wir bei Hesiod verwendet finden, das nach seinem Verständnis geeignet ist, die Philosophie Kants von innen auszuhöhlen und das sich in diesem Gedicht in der hauchenden Öffnung des „Oh" zum Göttlichen erkennen läßt, als „Lichtung" ästhetischer Präsenz. „Das Erhabene ist eine Art Loch, eine Bresche im Gegebenen selbst." Die „Quasi-Darstellung" der Vernunftidee, die das Undarstellbare nur „negativ" zur Darstellung bringt, „erlaubt zwar nicht, das Loch zu überwinden, aber sie kommt sozusagen aus der Lichtung dieses Lochs hervor." Aus der „Lichtung dieses Lochs" erwächst so eine Präsenz, „die eben gerade nicht durch Darstellung entsteht."[112]

Das Erhabene als „Bresche im Gegebenen selbst", als „Loch" in unserem Denkvermögen, ist eine Bedrohung, die, wo sie bei Kant „Unlust", bei Lyotard „Angst" hervorruft, weil der „suspense" des verstehbaren Geschehens fürchten läßt, „que plus rien n'arrive"[113]. Die Leere des Abgrunds im denkbaren Geschehen macht

---

107. Hubert Winkels: Von Lettern und Leibern. Botho Strauß und die Buchfee. In: H.W.: Einschnitte. Zur Literatur der 80er Jahre. Frankfurt a.M. 1991, S. 298.
108. Scobel: Chaos, Selbstorganisation und das Erhabene, S. 292.
109. Hesiod: Theogonie. In: Die Vorsokratiker, S. 27.
110. Kant: Kritik der Urteilskraft, S. 196, B 119.
111. Ibid., S. 83, B XIX/XX.
112. Das Undarstellbare - wider das Vergessen. In: Das Erhabene, S. 321.
113. Lyotard: Le sublime et l'avant-garde, S. 110/111.

den Schrecken des Todes, die letzte Konsequenz des Nichtgeschehens, fühlbar, aber es geschieht etwas, „il arrive (quelque chose) au lieu de rien"[114]: das Ästhetische.

Wenn sich bei Botho Strauß das „Oh aus offenem Mund" zur Gottheit erhebt, dann entweicht aus der „Lichtung dieses Lochs" der stimmlose Hauch des Ästhetischen. Auch diese Verse verlegen das Ästhetische in die „agitation entre la vie et la mort"[115]: „Seufzer der Erfüllung / und Seufzer der Entbehrung heißen stets gleich" heißt es hier. Aus dem „stimmlosen Tosen" des Aleph entwindet sich göttliche Sprachwerdung, der „auf Erden" nur das „sprachlose Oh" korrespondiert. Schweigen ist es, „Staunen", „Schmerz" und „Schmach", die stummen Synonyme des Ästhetischen, das zwischen urgründiger Verborgenheit und göttlichem ‚Ich', im Hauch des „Oh" aus dem Schlund des Abgrunds, zwischen Verschlingung und Artikulation Präsenz annimmt: „Unsägliches Oh entwendet die Welt". Präsenz zwischen Sagen und Schweigen, Wahrnehmung und Vergehen, zwischen Geschehen und Nicht-Geschehen: „nebelfressendes Auge", „singendes Ohr".

Im „gottgefälligen Oh" dieser ersten Verse des zweiten Teils weitet sich das Chaos aus dem ersten Teil des Gedichts zum erhabenen Schauplatz des Ästhetischen.

Eine weitere Stelle bei Botho Strauß, in dem Roman *Kongreß*, gibt eine andere Version des erhabenen „Oh" in *Diese Erinnerung*, und zwar eine erotische.[116] Ein kleines Mädchen trägt hier einen Leuchtbuchstaben, ein „O", unter dem Arm, die Initiale seines Namens Oda. Um dieses „O" entwickelt sich eine der erotischen Episoden des Romans. Das kleine Mädchen bietet einem alternden, kranken Mann seinen Körper dar:

Er ging mit dem Mädchen auf das dunkle Zimmer, das über dem Gastraum des Restaurants lag. Dort kauerte sie auf Ellbogen und Knien nieder vor ihm und das O umgab ihre Hüfte. Sie hob ihre weiche Fülle durch ihre leuchtende Initiale, und nun war es dem Mann gestattet [...] sich ihres Leibs zu erfreuen. (K 82/83)

Der „buchstäbliche Körper"[117]: Die Öffnung des Leibes und die Rundung des Buchstabens O bilden zusammen ein leiblich-buchstäbliches „Hohl" (K 82), das dem Mann zur höchsten „Lust" - man darf den Begriff hier kantisch verstehen - gereichen soll. Der „metaphysische[n] Erektion im gehauchten Oh"[118] des Gedichts entspricht hier eine leibliche. Doch will Botho Strauß nicht darauf verzichten, diese Leiblichkeit in deutlicher Ausgesprochenheit zu überhöhen.

‚Ist es nicht so', fragte sie zu dem Kranken herüber, ‚daß, wenn einmal der Kranz all dessen, was dir widerfuhr, gewunden ist, dein Ich sogleich verschwindet in seinem hohlen inneren Kreis, in seinem Hohl? Denn wenn etwas sich rundet, so umfängt es doch in seiner Mitte ein Hohl, eine Leere.' (K 82)

---

114. Ibid., S. 112.
115. Ibid., S. 111.
116. Hubert Winkels hat diese Parallele gesehen. Vgl. Von Lettern und Leibern, S 297 f.
117. Ibid., S. 298.
118. Ibid.

Die Öffnung des Leibes weitet sich hier zu einem metaphysischen „Hohl". In der „Lichtung dieses Lochs" wird die körperliche Durchdringung zu einem erhabenen Akt.

Wenn wir uns an den *Jungen Mann* erinnern, so hatte auch dort das Erotische ästhetische Qualität. Hier in *Kongreß* wird die Gleichung von Erotik und Sprache auf äußerst plakative Weise als Gleichung von Körperlichkeit und Schriftlichkeit durchgeführt. Das Ergebnis dieser Gleichung ist zunächst gleich 0 (Null), um die hier in Rede stehende Figur nochmals in Anschlag zu bringen. Sie eröffnet eine Leere, die man vielleicht mit der „ontologie de l'absence"[119] Jacques Derridas fassen könnte, die er ja gerade im Blick auf die Schriftfixiertheit unseres Denkens entwickelt, mit seiner Theorie von der Ursprungslosigkeit und der leeren Supplementarität der Zeichen, wie auch des Pronomens ‚ich', das hier im inneren Hohl seiner Initiale, das heißt seines Namens, verschwindet. Diese Leere, nennen wir sie mit Derrida eine ontologische[120], öffnet sich im Rund des Körpers und des Buchstabens als Abgrund der Abwesenheit, als offene Drohung des Nicht-Geschehens. Der erotische Akt bannt die „Unlust" oder die „Angst" vor dieser Leere in einem vergänglichen Moment der „Lust", der „Lust", ‚daß etwas geschieht' zwischen Absturz und Entrückung. Genauso hätte das Ästhetische den Buchstaben zu durchdringen, die abgründige Abwesenheit im Untergrund des Worts zu sublimieren.

Dein Ring, deine Initiale ist wie die Erdatmosphäre, an der die äußeren Einschläge - die großen Ereignisse der Welt, die auf der Bahn sind, in dein Herz zu stürzen, jene großen Tode und Katastrophen, abprallen und zerschellen und sich in den Staub-Gürtel unzähliger, kleiner rotierender Ereignisse einstreuen. Bis in dein Herz gelangen nur die Worte. (K 82)

Hier vollendet sich die Gleichung von körperlicher Durchdringung und ästhetischer Sublimation im poetischen Wort. Die Herzmetapher setzt hier wieder wie in *Beginnlosigkeit* das poetische Signal: die „Mitte", das leere „Hohl", wird vom poetischen Wort besetzt, das „Auge des Wirbels" (B 18) im tosenden Abgrund des Chaos ist die Poesie, das Ästhetische eine undarstellbare Präsenz in der Mitte der Leere, Emergenz des Erhabenen.

Die Dichtung hat, dies wäre nun für Botho Strauß zusammenzufassen, durch den Kreis der „Ereignisse der Welt" hindurchzudringen, den Bruch im Gegebenen und Verstehbaren auszumachen und ‚darzustellen', was nicht darstellbar ist, daß eben dieser Bruch, den wir nicht denken können, vorhanden ist. Insofern kann Dichtung über die gegebene Realität hinausgehen, insofern ist sie erhaben und insofern schafft sie ästhetische Präsenz, wo Präsenz nicht durch die Realität gegeben ist.

Die Vorstellung des Chaos in den verschiedenen mythischen, philosophischen und literarischen Ausdeutungen von Hesiod über Kant und Lyotard bis Borges - als offener Abgrund einer ordnungs- und bestimmungslosen Leere bei Hesiod, als

---

119. Les lumières, le sublime. Un échange de paroles entre Jean-François Lyotard, Willem van Reijen et Dick Veermann. In: Les Cahiers de philosophie 5 (1988), S. 73.
120. Zur Frage der Ontologie bei Lyotard vgl. ibid., S. 73-76.

„wildeste und regellose Unordnung", die das Vermögen der Sinne übersteigt, bei Kant, als göttliche Offenbarung im „stimmlosen Tosen" des Aleph in der kabbalistisch inspirierten Deutung bei Borges und bei Strauß - nährte die Idee von einer abgründig brüchigen Realität angesichts des fragilen Zusammenhangs von Unordnung und Ordnung, Ursprung und Dasein und führte in jenes ästhetisch besetzbare „Feld des Übersinnlichen, worin wir keinen Boden für uns finden"[121].

Doch auch hier führt Strauß die Wissenschaft an, die in der aktuellen Chaostheorie das ganze Spektrum dieser Ausdeutungen, die im Chaos das Unfaßliche einzukreisen suchen und dem Ästhetischen das Feld bereiten, obsolet macht.

Was heißt uns noch Chaos? War je eins? Oder dagegen gefragt: Hörte es je auf, da es doch unter der Schwelle der Elemente immer ist? Es gab kein Chaos im Ursprung. Der Anfang selbst war hochverdichtete Ordnung, Urwille ungeteilt.
Chaosforschung. Ende des Determinismus. Schwingungsunregelmäßigkeiten, wie Pulsationen von Sternen, unrund laufende Getriebe, Flattern von Flugzeugflügeln, alles, was man früher für ‚Dreckeffekte‘ hielt ... dies Chaos ist in Wahrheit nur ein höherer Ordnungszustand, ein größerer Informationsreichtum. Es gibt wohl kein Chaos, sondern lediglich bisher unentdeckte komplexe Ordnungen. (NA 140/141)

Die Vorstellung des Chaos war eng verknüpft mit dem Problem des Anfangs. Der Dichter Hesiod mußte vom Anfang und vom Chaos reden, um seine Götterdichtung zu verankern.
Ursprung und Ab-Grund, ontologische Leere, fehlender Grund, Nicht-Geschehen und Geschehen, göttliches Tosen, Schöpfung und Präsenz - dieses gedankliche Spektrum, das hier im Zusammenhang unserer Überlegungen mit dem Chaos in Verbindung stand, umfaßt Versuche der Erinnerung, der Erinnerung an den unergründlichen Anfang, an die ursprüngliche Berührung von Nichts und Präsenz, an die verborgene Gottheit. „Die Erinnerung ist eine von anschaulich Unerreichbarem erfüllte Sehnsucht." (B 53) Im Erhabenen erfüllt diese Erinnerung ästhetische Präsenz.

In *Beginnlosigkeit*, wo Strauß seine oft artikulierte Bedrängnis als Dichter durch die Wissenschaft in einem Werk zusammenfaßt, erledigt er das Erinnerungsproblem des Anfangs durch ein Modell der Astrophysik, die Steady-State-Theorie Fred Hoyles.

Unter den astrophysikalischen Modellen war ihm vor allem jenes ungeheuerlich geworden, das eine konstante Dichte des Raums annahm, eine zeitlose Neubildung von Materie, welche die Leere zwischen den auseinanderdriftenden Galaxien stetig auffüllte. Hier fand sich kein Platz mehr, weder für ein Nichts noch für ein aus dem Nichts Geschaffenes: der Anfang sei so, nämlich ‚Im Anfang‘ nie geschaffen worden. (B 9)

Die Erinnerung an den Anfang konnte im Ästhetischen in das „Feld des Übersinnlichen" und damit an die Grenzen des Metaphysischen gelangen. Wo die Erinnerung an den Anfang eine ästhetische Anspielung auf das Metaphysische in jenem ‚Großen Anderen‘, das Mythos und Philosophie zu benennen versuchen,

---

[121]. Kant: Kritik der Urteilskraft, S. 83, B XIX/XX.

zulassen kann, ersticken die Chaostheorie und das kosmologische Steady-State-Modell jede metaphysische Spekulation, indem sie den Anfang tilgen. Sie führen hinüber „in einen neuen Tonus des Erinnerns, jenseits von früh und spät, Progression und Vergänglichkeit: Kein Paradies. Kein[e] Ragnarök." (B 28) Dieser „neue Tonus des Erinnerns" ist kybernetisch zirkulär, stetig und „synthetisch", „synkretisch statt originell und bionisch statt lebendig" (B 28). Die Sehnsucht nach dem unerreichbaren Anfang, das ‚Große Andere' und das Metaphysische verschwinden hier aus dem Spielraum des Erinnerns.

In *Beginnlosigkeit* hält Strauß Metaphysik und Wissenschaft als die beiden Extreme der Auseinandersetzung mit dem Anderen gegeneinander. Diese Opposition durchzieht diese Reflexionen, wie schon mehrfach vermerkt wurde, vor allem im Blick auf das unverfügbare Potential der Dichtung und sie bleibt bei aller Hartnäckigkeit, mit der Strauß in das technische Extrem vordringt, letztendlich unaufgelöst.

In dieser Sicht weist die Gesamttendenz des Buchs eine grundsätzliche Zweideutigkeit auf, die nicht zu tilgen ist und als solche ausgehalten werden muß.[122]

In *Niemand anderes* findet sich ein möglicher Kompromiß zwischen Metaphysik und Technik formuliert:

Zuviel Hirn, zuviel Umriß von Bewußtsein ist in die Dinge getreten und in unsere Hände geraten. Wir können sie nie wieder allein lassen. Der Geist, um mehr als ihr Wärter, nämlich ihr Meister zu sein, wird technischer und metaphysischer zugleich werden. Nicht im Widerstand gegen sein technisches Zeug, sondern in Koevolution mit ihm wird er seine Souveränität behaupten. Nicht die Höllenphantasmagorie des Kulturkritikers, sondern die Weisheit des Technikers empfinge uns dann am Ende des langen Wandels. Dort, nahe dem Wunder, Technosophie. (NA 135)

Es ist der Dichter, dies versucht Botho Strauß in *Beginnlosigkeit* beispielhaft vorzuführen, der als „Fürsprecher weder des Chaos noch der denkbaren Ordnung" (S 48) den Kompromiß zwischen Metaphysik und Technik herbeiführen kann. Er, der ein ästhetisches Unverfügbares behauptet, hilft, die „Gravitation des Unerforschbaren" immer weiter zu verlagern, ohne die Wissen und Wissenschaft sich nicht weiterbewegen würden.

[...] Jeder ihrer Fortschritte vertieft das Geheimnis im Ganzen.
Wenn man das Herz vollkommen erforscht zu haben glaubt, gehört es einem unbekannten, neu zu erforschenden Organismus.
Die Mitte ist da, sie hält sich verborgen. Ausgesprochen ist sie stets schon an anderer Stelle. (S 48)

In der poetischen Mitte verschiebt sich das Unerforschbare ins unendlich Unverfügbare.

---

122. Bergfleth: Die statische Welt und die Technik, S. 263.

Botho Strauß spricht dem Dichter eine essentielle, nicht weniger als welterhaltende Aufgabe zu, von durchaus ethischer Tragweite. Die „Erinnerungskraft der Dichtung" (D 110), die geeignet ist, die „Suche nach dem Inkommensurablen"[123] im Ästhetischen unendlich zu verlängern, soll den ‚Appell des Großen Anderen' wachhalten, der den Menschen zum Leben und zum Denken verpflichtet, zum Weiterdenken sei es in der Wissenschaft, in der Philosophie oder in der Kunst.

[...] nichts zwingt uns dazu, den Stand der Erkenntnisse zu erweitern, die Erkundungen in der Malerei und in der Musik weiter voranzutreiben oder das Experiment des Denkens fortzusetzen, wenn es nicht einen Appell gäbe, der uns übersteigt.[124]

Deshalb sei hier die „Suche nach dem Inkommensurablen" im Werk von Botho Strauß noch um ein Weiteres fortgesetzt. Nach der Kosmologie als einem der klassischen Felder der Metaphysik, folgt im nächsten Kapitel die Theologie.

Der Tod Gottes und Seine ästhetische Auferstehung

In seinem Essay über eine „Ästhetik der Anwesenheit", den er anknüpfend an George Steiners Buch *Von realer Gegenwart* verfaßte, greift Botho Strauß explizit eine theologische Vorstellung auf für die Rede über Literatur und Gedächtnis, die, wie wir schon sehen konnten, in konstanter Weise, implizit oder explizit, sein Werk durchzieht:

Jedes Opus ist Opfer, alle Dichtkunst die Magd der *anámnesis*, im ursprünglichen Wortsinn des Alten und Neuen Testaments: ‚sich vor Gott ein Ereignis der Vergangenheit so in Erinnerung zu bringen oder zu ‚repräsentieren', daß es hier und jetzt wirksam wird.' Hierin feiern Gedicht und Eucharistie dasselbe; im Versklang tönt noch der ‚Brotbrechlaut' (Jones). (A 309)

In der Büchner-Preis-Rede findet sich diese explizite Wende ins Theologische schon vorbereitet. Auch hier verwendet Strauß den Begriff der Anamnesis, auf dessen Bedeutung in der lateinischen Liturgie er in seinem Steiner-Essay dann deutlich verweist, und auch hier führt er David Jones an, den ‚sakramentalen' Dichter der *Anathémata*, denen er hier als einem „der großen epischen Gedichte unseres Jahrhunderts" (A 308) seine Bewunderung ausspricht - Bewunderung für dieses Gedicht als Sammlung von „Votive[n] der abendländischen Poiesis" und „kostbare[r] Gedächtnisstücke" (A 309), die sein eigenes Langgedicht in einem besonderen episch-sakralen Licht erscheinen läßt.

Wenn machtvolle Ordnungen ein Übermaß an Neuem hervorbringen, dann müssen sie mit dem Widerstand, den geheimen Einflüssen der Dichter rechnen, die, wie David Jones sagt, ‚an etwas Geliebtes erinnern'. Anamnesis, nichts sonst ist ihre Kunst und ihre Pflicht. (EK)

---

123. Jean-François Lyotard in: Rötzer: Französische Philosophen im Gespräch, S. 118.
124. Ibid.

Anamnesis heißt in der Liturgie das Gedenken an Leiden, Tod, Auferstehung und Himmelfahrt in den Hochgebeten des Meßkanons. Erinnerung in diesem theologischen Sinne, eucharistische Erinnerung, hat eine entscheidend andere Qualität, sie ist nicht leerer Nachhall eines Verlusts, sondern Erlebnis einer realen Gegenwart, der Gegenwart Gottes.

> Gegenwärtig beim Abendmal ist der reale Leib des Christus passus (d.i. im Zustand seines Todesopfers) unter der Gestalt des Brots. Das Gedenken im Sinne des Stiftungsbefehls („Solches tuet aber zu meinem Gedächtnis') wird dann zur Feier der Gleichzeitigkeit, es ist nicht gemeint ein Sich-Erinnern-an-Etwas. (A 308)

Dies ist eine Vorstellung von zeichentheoretischer Konsequenz, wie schon anläßlich des sprachtheoretischen Problemkreises um Mallarmé erläutert wurde. Das Zeichen, das Brot in der Liturgie, impliziert nicht, wie Steiner für Mallarmé feststellte, die „Annahme ‚realer Abwesenheit' ", hier der Abwesenheit des realen Leibes Gottes, sondern es impliziert eine ‚reale Gegenwart', die Gegenwart Gottes im verwandelten Zeichen, das die pneumatische Qualität des fehlenden Körpers identisch übernimmt. Für das Wort - wir müssen sagen, für das poetische Wort, denn Botho Strauß spricht von dieser realen Gegenwart Gottes im Hinblick auf eine „sakrale Poetik" - würde somit gelten, daß es „wesensmäßig Gottes Wort ist" (A 308), indem es den Geist Gottes verkörpert, der in identischer Weise im Wort und im realen Gegenstand präsent ist. Die Differenz von Zeichen und Bezeichnetem hat in dieser pneumatischen Identität aufzugehen.

Wo Steiner den metaphorischen Charakter religöser Vorstellungen hervorhebt[125] und die religiöse Tendenzierung seiner Ästhetiktheorie damit als metaphorisch kennzeichnet, gibt sich Strauß als gläubiger Christ, der das christlich-religiöse Denkmodell in strikter Parallelität als ästhetische Zeichentheorie generalisiert. Bei Steiner ist nur an einer Stelle die Rede von der christlichen Idee der Transsubstantiation, die Strauß zum Kern seiner „Ästhetik der Anwesenheit" macht. Für Steiner sind die Transsubstantiation und die Auferstehung „Wahrheitsfunktionen des Geoffenbarten im Christentum", sie sind „für den Gläubigen des Wortlauts Erzählungen der Wahrheit" und sie sind „*translatio*, das ‚Über-Setzen' systematischer Unerklärbarkeit in die weniger leicht faßbare, periodische und selbsterforschende Unerklärbarkeit mythischer Erzählung."[126]

Ein „Über-Setzen" dieses „Über-Setzens", mit den Mitteln der Philologie, mußte in dieser Untersuchung immer wieder versucht werden. Hier gilt es also nun, die theologisch-ästhetische ‚Übersetzung' dieses Unerklärlichen wiederum zu übersetzen, die für Strauß im Gegensatz zu Steiner eine wortwörtliche ist. Bleiben wir zunächst bei der Paraphrase, denn die folgenden Überlegungen werden vorerst im Rahmen der theologischen Rede verbleiben.

---

125. „Religiöses Denken und religiöse Praxis wiederum verarbeiten das zu Metaphern, machen erzählerische Bilder aus dem, was beim Zusammentreffen der menschlichen Seele mit der absoluten Andersheit geschieht [...]." Ibid., S. 195.
126. Ibid., S. 286.

Steiner geht es um die „Dynamik der ‚Übersetzung' ", die dem Übergang von realer Gegenwart in Brot und Wein und, wie er fortdeutet, der Umkehrung von Tod in Leben innewohnt, genauer, um das Maß an Bedeutung, von lebensstiftendem Sinn, das bei diesem substantiellen Übersetzungsvorgang transportiert wird.

Strauß' ‚gläubige' Adaptation der christlichen Abendmahlslehre ermißt dieses Maß an Bedeutung, das diese ‚Übersetzung' freisetzt, die letztlich eine von Abwesenheit in Anwesenheit ist und die gleichermaßen bei der Entstehung literarischer Form vor sich geht, mit dem Maß der pneumatischen Identität, das im Vorgang der Transsubstantiation wirksam ist. Die Gegenwart Gottes ist das Maß an Sinn, das zwischen dem fehlenden anderen und dem Zeichen, das dieses fehlende andere in gegenständliche Form übersetzt, vermittelt.

Diese Beanspruchung göttlichen Sinns, die Steiner wohl nur in der Radikalität der eklektizistischen Rede überbietet, will das Andere faßbar machen, das im Zeichen immer abwesend ist, zwischen Abwesenheit und Anwesenheit vermitteln durch die unbeweisbare, weil transzendente, Präsupposition eines Über-Sinns, der nur pneumatisch meßbar ist und der wirksam ist, eben weil er unbeweisbar ist.

Überall, wo in den schönen Künsten die Erfahrung von Sinn gemacht wird, handelt es sich zuletzt um einen zweifellosen und rational nicht erschließbaren Sinn, der von realer Gegenwart, von der Gegenwart des Logos-Gottes zeugt.
Das Unbeweisbare in der Krone jenes Erkenntnisbaums, der durch den Roman, die Skulptur, die Fuge emporwächst, ist Zeugnis Seiner Anwesenheit. Wo kein Arkanum, dort kein Zeugnis, keine Realpräsenz. (A 307)

Die theologische Abendmahlslehre wird bei Strauß zur „Kunstlehre" (A 309), der Begriff der Eucharistie zum ästhetiktheoretischen Argument. Strauß und Steiner sehen es als Privileg der Kunst, die „höchst wunderbar im Substantiellen verwurzelt"[127] ist, an jene substantielle ‚Übersetzung' von Tod in Leben, von Abwesenheit in Anwesenheit zu rühren, durch die im Leben eine transzendente Sinnhaftigkeit des Seins pneumatisch erfahrbar werden soll. Die Kunst ist das Arkanum jenes Über-Sinns, das bevorzugte Feld des Unbeweisbaren, das Glauben fordert wie die allerhöchste Autorität Gottes.

Wenn wir weiter auf der Ebene der theologischen Rede verbleiben wollen, so ist allerdings auch festzuhalten, daß die Rede von der Gegenwart Gottes gleichzeitig die Rede von Seinem Tod ist.

Das „Gedenken im Sinne des Stiftungsbefehls", das christliche Abendmahl und die Transsubstantiation und damit die Beschwörung der realen Gegenwart Gottes, haben den Tod Gottes zur ersten Voraussetzung. Strauß akzentuiert das Ereignis des Todes im sakramentalen Vorgang, denn gegenwärtig ist, wie er die christliche Lehre zitiert, der reale Leib des „Christus passus", das heißt, der „Leib im Zustand seines Todesopfers" (A 308).

Christliche Eucharistie kommt nicht ohne den Tod Gottes aus, im Gegensatz zur jüdischen Religion, die allein in der Erwartung Seiner Gegenwart lebt und der die Erfahrung realer Gegenwart verwehrt bleibt, weil sie an das Ereignis des To-

---

127. Ibid., S. 195.

des Gottes in Christus nicht glaubt. Der Tod scheint der Preis für die Erfahrung realer Gegenwart. Die christliche Rede von der realen Gegenwart Gottes ist zuallererst die Rede von Seiner zu verwindenden Abwesenheit.

Auch Steiner muß vom Tod Gottes reden. Wo er von „erleuchteter Gegenwart"[128] und von der „Gegenwart gebotener Bedeutung"[129] spricht, spricht er auch vom Tod, den er aufhebt in positiven Paradoxa wie „die Dichte der Abwesenheit Gottes" und „die Schärfe der Gegenwart in jener Abwesenheit".[130]

Die Begegnung mit dem Tod ist für Steiner eine Begegnung ganz substantieller Art.

Im Tod erhält die schwer zu greifende Konstanz des anderen, dessen, auf das wir keine Einwirkung haben, ihre deutlichste Verdichtung.[131]

Wenn Kunst die Begegnung mit dem Tod zu suchen hat, dann ist es die „luzide Intensität"[132] der Begegnung mit einer substantiellen „Andersheit"[133], ein „Affront"[134], der jede Formwerdung, jede „Lebensgegenwart"[135], zu einer Auseinandersetzung mit der grundsätzlichen Widersetzlichkeit der lebensfeindlichen Unform des Todes macht. Es gilt also in der Kunst, eine „duale Bewegung" zu vollziehen, die „die ernste Beharrlichkeit, die Endgültigkeit des Todes vermittelt und zugleich eine bestimmte Zurückweisung eben dieser Endgültigkeit darstellt"[136], eine duale Bewegung, die dem Menschsein, wie Steiner sagt, „instinktgemäß"[137] ist.

Dieser dualen Bewegung entspricht die Dialektik des Erinnerns, eine Dialektik, die im eucharistischen Gedenken an den Tod Gottes ihre erhabenste Ausprägung findet.

Die Phänomenologie ist elementar: es ist als zöge sich jemand von uns zurück, den wir geliebt haben oder vor dem wir in Furcht gelebt haben. Diese Distanzierung ist dann aufgeladen mit dem Drängen einer Nähe, die auch außer Reichweite liegt, einer Erinnerung, die an den Rändern zerrissen ist. Es ist dieses abwesende ‚Da-Sein' in den Todeslagern, in der Verheerung eines besudelten Planeten, das artikuliert wird in den Meistertexten unseres Zeitalters.[138]

---

128. Ibid., S. 296.
129. Ibid., S. 206.
130. Ibid., S. 299.
131. Ibid., S. 187.
132. Ibid., S. 188.
133. Ibid., S. 218.
134. Ibid., S. 187.
135. Ibid., S. 188.
136. Ibid., S. 295.
137. Ibid.
138. Ibid., S. 299.

Es gilt, den Tod zu erinnern, um ihn abzuwenden. Es gilt, in diesem Erinnern eine Durchlässigkeit zu wahren für „das, was von jenseits der ‚Schattenlinie' wirkt"[139]. Es gilt, den Tod zu transzendieren, um Leben zu gewinnen.

Genau dies ist es, was sich in der Auferstehungshoffnung des Christentums ausdrückt. Das österliche Geschehen mit dem Kreuzestod am Freitag und der Auferstehung am Sonntag nimmt Steiner zum Gleichnis, um unsere Conditio humana und insbesondere ihre Äußerung im Ästhetischen in der „Samstagslage" (A 317) zu situieren.[140] „Am Samstag, wenn das Warten sich teilt in Erinnerung und Erwartung" (A 318), so wiederholt Strauß Steiners Gleichnis, kann allein große Kunst geschaffen werden, eine Kunst, die sowohl vom Tod als von der Auferstehung lebt in der Unermeßlichkeit des Spielraums von Erinnerung und Erwartung. Der Samstag, sagt Steiner, „ist zum längsten aller Tage geworden"[141]. Die samstäglich-österliche Erwartung, die glaubenserfüllte Hoffnung auf utopische Vollkommenheit, wie man die christliche Auferstehungshoffnung auch allgemeiner fassen kann, erhält ihren lebenserhaltenden Sinn in der Unermeßlichkeit des Unerfülltseins, wo Tod und reale Gegenwart sich im Unendlichen überschneiden.

Die Vorstellung von realer Gegenwart ist notwendig auch ein Kind dieser Hoffnung, ein Behelf, der wertvoller ist als die tatsächliche Wiederkehr Gottes, da er das Spiel zwischen Leben und Tod, aus dem die Kunst hervorgeht, nicht auflöst, sondern perpetuiert im unendlichen Hoffen zwischen Abwesenheit und Anwesenheit.

Philosophisches Denken, poetisches Schaffen sind Samstagskinder. Sie sind einer Unermeßlichkeit des Wartens und Erwartens entsprungen. Gäbe es sie nicht, wie könnten wir ausharren?[142]

In diesen Schlußworten seines Buchs formuliert Steiner ähnlich wie Lyotard einen ‚Appell des Großen Anderen', der im Ästhetischen zum Ausharren, das heißt zum Leben anhalten soll.

Es gibt bei Botho Strauß schon lange vor der theoretischen Ausformulierung dieses theologischen Kunstbegriffs im Anschluß an Steiner ein im wahrsten Sinne österliches Bild der Kunst, das diese heilsgeschichtliche „Samstagslage" der Kunst sehr konkret veranschaulicht.

In *Trilogie des Wiedersehens* erzählt der Dichter Peter die legendenhafte Geschichte des georgischen Malers Pirosmani. Dieser malte, von seinen Dorfgenossen verkannt, seine Bilder, die er gegen Lebensmittel tauschte und die seine Freunde und Nachbarn gutwillig und belustigt annahmen. Eines Tages jedoch wird die ländliche Idylle vom Kunstmarkt eingeholt. Pirosmani wird entdeckt, es tauchen Agenten und Sachverständige auf und die Dorfbewohner erkennen, daß sie Kunstwerke besitzen, die sie verkaufen können. Doch genau in dem Moment, da der öffentliche Ruhm ihn ereilt, will der alte Maler sich zurückziehen. Er sieht

---

139. Ibid., S. 294.
140. Vgl. ibid., S. 301 f.
141. Ibid., S. 301.
142. Ibid., S. 302.

seine Kräfte schwinden und will nicht mehr weitermalen. Jetzt muß er gezwungen werden zu malen, man sperrt ihn auf der Tenne der Gastwirtschaft ein, wo er noch ein Bild, sein letztes und vielleicht sein bestes als nunmehr anerkannter Maler malen soll. Dies geschieht am Karfreitag. Am Ostersonntag soll das Bild fertig sein. Die Frist, die man dem alten, todgeweihten Maler, der sein Werk beschließen wollte, einräumt, ist die zwischen Tod und Auferstehung. Pirosmani malt und am Auferstehungstag, als alle im Wirtshausgarten feiern, hat er tatsächlich ein Bild fertiggestellt.

D a s Bild. Es ist darauf nichts anderes zu sehen, als, was unten im Wirtshausgarten tatsächlich vor sich geht: Osterfeiertag. (T 57)

Das Kunstwerk, das im Bewußtsein großen Kunstschaffens im österlichen Szenario entstehen sollte, hat wahrhaft eucharistische Qualität. Es i s t die Osterfeier, die Auferstehung. Kunstwerdung und Auferstehungsfeier fallen in eins im identischen Abbild.

Pirosmani hat die Ikone des Ostersonntags gemalt, wenn man von Ikone in jenem sakralpoetischen Sinne sprechen will, den Strauß in seinem Essay unter Hinweis auf die Ikonentheorie des russischen Naturwissenschaftlers, Priesters und Philosophen Pavel Florenskij entwickelt. Ikonisch ist ein Zeichen, ein Bild, das nicht der „abbildlichen oder bedeutungstragenden Darstellung" (A 309) dient, sondern Verwandlung des Dargestellten im eucharistischen Sinne ist, seine reale Gegenwart verkörpert.

Die Kunstlehre von der realen Gegenwart oder: die um die Kunst erweiterte Sakramentenlehre ist davon überzeugt, daß das Bildnis des Mädchens nicht ein Mädchen zeigt, sondern, daß es das Mädchen ist unter der Gestalt von Farbe und Leinwand. (A 309)

Umso plastischer, wenn im Falle des Malers Pirosmani die Feier der Auferstehung selber, der Inbegriff der Eucharistie, auf dem Bild zu sehen ist, wenn, wie hier, der Schaffensprozeß und die Wiedererweckung der Schaffenskraft des lebens- und schaffensmüden Malers mit dem österlichen Auferstehungsgeschehen zusammenfallen.

Eine mehrfache Schichtung des Ikonischen, die Strauß im göttlichen Geschehnis der Auferstehung zusammenfaßt.

Doch die Geschichte endet nicht mit diesem Bild der eucharistischen Versöhnung. Der Maler hätte sich nun noch der österlichen Gemeinde anzuschließen, um selbst in das Bild der Versöhnung einzutreten. Pirosmani aber will nicht am Fest teilnehmen, er will weiter sterben. Zu Hause in seinem Verschlag legt er sich zum Sterben hin.

Da kommt ein Offizieller in einer Kutsche aus der Stadt herbeigefahren. Er öffnet den Verschlag und fragt den Maler: Was machst du da auf dem Boden? Der Maler sagt: Ich sterbe. Der Offizielle sagt: Heute ist Ostern. Christus ist auferstanden. Komm mit. Wir wollen feiern. Der Maler muß fürs erste das Sterben verschieben. Er muß wieder aufstehen, in die Kutsche steigen und mit den Offiziellen davonfahren. Zum Osterfest... (T 57)

Pirosmani hat die österlich-ikonische Offenbarung der Auferstehung Christi konsequent verstanden. Vor der Vollendung des Heilsgeschehens kann sich der Künstler zurückziehen, muß das Werk verblassen, das für Pirosmani nurmehr „gleichgültige Hinterlassenschaft" (T 57) ist.

In der utopischen Vollkommenheit des Sonntags wird es für das Ästhetische vermutlich weder Logik noch Notwendigkeit mehr geben.[143]

Deshalb muß der Künstler zurückkehren in die „Samstagslage". Das Auferstehungsgeschehen im Leben und in der Kunst muß göttlich genährte Erwartung bleiben, damit es Kunst, damit es Leben geben kann, damit die Menschen feiern können, jedes Jahr im Osterfest die Erlösungshoffnung erneuernd. Auffällig ist hier, daß Pirosmani eben diese Feier malt und nicht das christliche Motiv der Auferstehung. Die Christusfigur tritt nicht in Erscheinung, das Wunder wird nicht geschaut. Das Bild i s t die Auferstehung insofern es sie perpetuiert in der Feier des nie geschauten Wunders, im ikonischen Gedenken des toten, im Bilde abwesenden Gottes, dessen Wiedererscheinen noch aussteht.

Die Geschichte läßt sich zweifellos nach der Maßgabe des Ostergleichnisses von Steiner und von Strauß in seinen *Bemerkungen zu einer Ästhetik der Anwesenheit* lesen, wenn auch Strauß in diesem frühen Theaterstück aus den siebziger Jahren von dem bekennenden Eklektizismus des Steiner-Essays noch weit entfernt ist.[144]

Es scheint, daß im christlichen Modell ein grundlegendes Paradigma des abendländischen Denkens veranschaulicht ist, und zwar das existentielle Verhältnis von Abwesenheit und Anwesenheit, Tod und Gegenwart, das seit der Moderne Mallarmés und seit dem ‚linguistic turn' als zeichentheoretisches Problem

---

143. Ibid.
144. Strauß trägt diese Geschichte hier noch in abschwächender Distanzierung vor und unterlegt sie mit deutlichem Pessimismus. Pessimistisch ist die Rolle der Öffentlichkeit und des Geldes bei der Determinierung des Kunstcharakters zu deuten. Distanzierung erfolgt über zwei Ebenen der Fiktion: der Vortragende ist ein im Stück nicht sehr ernstgenommener Dichter - der gleichwohl einige der Dichterprinzipien von Botho Strauß verkörpert - und dieser Dichter wiederum zitiert die Geschichte des Malers aus einem sowjetischen Spielfilm.
Es entspricht durchaus den Tatsachen, wenn Gerhard vom Hofe und Peter Pfaff zu der Ansicht kommen, hier käme ein „heilsgeschichtlicher Pessimismus" zum Ausdruck und es handele sich hier um eine „negative Metaphysik der Kunst", die Adorno anklingen läßt. (G.v.H. und P.P.: Botho Strauß und die Poetik der Endzeit, bes. S. 127/128.) Für die frühen Werke von Botho Strauß hat dies sicherlich zu gelten. Auch für *Groß und klein* wäre zu zeigen, daß christlich-eschatologische Motive zwar eine tragende Rolle spielen und damit deutlich auf die „sakrale Poetik" der neunziger Jahre vorausweisen, daß sie jedoch sogleich wieder pessimistisch eingeschränkt werden. (Zu diesem Aspekt in *Groß und klein* vgl. Henriette Herwig: Verwünschte Beziehungen, verwebte Bezüge, S. 45-57.) Eine werkgeschichtliche Untersuchung hätte sich der Entwicklung der christlichen Motivik im Werk von Botho Strauß anzunehmen. Wir bleiben hier beim ästhetiktheoretischen Stand der neunziger Jahre.

zu benennen ist. In diesem Sinne zumindest nehmen Steiner und Strauß auf dieses Denkmodell Bezug. Steiner betont, daß Gottes Gegenwart Voraussetzung sein und Seine Abwesenheit „erlebtes, ja überwältigendes Gewicht" haben muß, damit schöpferisches Tun bestehen kann[145]. Ein solch überwältigendes Gewicht habe die Abwesenheit Gottes auch dort, wo der Glaube an Seine Gegenwart aufgegeben ist. Steiner spricht von „negativem Theismus" bezüglich der modernen Kunst, die im Bewußtsein Seines endgültigen Abtretens entstehe (und sogar von einer „ ‚Null-Theologie' des ‚immer Abwesenden' "[146] bei Derrida).

Unsere ästhetischen Formen erkunden das Nichts, die Freiheit der Lücke, die durch den Rückzug (Deus absconditus) des Messianischen und des Göttlichen entsteht.[147]

Das Thema des Todes Gottes ist ein Motiv der ästhetischen Reflexion, die sich seit Mallarmé und dem ‚linguistic turn' dem Problem der Abwesenheit stellt. Auch Steiners Theorie setzt hier an, und es ließe sich Maurice Blanchot berufen, um zu zeigen, daß der Grat zwischen realer Anwesenheit und realer Abwesenheit, den Steiner im christlichen Gleichnis zu beschreiben sucht, äußerst schmal ist, daß nur ein gradueller Unterschied besteht zwischen Steiners Rede vom ästhetischen „Affront gegen den Tod"[148] und Blanchots „rendre la mort possible"[149] – kurz, daß eine Nähe besteht zu einer bestimmten Ästhetiktheorie der Moderne, für die sich neben Blanchot auch noch Octavio Paz berufen läßt (im Hintergrund bei allen dreien steht Heidegger).

Das Thema des Todes Gottes als Motiv der ästhetischen Reflexion bildet einen Referenzzirkel um Steiner, Blanchot und Paz, in den sich, dies ist das Ziel dieses Gedankengangs, auch die Motivik des Gedichts von Botho Strauß einbeziehen läßt.

Blanchot faßt das Verhältnis von Tod und Auferstehung, von Abwesenheit und Anwesenheit, das Steiner in der Supposition der realen Gegenwart Gottes aufgehen läßt, in einer negativen Wendung. Er spricht von einer „double absence"[150]: „parce qu'ils [les dieux] ne sont plus là, parce qu'ils ne sont pas encore là."[151] Auch bei Blanchot wird dieses aus dem religiösen Denken im Gegensatz zu Steiner negativ konstruierte Verhältnis zur Formel des Ästhetischen.

Le propre, la force, le risque du poète est d'avoir son séjour là où il y a défaut de dieu, dans cette région où la vérité manque.[152]

---

145. Von realer Gegenwart, S. 299.
146. Ibid., S. 298.
147. Ibid.
148. Ibid., S. 187.
149. L'espace littéraire, S. 95.
150. Ibid., S. 260.
151. Ibid., S. 258/259.
152. Ibid., S. 259.

Der religiöse Erwartungsraum zwischen dem Abschied und der Wiederkehr der Götter eröffnet sich bei Blanchot dem Ästhetischen in einem historischen Moment. Wenn Blanchot vom Abschied der Götter spricht, dann meint er zunächst jenen epistemologischen Wandel, im Zuge dessen die geschichtliche Vernunft die absolute Macht der Gottheit übernahm. Er situiert diesen epistemologischen Abschied der Götter in letzter Konsequenz in der Spätfolge der Aufklärung bei Hegel und bei Marx, und er interpretiert ihn als einen Abschied, der vor allem die Kunst betrifft, die bis dahin am religiösen Weltbild partizipierte. Während die Instanz des Absoluten nunmehr weltlich besetzt ist durch Geschichte und Vernunft, tritt für die Kunst eine Leere ein.

[...] á partir du jour où l'absolu est devenu consciemment travail de l'histoire, l'art n'est plus capable de satisfaire le besoin de l'absolu: relégué en nous, il a perdu sa réalité et sa nécessité; tout ce qu'il avait d'authentiquement vrai et de vivant appartient maintenant au monde et au travail réel dans le monde.[153]

In dieser Spätphase des aufklärungsbedingten Umbruchs folgen auf den Rückzug der Gottheit unmittelbar die ersten Äußerungen der ästhetischen Moderne. Blanchot bedient sich symbolisch der Namen Mallarmés und Cézannes.[154] Der Abschied der Götter, die von der geschichtlichen Vernunft verdrängt werden, bedeutet hier zugleich die Autonomisierung des Ästhetischen. Verdrängt aus dem Machtbereich des Absoluten koppelt sich die Kunst ab vom gültigen Weltbild, sie flieht den öffentlichen Raum, „[l'art] se retire dans le plus invisible et le plus intérieur, au point vide de l'existence où il abrite sa souveraineté dans le refus et la surabondance du refus."[155]

Hier beschreibt Blanchot die Entstehung der Opposition zwischen Kunst und Gesellschaft, auf die sich, wie wir sahen, auch bei Botho Strauß die Rede von der Relevanz des Ästhetischen gründet. Die „souveraineté" des Ästhetischen ist die Entdeckung ästhetischer Selbstreferenz, einer ästhetischen Autonomie, die sich dem Absolutheitsanspruch des Vernunftdiskurses verweigert und in die Leere der Referenzlosigkeit flieht.

Diese Kunst trägt den Abschied der Götter in sich als Verlust einer absoluten Gewißheit und beglaubigter Referenz. Durch den Entzug des göttlichen Absoluten, durch den Schmerz des Verlusts, kehrt das Bewußtsein der Differenz in die Sprache ein. Uneinholbar hallt die Abwesenheit der Götter in der Sprache nach.

Il semble qu'il [l'art] ait été jadis le langage des dieux, il semble, les dieux s'étant enfouis, qu'il soit démeuré le langage où parle l'absence des dieux, leur défaut [...].[156]

---

153. Ibid., S. 223.
154. Vgl. ibid., S. 221 ff. Vgl. auch Blanchot: Le livre à venir, S. 238 ff, hier wählt Blanchot das Datum 1850 mit Bezug auf die Revolution von 1848 und ihre umwälzenden Konsequenzen für Europa, während Steiner mit 1870 und dem Bezug auf Mallarmé ein ästhetisches Datum setzt (Von realer Gegenwart, S. 127).
155. Blanchot: L'espace littéraire, S. 223.
156. Ibid., S. 226.

Uneinholbar klafft in der Sprache die Differenz zwischen Zeichen und Bezeichnetem, zwischen der Anwesenheit des Zeichens und der Abwesenheit von Referenz. In diesem zeichentheoretischen Sinne besetzt Sprache jenen Zwischenraum, der zwischen dem Abschied der Götter und ihrer erhofften Gegenwart liegt, zwischen dem Entzug der höchsten Referenz und der Sehnsucht nach Präsenz.

Dies ist der Spielraum der ‚doppelten Abwesenheit', in dem Blanchot das Ästhetische ansiedelt. Wo Steiner die erfüllte Erwartung des österlichen Samstags, die Auferstehungshoffnung und die in dieser Hoffnung begründete Annahme der Realpräsenz Gottes, als Ursprung ästhetischer Präsenz annimmt, spricht Blanchot von „errer", von dem Herumirren in der Zeit der Leere zwischen zwei Abwesenheiten, dem Tod Gottes und Seiner noch nicht erfolgten Wiederkehr.

Ce temps vide est celui de l'erreur, où nous ne faisons qu'errer, parce que la certitude de la présence nous manque et les conditions d'un ici véritable.[157]

Aber auch Blanchot versucht die entbehrte Präsenz einzuholen. „Pourquoi là où l'histoire le subordonne, le conteste, l'art devient-il présence essentielle?"[158] ist die Leitfrage dieser Überlegungen in *L'espace littéraire* und Blanchot beantwortet sie mit einem Paradox, einem negativen Paradox, das die Abwesenheit zur Anwesenheit potenziert, Vergessen in Erinnern wendet.

Il semble, l'absence se faisant plus profonde, étant devenue absence et oubli d'elle-même, qu'il [l'art] cherche à devenir sa propre présence [...].[159]

Wollte man die Paradoxe Steiners und Blanchots auf verkürzte Formeln bringen, so hätte für Blanchot die Formel der ‚anwesenden Abwesenheit' zu gelten und für Steiner die der ‚abwesenden Anwesenheit'.

Diese Paradoxe entstehen bei beiden aus einem Heideggerschen Bezug zum Tod. Heideggers Existenzial des ‚Seins zum Tod' steht dort im Hintergrund, wo Steiner von der „Faktizität des Todes" spricht, die uns zu „ ‚Gastarbeitern' im Haus des Lebens macht"[160] und dort, wo Blanchot sagt „le souci de l'homme est de rendre la mort possible"[161].

Den Tod möglich machen, das heißt, ihn denken zu können und ihn als Wahrheit zu begreifen, die im Leben und in der Sprache wirksam ist. Steiner denkt Auferstehung und reale Gegenwart als Versuche, den Tod möglich zu machen, wie er sagt, ihn zu transzendieren, ihn ins Leben einzuholen. Blanchot wendet es wiederum negativ. In der Figur des Todes findet bei Blanchot die Formel der ‚anwesenden Abwesenheit' ihre reinste Ausprägung: durch die Anwesenheit des Begriffs wird Abwesenheit als Abwesenheit erst denkbar. Den Tod denken zu können, heißt, die Figur der Abwesenheit in das Denken einzuführen, das Un-

---

157. Ibid., S. 259.
158. Ibid., S. 229.
159. Ibid., S. 226.
160. Von realer Gegenwart, S. 187.
161. L'espace littéraire, S. 95.

denkbare im Denken wirksam werden zu lassen, ontologisch: „La décision d'être sans être est cette possibilité même de la mort."[162]

Die Religion übernahm es zuerst, die Möglichkeit des Todes denkbar zu machen, indem sie für ihn das Jenseits erfand. In der Kunst, in der Literatur, wird weiter an dieser Notwendigkeit gearbeitet, umso mehr, nachdem mit der Religion das göttliche Jenseits aus dem Horizont unseres Denkens verschwunden ist und der Tod allein in der Sprache aufgehoben sein kann.

L'écrivain est alors celui qui écrit pour pouvoir mourir et il est celui qui tient son pouvoir d'écrire d'une relation anticipée avec la mort.[163]

Wenn leben heißt, den Tod denken zu können, wenn Gott gestorben ist, damit wir leben können, dann lebt auch die Literatur aus diesem Tod, macht das Abwesende namhaft, damit Sprache sein kann.

Steiner und Blanchot deduzieren aus der religiösen Seinsbegründung (mit Heidegger) eine ontologische Figur, die sie auf Sprache und Ästhetik übertragen.

Auch Blanchot versucht wie Steiner - allerdings unter umgekehrtem Vorzeichen -, im Ästhetischen die „Suche nach dem Inkommensurablen" aufzunehmen, und stellt durchaus Steinersche Fragen:

Pourquoi Hölderlin, Mallarmé, Rilke, Breton, René Char sont-ils des noms qui signifient que, dans le poème, une possibilité dont ni la culture, ni l'efficacité historique, ni le plaisir du beau langage ne rendent compte, une possibilté qui ne peut rien, subsiste et demeure comme le signe, en l'homme, de son propre ascendant?[164]

Die Antwort ist ein Geheimnis, das ursprünglich in der Religion eingeschlossen war, das Rätsel des Daseins, das nach dem Zurücktreten der Religion weiterhin in der Sprache eingeschlossen bleibt. Aus diesem Grund arbeiten sich Steiner und Blanchot am religiösen Denkmodell ab. Wo sich hier in der ästhetiktheoretischen Reflexion über Sprache und Religion Ontologie und Metaphysik berühren, bleibt für Steiner und Blanchot im Ästhetischen die Spur dieser zuletzt unaufgelösten Berührung und verweist auf ein Inkommensurables, ein Anderes, ein abwesend Anwesendes oder anwesend Abwesendes.

Octavio Paz' Dichtungstheorie verfährt auf derselben Denkspur. Auch er bezieht sich auf das christliche Denken und wendet die Rede vom Tod Gottes in eine Moderne-Theorie, aus der er allgemeine Prinzipien einer autonomen poetischen Sprache ableitet.

Paz beginnt bei der Romantik. Hier, unmittelbar nach dem Anbruch der kritischen Vernunft, sieht er den Ursprung jenes ambivalenten Verhältnisses zur Religion, das sich sowohl negativ als auch positiv formulieren läßt: „Negación de la religión: pasión por la religión."[165] Viele große Romantiker waren religiös (er

---

162. Ibid.
163. Ibid., S. 92.
164. Ibid., S. 224.
165. Octavio Paz: Los hijos del limo. Barcelona 1986, S. 72.

nennt Hölderlin, Blake, Coleridge, Hugo, Nerval, Novalis), doch brachten diese sowohl wie jene, die sich als Atheisten bekannten (hier nennt er Shelley) in ihren Universalismen und Synkretismen, ihren Konversionen, ihren Häresien, Apostasien und Blasphemien eine Ambivalenz ins Spiel, die in der Domäne der Religion die fundamentalen Unsicherheiten des anbrechenden modernen Denkens spürbar machte: die Negation von Subjektivität in der Ordnung der Objektivität (dies nennt Paz Ironie), die Angst vor dem Nichts in der Fülle des Seins. Die bedeutendste Äußerung dieser Ambivalenz im romantischen Zugang zum Religiösen ist das Thema des Todes Gottes, beispielhaft gestaltet von Jean Paul in seiner *Rede des toten Christus vom Weltgebäude herab, daß kein Gott sei*. Paz verweist auf die Tradition dieses Themas bei den Denkern und Dichtern der folgenden Jahrhunderte, bei Nietzsche, Dostojewskij, Mallarmé, Joyce, Valéry. Für die Romantik bezieht er sich dazu auf ein Gedicht Nervals, *Le Christ aux Oliviers*[166], das seinem Essay im Spanischen den Titel gab. In dem in fünf Sonette gegliederten Gedicht läßt Nerval wie Jean Paul Christus die Rede führen, „daß kein Gott sei". Er dichtet die Rede Christi vor den schlafenden Jüngern auf dem Ölberg. Im ersten Sonett klagt der Gottessohn

[...] Abîme! abîme! abîme!
Le dieu manque à l'autel, où je suis la victime
Dieu n'est pas, Dieu n'est plus.

und im letzten Sonett entwirft das Gedicht in einer pathetischen Reihung mythischer Götter-Tode - Christus ist Ikarus, Phaëton, Attis - die Konturen eines neuen Gottes. Der Gottessohn wird zu einer neuen mythisch strahlenden Gestalt im Wissen um das Fehlen des Vatergottes. „Quel est ce nouveau Dieu qu'on impose à la terre" wird ein Orakel befragt. Das Orakel kann keine Antwort geben, Antwort geben kann einzig „Celui qui donna l'âme aux enfants du limon", der Schöpfergott, der auf dem Altar nicht zugegen war, auf dem Christus geopfert wurde. „Les enfants du limon", „los hijos del limo", wie der Titel der spanischen Originalausgabe dieses Essays heißt, sind die Dichter, denen der abwesende Gott im Gedicht eine mythische Seele einhaucht, die Dichter der Moderne, die ohne Gott auskommen müssen, gottlos und vaterlos allein der Sprache ausgesetzt.

Dieser Gedanke der Vaterlosigkeit findet sich auch bei Jean Paul. Der geopferte Gottessohn, der verkündet, „daß kein Gott sei", antwortet den toten Kindern, die fragen „Jesus! haben wir keinen Vater?": „Wir sind alle Waisen, ich und ihr, wir sind ohne Vater."[167] Christus als der erste Waise, als el „Gran Huérfano" und „hermano mayor de todos los niños huérfanos, que son los hombres"[168] verkör-

---

Deutsch: „Negation der Religion: Leidenschaft für die Religion." In: O.P.: Die andere Zeit der Dichtung. Frankfurt a.M. 1989, S. 65.
Im folgenden beziehe ich mich auf Paz' weitere Ausführungen an der gleichen Stelle.
166. Gérard de Nerval: Chimères. In: Oeuvres, Band I. Texte établi, annoté et présenté par Albert Béguin et Jean Richier. Paris 1952, S. 36-38.
167. Jean Paul: Siebenkäs. In: J.P.: Werke. Band II. Hrsg. v. Gustav Lohmann. München 1959, S. 269.
168. Paz: Los hijos del limo, S. 79.

pert exemplarisch jene existentiale Verlorenheit, deren der moderne Mensch nach dem epistemologischen Tod Gottes im 18. Jahrhundert gewahr wird, jene Abwesenheit, die die Dichtung der ästhetischen Moderne in einer referenzungewissen Sprache spürbar macht, jenes Thema des Verlusts, das auch Botho Strauß in seiner *Erinnerung an einen, der nur einen Tag zu Gast war*, an den gottlos-verlorenen Menschen, zu umschließen versucht.

Der Opfertod Christi in einer Welt ohne Gott ist eine Figur ex negativo, die für den aufgeklärt Gottlosen nicht minder erschreckend ist als für den Gläubigen, denn sie konfrontiert ihn mit einer existentialen Leere, der er nun Herr zu werden hat, in der Philosophie, in der Wissenschaft, in der gesellschaftlichen Diskursordnung auf der einen Seite, in der Dichtung auf der anderen.

El *Sueño* de Jean Paul escandaliza lo mismo al filósofo que al sacerdote, al ateo que al creyente.[169]

Für Steiner, Blanchot und Paz ist das Stellvertretertum Christi, seine Gottessohnschaft, sein Tod, eine Gründungsfigur des abendländischen Denkens, es scheint dieser Denkfigur nicht entkommen zu können: „la muerte de Dios convierte el ateísmo de los filósofos en una experiencia religiosa y en un mito."[170] So scheint sich nach Blanchot, Paz und Steiner das Denken der Moderne und mit ihm die moderne Ästhetik (wohl auch die Ästhetiktheorie) auf einer ‚via negativa' zu befinden, im Banne des Deus absconditus. Wo die einen Seine Abwesenheit beschwören, glaubt Steiner den abwesenden Gott zu schauen und entfernt sich doch damit nur graduell von dem ontologischen Nullpunkt des Daseins, an dem der Tod und das göttlich Unendliche sich überschneiden.

In Botho Strauß' Gedicht, besonders in seinem letzten, dritten Teil läßt sich eine Christus-Motivik entschlüsseln, aufgrund derer sich das hier entwickelte Thema des Todes Gottes in seiner ästhetiktheoretischen Dimension für Botho Strauß noch einmal zusammenfassen läßt.

Diese Entschlüsselung muß erfolgen über Novalis' *Hymnen an die Nacht*, die auch von ihrer Form her in die lose Tradition der ‚langen Gedichte' mit ihren modernen Höhepunkten in Pounds *Cantos* und Eliots *The waste land* gehören, in die Strauß sein Gedicht einreihen will: in seinem Gedicht nennt er die Namen Eliot, Pessoa, Leopardi, John Donne (E 39).

Ein Hinweis auf Novalis ist zunächst folgender Strophe zu entnehmen:

Ruhe ist nirgends im All außer im lichten Bewußtsein
des Menschen
Stille des Sinns - gewaltige Sonderheit

Die andere Zeit der Dichtung, S. 72: „die Gestalt Christi, die große Waise und der ältere Bruder aller Waisenkinder."
169. Paz: Los hijos del limo, S. 77.
Die andere Zeit der Dichtung, S. 70: „Der *Traum* von Jean Paul skandalisiert den Philosophen ebenso wie den Priester, den Atheisten ebenso wie den Gläubigen."
170. Paz: Los hijos del limo, S. 79.
Die andere Zeit der Dichtung, S. 72: „der Tod Gottes verwandelt den Atheismus der Philosophen in eine religiöse Erfahrung und in einen Mythos."

in einem Raum voll Akt und Raserei.
Königsweg der Natur zu ihrem Ursprung in Gott. (E 67)

Es ist dieser „Königsweg der Natur zu ihrem Ursprung in Gott", den auch Novalis in seinen *Hymnen an die Nacht* im Erlösungswerk Jesu Christi nachzuzeichnen sucht.

Der Erlöser durchzieht die *Hymnen an die Nacht* in mehreren Figuren: er ist „König", „Sohn" und „Jüngling"[171], er verschmilzt mit der Figur der Geliebten nach dem Modell der Mystiker - „Hinunter zu der süßen Braut, / zu Jesus, dem Geliebten"[172], - er ist der „Fremdling" in der Welt des Lichts mit „zartgeschlossenen, tonreichen Lippen"[173], er wird assoziiert mit der Figur des Sängers und des Dichters[174], um letztendlich sein Erlösungswerk in einer Apotheose der Nacht und des Todes gipfeln zu lassen: „zehre mit Geisterglut meinen Leib, daß ich luftig mit Dir mich inniger mische und dann ewig die Brautnacht währt", „zur Hochzeit ruft der Tod"[175].

Strauß versucht im letzten Teil seines Gedichts eine ähnliche Reihung von Allusionen, die die Rede des Dichter-Ich und damit die Erinnerung an jenen Gast, den Menschen, auf die Projektion einer Erlöserfigur zulaufen lassen.

> [...] Fahl und verderbt scheinen die Himmel
> durch das erblindete Fenster der Hütte. Unkenntlich auch
> die Person, unkenntlich geworden drinnen das Ich
> das immer noch Ausschau hält, wimpert und späht bis zuletzt
> nach dem lebenslangsamen Ankömmling, der noch einmal
> den Umweg wählte. (E 64/65)

Jener „lebenslangsame Ankömmling" wird angeredet als „Prinz", der in die Welt eintritt, der „den Mund windhohl geöffnet die Erde zum Lied erwecken" (E 69) kann, der „Erinnerer" sein und das „vergessene Leben" (E 72) zur Regung bringen soll.

Ganz besonders die anaphorische Reihung der Versanfänge der ersten Strophen im dritten Teil dieses Gedichts stellt die Verbindung zu Novalis her. „Denn ich bin einsam gewesen" setzt es dreimal an im Anklang an den Novalis'schen Einsamkeitstopos: „einsam, wie noch kein Einsamer war"[176]. Besonders die letzte dieser einleitenden Strophen verbindet die Klage dieses Gedichts über das Ende des Menschen mit den Topoi der *Hymnen an die Nacht*, mit Einsamkeit, Nacht, Traum und Tod.

---

171. Schriften 1, 145 und 147.
172. Schriften 1, 157.
173. Schriften 1, 131.
174. Schriften 1, 145/147/149.
175. Schriften 1, 133 und 151.
176. Schriften 1, 135.

Denn ich bin einsam gewesen und kenne die namenlose
Verringerung
nächtlich wie aus Wundleinen sich aufzurichten aus Träumen,
geknüpft mit allen Schlaufen der Seele an die Gesichter der
Toten, und spürbar zu wissen, wie es ist, nicht mehr zu sein. (E 63)

„Noch auf die Nacht hören?" (E 66) ist die Frage, die zweifelnd sucht nach jener Versöhnung und Erlösung, die sich bei Novalis einlöst.
  Strauß löst die Erlöser-Motivik in seinem Gedicht auf im ‚blinden Fleck' der Ruhe. „Ruhe" ist das Ziel jenes „Königswegs der Natur zu ihrem Usrprung in Gott", wie schon die oben zitierten Verse verstehen lassen. Enstsprechend lautet die Aufforderung an den „Prinzen":

An jedem Ding erkenn seine Ruhe, sein Ur-Teil, den Huf,
der mit Hiesigem hier und dort mit Niedagewesenem
immer beschlagen ist. (E 71)

„Wir sind gehalten zu wissen" (E 55) - so rief das Gedicht zuvor zur Einsicht in das allwaltende Prinzip der Poiesis auf.

Mehr als dieses zu wissen, Prinz, und dieses Wissens
Welt-Angemessenheit ist hier nicht zu haben (E 72)

Wissen heißt „Einberaumtsein" (vgl. E 29) in ein Schöpfungsgeschehen, das zu fassen ist im Begriff der Poiesis und an dem der Mensch nur beteiligt ist, insofern er ein Teil dieses Geschehens ist.

Mit-Wisser des Seienden, dies allein ist ein Zustand der Ruhe. Ein Ort. (NA 141)

Die Frage nach dem Menschen, die dieses Gedicht elegisch verfolgt und in diesem letzten Teil an die christlich inspirierte Figur des menschlichen Erlösers koppelt, mündet hier in die Frage, was der Mensch wissen kann, nachdem ihn die Ordnungen des Wissens, die er sich selber schuf, niedergeworfen und aus dem Feld unserer Episteme herausgetragen haben. Sie mündet in die Frage nach dem Ort des Bewußtseins, nachdem dieses aufging in der Funktionalität autopoietisch sich selbst organisierender Systeme und „sich verzog vom Heils-, zum Welt-, / zum Nervengeschehen" (E 29), zuletzt in die Frage, „ob wir nur Drift sind oder auch Stätte" (E 40). Der Ort der Ruhe, die Stätte, wäre, wie dieses Gedicht nahelegt, zu finden in einem gnostisch anmutenden - „Von der Gnosis lernen" heißt es in *Niemand anderes* (NA 148) - Verzicht auf aktives Wissen und in der ergebenen Versöhnung von Geist und Materie.

Alles flitzt und stiebt. Allein das menschliche Bewußtsein, wenn es wohltut, ist die Pause der Materie. Wozu gehört es? Es kann nicht nur Ruhe stiften, es kann auch alles durcheinander bringen. Es scheint keiner uns bekannten Ordnung zu gehorchen. Es ist die einzige Kraft, die (schlimmstenfalls) mächtiger ist als alle übrige Natur zusammen. Und doch aus ihr hervorging. Die einzige Kraft womöglich, die das menschliche Wissen niemals erforschen kann. Ist das die offene Zone der Schöpfung? Der Beginn des Ganz Anderen inmitten unserer biologischen Identität? Glück und Tragik, wie wir sie unterscheiden, kommen nicht von dort. Bewußtsein ist urneutral oder urpolar: Schöpfungsnichtung. (NA 140)

Die Versöhnung von Bewußtsein und Materie, die Strauß in *Niemand anderes* im Licht der Mystik als wissenschaftlich-technologische Neo-Gnosis verklärt, eröffnet dem Bewußtsein jenen Ort der Ruhe - gerade über die Wissenschaften und über jene Ordnungen des Wissens, die den Menschen zuletzt vom Wissen ausschlossen. Durch die Erkenntnis des universalen und alles vereinenden Prinzips der Poiesis stellen Technologie und Wissen den Durchbruch dar zu einer Vereinigung von Mensch und Materie, von Mensch und Kosmos, und weisen zu jenem „Ursprung in Gott", den es für die Gnostiker zu suchen galt. „Lichte[s] Bewußtsein" (E 67) im Sinne dieser Neo-Gnosis ist Ruhe - das „Nunc stans" (NA 148) der Mystiker -, insofern es nicht Bemächtigung sondern Teilhabe ist. In jenem Wissen, das als formulierbare, beherrschbare Erkenntnis die Welt strukturierte, kann sich der Mensch, wie Botho Strauß ihn hier sieht, nicht mehr auffinden, denn dieses Wissen hatte ihm zuletzt sein Ende entblößt. Ein letzter Ort, für dieses ‚entblößte Bewußtsein' - „Unser Bewußtsein ist bereits eine einzige Maskerade von Entblößungen, von entblößten Ideen." (NA 149) - müßte jenseits dieses Wissens liegen, müßte den Prozeß der Erkenntnis umkehren in ein Wissen um das Nicht-Wissen. Be-‚wußt'-sein in diesem neo-gnostischen Sinne ist Nichtwissen, Versenkung in eine „offene Zone der Schöpfung", die nicht gewußt, nur geschaut werden kann.

Denn wir sind der Schöpfung dazugetan,
um weiter zu schaffen und unser Schaffen ist
weiter dazutun aus stillem Bewußtsein
Alles Wissen wird Schauen sein.
Alles Bewußte Gedicht. (E 67)

Für Botho Strauß ist diese Neo-Gnosis keine erkenntnistheoretische, sondern eine poetische: „Ah, nicht wissen möcht ich, sondern erklingen." (E 59) In *Der junge Mann* erfährt jene Neo-Gnosis, die sich als kybernetisch-technologische mit der Postmoderne assoziieren läßt[177], im Kult der Synkreas eine sehr ironische Absage (vgl. JM 135 ff).

Botho Strauß setzt bei der erkenntnistheoretischen Aufhebungsphantasie von Poiesis, universaler Vernetzung und annihilierender Virtualität an, um sie in ein ästhetisches Argument aufzulösen. Wissen und Schauen im poetischen Sinne sind sprachliche Figuren, die das Unsichtbare Rilkes, die Nacht des Novalis, die mystische „noche escura" eines Juan de la Cruz, das Jenseits des Denkens, den Tod, wie ihn Novalis verherrlicht und wie ihn Steiner, Blanchot und Paz als ontologisches und zeichentheoretisches Problem sehen, zuletzt in der Sprache selber auffindbar machen.

---

177. Vgl. Wolfgang Welsch: Unsere postmoderne Moderne, S. 215 ff zum neo-gnostischen Zusammenhang von Postmoderne und Technologie, besonders in bezug auf Ihab Hassan: The New Gnosticism.

Deshalb setzt Strauß den Rilkeschen Indikator „Ding" in der Aufforderung an den Prinzen „an jedem Ding erkenn in Ruhe sein Ur-Teil". Gnosis auch hier, aber in der mystischen Konzentration auf das Wort, wie sie die Kabbala übte.

Novalis machte die Nacht zum Aufenthalt, zum „Wohnsitz"[178], wie es heißt. Die Christusfigur in den *Hymnen an die Nacht* ist eine Figur des Todes. Der Tod Christi macht den Tod bewohnbar, nobilitiert die „ewge Nacht"[179] und den „Heilige[n] Schlaf" durch sein beispielhaftes Sterben und die Verheißung eines göttlichen Jenseits:

Im Tode ward das ewge Leben kund, Du bist der Tod und machst uns erst gesund.[180]

Strauß greift diese Gedanken auf - auch in *Sigé* - und deutet Traum, Nacht und Schlaf als Befindlichkeiten des Dichters, die jenes ‚andere Sehen' erfordern, das dieses Gedicht mit Rilke als poetisches Sehen kraft des poetischen Worts bestimmt.

Kein Traum ist ein Gleichnis.
Der Traum ist nur ein unerschöpfliches Wort, in das wir stetig zurückfließen.

Jede Nacht legt nahe, daß du alles erblickte umkehrst und sehen an sich ein anderes wär. Jede Nacht geschieht Umwälzung bis zur Schöpfung. Und jeder Schlaf hinterläßt einen Dichter, der sein Werk versäumte ... und wie es in der Morgenfäule zerfällt. Denn die Nacht ist hell und trübt in den Tag. Fragende See, stumme Küste. (S 50)

Schon im ersten und zweiten Teil von *Diese Erinnerung* kündigt sich jene Erlöserfigur an, die im dritten Teil des Gedichts die tragende Rolle aus den *Hymnen an die Nacht* übernimmt.

[...] wegen sengenden
Sehens immer gemieden, kein Gaukler und kein Täufer,
selbst nur ein Staubkorn im All deines berauschten
Bewußtseins, nicht ansässig im eigenen Willen, ruhlos,
von Wanderschaften großer Pläne durchkreuzt, hochauf-
fliegend, der Flieger am Kreuz, beide Arme ausflügelnd,
von Nägeln durchbohrt, der gestoppte Umarmer.

Mach deine Tour, sie ist ja kein Kreis.
Nicht bevor, spät erst, eine Woge zufriedener
Verständnislosigkeit ihn dir schließt. (E 26)

Der Erlöser in diesem Gedicht ist ein Verlassener, „el Gran Huérfano", wie Octavio Paz sagt. Verlassen hier von der Gewißheit des Seins, die ihm ein transzendentales Bewußtsein garantierte, verloren in der chaotischen Virtualität eines dis-

---

178. Schriften 1, 137.
179. Schriften 1, 143 und 133.
180. Schriften 1, 147.

lozierten Bewußtseins. Der menschgewordene Gott, der gottgewordene Mensch sind eins in der Verlassenheit eines nirgend ansässigen Menschseins.

Diese Erlöserfigur eröffnet das ‚nächtliche Bewußtsein' als pure Kontingenz jenseits einer Welt, die im Licht eines azentrisch sich verselbständigenden Wissens, dem Menschen den Aufenthalt verwehrte. Die Nacht der Herrlichkeit, die Novalis im Widerspiel zweier Stabilitäten, der Welt des Lichts und des irdisch geregelten Menschseins und der Welt des Göttlichen imaginierte, wird zur Nacht der Verständnislosigkeit. Aber dennoch Aufenthalt, Ort der Ruhe: die gnostische Jenseitsverheißung, die Botho Strauß zu beanspruchen sucht, macht die Verlassenheit zum Aufenthalt, das aufgehobene Bewußtsein zum ‚blinden Fleck' der Emanation der Schöpfung, das Nichtwissen zum zufluchtbietenden Ur-Wissen, das der Verlassene aufsucht.

Ist: sein Besuch in der Nacht und langsam
das Geständnis hören:
      ich muß mein Haus verlassen,
        nimm mich auf! (E 36)

Botho Strauß will behaupten, daß es ein Jenseits des Wissens gibt, das den Menschen im „Ganz Anderen" erhält. Und er versucht wie Novalis eine Identifikation des Dichters mit jener Erlöserfigur, die dem Menschen sein Anderes erschließt.

Wo Novalis noch im „himmliche[n] Triumph" des Todes den Sänger der heilsbringenden Botschaft und den auferstandenen Christus identifizieren konnte[181], wird das Bild des durch „sengendes Sehen" gekennzeichneten Dichter/Christus bei Strauß, des „Fliegers am Kreuz", zu einer Absturzvision.

„Dienen im Tempel des himmlischen Todes"[182] ist für den Menschen, den Dichter, den Christus, die bei Strauß in der Figur des Gastes zusammengefaßt sind, ein Sturz ins Dunkel.

Es auszuhalten
trotz des sternklaren Bewußtseins
oft und plötzlich,
daß nur Nacht ist, wo wir sind,
und alles Handeln geschieht
beim Abwärtsrasen in einem schallenden Schacht - (E 13)

Die Christusthematik in diesem Gedicht läßt sich gerade durch den Bezug zu Novalis auf dem oben mit Steiner, Blanchot und Paz angerissenen Hintergrund deuten. Wenn man mit Paz gelten läßt, daß die Romantik den ersten Schritt tat zur Entdeckung des existentialen Abgrunds im christlichen Todesgedanken - Novalis tut diesen Schritt, indem er den Tod und die Weltflucht verklärt -, so knüpft Strauß hier an, um seine Christusfigur in diesen nur gnostisch zu bewältigen Abgrund stürzen zu lassen.

---

181. Schriften 1, 149.
182. Ibid.

Strauß' Christusfigur ist ein Verlassener im Sinne Jean Pauls, Nervals und Octavio Paz', in dem sich die existentiale Verlorenheit des Menschen, das Erinnerungsthema dieses Gedichts, verkörpert: „Nichts ist christusförmiger in der Wüste als dein verdrecktes Gerippe." (E 14)

In *Paare, Passanten* nennt Botho Strauß die Identitätssuche des „kleine[n], freie[n] und armselige[n] Subjekts" eine „abgesunkene Glaubensfrage, so wie man früher um seinen Gott rang". Hier läßt er in der „inbrünstige[n] Phrase von der Identiät" deutlich „[den] Anklang an Gott bzw. [den] Mißklang der Selbstvergottung" (PP 177) hörbar werden, der in diesem Gedicht die dreifach besetzte Figur des Gastes - Mensch, Dichter, Gott - der Verlassenheit aussetzt. Dieser „Anklang an Gott bzw. der Mißklang der Selbstvergottung", wie er hier für dieses Gedicht nachvollzogen wurde, durchzieht das Werk von Botho Strauß in Geschichten und Motiven von „heruntergekommenen Göttern"[183]: in *Der Park*, wo die Götter aus Shakespeares *Sommernachtstraum*, Titania und Oberon, in ein frustrierendes irdisches Schicksal herabsinken, in *Kalldewey, Farce*, wo die Züge von Göttlichkeit in Despotentum umschlagen, in *Rumor*, wo die Hauptfigur Bekker an einer poetisch-göttlichen Sendung scheitert[184].

Aus diesem Motiv des verlassenen, des heruntergekommenen, des gestorbenen Gottes wäre nun dennoch nach den oben erläuterten Prinzipien einer „Ästhetik der Anwesenheit", die Strauß in seinem Steiner-Essay formuliert, eine Gotteserfahrung, die Erfahrung von Transzendenz, zu gewinnen.

Dieses Gedicht vollzieht nur zögernd die Wende von Verlust in Gegenwärtigung, von Entzug in Präsenz, die Wende, die Steiner vom Tod Gottes auf Seine „reale Anwesenheit" schließen läßt und die Strauß in seiner späteren „sakralen Poetik" mitvollzieht.

Hier deutet sich jene Wende an im gnostischen Aufhebungsdenken, das dem ‚entblößten Bewußtsein' des ortlosen Menschen Aufenthalt bietet im unverfügbaren „nunc stans" eines anderen Wissens, und diese gnostische Wende verbindet sich mit einer Beanspruchung des Poetischen, wie sie in den vorhergehenden Kapiteln aus der Tradition der Moderne hergeleitet wurde. Das poetische Wort, wenn es sich, wie Mallarmé und Rilke forderten, sprachlicher Referenz enthebt, eröffnet den Durchbruch zum Denken der Abwesenheit bei Mallarmé, zum Unsichtbaren bei Rilke, in die Nacht einer wissenschaftsübersättigten und epistemologisch im ‚Ende des Menschen' begründeten Verständnislosigkeit bei Strauß. Die selbstreferentielle Präsenz des Ästhetischen, die Mallarmé und im Anschluß Blanchot postulierten, das ‚Sehen in Blindheit' und das poetische Sagen der

---

183. Ich verweise hier auf die Analyse von Christine Winkelmann in: Die Suche nach dem ‚großen Gefühl'. Wahrnehmung und Weltbezug bei Botho Strauß und Peter Handke. Frankfurt a.M. u.a. 1990, besonders auf die Kapitel *Die heruntergekommenen Götter* und *Deus absconditus, deus absens oder deus obsoletus*, S. 17-33. Winkelmann stellt den Komplex der Götter und Göttergeschichten im Werk von Botho Strauß detaillierter dar, als das im Rahmen der hier verfolgten Argumentation geschehen kann, allerdings mit anderen Ergebnissen als den hier vorgelegten.

184. Vgl. das Kapitel *Bekkers Sendung* in: Helga Kaussen: Kunst ist nicht für alle da, S. 299-321.

‚unsäglichen' Dinge bei Rilke als eigentlich moderne Züge einer autonomen Ästhetik werden bei Strauß gnostisch mit dem Göttlichen besetzt.

Dies ist die Differenz, die zwischen Steiner einerseits und Blanchot und Paz andererseits aufgezeigt wurde: gemeinsam bezeichnen sie einen Nullpunkt jenseits des Sagbaren und jenseits des empirischen Wissens, eine ontologische und sprachtheoretische Abwesenheit, die sie in der christlich-abendländischen Rede vom Tod Gottes zu erfassen suchen. Mit Steiner versucht Strauß, diese Abwesenheit aufzuheben in jenem Gedanken, den die christliche Auferstehungshoffnung ausdrückt, in der Supposition einer originären Anwesenheit, die sich durch die poetische Kraft der Überschreitung im Ästhetischen perpetuiert und die hier mit dem Denken der Gnosis und Ur-Attributen belegt wird. Doch wie nah diese Supposition von Anwesenheit dem ontologischen Ursprungsproblem und dem Gedanken der Abwesenheit ist, zeigt dieses Gedicht noch im Topos der Nacht und des Todes, im Motiv des verlorenen Gottes, im Thema des verschwindenden Menschen, im Verweis auf den Ort der Ruhe im Nicht-Wissen, Absturz ins Leere und Aufenthalt zugleich.

Dieses Gedicht insistiert elegisch auf dem Thema des Abschieds und des Verlusts und markiert noch deutlich jene Schwelle der Abwesenheit, die Strauß erst später in seinem Essay über eine „sakrale Poetik" explizit und spektakulär überschreitet.

Deshalb ist Strauß modern und metaphysisch zugleich. Modern ist sein Eintreten für das poetische Wort und die Autonomie des Ästhetischen, auch in der Weise, wie er die Christusthematik als Grundfigur abendländischer Existentialität beansprucht und verbunden mit dem Thema des Menschen zur Stiftungsfigur des Ästhetischen macht.

Metaphysisch wird er dort, wo er das ästhetisch erschlossene Unverfügbare besetzt mit der gnostisch-religösen Vorstellung eines göttlich-ursprünglichen Schöpfungsprinzips, wie im ersten Teil des Gedichts die Alte Frau die Spur eines kosmischen Gedächtnisses repräsentiert, das unmittelbar an den Urgrund Schöpfung reicht. Dieses Gedächtnis wäre im Sinne des Steiner-Essays eucharistisch, indem die „offene Zone der Schöpfung" im vorweltlichen Urgrund des Kosmos, das „Ganz Andere", jener ‚blinde Fleck' des menschlichen Bewußtseins, den Botho Strauß in *Niemand anderes* intuiert, jenes pneumatische Quantum darstellte, in dem der Schöpfergeist unvergänglich präsent ist: „dieses unbewußte Wissen, das ruhlos irrt von Mensch zu Mensch, und keiner will es haben" (E 39).

Hier galt es zu zeigen, daß der Grat zwischen Anwesenheit und Abwesenheit in der Ästhetik von Botho Strauß, auch wenn sie sich metaphysich gibt, schmal ist. Das, was Strauß' Steiner-Essay ins Sakrale wendet, ist in dem besprochenen Gedicht noch deutlich präsent in Figuren der Abwesenheit, in der elegischen Rede des Verlusts, im Motiv des Todes Gottes, im Topos der Nacht und rührt eigentlich aus dem „Erbe der Moderne", aus dem Strauß immer wieder seine Argumente für die Relevanz des Ästhetischen bezieht.

Auch das nächste Kapitel wird sich auf diesem Grat bewegen, wenn nach den Verlustmomenten des Themas Gedächtnis - im elegischen Abschiedstopos, im abgründigen Ursprungsproblem des Chaos, im Thema des Todes Gottes und des Endes des Menschen - mit dem Werk von Jorge Luis Borges nun die bewahrende

Dimension des Themas Gedächtnis, die intertextuelle Dimension des Gedächtnisses als eines Speichers und eines Archivs, angegangen werden soll.

2. Borges

Jorge Luis Borges ist der Autor eines fast enzyklopädisch zu nennenden Werks - er schuf ein multiples Konvolut literarischer Bezüge, textueller Verweise und bibliographischer Referenzen, das schon für sich allein ein ganzes intertextuelles Universum darstellt.

Yo he de quedar en Borges, no en mí (si es que alguien soy), pero me reconozco menos en sus libros que en muchos otros [...].[185]

sagt sein Alter ego in der Reflexion *Borges und ich*, in der er jenen anderen seine Autorexistenz als intertextuelle Existenz enthüllen läßt: Borges existiert weniger in jenen Büchern, die er geschrieben hat, als „en muchos otros", das heißt, in all jenen, die er gelesen hat, und, um dies weiterzudenken, in allen Büchern, die geschrieben wurden oder noch geschrieben werden und auch in all jenen, die hätten geschrieben worden sein können.

Dies entspräche der Bibliotheksphantasie in der Erzählung *La biblioteca de Babel*, in der Borges versucht, eine Vorstellung der vollständigen Präsenz alles Geschriebenen zu entwerfen. In der universalen Bibliothek von Babel findet sich alles geschrieben, was aus der unerschöpflichen und doch endlichen Kombinatorik des Alphabets entstehen kann: alle Bücher in allen Sprachen der Welt, dazu alle Übersetzungen, Kommentare, Kommentare der Kommentare (richtige und falsche), Plagiate, Kryptogramme, auch die Geschichte der Zukunft, alle denkbaren Phantasien wie die Autobiographien der Erzengel, die verlorenen Bücher des Tacitus und pure Zeichenspekulationen. Ein Buch, das nur einen einzigen Buchstaben enthält, wäre genauso zu finden wie stetig wiederholte Buchstabenkombinationen und unzählbare Varianten von Büchern, die sich nur in einem Satz oder gar nur in einem Zeichen von den anderen unterscheiden.[186]

Diese Phantasie des Universums als Bibliothek erwächst aus der Idee des Weltbuchs, die ihrerseits herrührt aus der Vorstellungswelt der Religion und der Magie.[187]

---

185. Borges: Borges y yo. In: El Hacedor. OC II, 186.
Deutsch in: Borges und ich. Werke IX, 46: „Ich muß in Borges bleiben, nicht in mir (falls ich überhaupt jemand bin), aber ich erkenne mich in seinen Büchern weniger wieder als in vielen anderen [...]."
186. J.L.B.: La biblioteca de Babel. In: Ficciones. OC I, S. 465-471.
Die Bibliothek von Babel. In: Fiktionen. Werke V, 67-76.
187. Eine der Lieblingsideen von Borges, die er in seinem Essay *Del culto de los libros* in: Otras Inquisiciones. OC II, 91-94 (Vom Bücherkult. In: Inquisitionen. Werke VII, 122-127) und an vielen anderen Stellen erläutert.

Mallarmé, der in *Le Livre* das Projekt eines universalen Texts realisieren wollte, formulierte „tout au monde existe pour aboutir à un livre"[188]. Sein Welt-Buch war der Versuch, die Welt auf reine Sprachlichkeit zu reduzieren, um ihr in der Sprache einen neuen, absoluten Status zu verleihen. Mallarmés universaler Text ist ein Text der absoluten Negativität, Negation der begrifflichen Welt durch Negation der eigenen Möglichkeit: *Le Livre* wurde nie vollendet.

In *Del culto de los libros* zitiert Borges Léon Bloy, der die Welt dagegen mit unermeßlicher Bedeutung anfüllt, indem er die Geschichte als liturgischen Text deutet, in dem jedes Zeichen Teil eines unbestimmbaren und tief verborgenen Chiffrensystems ist, das unsere Namen verschlüsselt.

Wo Mallarmé die Welt der selbstreferentiellen Dichte der alles in sich beschließenden Sprache überantworten will, ergänzt Borges mit Léon Bloy einen Standpunkt, der die totalisierende Phantasie von Weltbuch und Bibliothek, Universum und Sprache im Geheimnis einer höheren Sinnhaftigkeit aufhebt.

El mundo, según Mallarmé, existe para un libro; según Bloy, somos versículos o palabras de un libro mágico, y ese libro incesante es la unica cosa que hay en el mundo: es, mejor dicho, el mundo.[189]

Diese Idee eines universalen Weltinventars, das im Buch zu erfassen wäre, ist - wiederum angesiedelt auf dem Grat zwischen einer durch die Sprache erzeugten Abwesenheit (bei Mallarmé) und einer religös inspirierten Annahme der Anwesenheit von Sinn - eine Grundfigur literarischer Intertextualität.

Die Idee, „das Buch zur Metapher für das universale Archiv unserer Kultur zu erheben" (PP 106), wie Botho Strauß in einer Reflexion über das Mallarmésche Buch formuliert[190], deutet die Welt als universalen Text, der sich in einem unendlichen Prozeß des Wiederschreibens und Umschreibens im Buch, in der Schrift, in der Literatur niedergelegt fände. Dieser universale Text wäre gleichzeitig das Archiv unserer Kultur, ein unerschöpflicher Speicher des kulturellen Wissens, zu bewahren in einer Universalbibliothek unserer Zeichenkultur, wie sie Borges imaginiert. - All dieses sind Metaphern, die den Gedanken universaler Textualität mit einer Konzeption von Gedächtnis verbinden. Dieses universaltextuelle Gedächtniskonzept ist das Basismodell einer intertextuellen Definition von Literatur.

Das Gedächtnis des Textes ist seine Intertextualität.[191]

Aleida Assmann erläutert die Tradition der Idee des absoluten Buchs in Verbindung mit den Buch- und Bibliothekserfindungen von Borges. Zur Metaphorik der Erinnerung, S. 18/19
188. Le Livre, instrument spirituel. OC, 378.
189. Del culto de los libros. OC II, 94.
Werke VII, 127: „Die Welt ist nach Mallarmé für ein Buch da; nach Bloy sind wir Verszeilen oder Wörter oder Zeichen in einem magischen Buch, und dieses nie aufhörende Buch ist das einzige, was es in dieser Welt gibt: besser gesagt, es ist die Welt."
190. In anderem Zusammenhang wurde schon referiert, wo Strauß sein Schreiben mit der Mallarméschen Buch-Idee verknüpft.
191. Renate Lachmann: Gedächtnis und Literatur, S. 35.

Dieses Kapitel handelt vom literarischen Text als Gedächtnisraum, der sich in der Dimension einer universal gedachten Intertextualität entfaltet. Borges und seine universaltextuellen Phantasien sollen hier jenes Gedächtnis der Texte darstellen helfen, das auch in der ästhetischen Konzeption von Botho Strauß eine Rolle spielt.

Botho Strauß ist Borges-Leser. In seiner *Lobrede auf Botho Strauß* anläßlich der Verleihung des Büchner-Preises nennt Luc Bondy Borges einen „seiner Lieblingsschriftsteller"[192]. Das Theaterstück *Die Hypochonder*, Strauß' erstes, ist ein eindeutiges Stück Borges-Rezeption. Nach Strauß' eigener Aussage ist es „voll von Direktzitaten" und unmittelbaren Borges-Anleihen.[193] Die „geliebten argentinischen Geschichten [...], in die man einblickt wie in einen schwarzen Spiegel" (H 20), spiegeln sich fort im borgianisch verkomplizierten Handlungsverlauf des Stücks und bieten ergiebige Möglichkeiten zu philologischer Spurensuche.[194]

Hier allerdings geht es nicht um solche Spuren einer direkten Beeinflussung, vielmehr um eine literarische Verwandtschaft, die sich im Feld einer universalliterarischen Intertextualität, für die hier die Autor-Figur Borges stehen soll, abzeichnet. Wie Mallarmé und wie Rilke ist Borges ein Teil jenes intertextuellen Feldes, das diese Arbeit für Botho Strauß zu eröffnen sucht.

Borges wurde entdeckt für eine im Zuge der aktuellen „Memoria-Konjunktur"[195] in der Literaturwissenschaft entwickelte Intertextualitätstheorie vor allem aufgrund der Erzählung *Funes el memorioso*[196], die in der Geschichte des unglücklichen Ireneo Funes den phantastischen Fall eines unerbittlichen, weil unbegrenzten und lückenlosen Gedächtnisses schildert, der in einem von Alexander R. Lurja untersuchten Fall psycho-pathologischer Gedächtnishypertrophie - von dem Borges bei der Abfassung der Erzählung kaum Kenntnis haben konnte - eine erstaunliche reale Parallele findet.[197] Renate Lachmann folgert aus der Parallelität

---

192. Luc Bondy: Der Alchimist. Lobrede auf Botho Strauß. In: Die Zeit 27.10.1989.
193. Vgl. Hage: Schreiben ist eine Séance, S. 200.
194. Diese wurde geleistet von Ursula Kapitza in: Bewußtseinsspiele: Drama und Dramaturgie bei Botho Strauß. Frankfurt a.M. 1987. (Literarhistorische Untersuchungen, Bd. 9.), S. 65-94, bes. S. 73 ff; von Helga Kaussen in: Kunst ist nicht für alle da, S. 74-82; von Christine Winkelmann in: Die Suche nach dem ‚großen Gefühl', S. 42-45.
195. Anselm Haverkamp; Renate Lachmann: Vorwort 1992: Übersicht und Rückblick. In: Memoria, S. XXVIII.
196. In: Ficciones. OC I, 485-490.
Das unerbittliche Gedächtnis. In: Fiktionen. Werke V, 95-104.
Vgl. folgende Analysen:
Wolf Kittler: Digitale und analoge Speicher. Zum Begriff der Memoria in der Literatur des 20. Jahrhunderts. In: Gedächtniskunst, S. 387-408.
Renate Lachmann: Gedächtnis und Weltverlust. Borges' *memorioso* - mit Anspielungen auf Lurjas *Mnemonisten*. In: Memoria, S. 492-519.
197. Alexander R. Lurja: Kleines Porträt eines großen Gedächtnisses. In: A.R.L.: Der Mann, dessen Welt in Scherben ging. Zwei neurologische Geschichten. Mit einer Einführung von Oliver Sacks. Reinbek bei Hamburg 1992, S. 147-249.

von rhetorischer „*loci-imagines*-Findung und psycho-(patho-)logischer *imaginatio*" bei Lurjas Mnemopathen Schereschewski eine „Parallelität von Mnemotechnik der Rhetorik und Psychotechnik des Gedächtnisses".[198] Auf dieser Basis wäre ausgehend von Borges' fiktivem Fall mnemonischer Hypertrophie im Durchgang durch die von hier sich erschließenden universalistisch-mnemonischen Phantasien in seinem Werk ein universalgrammatisches Paradigma der Intertextualität zu konstruieren, das auch für Botho Strauß beansprucht werden kann.

Borges' Erzählung *Funes el memorioso* präsentiert eine Idee, die sich bei Borges in vielfältiger Weise variiert und ergänzt findet. Das Problem des Ireneo Funes, den das Vergessen nicht mehr ereilen will, ist die ungeordnete Fülle seiner Gedächtnismasse.

Vergessen hilft, Ordnung schaffen. „Wer alle Dinge erinnert, vergißt die Ordnung der Welt."[199]

Der Erzähler der Geschichte *Funes el memorioso* dagegen stellt eine Ordnung her, und diese Ordnung der Erzählung kommt durch Vergessen zustande. Auch wenn er im anaphorischen „recuerdo" der Anfangspassagen seine Gedächtnisanstrengung zu akzentuieren versucht, entlarvt sich seine Erzählung als das Werk eines „schwachen Mnemoniker[s]"[200], der sich der Begebenheit, die er sich zu berichten anschickt - des nächtlichen Dialogs zwischen ihm und Funes - gar nicht vollständig erinnern kann. Die Worte, die in dieser Nacht gesprochen wurden, seien für ihn „irrecuperables ahora", er könne nur „resumir con veracidad las muchas cosas que me dijo Ireneo".[201]

Ireneo Funes wäre nicht fähig zu einer solchen synthetisierenden Vergessensleistung, wie sie hier den Erzählakt ausmacht. Der Erzähler will sogar zweifeln, ob er denken kann, denn Denken bedeutet „olvidar diferencias, es generalizar, abstraer" und Funes „era casi incapaz de ideas generales, platónicas"[202], daß heißt, er ist nicht fähig, jene Taxonomien zu adaptieren, die unser Weltverständnis und damit unser Denken in ein Schema von Abstraktionen und Reduktionen einpassen, er kennt nur die ungebändigte Unendlichkeit eines mit einer Unfülle von Einzelheiten bestückten Gedächtnisinventars.

Funes seinerseits erprobt sich in Taxonomien, die geeignet sind, das Unendliche zu erfassen.

Vgl. dazu: Renate Lachmann: Die Unlöschbarkeit der Zeichen: Das semiotische Unglück des Mnemonisten. In: Gedächtniskunst, S. 111-141.
198. Gedächtnis und Literatur, S. 37/38.
199. Lachmann: Die Unlöschbarkeit der Zeichen, S. 122.
200. Lachmann: Gedächtnis und Weltverlust, S. 499.
201. OC I, 488.
Werke V, 99: „Ich werde nicht versuchen, seine Worte wiederzugeben, die unwiederbringlich verloren sind. Ich ziehe es vor, wahrheitsgetreu die vielen Dinge, die Ireneo mir sagte, zusammenzufassen."
202. OC I, 490.
Werke V, 102: „Er war, vergessen wir das nicht, zu allgemeinen, platonischen Ideen so gut wie nicht imstande."
Ibid., 103: „Ich vermute allerdings, daß er zum Denken nicht sehr begabt war. Denken heißt, Unterschiede vergessen, heißt verallgemeinern, abstrahieren."

Anstatt die Worte und die Dinge nach generischen Kategorien zuzuordnen, teilt er einem jeden Ding sein eigenes Wort zu. Das geht soweit, daß er sich weigert anzuerkennen, daß die Menge der Einzelwesen unterschiedlicher Form und Größe, die in der begrifflichen Kategorie ‚Hund' erfaßt werden, mit diesem einzigen Wort zu benennen sei, ja sogar ist er der Meinung, daß „el perro de las tres y catorce (visto de perfil)" nicht mit dem selben Wort benannt werden dürfe wie „el perro de las tres y cuarto (visto de frente)"[203].

John Locke hatte, wie Borges hier referiert, im 17. Jahrhundert das Projekt einer Universalsprache entworfen (und wieder verworfen), in der, wie es Funes' Bedürfnis nach unendlicher Vollständigkeit entspricht, jedes Ding seinen eigenen Namen haben sollte. Für Funes ist auch dieses Benennungsverfahren noch zu allgemein und zu arbiträr, denn er differenziert seine Erinnerungspartikel nicht nur nach distinkten Elementen, sondern auch nach unterschiedlichen Wahrnehmungsmomenten.

En efecto, Funes no solo recordaba cada hoja de cada árbol de cada monte, sino cada una de las veces que la había percibido o imaginado.[204]

Deshalb erprobt er die Möglichkeit einer allumfassenden Systematik in der abstrakten Welt der Zahlen. Er erfindet ein unendliches Vokabular für die Reihe der Zahlen, indem er die Ziffernnotierung der Zahlenwerte durch Worte ersetzt. In seinem Essay *El idioma analítico de John Wilkins*, der die in Bezug auf Funes angestellten universalsprachlichen Spekulationen noch mit weiteren Überlegungen verknüpft, weist Borges dieses Projekt als eines unter theoretisch unendlich vielen möglichen Zählungssystemen (von denen eines unser Dezimalsystem ist) aus.

Teóricamente, el número de sistemas de numeración es ilimitado. El más complejo (para uso de las divinidades y de los ángeles) registraría un número infinito de símbolos, uno para cada número entero; el más simple sólo requiere dos. Cero se escribe 0, uno 1, dos 10, tres 11, cuatro 100, cinco 101, seis 110, siete 111, ocho 1000 ... Es invención de Leibniz, a quién estimularon (parece) los hexagramas enigmáticos del I King.[205]

---

203. OC I, 490.
Werke V, 102: „[...] es störte ihn auch, daß der Hund von 3 Uhr 14 (im Profil gesehen) denselben Namen führen sollte wie der Hund von 3 Uhr 15 (gesehen von vorn)."
204. OC I, 489.
Werke V, 102: „Tatsächlich erinnerte Funes sich nicht nur an jedes Blatt jeden Baumes in jedem Wald, sondern auch an jedes einzelne Mal, da er es gesehen oder sich vorgestellt hatte."
205. El idioma analítico de John Wilkins. In: Otras Inquisiciones. OC II, 85.
Die analytische Sprache von John Wilkins. In: Inquisitionen. Werke VII, 114: „Theoretisch gibt es zahllose Zählungssysteme. Das komplizierteste (zum Gebrauch der Gottheiten und der Engel) würde eine unendliche Zahl von Symbolen verzeichnen, eines für jede ganze Zahl; das einfachste kommt nur mit zwei Zahlen aus. Null schreibt sich 0, eins 1, zwei 10, drei 11, vier 100, fünf 101, sechs 110, sieben 111, acht 1000 ... Es ist eine Erfindung von Leibniz, der die Anregung (anscheinend) den rätselhaften Hexagrammen des *I Ging* verdankt."

Funes benutzt jenes komplizierteste System, das nur Göttern und Engeln vorbehalten ist. Er bezeichnet jede einzelne Zahl durch ein eigens festgelegtes Wort. Er verwendet Eigennamen („Máximo Pérez" bedeutet 7013) oder Begriffe („Die Eisenbahn" bedeutet 7014), aber auch die ‚entwerteten' Ziffern werden eingesetzt (9 bedeutet 500), allerdings ohne daß sie Rechenordnungen zuließen. Funes' Zahlensystem beruht auf purer Memorierung. Dank seiner unendlichen Gedächtniskapazität ist er in der Lage, jedes Wort und den zugehörigen Zahlenwert zu erinnern, und er braucht dieses Notierungssystem nicht einmal schriftlich niederzulegen. In wenigen Tagen hatte er auf diese Weise über 24000 Zahlen erfaßt.

Dagegen wäre ein Gedanke zu halten, den Borges in *El idioma analítico de John Wilkins*, mit einer Bemerkung von Descartes festhält:

Descartes, en una epístola fechada en noviembre de 1629, ya había anotado que mediante el sistema decimal de numeración, podemos aprender en un solo día a nombrar todas las cantidades hasta el infinito y a escribirlas en un idioma nuevo que es el de los guarismos; [...].[206]

In einem einzigen Tag läßt sich im Dezimalsystem, dessen kategoriale Logik - „le dije que decir 365 era decir tres centenas, seis decenas, cinco unidades"[207] - der Erzähler Funes entgegenhält, mit einem endlichen Zeicheninventar eine potentiell unendliche Menge erfassen, während sich Funes mit seinem mnemonischen Registrierungssystem in operationale Tautologien verstrickt: er könnte unendlich lang seine Tage damit ausfüllen, das unendliche Zahlensystem fortzudenken, so wie die Rekonstruktion eines Tages in seiner Erinnerung genau einen Tag dauern würde und so wie die Aufarbeitung all seiner Erinnerungen in Bündeln zu 70.000, die er sich einmal vorgenommen hatte, sein ganzes Leben beanspruchen würde.

Abstraktion und kategoriale Logik machen das Unendliche faßbar in endlichen Ordnungskonstruktionen. Simulation von Ordnung suggeriert universale Erkenntnis, Funes' Gedächtnis dagegen *ist* „el inconcebible Universo"[208], so unendlich wie das Aleph und wie die Bibliothek von Babel, so unfaßbar, daß es nur immer wieder tautologisch seine Unendlichkeit hervorbringt.

---

206. OC II, 84/85.
Werke VII, 114: „Schon Descartes hatte in einem Brief vom November 1629 vermerkt, daß wir mit Hilfe der Zählung nach dem Dezimalsystem binnen eines einzigen Tages die Zählung sämtlicher Größenmengen bis zum Unendlichen erlernen und diese in einer neuen Sprache, nämlich in Ziffern, niederschreiben können; [...]."
207. OC I, 489.
Werke V, 102: „Ich sagte ihm, daß, wenn man dreihundertfünfundsechzig sagt, man drei Hunderter, sechs Zehner, fünf Einer nennt;"
208. El Aleph. OC I, 626.
Werke V, 145: „das unfaßliche Universum".

Más recuerdos tengo yo solo que los que habrán tenido todos los hombres desde que el mundo es mundo.[209]

Dieses Gedächtnis ist das unsterbliche Gedächtnis aller Menschen, ein übermenschliches Universalgedächtnis, archaisches Weltgedächtnis und unendliches Spektrum des Wahrnehmbaren in einem.

[...] me pareció monumental como el bronce, más antiguo que Egipto, anterior a las profecías y a las pirámides.[210]

Borges stellt Funes in den Kontext der Memoria-Tradition, die er beruft im Zitat der *Naturalis Historia* von Plinius, aus der Funes eben jenes Kapitel repetiert, das von außergewöhnlichen Gedächtnisleistungen handelt, und unter diesen den Erfinder der Mnemotechnik, Simonides von Keos, erwähnt.

Besonders aber, wie Renate Lachmann zeigt, bedient sich Borges für sein universalistisches Gedächtnismodell der Tradition der hermetischen Mnemonik, der kombinatorischen und diagrammatischen Gedächtnismodelle Giulio Camillos oder Giordano Brunos und der Erfindungen häretischer Zahlensysteme und Sondersprachen, wie sie hier mit Locke und John Wilkins zitiert wurden.[211] Aus dieser Tradition der Hermetik bezieht Borges jene verbalen und algebraischen Notierungstechniken, mit Hilfe derer Funes die unübersehbare Masse seiner Erinnerungen in jenes esoterische Chiffrenregister einträgt, das alle systematischen Ordnungskonzepte und jedes klassifikatorische Wissen außer Kraft setzt.

Die Anwendung der hermetischen Tradition gehorcht einem magischen Streben nach Weltwissen. Die häretische Logik der Funes'schen Mnemotechnik

führt auf die Spur einer generativen und spekulativen *memoria*, wie sie von Camillos und Brunos Modellen vertreten wird, und zeigt die Applikation eines Weltwissen hervorbringenden und repräsentierenden magischen Mechanismus auf den literarischen Text (der damit das Universum der Texte wird).[212]

Dieses magisch-universaltextuelle Konzept verfestigt sich in der Reihe thematisch zusammengehöriger Erzählungen, die Borges um *Funes el memorioso* aufstellt:

La memoria infinita de Funes parece un don, sin embargo mata a quien es poseído por ella. Esa vendría a ser la misma idea de *El Aleph*, aquel punto donde convergen todos los puntos del espacio, que puede abrumar al hombre, y también sería la misma en el cuento *El Zahir*,

---

209. Funes el memorioso. OC I, 488.
Werke V, 100/101: „Ich allein habe mehr Erinnerungen, als alle Menschen je gehabt haben, solange die Welt besteht."
210. OC I, 490.
Werke V, 103: „er schien mir monumental wie Erz, älter als Ägypten, früher als die Prophezeiungen und die Pyramiden."
211. Lachmann: Gedächtnis und Weltverlust, S. 502-504.
212. Lachmann: Text als Mnemotechnik - Panorama einer Diskussion, Teil II. In: Gedächtniskunst, S. 21.

un objeto inolvidable, que por ser inolvidable por el protagonista, no puede dejar de pensar en otra cosa, y por eso lo vuelve loco o está a punto de volverse loco cuando escribe el cuento. Y así seguimos también con *El libro de arena*, un libro infinito, que resulta atroz para quien lo tiene.[213]

Die hermetischen Memorierungstechniken bei Funes, die ein unendliches Weltwissen in kryptische Chiffrierungen umsetzen, und das kabbalistische Weltgeheimnis, das im Aleph und im Zahir beschlossen ist, laufen in der Weltbuchmetapher in *El libro de arena* zusammen - das Unendliche findet sein Gleichnis im Buch, im „Buch der Bücher"[214] mit unendlich vielen Seiten, von denen keine die erste und keine die letzte ist (auch hier gibt es ein undurchsichtiges Ziffernsystem, nach dem die Seiten numeriert sind), in dem weder vor- noch zurückblättern zu einem Ende führt - Metapher eines endlosen Welttextes und seiner Unverfügbarkeit zugleich.

Dort, wo das Weltwissen kombinatorisch präsent gemacht wird, d.h. eine magische Präsenz gewinnt, muß nichts mehr erinnert werden: die magische Präsenz der *memoria* suspendiert das Erinnern. Der literarische Text ist nicht nur Ort, an dem Konzepte des Gedächtnisses entfaltet oder dem mnemonischen Inventar entnommene *imagines* aufgerollt werden, sondern ist selbst kombinatorisches System, Ort einer auf sich selbst verweisenden *memoria*.[215]

Diese auf sich selbst verweisende Memoria findet ihr Beispiel in Funes, der nichts erinnert, weil er nichts vergißt, der in der Tautologie eines vollkommenen Gedächtnisses lebt, allen Ordnungen des Verstehens entfremdet, weil diese auf Vergessen gründen. Sie ist niedergelegt im *Sandbuch* als universaler Text (auch das Aleph ruft die Phantasie eines universalen Texts hervor: Carlos Argentino hatte vor, die Gestalt unseres Planeten in Verse zu fassen. Einige Hektar von Queensland und einige weitere Landstriche hatte er schon bearbeitet[216]). Prinzip dieser Textualität ist die Unendlichkeit des Unverfügbaren. Ein in unabschließbaren Transformationen - magisch - präsent werdender Wissensvorrat bildet den Text, ohne die Supposition eines endlichen Sinns zuzulassen. Das, was Borges in seinen epistemologischen Versuchsanordnungen, in komplizierten Kombinatoriken und kryptischen Symboliken erprobt, ist die Transformation eines universalen Urtexts,

---

213. Borges in einem Interview mit Dante Escobar Plata. In: D.E.P.: Las obsesiones de Borges. Buenos Aires 1989, S. 58.
„Funes' unendliches Gedächtnis scheint eine Begabung zu sein, dennoch tötet es denjenigen, der es besitzt, in diesem Fall Funes, oder denjenigen, der von ihm besessen ist. Dieses ist auch die Idee in *Das Aleph*, dieser Punkt, in dem alle Punkte des Universums konvergieren, und der den Menschen zerstören kann, und wieder dieselbe Idee findet sich in der Erzählung *Der Zahir*, ein Gegenstand, der nicht zu vergessen ist, der, weil er nicht vergessen werden kann, den Protagonisten an nichts anderes mehr denken läßt und ihn deshalb verrückt macht oder, er ist kurz davor, verrückt zu werden, als er die Geschichte niederschreibt. Und so wäre fortzufahren mit dem *Sandbuch*, einem unendlichen Buch, das sich als schrecklich erweist, für den, der es besitzt." (Meine Übersetzung)
214. Werke XIII, 184. OC III, 69.
215. Lachmann: Text als Mnemotechnik, S. 21.
216. OC II, 620. Werke VI, 136.

der präsent ist und doch nicht lesbar, der unendliche Chiffrierungen zuläßt und doch nicht dechiffrierbar ist. Dieses wäre das Prinzip einer universalen mnemonischen Intertextualität, auf deren Hintergrund der literarische Text als generativ-kombinatorische Transkription eines vergessenen Urtexts erscheint.

Botho Strauß erfaßt diese Vorstellung in einer fast banal anschaulichen Reflexion über das intertextuelle Gedächtnis der Sprache:

Etwas, das kommen wird, kündigt sich durch eine Gedächtnishemmung an. Beim Lesen eines Nachworts zu Gedichten von Ernst Bertram plagt den Leser plötzlich, daß ihm eine geläufige Floskel, eine gespreizte Form der Verneinung, wie sie bei Journalisten beliebt ist, nicht einfällt. Mit schneckenhafter Geduld kreist er die Lücke ein und wird schließlich fündig; es handelt sich um das Satz-Muster: ‚und es zeigte sich bald, er war unter den Bewerbern der geringste nicht.‘ Wenige Seiten später liest er in dem Text über Bertram: ‚Aber dies war seine Sache nicht.‘ Soll man annehmen, es gäbe in der Sprache so etwas wie einen Fluß von der Zukunft in die Gegenwart? Das Wort, die Formulierung kommt (als eine Störung) in den Sinn, bevor sie im Text auftaucht. Oder soll dies beweisen, daß ein Text eben ein holistisches Gewebe ist, bei dessen Lektüre man, kaum daß die Witterung aufgenommen wurde, stets mit dem Ganzen verbunden ist, wobei in einem hellsichtig-müden Augenblick eine Wendung, ein Gedanke, die erst künftig geäußert werden, bereits vorschwebend präsent sind? Dann wären Ahnungen prinzipiell nichts weiter als ein Phänomen textueller, nichtlinearer Zusammenhänge. (B 80/81)

Dieser Gedanke, daß das universale Gedächtnis der Texte Vergangenheit und Zukunft umschließen müsse, findet sich auch in der Borges'schen Universaltext-Phantasie.

Teóricamente, no es inconcebible un idioma donde el nombre de cada ser indicara todos los pormenores de su destino, pasado y venidero.[217]

Die Yahoos, Objekt der epistemologisch-archäologischen Versuchsanordnung in *El informe de Brodie*, verfügen im Gegensatz zu Ireneo Funes über ein verschwindend geringes Gedächtnis, dagegen besitzen sie die Gabe der Voraussicht. Gedächtnis und Voraussicht sind bei den Yahoos, allerdings nur einen ganz geringen Zeitraum betreffend, deckungsgleich. Sie erinnern sich höchstens an Dinge, die sich am selben Tag oder am Vortag zugetragen haben, und sie können voraussehen, nicht was in ferner Zukunft, sondern was in den unmittelbar folgenden Momenten eintreten wird: das Auftauchen einer Mücke oder den bevorstehenden Schrei eines Vogels. Borges läßt den berichtenden David Brodie über die Möglichkeit eines „prophetischen Gedächtnisses" philosophieren:

Sabemos que el pasado, el presente y el porvenir ya están minucia por minucia, en la profética memoria de Diós, en su eternidad: lo extraño es, que los hombres puedan mirar, indefinidamente hacia atrás pero no hacia adelante. Si recuerdo con toda nitidez aquel velero

---

217. El idioma analítico de John Wilkins. OC II, 87.
Werke VII, 117: „Theoretisch nicht unvorstellbar ist eine Sprache, in welcher der Name jedes einzelnen Geschöpfs alle Einzelheiten seines Schicksals in Vergangenheit und Zukunft angäbe."

de alto bordo que vino de Noruega cuando contaba apenas cuatro años ¿a qué sorprenderme del hecho de que alguien sea capaz de prever lo que está a punto de ocurrir? Filosóficamente la memoria no es menos prodigiosa que la adivinación del futuro; el día de mañana está más cerca de nosotros que la travesía del Mar Rojo por los hebreos, que, sin embargo, recordamos.[218]

Diese Vorstellung, die das Konzept eines Universalgedächtnisses in *Funes el memorioso* durch das Konzept eines nicht minder erstaunlichen prophetischen Gedächtnisses ersetzt, geht davon aus, daß im „holistischen Gewebe" des Universaltexts alles schon vorhanden ist, auch die Zukunft, die somit ebenso abrufbar sein muß wie die Vergangenheit.
In beiden Fällen ist es Gott, dem dieses „holistische" Gedächtnis zugeschrieben wird: Funes bedient sich für sein Zahlensystem einer analogischen Mnemotechnik, die dem „Gebrauch der Götter und der Engel" vorbehalten ist, und hier partizipieren die Yahoos an einem Bruchteil des göttlichen Gedächtnisses, das in seiner Unendlichkeit alle Zeiten umschließt.
  Gott ist es auch, der dieser Unendlichkeit geheime Ordnungen unterlegt:

¿Qué es una inteligencia infinita? indagará tal vez el lector. No hay teólogo que no la defina; yo prefiero un ejemplo. Los pasos que da un hombre, desde el día de su nacimiento hasta el de su muerte, dibujan en el tiempo una inconcebible figura. La inteligencia Divina intuye esa figura inmediatamente, como la de los hombres un triángulo. Esa figura (acaso) tiene su determinada función en la economía del universo.[219]

Genauso der übermenschliche Funes[220], der die „Ökonomie des Universums" in pointillistischen Wahrnehmungsfiguren entdeckt, die durch das Grobraster unserer Geometrie hindurchfallen.

---

218. El informe de Brodie. In: El informe de Brodie. OC II, 454.
David Brodies Bericht. In: David Brodies Bericht. Werke XIII, 86: „Wir wissen, daß die Vergangenheit, die Gegenwart und die Zukunft, Nichtigkeit für Nichtigkeit, in Gottes prophetischem Gedächtnis, in Seiner Ewigkeit beschlossen sind; seltsamerweise können Menschen unbegrenzt rückwärts, doch nicht vorwärts schauen. Wenn ich mich mit Deutlichkeit des hochbordigen Schnellseglers erinnere, der aus Norwegen kam, als ich kaum vier Jahre zählte, wie sollte ich mich dann darüber verwundern, daß jemand fähig ist, vorauszusehen, was gleich geschehen wird? Philosophisch gesehen ist die Erinnerung nicht weniger wunderbar als die Vorausschau der Zukunft; der morgige Tag ist uns näher als der Zug der Hebräer durchs rote Meer, an den wir uns jedoch erinnern."
219. El espejo de los enigmas. In: Otras Inquisiciones. OC II, 100.
Der Rätselspiegel. In: Inquisitionen. Werke VII, 135: „Was ist eine unendliche Intelligenz? wird vielleicht der Leser fragen. Jeder Theologe definiert sie; ich ziehe ein Beispiel vor. Die Schritte, die ein Mensch vom Tag seiner Geburt bis zu dem seines Todes tut, zeichnen in die Zeit eine unbegreifbare Figur. Die göttliche Intelligenz erfaßt diese Figur so unmittelbar wie die menschliche ein Dreieck. Diese Figur hat (vielleicht) ihre bestimmte Funktion in der Ökonomie des Universums."
220. Hier klingt Nietzsche an: „[...] Funes era un precursor de los superhombres; ‚Un Zarathustra cimarrón y vernáculo' [...]." OC I, 485.

Una circunferencia en un pizarrón, un triángulo, rectángulo, un rombo, son formas que podemos intuir plenamente: lo mismo le pasaba a Ireneo con las aborrascadas crines de un potro, con una punta de ganado en una cuchilla, con el fuego cambiante y con la innumerable ceniza, con las muchas caras de un muerto en un largo velorio.[221]

Funes ist ein „Doppelgänger Gottes"[222], wie Borges ganz unmißverständlich nahelegt (gleich im ersten Satz der Erzählung heißt es, „erinnern" sei ein „heiliges Verb"[223]); Doppelgänger eines Gottes, der ein Universum unendlich teilbarer und unendlich bedeutsamer Phänomene beherrscht und in den winzigsten Dingen seinen Einfluß zeigt - und vielleicht nur dort, wie in *La lotería de Babilonia* die gottgleiche Lotteriegesellschaft, von der das Gerücht geht, sie sei allmächtig, nehme aber nur auf winzigste Einzelheiten des Weltgeschehens Einfluß: „en el grito de un pájaro, en los matices de la herrumbre y del polvo, en los entresueños del alba."[224]

En el mundo abarrotado de Funes no había sino detalles.[225]

Ein Universum infinitesimaler Differenzen und Potentialitäten von undurchschaubarer Ordnung und unkalkulierbarer Bedeutung ist das Universum eines unberechenbaren, eines fragwürdigen, ja eines untauglichen Gottes.
    Der Gedanke, wir seien „[una] temeraria o culpable improvisación por una divinidad deficiente"[226], die Welt das Werk eines subalternen Gottes von nur geringer göttlicher Macht, ist eine Vorstellung der Gnosis, auf die Borges in seinen Erzählungen und Essays immer wieder zurückkommt.
    Basilides ist der gnostische Urvater dieser häretischen Kosmogonie, die als Schöpfung eines namenlosen und ursprungslosen Gottes, des ‚pater innatus', eine absteigende Stufenfolge von 365 Himmeln annimmt, von denen der unterste der

---

Werke V, 95: „[...] Funes sei ein Vorläufer der Übermenschen gewesen, ‚ein unbändiger bodenständiger Zarathustra' [...]."
221. OC I, 488/489.
Werke V, 101: „Ein Kreis auf einer Schiefertafel, ein rechtwinkliges Dreieck, ein Rhombus, sind Formen, die wir vollkommen wahrnehmen können; ebenso erging es Funes mit der zerzausten Mähne eines Pferdes, mit einer Viehherde auf einem Hügel, mit dem wandelbaren Feuer und der unzählbaren Asche, mit den vielen Gesichtern eines Verstorbenen während einer langen Totenwache."
222. Kittler: Digitale und analoge Speicher, S. 391.
223. OC I, 485. Werke V, 95.
224. In: Ficciones. OC I, 460.
Werke V, 60: „den Ruf eines Vogels, die Nuancen von Rost und Staub, die Dämmerträume am Morgen."
225. OC I, 490.
Werke V, 103: „In der vollgepfropften Welt Funes gab es nichts als Einzelheiten [...]."
226. Una vindicación del falso Basilides. In: Discusión. OC I, 214.
Eine Rechtfertigung des falschen Basilides. In: Diskussionen. Werke II, 182: „[eine] übermütige oder schuldhafte Improvisation durch eine mangelhafte Gottheit."

irdische wäre. „El señor del cielo del fondo es el de la Escritura, y su fracción de divinidad tiende a cero."[227]

Deshalb auch nennt Funes sein Gedächtnis eine „Abfalltonne"[228] und in *Tlön, Uqbar, Orbis Tertius* wird dieses abschätzige Bild der Memoria eines schlechten Gottes wiederum auf die Vorstellung eines Welttexts übertragen:

[...] la historia del universo - y en ella nuestras vidas y el más tenue detalle de nuestras vidas - es la escritura que un dios subalterno inventó para entenderse con un demonio.[229]

Der Welttext als Kommunikation zwischen Demiurg und Teufel - diese gnostisch pervertierte ‚himmlische' Botschaft kann nur unendlich multiple und unendlich irrige Lektüren hervorrufen, die unentrinnbar auf zwei Aporien zulaufen: entweder wird der Sinn der Botschaft niemals entschlüsselt oder sie beinhaltet, wie in *La biblioteca de Babel* von den unenträtselbaren Geheimsprachen mancher Bücher angenommen werden muß, „einen furchtbaren Sinn"[230].

Von diesem Zweifel an der göttlichen Perfektibilität unserer Weltordnung ist es nicht mehr weit zu dem Zweifel, ob überhaupt ‚ein Gott sei'. In Babylon lassen „Häresiarchen" Gerüchte kursieren, daß die allgewaltige Lotteriegesellschaft, die hier das Leben nach den unerfindlichen und gleichermaßen unerbittlichen Gesetzen des Zufalls regiert, „nie existiert hat noch je existieren wird"[231].

---

227. Ibid.
Werke II, 181: „Der Herr des untersten Himmels ist der Herr der Heiligen Schrift, und sein Bruchteil an Göttlichkeit beträgt geradezu Null."
Vgl. hierzu den Dokumentband von Wolfgang Schultz (1910), den auch Borges zitiert und der heute in einem Nachdruck vorliegt: Dokumente der Gnosis. Hrsg. v. Wolfgang Schultz. Mit Aufsätzen von Georges Bataille, Henri-Charles Puech und Wolfgang Schultz. München 1986, S. 153-157.
Renate Lachmann stellt fest, daß es einen Zusammenhang gibt zwischen Funes und der negativen Kosmogonie aus der Schule des Basilides. Die Identifikation verläuft allerdings über eine Umbesetzung: Ireneo Funes trägt den Namen des Kirchenvaters Irenaeus, des kirchentreuen Kontrahenten des Basilides, den auch Borges in seinem Essay erwähnt. Mit seiner Schrift *Adversus Haereses* betrieb Irenaeus den Sieg der kanonischen Lehre über die Gnosis. Funes jedoch verkörpert, wie wir sahen, jenes häretisch-gnostische Weltbild, das von seinem Namensgeber bekämpft wurde. Vgl. R.L.: Gedächtnis und Weltverlust, S. 518.
228. In: Fiktionen. Werke V, 101.
OC I, 488: „Mi memoria, señor, es como un vaciadero de basuras."
229. In: Ficciones. OC I, 437.
Werke V, 24: „[...] daß die Geschichte der Welt - und darin unser Leben und die geringfügigste Einzelheit unseres Lebens - die Schrift sei, die eine untergeordnete Gottheit verfertigt, um sich mit einem Dämonen zu verständigen."
230. Werke V, 75.
OC I, 470: „[...] y que en algunas de sus lenguas secretas no encierren un terrible sentido."
231. Werke V, 60.
OC I, 460: „Otra [conjetura declara] por boca de heresiarcos enmascarados, *que no ha existido nunca y que no existirá.*"

Vom Gott der Kabbala kann nicht einmal gesagt werden, daß er existiere, denn das hieße, ihn mit den Wesen, die in dieser niederen Welt ‚existieren', gleichzusetzen.[232]

Das Phantasma des abwesenden Gottes, Existenztrauma auch im Christentum, wurde, wie die Überlegungen des vorangehenden Kapitels zeigten, durch das Christentum dem abendländischen Denken als fundamentale, bis ins Ästhetische wirksame Denkfigur eingeprägt.

Das abendländisch-christliche Phantasma interessiert Borges genauso wie die magisch-häretischen Spekulationen der Gnosis und der Kabbala. In einer Reflexion über John Donnes *Biathanatos* entdeckt er die blasphemisch-universalistische Dimension in jenem weltgeschichtlichen Ereignis, das für die Christen der Tod Gottes darstellt. Wenn, so legt er die christliche Prädestinationslehre aus, der Sohn Gottes für die Menschen sterben mußte, so war dies im ewigen Willen Gottes schon bestimmt, bevor die Schöpfung begonnen wurde. Die Welt wurde geschaffen, damit sich der Tod Gottes ereignen könne, die Schöpfung und jedes einzelne ihrer Elemente existieren, damit dieser Tod sich vollende.

Cristo murió de muerte voluntaria, sugiere Donne, y ello quire decir que los elementos y el orbe y las generaciones de los hombres y Egipto y Roma y Babilonia y Judá fueron sacados de la nada para destruirlo. Quizá el hierro fue creado para los clavos y las espinas para la corona de escarnio y la sangre y el agua para la herida.[233]

Er gibt diesem Gedanken wiederum eine gnostische Wendung, indem er vorstellt, wir seien „[...] fragmentos de un Dios, que en el principio de los tiempos se destruyó, ávido de no ser."[234]

Der christliche Blasphemiker Donne und die Gnosis ergeben zusammengenommen wiederum die Vorstellung eines Universums minutiösester Elemente von göttlicher Dynamik, dessen Ursprung in Gott hier jedoch zugleich im Rückzug der Gottheit widerrufen wird. An anderer Stelle referiert Borges eine Theorie vom zerstückelten und verstreuten Gott, die sich hier anschließen läßt. In dem kurzen Text *Paradiso, XXXI, 108* über Dantes Vers „Mein Herr, o Jesus Christus, wahrer Gott, dies also war dein heilges Angesicht" nimmt Borges diese Theorie zum Anlaß für eine Reflexion über den Traum und das Vergessen.

---

232. Vgl. La cábala. In: Siete noches. OC III, 271.
Die Kabbala. In: Sieben Nächte. Werke XVI, 177.
233. In: Otras Inquisiciones. OC II, 80.
In: Inquisitionen. Werke VII, 107: „Christus starb eines freiwilligen Todes, gibt Donne zu verstehen; das soll heißen, daß die Elemente und der Erdkreis und die Geschlechter der Menschen und Ägypten und Rom und Babylon und Judäa aus dem Nichts geholt wurden, um ihn zu vernichten. Vielleicht wurde das Eisen für die Nägel erschaffen und die Dornen für die Spottkrone und das Blut und das Wasser für die Wunde."
234. OC II, 80.
Werke VII, 108: „Fragmente eines Gottes [...], der sich, nach dem Nicht-Sein schmachtend, im Anfang der Zeiten zerstörte."

¿Quién al andar por el crepúsculo o al trazar una fecha de su pasado no sintió alguna vez que se había perdido una cosa infinita?
Los hombres han perdido una cara, una cara irrecuperable [...].[235]

Das Antlitz des verlorenen Gottes, das uns im Schweißtuch eines Toten schaut, ist abwesend präsent in den ungreifbar verstreuten Partikeln des Vergessens.

Tal vez un rasgo de la cara crucificada acecha en cada espejo; tal vez la cara se murió, se borró, para que Dios sea todos.
Quién sabe si esta noche no la veremos en los labèrintos del sueño y no lo sabremos mañana.[236]

Ireneo Funes mit seinem unmenschlich-übermenschlich-göttlichen Universalgedächtnis wendet diesen Gedanken ins Positive, doch auch das, was er erinnert, sind nur Bruchteile des Göttlichen, Fragmente einer ohnmächtigen, einer verlorenen, einer nicht seienden Gottheit.

Die Erkenntnis aus *La biblioteca de Babel*, das Universum könne nur ein Gott geschaffen haben[237], kippt hier auf der ‚Nachtseite' der Religion, im Durchgang durch Gnosis, Kabbala und Blasphemie, um in ihr Gegenteil. Auch Borges' Universalphantasie produziert Simulakren, die auf dem Grat zwischen Leere und Verheißung, zwischen Ursprungslosigkeit und göttlicher Präsenz Gestalt annehmen.

Sind sie [diese Simulakren] nur glücklose Expeditionen ins Andere, vereitelte Versuche, Eintritt in eine neue Memoria zu erlangen, die nicht im Verblendungszusammenhang des Mundanen stünde, nicht mehr Speicher der Geschichte schlechter Endlichkeit wäre, sondern ein von der Fessel, die an die abgefallene Demiurgen-Schöpfung bindet, befreiter, leerer Raum? In der Ambivalenz, die die Phantastik bei Borges umspielt, ist der Dualismus von Erlösung und Täuschung präsent und läßt diese sowohl als Ort der Gnosis als auch als Gegenort einer falschen erscheinen, als wahres und als Trug-Aleph.[238]

Borges' Theoriephantasmen und Weltkonstrukte, seine Gottesvisionen und Blasphemien bewegen sich in einem Raum der reinen Konjekturen und machen unausweichlich evident, daß nur dieser Raum der Konjekturen das im Göttlichen vermutete Universum sein kann.

---

235. Paradiso, XXXI, 108. In: El hacedor. OC II, 178.
In: Borges und ich. Werke IX, 37: „Wer hat nicht schon, wenn er zur Dämmerstunde ausging oder ein Datum in seiner Vergangenheit einkreiste, das Gefühl gehabt, es sei etwas Unendliches verlorengegangen? Die Menschen haben ein Gesicht, ein unwiederbringliches Gesicht verloren [...]."
236. Ibid.
„Vielleicht wartet ein Zug des gekreuzigten Angesichts in jedem Spiegel; vielleicht starb das Gesicht, erlosch, damit Gott alle Menschen sei. Wer weiß, ob wir es nicht heute Nacht in den Labyrinthen des Traums schauen und morgen früh nichts mehr davon wissen."
237. Vgl. OC I, 466. Werke V, 68.
238. Lachmann: Gedächtnis und Weltverlust, S. 519.

[...] notoriamente no hay clasificación en el universo, que no sea arbitraria y conjetural. La razón es muy simple: no sabemos qué cosa es el universo. [...] Cabe ir más lejos; cabe sospechar que no hay universo en el sentido orgánico, unificador, que tiene esa ambiciosa palabra. Si lo hay, falta conjeturar su propósito; falta conjeturar las palabras, las definiciones, las etimologías, las sinonimias, del secreto diccionario de Dios.[239]

Die Weisen von Tlön wissen, „que un sistema no es otra cosa que la subordinación de todos los aspectos del universo a uno qualquiera de ellos"[240], und genauso wird die Sinnsystematik des Welttextes in *La biblioteca de Babel* als arbitär gekennzeichnet, wo einige Bibliothekare in einer „zerklüfteten Region" der Bibliothek die Meinung verbreiten, die „abergläubische und eitle Gewohnheit, Sinn in den Büchern zu suchen", komme dem Versuch gleich, Träume zu deuten oder die Linien der Hand zu lesen.[241]

Borges reduziert jeden Versuch, dieses entropische und konjekturale Universum in verifizierbaren Systemen zu fassen, jede Sinnsuche in diesem kombinatorisch sich wandelnden Welttext auf die Aporie sinnverleugnender Arbitrarität.

Foucault machte Borges' taxonomische Aporien zum Ausgangspunkt seiner epistemologischen Analyse in *Les mots et les choses*. Im Vorwort nennt er Borges' willkürlich a-kategoriale Taxonomien, die er mit Borges' chinesischer Klassifizierung der Tierwelt aus *El idioma analítico de John Wilkins* belegt, „Heterotopien".[242]

Foucault schließt von der Willkürlichkeit der Borges'schen Klassifikation auf die Willkürlichkeit sprachlich-logischer Taxonomien im allgemeinen und auf die

---

239. El idioma analítico de John Wilkins. OC II, 86.
Werke VII, 116: „bekanntlich existiert keine Klassikfikation des Universums, die nicht willkürlich und mutmaßlich wäre. Aus einem sehr einfachen Grund: wir wissen nicht, was das Universum ist. [...] Man darf noch weiter gehen; man darf vermuten, daß es kein Universum im organischen, vereinigenden Sinne dieses anspruchsvollen Wortes gibt. Wenn es eines gibt, wäre sein Sinn erst noch zu mutmaßen; wären zu erraten die Wörter, die Definitionen, die Etymologien, die Synonyme von Gottes geheimem Wörterbuch."
240. Tlön, Uqbar, Orbis Tertius. In: Ficciones. OC I, 436.
Werke V, 23/24: „Sie wissen, daß ein System nichts anderes ist als die Unterordnung aller Aspekte des Universums unter irgendeinen von ihnen."
241. OC I, 466. Werke V, 69.
242. Vgl. Les mots et les choses, S. 7 ff.
Borges zitiert aus einer „gewissen chinesischen Enzyklopädie":
„En sus remotas páginas está escrito que los animales se dividen en (a) pertenecientes al Emperador, (b) embalsamados, (c) amaestrados, (d) lechones, (e) sirenas, (f) fabulosos, (g) perros sueltos, (h) incluidos en esta clasificación, (i) que se agitan como locos, (j) innumerables, (k) dibujados con un pincel finísimo de pelo de camello, (l) etcétera, (m) que acaban de romper el jarrón, (n) que de lejos parecen moscas." In: OC II, 86.
Werke VII, 115/116: „Auf ihren uralten Blättern steht geschrieben, daß die Tiere sich wie folgt unterteilen: a) dem Kaiser gehörige, b) einbalsamierte, c) gezähmte, d) Milchschweine, e) Sirenen, f) Fabeltiere, g) streunende Hunde, h) in diese Einteilung aufgenommene, i) die sich wie toll gebärden, j) unzählbare, k) mit feinstem Kamelhaarpinsel gezeichnete, l) und so weiter, m) die den Wasserkrug zerbrochen haben, n) die von weitem wie Fliegen aussehen."

fragliche Autorität epistemologischer Dispositive, die allein in einem Akt der Willkür die Worte und die Dinge zu einer begreifbaren Realität zusammenzwingen.

Heterotopie bedeutet Ortlosigkeit im „espace commun"[243] unserer Episteme. „Là où, depuis le fond des temps, le langage s'entrecroise avec l'espace"[244], wo also die sprachlich gefügte ‚Ordnung der Dinge' einen epistemischen Raum strukturiert, durchkreuzen Heterotopien auf beunruhigende Weise diese symbolische Ordnung der Sprache.

Les hétérotopies inquiètent, sans doute parce qu'elles minent secrètement le langage, parce qu'elles empêchent de nommer ceci et cela, parce qu'elles brisent les noms communs ou les enchevêtrent, parce qu'elles ruinent d'avance la ‚syntaxe', et pas seulement celle qui construit les phrases - celle moins manifeste qui fait ‚tenir ensemble' les mots et les choses.[245]

Die Borges'schen Heterodoxien verlegen den Ort, an dem die Worte in neuer, regelloser Nachbarschaft sich finden, in die Sprache selbst.

[...] les' hétérotopies (comme on en trouve si fréquemment chez Borges) dessèchent le propos, arrêtent les mots sur eux-mêmes, contestent, dès sa racine, toute possibilité de grammaire; elles dénouent les mythes et frappent de stérilité le lyrisme des phrases.[246]

Foucaults Begriff der Heterotopie bezeichnet den Nicht-Ort der Sprache, die durch die heterodoxen Dislozierungen in jenem Beispiel der chinesischen Enzyklopädie aus dem Raum der epistemischen Ordnung herausgelöst wird. Aus dem Zusammenschluß der Worte und der Dinge bleiben nur die Worte, die jene phantastische Tierwelt in der Ortlosigkeit der Sprache zusammensetzen.

Où peuvent-ils [les animaux] se juxtaposer sinon dans le non-lieu du langage?[247]

Ireneo Funes stellt auf die gleiche Weise die etablierten Taxonomien in Frage. Wir waren der intertextuellen Konsequenz dieser mnemonischen Heterotopie weiter oben schon nahegekommen: Die „Phantasmatographie"[248] dieses unerbittlichen Gedächtnisses läßt eine heterotopische Memoria entstehen, die das Phantasma eines universalen Texts in sprachliche Kombinatoriken umsetzt, um nurmehr auf sich selbst und damit auf die Ortlosigkeit der Sprache und der Worte zu verweisen.

„Der Text selbst ist unerbittliches Gedächtnis" schließt Renate Lachmann und situiert Borges' mnemonisch-heterotopische Sprach-Texturen zwischen der „Überwindung des Gedächtnisses und der Verheißung eines anderen"[249], zwi-

---
243. Les mots et les choses, S. 8.
244. Ibid., S. 9.
245. Ibid.
246. Ibid., S. 9/10.
247. Ibid., S. 8.
248. Lachmann: Gedächtnis und Weltverlust, S. 519.
249. Ibid.

schen der Leerformel sprachlicher Ortlosigkeit und magischem Universaltextphantasma. Bei Ireneo Funes entspräche diese Situierung auf der einen Seite der undifferenzierten Schwärze vollkommener Auslöschung[250], in der er Schlaf zu finden sucht, und auf der anderen Seite der Gabe göttlichen Sehens, die dem aus Taubheit und Blindheit in den „Stand der mnemonischen Gnade"[251] Versetzten nach seinem Sturz zuteil wurde.

Botho Strauß versucht, sich in eben diesem ortlos bis göttlichen Gedächtnis-Feld zu bewegen.

Er formuliert für sich ein Schreibprojekt, das wie bei Funes auf eine Gedächtnis-Tautologie hinausläuft.

J'ai toujours le projet de rassembler tout ça dans mon ordinateur; l'idée serait d'avoir une machine biographique. Ja taperai ‚crépuscule' et la machine sortirait tout ce que j'ai noté sur la question. Mais cela veut dire que je deviens programmateur pur le reste de ma vie. C'est très désespérant.[252]

Bei Strauß kommt hinzu die Realität des Computers und heutiger technischer Speichermöglichkeiten, die für Funes noch nicht gegeben war, weswegen das Borges'sche Phantasma, wie Wolf Kittler darlegt, noch im Tod des Gedächtnisuniversalisten seine Unmöglichkeit erweisen mußte.

Das Gedächtnis, das kein Vergessen kannte, [fällt] mit dem Tod des Helden in die Vergessenheit zurück. Die Geschichte dessen, der alles in den gleichen Worten wiedergeben konnte und mußte, bleibt notwendig Fragment. Aber die Idee der unerbittlichen Registratur lebt in den technischen Apparaten weiter, die die Erzählung nennt.[253]

Funes' Vorläuferrolle in Bezug auf diese ihn überlebenden technischen Aufzeichnungsgeräte, das Kino und den Phonographen, die Borges hier sicher nicht unabsichtlich ins Spiel bringt, mag ebenso angedeutet sein in seinen ebenfalls automatengleichen chronometrischen Fähigkeiten und vorausweisen auf die Entwicklung der technischen Gedächtnismaschine, des Computers.[254]

Botho Strauß zieht für unsere Zeit die Parallele zwischen dem kulturellen Konzept der Bewahrung eines „menschenerdenklichen Vorrats" (E 54) an Wissen und dem technischen Projekt der Datenspeicherung, die sich mit Funes andeutet.

Indem wir die Maschinen der integrierten Schaltkreise erfanden und bauten, die Computer, Datenbänke, Superspeicher - wurden wir nicht insgeheim von der Idee geleitet, daß die

---

250. Auch diese ein Gedächtnisphantasma, wie Gerhard Neumann aus seiner Strukturformel des Gedächtnis-Sturzes herleitet. Vgl. Loc. cit.
251. Lachmann: Gedächtnis und Weltverlust, S. 497.
252. Botho Strauß im Gespräch mit Marianne Alphant für die Zeitschrift *Libération* (1988). Zitiert nach Berka: Mythos-Theorie und Allegorik, S. 195.
253. Kittler: Digitale und analoge Speicher, S. 394.
254. Einen - allerdings wenig befriedigenden - Versuch, Borges' Erfindungen mit Formen künstlicher Intelligenz zu vergleichen, macht Ema Lapidot: Borges y la inteligencia artificial. Análisis al estilo de Pierre Menard. Madrid 1990. Zu *Funes el memorioso* S. 64-73.

entscheidende kulturelle Leistung unseres Zeitalters darin bestehen müsse, Summe zu ziehen, eine unermeßliche Sammlung, ein Meta-Archiv, ein Riesengedächtnis des menschlichen Wissens zu schaffen, um uns selbst gleichzeitig von diesem zu verabschieden, unsere subjektive Teilhabe daran zu verlieren? (PP 193)

Bei Borges schlägt sich die Idee des Universalgedächtnisses im Gedächtnis des Textes nieder, in einer Memoria, die sich sprachlicher Kombinatoriken bedient, um ins Unendliche zu expandieren und die in der heterotopischen Textualität des sprachlich-literarischen Konstrukts fixiert ist.
   Zu entscheiden bliebe, welches Speichermodell im Hinblick auf die Literatur das gültige ist, ob, wie Kittler der Meinung ist, das kulturelle durch das technische überholt wird, oder ob man, wie Lachmann als Alternative andeutet, den literarischen Text als kulturelle „Apparatur" anerkennen will, in der die Mnemotechniken eines kulturellen Gedächtnisses produktiv bleiben.
   Strauß spricht von „Regression", wenn er die Konsequenzen technisierter Speicherung erwägt.

Von daher muß man wohl annehmen, daß die Gedächtnismaschine auf den Ebenen, auf denen sie Vollkommenheit besitzt, uns ebenfalls zurückweisen wird und der Regression unserer Erinnerungsfähigkeit Vorschub leistet. (PP 194)

Kultureller Gedächtnisverlust angesichts der funktionalen Überlegenheit technischer Speichersysteme - dagegen hält Botho Strauß „das produktive Gedächtnis, das Kunst jedem schenken kann" (PP 110).

Ha! alles gibt es noch, so ist das nicht.
Diese Zeit, die sammelt viele Zeiten ein;
da gibt's ein Riesensammelsurium,
unendlich groß ist das Archiv: Alles da,
und ist zuhanden. Viele brauchbare Stoffe
noch in den Beständen, im Fundus der Epochen.
Das Beste freilich können wir nicht
mehr halten in unseren Armen, nicht mehr
tragen in den Köpfen - aber verschwunden,
wirklich verschwunden ist in Wahrheit
nichts, kein Reich und keine noch so winzige Gebärde (KF 74)

Botho Strauß faßt dieses kulturelle Gedächtnis der Epochen literarisch. Hüter (Wächter) dieses „Fundus" sind für ihn die Dichter, das Archiv der Schriftraum der Literatur.
   Strauß entwirft ein literarisch dimensioniertes Reich der Erinnerung, die „Summe" unserer Kultur ist die Summe alles bisher Geschriebenen, das „Meta-Archiv" das heterotopische Gedächtnis von Sprache und Schrift. Die Spur einer „immerwährende[n] Schrift" (EK) erweitert sich für ihn zu einem Universum der Texte,

das sich durch „Weiter- und Wiederschreiben, Widerschreiben und Umschreiben"[255] perpetuiert.

Strauß versucht, dieses Konzept einer kulturübergreifenden Intertextualität, das auch ein Konzept ästhetischer Selbstreferenz ist, mit dem Gedanken der Autopoiesis zu erfassen. Vorstellbar wäre das intertextuelle Reich der Literatur als „ein technologisch strukturiertes Reich der Erinnerung, das durch die kybernetische Reflexionsform der rückfragenden Selbstbezüglichkeit ermöglicht wird."[256]

Nur was auf sich selbst bezogen ist, lehrt heute eine kybernetische Biologie, kann seine komplexe Umwelt meistern. Warum soll nicht, was für das Leben gilt, auch der Literatur und ihrem Fortbestehen von Nutzen sein: eine solche Autonomie, bei der jeder Schaffensakt Überlieferung, jede Progression Rückbindung wäre? (EK)

Anders zu fassen wäre die Rede vom selbstreferentiellen Gedächtnis der Literatur mit dem Diskurs über Intertextualität, wie er von Bachtin, Kristeva, Barthes, Foucault oder Genette geführt wird über eine Sprache, die die Subjekte spricht, über „Aufschreibesysteme"[257], die ein Sprechen soufflieren, das den Sprechenden unterwirft.

Die Sprache der Literatur, ihre Niederlegung in der Schrift, ist immer Wiederholung, Partizipation an einem über die Zeiten gespannten textuellen Netz: Zitate, Kommentare, Umschriften, Allusionen, Redeweisen, Bilder, Symbole und Allegorien, die im Schriftkorpus der Literatur aufgehoben sind.

Leon Pracht, der Dichter, ist deshalb Bild-Archivar. Er bewegt sich in den Zirkeln intertextueller Selbstreferenz, in denen die imagines der Memoria den heterotopischen (Nicht)Raum der Sprache abstecken.

Es liegt sehr nahe, dieses kontingente Dichter-Ich, in dessen Bewußtsein diese letzten zwanzig Jahre Geistesgeschichte, die auch für das Schreiben von Botho Strauß bestimmend waren, Gestalt annehmen, und das sich in den Zirkeln allegorischer Bildlichkeit so grenzgängerisch auf der ‚Asymptote des Schreibens'[258] bewegt, als eine Selbstreflexion des Dichters Botho Strauß zu deuten, der von sich sagt, daß er „sich nun einmal dafür entschieden hat, sein Leben mit Schrift zu füllen und zu tilgen."[259]

In seiner Büchner-Preis-Rede formuliert er die intertextuelle Lebensmaxime des Literaten, der sein Leben der Schrift ausgeliefert hat.

[Der Autor] ist zuerst und zuletzt ein marginales Vorkommnis eines längst gefüllten Buchs. Sein Werk begleitet randabwärts eine Weile jene immerwährende Schrift, aus der er hervorging und in die er wieder einmünden wird. (EK)

---

255. Lachmann: Gedächtnis und Literatur, S. 38.
256. Bergfleth: Die statische Welt und die Technik, S. 260.
257. Der Begriff F.A. Kittlers. Loc. cit.
258. „Meine Schrift läuft ihr auf der Asymptote nach.", kommentierte Richard Schroubek seine Schreibpassion in *Die Widmung* (W 62).
259. Botho Strauß: Der Geheime. In: VE 255.

In *Paare, Passanten* zitiert er Octavio Paz mit der Bemerkung „Literatur beginnt, wenn einer sich fragt, wer spricht in mir, wenn ich spreche?" (PP 103). Literatur beginnt für Botho Strauß demnach mit der Entscheidung, zu schreiben, „um das Geschriebene fortzusetzen"[260].

Man schreibt einzig im Auftrag der Literatur. Man schreibt unter Aufsicht alles bisher Geschriebenen. Man schreibt aber doch auch, um sich nach und nach eine geistige Heimat zu schaffen, wo man eine natürliche nicht mehr besitzt. (PP 103)

Seine Erzählung *Theorie der Drohung* ist eine frühe Etüde über das Dasein des Autors in der Schrift.

Der Ich-Erzähler dieser Erzählung beginnt seine Schrift über die „Grenzfälle des Schreibens" (TD 76), die „Theorie der Drohung", in der Absicht, „um [sich] herum etwas Festgelegtes und persönlich Signiertes [zu] schaffen" (TD 73) und dies dem „Lügendiskurs" der undurchschaubaren Lea, die mit unbelehrbarer Einbildungskraft die Stelle seiner früheren Geliebten S. einzunehmen sucht, entgegenzuhalten. Doch daraus wird nichts als „gestohlene[s] Schreiben" (TD 86):

Ich habe nicht einen einzigen selbständigen Satz zuwegegebracht. Ich bin der unbeholfenste Schriftsteller aller Zeiten, ein ahnungsloser Abschreiber, ein Kopist! Was für ein hinterhältiges, gemeines Gedächtnis beherrscht mich! Löscht in mir aus, flüstert mir ein, was immer ihm gefällt. Was für eine böse, böse Maschine! Und ich, ich, diese Null-Person, diese Durchgangsstation aller möglichen Literatur, ich bin einfach nicht lebendig genug, um diese teuflische Maschine zu stürmen und zu zerschlagen. (TD 85)

Nicht ohne die psychoanalytischen Vorgaben des Dr. Freud aus Wien[261] zu bemühen, beschreibt die Erzählung als Konsequenz dieses Scheiterns den Prozeß einer Substitution. War der Erzähler an dem Vorhaben gescheitert, im Auftrag der abwesenden S. zu schreiben, deren abgekürzte Initiale sich mit dem Hinweis auf Freud leicht als das psychoanalytische ‚Es' lesen läßt und die monatlich mit einem Scheck die Fortsetzung des gemeinsamen Werks, eben der Abhandlung über die Theorie der Drohung, anmahnt, so tritt nun an die Stelle dieses Auftrags das Schreiben über Lea, die Lügnerin.

Was im ersten Versuch in der totalen Auslöschung des Ich durch die Schrift endete, wird im zweiten zur vollendeten Symbiose. An die Stelle des fremden „Es" und der Drohung der Auslöschung zur „Null-Person" - „Was ich schreibe, es schreibt über mich. Ich schreibe unaufhörlich den Fremden, der mich bedroht." (TD 75) - tritt nicht die rettende Selbstbewußtwerdung des schreibenden Ich, sondern die schreibende Symbiose mit der Literatur, die in Lea verkörpert ist, mit ihrem „harmonischen System sich fortzeugender Lügen" (TD 70) eine „Allegorie der poetischen Fantasie"[262].

---

260. Hage: Schreiben ist eine Séance, S. 208.
261. Die Erzählung offenbart das psychoanalytische Patronat Freuds in einem Palindrom: Dr. W. aus F. ist hier der Psychiater, der den Erzähler dem „System Lea" (TD 71) - der Literatur - zuführt.
262. Winkelmann: Die Suche nach dem großen Gefühl, S. 95.

Der dem Schreiben verfallene „mußte über Lea schreiben" (TD 85), um zuletzt in sie überzugehen: „Ich war Lea." (TD 109) Hierin vollendet sich diese Allegorie des poetischen Schaffensprozesses als reiner Selbstbezüglichkeit der Literatur.

Der Roman *Kongreß* ist eine weiterer Beitrag zum Thema. Die Allegorie der Aufhebung der „Null-Person" im „System Lea" (TD 71), dem Schreibsystem der Literatur, wird hier variiert in der Allegorie einer erotischen Aufhebung in der „Lust am Text". Hier geht es um die Vereinigung der Literatur mit dem Leser. In „tiefem Lesen" wie der Erzähler zu Beginn von *Theorie der Drohung* (TD 45) verliert sich der Leser Aminghaus in den erotischen Phantasmen, in die ihn die seinem Buch entstiegene Buchfee Hermetia - wieder die allegorisch inkarnierte Literatur - entführt.

In Wirklichkeit zog ihn das große *Totum simul*, das Megagedächtnis, in dem er dahinstrudelte, immer tiefer in die Windungen einer Zerstörung hinein, bis ans Herz der Erschütterung, immer tiefer hinein in die Ruinenstadt der Erzählung [...]. (K 17/18)

Die Verführung der „Buchin" (K 10) reißt ihn in den Strudel eines Gedächtnisses, in dem „sich das geschichtlich gebundene von seinem Grund [löste]". Dem Leser fügen sich die „Ideen von Fortschritt und Niedergang, von Hoffnung und Empörung, Verdammnis und Erlösung quer durch die Zeiten [...] selbst das Feinste, Tiefste und Unvergänglichste der Kulturen" mit dem jetztlebigen Gewirr in den „Wandelhallen" der Städte zu einer nekropolischen Gedächtnisarchitektur, die wie die heiligen Pyramiden in ihrem Innersten die poetische Herzmetapher birgt. (ibid.)

Die „Buchin" Hermetia, die „unzählige Male Versäumte, die immer nur im Entgegenkommen Erblickte" (K 48) bleibt nach dem Durchgang durch die bibliomanisch-erotischen Simulakren, die sie hervorrief, unerreichbar. Das Abtauchen in die Schrift „eines längst gefüllten Buchs", dem Botho Strauß in *Kongreß* und in *Theorie der Drohung* den Autor/Leser ausgesetzt sieht, ist ein Abtauchen auf unverfügbaren Grund. Der „Strudel" des Megagedächtnisses Literatur verschlingt den Autor/Leser in einem „Formenwirbel, in dessen Mitte das Denken sein ruhiges Auge öffnet" (B 112). Der Autor/Leser, der Dichter, dessen Weltverständnis „vor allem aus Literatur [entsteht]" (EK), hätte durch die Windungen seines literarischen Gedächtnisses zu diesem „Auge des Wirbels" (B 18) vorzudringen, an dem die Herzmetapher auch hier wieder eine unverfügbare Präsenz signalisiert. Er, „der Verbinder der Zeiten, der hochintegrierte Archivar, der Labyrinthier, der Modelle-, Ideen-, Paradigmen-, Äonen-Verrechner" (S 47) bewegt sich in Borges' heterotopischem Universum auf der Suche nach jenem unbesetzten Platz, den der Schöpfergott einzunehmen hätte, den er womöglich verließ, um ihn einem niederen Gott zu überlassen, den er vielleicht nie besetzt hatte.

Borges erfindet in seinen Texten unerschöpfliche Figuren der Intertextualität.

In *La flor de Coleridge* geht er aus von einer Notiz, die Coleridge formulierte:

Si el hombre atravesara el Paraíso en un sueño, y le dieran una flor como prueba de que había estado allí, y si al despertar encontrara esa flor en su mano ... ¿entonces qué?[263]

Coleridges Blume aus dem Traum vom Paradies entdeckt er wieder bei H.G. Wells in *The time machine*, wo dem Protagonisten als Relikt seiner Reise in die Zukunft eine Blume bleibt.

In der anschließenden Reflexion *El sueño de Coleridge* entwickelt er dieses Motiv weiter. Coleridges lyrisches Fragment *Kubla Kahn* enstand nach einem Traum vom Palast des Kubla Kahn, der ihm wortwörtlich die Verse des Gedichts eingab (welches unvollständig bleiben mußte, da ihn jemand bei der unmittelbaren Niederschrift störte und er sich später nicht mehr der Worte erinnern konnte, die der Traum ihm eingegeben hatte). Lange Zeit nach Coleridge erscheint die Übersetzung einer Sammlung persischer Geschichten, in der davon berichtet wird, daß der historische Kubla Khan jenen Palast, der den Traum Coleridges inspirierte, nach der Vision eines Traums gebaut hatte.

Es ist der Gedanke, daß beide über Jahrhunderte voneinander entfernt und ohne voneinander zu wissen, womöglich denselben Traum geträumt haben, der Borges fasziniert.

Un emperador mogol, en el siglo XIII, sueña un palacio y lo edifica conforme a la visión; en el siglo XVIII, un poeta inglès que no pudo saber que esa fábrica se derivó de un sueño, sueña un poema sobre el palacio.[264]

Wo der Traum der Literatur die Zeiten verbindet, scheint er eine geheime Memoria zu bergen, die in der Literatur ihre Realität behauptet. Wie diese Memoria in die Literatur hineinwirkt und die Regeln des Textes bestimmt, hat Wolf Kittler für Borges' Erzählung *El encuentro* gezeigt.[265] Wie Coleridges Blume, doch in diesem Fall tödlich und schicksalhaft, tauchen hier zwei Messer aus den Tiefen der Zeiten auf. Relikte einer unerbittlichen Vergangenheit, der Zeit der Gauchos, sind sie auch Relikte eines unerbittlichen literarischen Gedächtnisses, und zwar der Tradition der Gaucholiteratur, die Borges, wie Kittler detailliert aufzeigt, in komplizierten Verweisen in seine Geschichte einarbeitet. Das alte Gaucho-Messer vollstreckt einen früheren Tod. Uriarte und Duncan kämpfen den Kampf zweier anderer, den Kampf der verfeindeten Gauchos Juan Almanza und Juan Almada, aus deren Zeit die Messer stammen, die jetzt den Kampf kämpfen, den diese Männer ihr Leben lang verfehlten.

---

263. In: Otras Inquisiciones. OC II, 17.
Werke VII, 19: „Wenn ein Mensch im Traum das Paradies durchwanderte und man gäbe ihm eine Blume als Beweis, daß er dort war, und er fände beim Aufwachen diese Blume in seiner Hand - was dann?"
264. In: Otras Inquisiciones. OC II, 22.
Werke VII, 26: „Ein mongolischer Kaiser träumt im 13. Jahrhundert einen Palast und erbaut ihn nach dem Vorbild seiner Schau; im 18. Jahrhundert träumt ein englischer Dichter, der nicht wissen konnte, daß dieses Bauwerk sich aus einem Traum herleitete, ein Gedicht über den Palast."
265. Vgl. Kittler: Digitale und analoge Speicher, S. 387-390.

[...] las armas, no los hombres pelearon. Habían dormido, lado a lado, en una vitrina hasta que las manos las despertaron.[266]

Nachdem dieser Kampf gefochten ist, gewahrt der Besiegte die zwingende Realität der Memoria, die sich im Traum enthüllt: „Qué raro. Todo esto es como un sueño."[267]
Ein Gegenstück zu dieser Geschichte findet sich dem kurzen Text *La trama*:

Para que su horror sea perfecto, César, acosado al pie de una estatua por los impacientes puñales de sus amigos, descubre entre las caras y los aceros la de Marco Junio Bruto, su protegido, acaso su hijo, y ya no se defiende y exclama: *¡Tú también, hijo mío!* Shakespeare y Quevedo recogen el patético grito.
Al destino le agradan las repeticiones, las variantes, las simetrías; diecinueve siglos después, en el sur de la provincia de Buenos Aires, un gaucho es agredido por otros gauchos y, al caer reconoce a un ahijado suyo y le dice con mansa reconvención y lenta sorpresa (estas palabras hay que oírlas, no leerlas): *Pero, che!* Lo matan y no sabe que muere para que se repita una escena.[268]

Der Text von *El encuentro* und die historisch-legendäre und literarische Tradition des „Auch du, mein Sohn" scheinen einem archetypischen Gesetz zu gehorchen, das zur Wiederholung zwingt und das in einer welt- und literaturstiftenden Memoria festgeschrieben ist.

Die Welt ein Buch, in dem Menschen Werkzeuge und Topoi die eigentlichen Helden sind. Sie folgen dem Gesetz einer automatischen Memoria, ziehen die Subjekte in ihr Spiel und lassen sie wieder fallen.[269]

Das biblische Gesetz, nach dem die Schrift sich erfüllen muß, folgt einer ähnlichen Logik, nur daß hier jene Macht, die die Schrift regiert, identifizierbar ist im Willen des unfehlbaren Gottes. Eine profanisierte Version der biblischen Schrifterfüllung

---

266. In: El informe de Brodie. OC II, 421.
In: David Brodies Bericht. Werke XIII, 41: „die Waffen kämpften, nicht die Männer. Seite an Seite hatten sie in der Vitrine geruht, bis Hände sie weckten."
267. OC II, 421.
Werke XIII, 39: „Seltsam. Alles wie ein Traum."
268. In: El hacedor. OC II, 171.
In: Borges und ich. Werke IX, 29: „Damit an seinem Grauen nichts fehle, entdeckt Caesar, von den ungeduldigen Dolchen seiner Freunde an den Fuß einer Statue gedrängt, unter den Gesichtern und den Klingen das von Marcus Junius Brutus, seinem Schützling, vielleicht seinem Sohn, und er wehrt sich nicht länger und ruft aus: ‚Auch du, mein Sohn!' Shakespeare und Quevedo nehmen diesen pathetischen Schrei auf.
Das Schicksal liebt die Wiederholungen, die Varianten, die Symmetrien; neunzehn Jahre später wird im Süden der Provinz Buenos Aires ein Gaucho von anderen Gauchos überfallen, und stürzend erkennt er eines seiner Patenkinder, und er sagt mit sanftem Vorwurf und zögerndem Staunen (diese Wörter muß man hören, nicht lesen): ‚Pero che!' Sie töteten ihn, und er weiß nicht, daß er stirbt, damit eine Szene sich wiederhole."
269. Kittler: Digitale und analoge Speicher, S. 388.

gestaltet Borges in *El evangelio según Marcos*[270]. Hier ist es die Familie Gutre, Analphabeten, denen ihr Herr die Bibel las und die den Sinn der Schrift, den Tod Jesu Christi, exekutieren - an ihrem Herrn und Vorleser, der sich an der Tochter der Familie vergangen hat und dafür den Tod am Kreuz sterben muß. Das Schicksal Jesu Christi wiederholt sich gemäß der heiligen Schrift als isoliertes Geschehen, das ‚wortwörtlich' abgerufen wird, um eine Sünde zu büßen.

All diese universaltextuellen Zwangshandlungen, die Übertragungen von Träumen auf Paläste und Dichtungen, von Messern auf Menschen, von Archetypen auf Texte, von Schrift auf Geschehen mögen ihre Ursache darin haben, „que aun en los lenguajes humanos no hay proposoción que no implique el universo entero"[271], daß also in jeder Äußerung und jedem Geschehen sich potentiell alles wiederholt, was die Memoria des Weltbuchs gespeichert hat. Das, was geschieht, wäre dann Vorsehung und Zufall zugleich.

Die Kabbala, Borges nennt sie eine „Metapher des Denkens"[272], beinhaltet zwei grundlegende mystische Denkmodelle für diese universaltextuellen Übertragungsmechanismen, die in Borges' phantastischen Gedankenkombinatoriken wirksam werden.

Das eine ist die Lehre vom Tetragrammaton, vom verborgenen Namen Gottes. Die Tora ist nichts anderes als eine endlose Variation dieses einen, großen und heiligen Namens Gottes, bestehend aus vier geheimen Buchstaben, die in den siebzig bis sechshunderttausend, das heißt unendlich vielen „Gesichtern" der Tora verborgen sind.[273] Wer aus diesem Text und seinen unendlichen Deutungen die vier Buchstaben des Tetragrammaton und ihre richtige Kombination enträtselt, wird Gott schauen.

Diese Idee liegt der Erzählung *La escritura del Dios* zugrunde, in der der Magier Tzinacán, „der letzte Priester Gottes", seine lebenslange Gefangenschaft damit zubringt, im Fell eines Jaguars nach der Inschrift Gottes zu suchen.

En el ámbito de la tierra hay formas antiguas, formas incorruptibles y eternas; cualquiera de ellas podría ser el símbolo buscado. Una montaña podía ser la palabra del dios, o un río o el imperio o la configuración de los astros.[274]

---

270. In: El informe de Brodie. OC. II, 446-450.
Das Evangelium nach Markus. In: David Brodies Bericht. Werke XIII, 75-81.
271. La escritura del Dios. In: El Aleph. OC I, 597.
Die Inschrift Gottes. In: Das Aleph. Werke VI, 102: „daß es auch in den menschlichen Sprachen nichts gibt, was nicht das ganze Universum zur Voraussetzung hätte." Wörtlich: „daß es auch in den menschlichen Sprachen keine Äußerung gibt, die nicht das ganze Universum beinhaltete." (Meine Übersetzung)
272. Die Kabbala. Werke XVI, 182. OC III, 274.
273. Vgl. Scholem: Die jüdische Mystik in ihren Hauptströmungen, S. 229.
274. OC I, 597.
Werke VI, 101: „Es gibt auf dem Erdenrund alte Formen, unverwesliche und ewige Formen; jede davon mochte das gesuchte Sinnbild sein. Ein Berg konnte das Wort Gottes sein, oder ein Fluß oder das Reich oder die Stellung der Gestirne."

Von diesem Gedanken erfüllt, wendet er sich dem Jaguar zu, einem der Attribute Gottes, wie ihm in den Sinn kam, der mit ihm im Kerker eingesperrt ist. In den undurchdringlichen Mustern seines Fells findet Tzinacán die „Formel aus vierzehn zufälligen Wörtern" und er sieht „den antlitzlosen Gott, der jenseits der Götter ist."[275] Jetzt bräuchte er diese Formel nur noch auszusprechen und er wäre allmächtig, doch nachdem er (wie in der Vision des Aleph) das Universum gesehen hat und die verborgenen Pläne des Universums, ist seine Erinnerung an jene Person, die er gewesen ist, ausgelöscht. Es hätte keinen Sinn mehr, die vierzig Silben, die vierzehn Wörter auszusprechen, um für jenen vergessenen Tzinacán Allmacht in dieser niedersten aller Welten zu gewinnen. Die Botschaft des antlitzlosen Gottes ist das Eine und das Nichts. Das Schrifträtsel seines göttlichen Namens ist nur so lange von Interesse, wie es nicht entschlüsselt ist, wie die Buchstaben zirkulieren und die existierende Welt mit Verlangen nach dem nie Geschauten erfüllen.

Ähnlich läßt eine andere Lehre der Kabbala die Buchstaben zirkulieren. Jene andere Lehre, die Borges zu einem System universaler Textualität ausspinnt, besagt, daß Gott die Welt aus den zweiundzwanzig Buchstaben des (hebräischen) Alphabets geschaffen habe.[276] Es ist dies die Idee, die *La biblioteca de Babel* zugrunde liegt, und sie konzentriert sich hier in der Feststellung: „todo está escrito"[277].

Diese beiden kabbalistischen Weltmodelle beruhen auf dem Gedanken, daß nicht zuerst die Welt war, sondern in der Tat das Wort, genauer der Buchstabe.

Cuando pensamos en las palabras, pensamos históricamente que las palabras fueron en un principio sonido y que luego llegaron a ser letras. En cambio, en la cábala (que quiere decir *recepción, tradición*) se supone que las letras son anteriores; que las letras fueron instrumentos de Dios no las palabras significadas por las letras. Es como si se pensara que la escritura, contra toda experiencia, fue anterior a la dicción de las palabras.[278]

Gott schafft die Welt durch Worte, die Buchstaben sind die Instrumente der Schöpfung. Die Welt ist Wort bevor sie Schöpfung ist, der Text ist Schrift bevor er Sinn erhält.

An einen derartig inspirierten Welttext können nur hypothetische Sinnsysteme herangetragen werden, die notwendig nachträglich sind, sein Ursprung bleibt unergründlich, weil die Materialität der Worte aus göttlichem Mund sich jeder Durchdringung widersetzt. Die Heterotopie der Sprache wird hier aufgehoben am Ursprung der Sprache in Gott. Doch auch dieses ein Nicht-Ort: würde der ur-

---

275. Werke VI, 104. OC I, 599.
276. Vgl. Scholem: Die jüdische Mystik in ihren Hauptströmungen, S. 81 ff.
277. OC I, 470. Werke V, 75.
278. La cábala. OC III, 269/270.
Werke XVI, 175: „Wenn wir an Wörter denken so denken wir, daß sie geschichtlich zunächst Laut und erst später Zeichen waren. Im Gegensatz hierzu nimmt man in der Kabbala (was *Rezeption, Tradition* heißt) an, daß die Zeichen älter sind; daß die Buchstaben Gottes Werkzeug waren, nicht die durch sie gebildeten Wörter. Das ist, als ob man wider alle Erfahrung annähme, die schriftliche Verwendung der Wörter sei älter als die mündliche."

sprüngliche Sinn dieses Sprechens entdeckt, so würde, dies führt *La escritura del Dios* vor Augen, die Welt erlöschen. Absoluter Sinn in einem göttlichen Ursprung und absolute Arbitrarität in der existierenden Welt heben sich auf an jenem Grat der Immanenz zwischen Anwesenheit und Abwesenheit, auf den diese Überlegungen immer wieder geführt haben.

Bleibt also der Text, den sein göttlicher Urheber buchstäblich in die Welt gesetzt und dort zurückgelassen hat ohne Ausweg und ohne Auflösung, und dieser Text bildet ein unendliches Inventar, abrufbar in unendlichen Transformationen, kombinierbar in unendlichen Ordnungen, alle der göttlichen Vorsehung entsprungen und alle absolut arbiträr. Dieses Spiel zwischen Vorsehung und Zufall regiert das intertextuelle Universum, das aus Borges' Phantasien entsteht.

Mallarmé wollte in seinem Gedicht *Un coup de dés* den Zufall in der Sprache bannen. „Toute pensée émet un coup de dés" ist der Schlußsatz dieses Gedichts, das das Gesetz des Zufalls als sprachliches Paradox formuliert: „Rien n'aura lieu que le lieu".[279] Die Stätte bei Mallarmé ist die Dichtung, Ort und Nicht-Ort eines Geschehens, das den Würfelwurf der Gedanken in der Sprache auffängt. Der Zufall ist bei Mallarmé gebannt im poetischen Ereignis absoluter Sprachwerdung. Poetische Nicht-Referenz löst die Sprache aus jenem Weltgefüge, das dem logisch begründeten Gesetz von Zufall und Notwendigkeit unterliegt. Die Äußerung des poetischen Worts ist absoluter Zufall und absolute Notwendigkeit zugleich.

Botho Strauß hatte in *Sigé* nach den Vorgaben Mallarmés auch für seine Dichtung jene - wenn wir sie bei Borges heterotopisch nennen würden, wäre sie bei Mallarmé atopisch zu nennen - Sprach-Stätte entworfen. „Sigé ist das Schweigen der Ideen. Die Stätte." (S 44) hieß es dort mit Blick auf den schweigenden Wächter, den Dichter.

Gleich zu Beginn von *Sigé* umreißt er jenen Nicht-Raum, in dem das Verhältnis von Notwendigkeit und Zufall, von Einmaligkeit und Wiederkehr in zeitloser Leere aufgehoben ist, die „città-memoria, città-desiderio. Wo in *zweien* Zertrümmertes und Vergessenes sich wieder ergänzen." (S 35) Die Stätte eines - sprachlichen - Geschehens, das Raum und Zeit leugnet, das so notwendig wie zufällig ist und das entsteht aus der absoluten Potentialität des nie Vergangenen.

Die Ausgräber antiker Städte haben nur eine Verlassenheit zutage gefördert, niemals eine Vergangenheit. Wer weiß, ob nicht die Reiche und die alten Streite plötzlich wiederkehren. Auf dem leeren Markt im Zwielicht der Zeit, steht alles bereit. (ibid.)

Auch Mallarmé sieht hier, in einer absoluten Potentialität, die in reiner Sprachlichkeit sich verwirklicht, eine „intime Korrelation zwischen Poesie und Universum", in der die Poesie dem Stigma der Fiktionalität, dem Traum und dem Zufall entkommt und als sprachliche Dimension des Universums ihren autonomen Status behauptet.

---

279. OC, 457-477.

J'avais à la faveur d'une grande sensibilité, compris la corrélation intime de la Poésie avec l'Univers, et, pour qu'elle fut pure, conçu le dessein de la sortir du Rêve et du Hasard et de la juxtaposer à la conception de l'univers.[280]

Borges nun schreibt im Rückgriff auf die Kabbala das Gesetz des absoluten Zufalls und des absolut Möglichen einer göttlichen Vorsehung zu, die er nicht anders als Mallarmé auf ein rein sprachliches Konzept reduziert.
Im Welttext der Kabbala, im absoluten Buch aus göttlichem Wortbestand, ist jede Zufälligkeit ausgeschlossen.

Un libro impenetrable a la contingencia, un mecanismo de infinitos propósitos, de variaciones infalibles, de revelaciones que acechan, de superposiciones de luz, ¿cómo no interrogarlo hasta lo absurdo, hasta lo prolijo numérico, según hizo la cábala?[281]

Borges - in nachträglicher Berührung mit Mallarmé - ist nicht der erste, der, wie hier mit Hilfe der Kabbala, Metaphysik auf Sprache reduziert. Es ist dies ein Axiom des logischen Positivismus und der analytischen Sprachphilosophie, von Mauthner und Wittgenstein und damit von jenem Vertragsbruch herrührend, der die Grenzen unserer Welt in die Grenzen unserer Sprache verlegte.

Hier weiterzudenken heißt für Borges und für den vordenkenden Mallarmé, daß diese Sprach-Welt Literatur werden muß, daß in diesem weltstiftenden ‚Sein der Sprache' eine grundlegende Tendenz, Literatur zu werden, inbegriffen ist. Aus dieser Vorstellung konzipiert er den Welttext Literatur.

Mit Valéry formuliert Borges die intertextuelle Konsequenz dieser Gedanken:

La Historia de la literatura no debería ser la historia de los autores y de los accidentes de su carrera o de la carrera de sus obras sino la Historia del Espíritu como productor o consumidor de literatura. Esa historia podría llevarse a término sin mencionar un solo escritor.[282]

Diese Geschichte des Geistes wäre die - unmögliche - Geschichte eines immerwährenden Sprachmaterials, der Worte und der Buchstaben in all jenen immer zufälligen und immer sinnvollen Kombinationen, wie sie die Kabbala imaginiert. Es wäre dies die Universalgeschichte einer Literatur, die nicht von Menschen und

---

280. Brief an Villiers de l'Isle d'Adam vom 24. September 1866. In: Stéphane Mallarmé: Correspondance 1862-1871, tome I. Recueillie, classée et annotée par Henri Mondor et L.J. Austin. Paris 1959, S. 258-260.
281. Una vindicación de la cábala. In: Discusión. OC I, 212.
Eine Rechtfertigung der Kabbala. In: Diskussionen. Werke II, 179: „Ein Buch, das für die Kontingenz undurchdringlich ist, ein Mechanismus unendlicher Absichten, unfehlbarer Variationen, lauernder Offenbarungen, Überlagerungen von Licht - wie sollte man es nicht bis zur Absurdität, bis zur Unzahl befragen, wie es die Kabbala tat?"
282. La flor de Coleridge. OC II, 17.
Werke VII, 19: „Die Literaturgeschichte sollte nicht die Geschichte der Autoren sein und der Zufälle ihrer Karrieren oder der Karriere ihrer Werke, sondern die Geschichte des Geistes als Literaturproduzent oder -konsument. Diese Geschichte könnte ohne die Erwähnung eines einzigen Schriftstellers auskommen."

Ideen bestimmt wird, sondern von der sich selbst regelnden - oder gottgeregelten - Dynamik der Sprache, die jedes auktoriale Wollen ausschließt.

Deshalb kann Borges in diesem Zusammenhang sagen, daß „alle Autoren ein einziger Autor seien"[283]. Deshalb ist Funes, der mit seiner Memoria am Welttext partizipiert, alle Menschen, wenn er den Gedanken erweckt, „daß wir unsterblich sind und daß jeder Mensch früher oder später alles tun und alles wissen wird."[284]

Deshalb kann auch Mallarmé auf den Autor verzichten in jenem Sprach-Werk, das mit der Totalität der Welt identisch ist und gleichzeitig die Welt mitsamt ihrem auktorialen Vertreter ausschließt. Und deshalb hat man im Reiche Tlön den Begriff des Plagiats verworfen und - ganz im Sinne Valérys - festgelegt, daß „alle Werke das Werk eines einzigen Autors sind, der zeit- und namenlos ist."[285]

Wie auch bei Pierre Menard, jenem französischen Symbolisten aus der Erzählung von Borges, der es unternimmt, den *Don Quijote* buchstabengetreu neuzuerfinden und niederzuschreiben, ist hier die Angst vor der plagiatorischen Niederwerfung des Autors, die Drohung des Geschriebenwerdens, die Botho Strauß in seiner Erzählung thematisiert - „Plagiate, schrie ich, Plagiate, das sind ja lauter Plagiate." (TD 84/85), heißt es hier mit Entsetzen -, gewendet in ein gelassenes Wissen um die Übermacht des Geschriebenen.

Geradezu bereichert resümiert der Chronist Pierre Menards die erstaunlichen Möglichkeiten jener „Technik des vorsätzlichen Anachronismus und der irrtümlichen Zuschreibungen" im Umgang mit dem Fundus des Geschriebenen, die Pierre Menard mit seinem *Don Quijote* in höchster Perfektion zur Anwendung bringt:

Esa técnica de aplicación infinita nos insta a recorrer la Odisea como si fuera posterior a la Eneida y el libro *Le jardin du Centaure* de Madame Henri Bachelier como si fuera de Madame Henri Bachelier. Esa técnica puebla de aventura los libros más calmosos. Atribuir a Louis Ferdinand Céline o a James Joyce la *Imitación de Cristo* ¿no es una suficiente renovación de esos tenues avisos espirituales?[286]

Die Literaturkritik im Reiche Tlön verfährt nach demselben Prinzip. Sie erfindet Autoren, indem sie beliebige Werke auswählt - etwa das *Tao Te King* und die *Märchen aus Tausendundeiner Nacht* und sie ein und demselben Autor zuschreibt, dessen Psychologie dann exakt bestimmt und analysiert wird.[287]

La littérature selon Borges, konstatiert Gérard Genette, ist ein metamorphotisches Korpus unvergänglicher Formen, zeitlos und reversibel, universal und ano-

---

283. Werke VII, 21. OC II, 19.
284. Werke V, 101. OC I, 489.
285. Werke V, 27. OC I, 439.
286. Pierre Menard, Autor del Quijote. In: Ficciones. OC I, 450.
Werke V, 45: „Diese unendlich anwendungsfähige Technik veranlaßt uns, die *Odyssee* so zu lesen als sei sie nach der *Aeneis* gedichtet worden, und das Buch *Le jardin du Centaure* von Madame Henri Bachelier so, als sei es von Madame Henri Bachelier. Diese Technik belebt die geruhsamsten Bücher mit Abenteuer. Wenn man Louis Ferdinand Céline oder James Joyce die *Imitatio Christi* zuschriebe: Wäre das nicht eine hinlängliche Erneuerung dieser schwächlichen spirituellen Anweisungen?"
287. Vgl. OC I, 439. Werke V, 27.

nym. Hier können jederzeit Figuren auftauchen, sich treffen, sich verwandeln, wie er mit Blick auf Borges' Essay *Kafka y sus precursores*[288] resümiert.

Le temps littéraire est réversible, parce qu'à chaque moment la totalité de l'espace littéraire est offerte à notre esprit. Dans cet instant Cervantes et Kafka sont tous deux nos contemporains, et contemporains l'un de l'autre, et à ce titre l'influence de Kafka sur Cervantes n'est pas moindre que l'influence de Cervantes sur Kafka.[289]

Borges spricht in seiner Erzählung von Pierre Menard davon, daß es sich bei Menards undurchdringlichem *Quijote* um eine Art Palimpsest handeln müsse, auf dem die Spuren der „vorhergehenden Schrift" Pierre Menards durchscheinen müßten.[290] Er führt damit jenen Begriff ins Feld, mit dem Gérard Genette in einer Theorie der Intertextualität jenes anonyme und variable Verhältnis von Vorgängigkeit und Nachträglichkeit zu beschreiben sucht, das Borges in seinem literarischen Universum in so phantastischen wie ingeniösen Konstruktionen immer wieder durchspielt.[291]

Botho Strauß findet ein eigenes Bild für jene Schichtungen und Verschiebungen in jenem intertextuellen Raum, der sich bei Borges als Hort eines universalen und unvordenklichen Textvorrats ausgestaltet findet.

Nach der Lehre der Poetisten waren alle Werke von Anbeginn bereits geschaffen, und der Dichter konnte nur ihr Umräumer sein. So wie jemand, der nichts zu tun hat, beständig in seiner Wohnung die Möbel verrückt. (S 46)

Der Dichter als „Umräumer" durchquert jenen Raum, „in dem alle Sätze vollkommen hauchdicht untereinander verbunden sind und sich in dunkler Abgeschlossenheit ohne jeden Reflex von außen bewegen", in dem die Wörter in „strengste[r] Selbstbezogenheit" (S 45) die sprachliche Dichte jenes „holistischen Gewebes", das der Text ist, bezeugen.

Ich habe diesen Raum und ich räume in ihm. (S 60)

Was Pierre Menards *Don Quijote* angeht, so verwirft Borges sogleich wieder den Gedanken, man müßte durch die apokryphe Schrift zu früheren Schriften durchdringen können. Dies könne nur in einer retrograden Verdopplung der Schreibarbeit Menards, in einer exakten rückläufigen Abschichtung der Schrift Buchstabe für Buchstabe, durch einen zweiten, identischen Pierre Menard geschehen. So konsequent gedacht wird die Palimpsest-Metapher auf den Grund ihrer Unmöglichkeit zugetrieben, entspringt doch der Palimpsest-Gedanke dem

---

288. In: Otras Inquisiciones. OC II, 88-90.
Kafka und seine Vorläufer. In: Inquisitionen. Werke VII, 118-121.
289. Gérard Genette: La littérature selon Borges. In: Les Cahiers de l'Herne: Jorge Luis Borges. Paris 1964, S. 326.
290. Vgl. OC I, 450. Werke V, 45.
291. Gérard Genette: Palimpsestes. La littérature au second degré. Paris 1982.

Wunsch einer unmöglichen, weil niemals authentischen Rekonstruktion und einer unvollführbaren „Hintergehung des Anfangs"[292].
Dazu sagt Botho Strauß:

Nicht, als wäre nur eine nächste Umschrift zu leisten; die abermalige Metapher zu finden. Es muß schlechthin *alles* zurückübersetzt werden in die Undeutlichkeit. (S 50)

Es liest sich dies, als wolle Strauß an einem Satz fortschreiben, der sich bei Borges findet:

Quizá la historia universal es la historia de la diversa entonación de algunas metáforas.[293]

Die Arbeit am intertextuellen Palimpsest, die Freilegung der Metaphernschichten, der Übersetzungen und Umschriften im Gedächtnisraum des universalen Texts, muß in jene Undeutlichkeit führen, die wir bis hierhin immer wieder als Essenz des Poetischen zu erkennen hatten. Die intertextuellen Zirkel, die heterotopen Phantasien, die universalen Gedächtnisstrudel, durch die wir mit Borges gegangen sind, ließen diese Überlegungen mehrfach auf ein Undarstellbares zulaufen, auf die Unfaßlichkeit des Universums, auf einen vermuteten Urtext, auf einen Ursprung in einem ungewissen, weil abwesenden, weil unzulänglichen Gott.

Renate Lachmann faßt dieses Repräsentationsproblem des intertextuellen Gedächtnisses mit Lyotards Begriff des ästhetisch Undarstellbaren, der hier schon an anderer Stelle eingeführt worden ist:

Die Darstellung muß das Undarstellbare als ihr Anderes umfassen; und es ist das Undarstellbare, das das ‚unvergeßlich Vergessene' umschließt. Das unvergeßlich Vergessene aber ist das Unerinnerbare, das durch keine Repräsentation eingeholt werden kann. [...] Damit wäre, zugespitzt, die Nichtrepräsentation die Garantie für das Erinnern des Vergessens. Und in diesem Vergessenen wäre alles bewahrt. Die Lyotardsche Darstellungsskepsis setzt also auf einen Prozeß, der jenseits jeder Semiose liegt.[294]

Daß Schrift und Vergessen in der Frage der Darstellbarkeit in engem Zusammenhang stehen, stellt Botho Strauß in *Niemand anderes* in einem von Novalis bezogenen Gleichnis dar:

Man kann das ‚Klingsohr'- und das Goethesche Märchen nicht behalten und nicht nacherzählen. Das Gedächtnis selbst bildet hier die Schale, in der die Zeichen gelöscht werden, entsprechend der Tätigkeit des Schreibers bei Novalis, dem der Vater von Eros und Fabel etwas zuflüstert, und er schreibt es unablässig auf; dann gibt er das Blatt einer göttergleichen Frau (Sophie), die taucht es in eine dunkle Schale mit klarem Wasser (das Gedächtnis)

---

292. Aleida Assmann: Zur Metaphorik der Erinnerung, S. 19.
293. La esfera de Pascal. In: Otras Inquisiciones. OC II, 16.
Die Sphäre Pascals. In: Inquisitionen. Werke VII, 18: „Vielleicht ist die Universalgeschichte die Geschichte der unterschiedlichen Betonung einiger weniger Metaphern."
294. Lachmann: Die Unlöschbarkeit der Zeichen, S. 116.

und meistens ist, bis auf einige Schrift, die glänzend wurde, alles gelöscht. Verwandtschaft und Verwandlung tun ein übriges.
Wo habe ich gelernt in letzter Zeit? Scheler, Goethe, Prigogine, Gehlen, Teilhard, Lorenz, Popper, Gnosis und Stoa. Verträumte Bibliographie. Alles Stoff der Nacht geworden. (NA 150)

Die ganze Bibliographie eines Dichtergehirns, die Summe der Schrift, die in das Gedächtnis eingeht, verschwimmt in der Undeutlichkeit eines poetischen Bilds: das poetische Bild der Nacht, die Nacht des Novalis, ist Darstellung des Undarstellbaren am unverfügbaren Grund des Gedächtnisses.

Botho Strauß versucht, zurückzugehen hinter die Mauer der Textualität, mit der die Sprache und die Schrift die denkbare Welt, das Universum, überziehen; zurückzugehen zu „dem TEXT vor der Schrift, der Botschaft vor dem Code, dem Fleck vor der Linie" (B 20), an einen vermuteten Ursprung der Sprache, an dem die Ver-Dichtung des universalen Texts durchlässig würde für ein Erinnern, das im universalen Gedächtnis der Texte nicht aufgehoben wäre, sondern ein unwiederbringlich Vergessenes undarstellbar präsent machte.

Einer „zeitenspaltende[n] Sehnsucht nach dem Ersten und Ganzen" (D 103) folgend, will er - wie George Steiner und mit dessen Argumenten - den Dichter befreien aus den Zwängen des Parasitentums und der Nachträglichkeit, denen er im Netz einer autonomen Textualität unterworfen ist.

Die Schutzhülle des Textes ist zur Flechte des Parasiten geworden, der seinen Wirt zersetzt und überwuchert. Diese Poetik hat den esoterischen Poetisten hervorgebracht, dessen familäres Mitreden am Werk den Poeten von seiner Poesie trennt und in minutiösen Schnitten Zeit, Ort, Sinn, Autorschaft vom Werk abspaltet, um es zu einer autonomen Textualität zu verarbeiten. (A 312)

Eine „Wiederbegegnung mit dem Primären" (A 318) in der Sprache soll Abhilfe schaffen und zurückführen zu einem Urbild der Sprache, dem man sich - hier spricht Strauß im Sinne Steiners von Religiosität - nur im Glauben nähern kann, da es sich jeder Darstellung widersetzt.

‚Die Sprache ist ein großes kulturelles Feld, in das man sich versuchsweise hineinbewegt. Wieso arbeite ich stundenlang an einem Satz? Das ist doch nicht mein eigenes subjektives Empfinden von Perfektion! Es muß doch ein tieferes Urbild dieses Satzes geben, das nicht allein aus meiner Subjektivität kommt, sondern von anderswoher: aus der Summe von Literatur, die ich kenne oder die überhaupt existiert.' Vielleicht klinge das ein wenig zu religiös. ‚Aber ich glaube da eben fest dran - sonst hätte ich gar nichts, woran ich glaube: Das ist das große Archiv.'[295]

Wenn George Steiner vermutet, daß es vielleicht „Überreste einer prä-logischen, jedenfalls einer prä-grammatischen Ablagerung visueller und auditiver Materie [gibt], von Sequenzen (wie in Erzählung und Musik)", die gleich einem kosmischen „Hintergrundrauschen" in unserer Sprache als „Indikatoren und Überreste

---

295. Hage: Schreiben ist eine Séance, S. 195.

der Entstehung des Universums"²⁹⁶ wirken, so dürfte auch Strauß diesem Hintergrundrauschen aus den vorsprachlichen Anfängen unseres Bewußtseins im „großen Archiv" der Texte nachlauschen wollen. Die Sprache, die uns spricht und die dieses „große Archiv" durchzieht, spricht dieses Rauschen, das seine Präsenz einbüßt, indem es Sprache wird und nur als „unvergeßlich Vergessenes" wieder eine undarstellbare Präsenz erlangt.

Travestie der Offenbarung: Licht des Vergessens. (B 73)

Die Poesie hält nun „die Verknüpfung, welche selbst der ‚komplexen Vernetzung' an Dichte überlegen ist" (S 49), die Verknüpfung zu jenem Anderen, das von jenseits der Sprache wirkt, und doch nur in ihr zur Erscheinung kommt, zu jenem supponierten Ur-Sinn, der, wie George Steiner annimmt, Bedeutung stiftet aus einem ursprünglichen Schöpfungszusammenhang. Andächtig spricht Botho Strauß von jenem „Schöpfungsauftrag" (A 317), der sich in der Sprache fortschreibt und an dem er als Dichter partizipieren möchte.

Nichts ist unmittelbarer mit dem Schicksal der Erde verbunden als die Sprache. (A 317)

Die Alte Frau in *Diese Erinnerung* war Statthalterin dieses in der Sprache fortgetragenen und doch nicht darstellbaren Ursprungsgedächtnisses, sie hütet im „Herz der Unvernunft" das Urwort Poesie.

Auch Borges zeigt sich fasziniert von Spekulationen über eine Ur-Sprache noch vor den labyrinthischen Sprachverzweigungen der Bibliothek von Babel. Diese Spekulationen über den Ursprung der Sprache führten bei Borges zu dem sprachlichen Schöpfungsmodell der Kabbala, das mit der Sprache aus göttlichem Mund die ganze Welt entstehen läßt.

Wenn er versucht, die Texte nach diesem göttlichen Ursprung zu befragen, in phantastischen Spekulationen, in ingeniösen Kombinatoriken und Ordnungsspielen, dann versucht er „einen archaisch-magischen Zustand der Sprache zu erinnern, eine Art sprachlicher Urszene (in der die bezeichnende und die magische Funktion noch nicht auseinandergetreten sind)."²⁹⁷ Und dies würde gelten für das göttliche Wort, in seiner allumfassenden Ursprünglichkeit für den Namen Gottes selbst.

If, as blind poets can, we pass our fingers along the living edge of words - Spanish words, Russian words, Aramaic words, the syllables of a singer in Cathay - we shall feel in them the subtle beat of a great current, pulsing from a common center, the final word made up of all letters and combinations of letters in all tongues that is the name of God.²⁹⁸

In einer der Erzählungen von Borges gibt es eine kurze Traumsequenz in der Bibliothek des Clementinum. Der Träumende hat sich in einem der Seitenschiffe

---

296. Steiner: Von realer Gegenwart, S. 239.
297. Lachmann: Die Unlöschbarkeit der Zeichen, S. 126.
298. George Steiner: Tigers in the Mirror. In: Extraterritorial. Papers on Literature and the Language Revolution. New York 1971, S. 30.

der immensen Bibliothek verborgen und wird schließlich von einem Bibliothekar mit schwarzer Brille gefragt, was er suche.

‚Busco a Dios.' El bibliotecario le dijo: ‚Dios está en una de las letras de una de las páginas de uno de los cuatrocientos mil tomos del Clementinum. Mis padres y los padres de mis padres han buscado esa letra; yo me he quedado ciego buscándola.'[299]

Der blinde Bibliothekar Borges treibt jene Suche in einem Gedichtvers in eine weitere Aporie:

¿Quién me dirá si en el secreto archivo
de Dios están las letras de mi nombre?[300]

Wer sollte Erfüllung in der Gegenwart Gottes finden, wenn er nicht einmal gewiß sein kann, seinen eigenen Namen zu finden? Zu welchem Zweck die absolute Gewißheit, wenn - wie für den Magier Tzinacán - keine Selbstgewißheit möglich ist.

Sprache und Schrift hören nicht auf, weil die Suche nicht aufhört und niemals aufhören kann, weil sich der Name, jeglicher Name, niemals endgültig finden läßt.

Blanchot erfaßt seine Borges-Lektüre mit seinem Begriff der „erreur", mit dem er das endlose Irren auf den Spuren der Abwesenheit und des Todes in der Sprache umschreibt:

La vérité de la littérature serait dans l'erreur de l'infini. [...] du fini, qui est pourtant fermé, on peut toujours espérer sortir, alors que l'infinie vastitude est la prison, étant sans issue; de même que tout lieu absolument sans issue devient infini.[301]

Vielleicht ist alles, was diese endlos irrende Suche auf den Spuren der Präsenz und der Abwesenheit ausmacht, nur der Unterschied zwischen Glück und Unglück. Diesen essentiellen, aber wenig philologischen Unterschied stellt Françoise Collin zwischen Blanchot und Borges heraus.

What is striking from the first moment one approaches these oeuvres is that, despite of the proximity of their narrative structures and themes, they reflect a profound difference in mood and color. [...] The general connotation of Blanchot's work is one of gravity and mourning. In contrast, Borges's work radiates a kind of jubilation, which is diffused in

---

299. El milagro secreto. In: Ficciones. OC I, 511.
Das geheime Wunder. In: Fiktionen. Werke V, 137: „ ‚Ich suche Gott.' Der Bibliothekar sagte: ‚Gott ist in einem der Buchstaben auf einer der Seiten eines der vierhunderttausend Bände des Clementinum. Meine Eltern und die Eltern meiner Eltern haben diesen Buchstaben gesucht. Ich habe mich blind danach gesucht."
300. Góngora. In: Los conjurados. OC III, 492.
„Wer wird mir sagen, ob in Gottes geheimem Archiv die Buchstaben meines Namens enthalten sind?" (Meine Übersetzung)
301. Blanchot: L'infini littéraire: L'Aleph. In: Le livre à venir, S. 116/117.

disparate lines of irony and lyricism, which explodes in fireworks of images, a passion for detail.[302]

Borges sagt von sich, daß er glücklich ist und daß das Glück „sich jederzeit einstellen kann, daß man es nur nicht suchen darf."[303] Vielleicht ist auch ganz schlicht das Glück ein Effekt jenes ‚Appells des Großen Anderen' und somit ein Effekt der Literatur, den auch Botho Strauß anstreben könnte.

---

302. Françoise Collin: The Third Tiger; or, from Blanchot to Borges. In: Borges and His Successors. Hrsg. v. Edna Aizenberg. Columbia London 1990, S. 88/89.
303. Borges: Autobiographischer Essay. In: Borges lesen. Hrsg. v. Gisbert Haefs und Fritz Arnold. Frankfurt a.M. 1991, S. 73. (Zuerst in: The Aleph and other Stories 1933-1969. Edited and translated by Norman Thomas di Giovanni in collaboration with the author. New York 1978.)

III. Das Höhere: Die Ethik der Ästhetik

Es gilt, eine Auflösung zu finden für jene offene Zone des Anderen, die sich an der Schwelle zwischen Anwesenheit und Abwesenheit im Ästhetischen auftat, als Glücksverheißung eines lebensstiftenden Appells oder als todverfallene Unerlöstheit in der Leere des Nichts.

Im Erbe der ästhetischen Moderne lag der Grund jenes offenen Bruchs. Es ist der Bruch zwischen Wort und Welt, der zur Autonomisierung des Ästhetischen führte und zugleich den Abgrund der Abwesenheit aufmachte, dem nur im Ästhetischen eine Präsenz entgegenzuhalten war, von prekärer und zugleich verheißungsvoller Gestalt: das ästhetische Wort setzt in der Dichte der Sprache die Differenz zwischen todgeweihter Gegenständlichkeit und göttlich-erhabener Sublimation, der Text wird zum unendlichen Spielraum der Immanenz und umschreibt in den ungewissen Zirkeln der Textualität die Differenz zwischen Erfüllung und Aufschiebung, Glückseligkeit und Verdammnis.

Zwischen diese sprachtheoretische oder ontologische Differenz im Ästhetischen schieben sich ästhetische Theoriemodelle, die den offenen Bruch aufzufangen suchen in Formeln der Anwesenheit, in ästhetiktheoretischen (Bohrer), philosophischen (Lyotard) oder theologischen (Steiner) Benennungen, Modelle, die das Ästhetische auf die Annahme ‚realer Abwesenheit' gründen (Mallarmé, Blanchot), bis zur Dekonstruktion, die die Spur der Abwesenheit in keinerlei Positivität mehr münden läßt, auch nicht in die einer theoretischen Affirmation des Ästhetischen.

All diese ästhetiktheoretischen Modelle sind hier eingeführt worden, um darzulegen, wo sich im Werk von Botho Strauß jener Bruch öffnet, an dem ein zwischen Anwesenheit und Abwesenheit oszillierendes Anderes aufscheint, das Strauß in eine „Ästhetik der Anwesenheit" kleidet, indem er von Theologie, von Metaphysik und von Transzendenz die Rede führt.

Wenn hier auf das Erbe der Moderne zurückgegriffen wurde, dann geschah dies, um dem Vorwurf einer willkürlichen Setzung und der metaphysischen Spekulation entgegenzuwirken und die ästhetische Rede von Botho Strauß in einem von der Moderne ausgehenden literarisch-ästhetischen Gedankenfeld zu verankern.

Es gilt nun, eine Auflösung zu finden für jenes Andere, das hinter der Sprache aufbricht, wenn diese nicht mehr durch die Annahme welthafter Referenz abgesichert ist, eine Auflösung, mit der sich, wo das bisher vermieden wurde, unerschrocken Strauß' Rede von Metaphysik und Transzendenz angehen läßt.

Mehrfach schon hat sich angedeutet, daß sich dort, wo sich Strauß' Ästhetik dem ‚Appell des Großen Anderen' öffnet, ethische Fragen anschließen, die vor allem mit der Frage nach dem Status von Sprache und Literatur in unserer Zeit zusammenhängen.

Wo es für die Dekonstruktion das Unrecht ideologischer Vereinnahmung im ästhetischen Diskurs zu durchbrechen gilt, steht für Strauß der Erhalt eines humanen Kulturträgers im Vordergrund, der Erhalt der Sprache und insbesondere jenes Mediums, in dem sie sich am reinsten darbietet, der Erhalt der Literatur im Zeitalter der technischen Medien, der Informations- und Konsumgesellschaft und der kybernetischen Wissenschaft.

Die Annahme eines ‚Höheren' in der Literatur, die Strauß mit der ästhetischen Rede von Metaphysik und Transzendenz zu begründen sucht, gewahrt in der Literatur eine lebensstiftende und sinnstiftende Kraft, ein Modell des Guten, einen Aufruf zu menschlichem Handeln und vielleicht im letzten eine ‚Anleitung zum Glücklichsein' gegenüber dem nivellierenden gesellschaftlichen Diskurs, gegenüber der Verselbständigung wissenschaftlicher Erkenntnis oder gegenüber dem Defaitismus dekonstruktivistischer Philosophie und Literaturbetrachtung.

Diese Annahme mißt der ästhetischen Erfahrung ethische Bedeutung zu, und sie legitimiert ihren Anspruch mit der Autorität des Metaphysischen. Das ‚Höhere' in der Literatur wäre hiernach ein transzendenzverbürgter ethischer Gehalt.

Mit Emmanuel Lévinas läßt sich dieser ästhetisch-metaphysischen Ethik näherkommen auf den Bahnen einer Philosophie, die eine entscheidende Umdeutung der Metaphysik in Richtung auf eine ‚Ethik des Anderen' vorgenommen hat, wie sie Botho Strauß im Ästhetischen geltend macht. Entscheidend ist Lévinas' Wendung der Metaphysik gegen die Ontologie. Metaphysik ohne ontologische Implikationen zu denken heißt, sie von der Seinsfrage zu lösen, die die klassische Ontologie in einer Theorie von der Totalität des Seienden abhandelte, die in jedem einzelnen identisch verbürgt wäre. Der ontologische Blick auf den anderen Menschen läßt in ihm ein anderes Selbst, ein analoges Sein erkennen, er macht den anderen Menschen zum Anderen des Selben, reduziert die Andersheit des anderen auf die Selbigkeit des Ich.

A la théorie, comme intelligence des êtres, convient le titre général d'ontologie. L'ontologie qui ramène l'Autre au Même, promeut la liberté qui est l'identification du Même, qui ne se laisse pas aliéner par l'Autre. Ici, la théorie s'engage dans une voie qui renonce au Désir métaphysique, à la merveille de l'extériorité, dont vit ce Désir.[1]

Metaphysisch ist dagegen für Lévinas ein Blick, der auf die ontologische Verdopplung des Selbst verzichtet und im anderen Menschen eine nicht mehr im Begriff des ‚Ich' einzuholende Andersheit erkennt, eine unendliche, unaufhebbare Differenz, die das Selbst in Frage stellt und zugleich in Beziehung setzt.

On appelle cette mise en question de ma spontanéité par la présence d'Autrui, éthique. L'étrangeté d'Autrui - son irréductibilité à Moi - à mes pensées et à mes possessions, s'accomplit précisément comme une mise en question de ma spontanéité, comme éthique. La métaphysique, la transcendance - l'accueil de l'Autre par le Même, d'Autrui par Moi se produit concrètement comme la mise en question du Même par l'Autre, c'est à dire comme l'éthique qui accomplit l'essence critique du savoir.[2]

Ich bin in Bezug auf den Anderen in seiner unendlichen Andersheit und dies ist mein ethischer Bezug. Auf diesen Bezug bin ich verpflichtet, er beraubt mich ein in die Tatsache, daß ich schon immer in einer ethischen Beziehung stehe, daß

---

1. Emmanuel Lévinas: Totalité et infini, S. 13.
2. Ibid.

diese ethische Beziehung fundamental ist und mich auf den Anderen zu verhält, der mich von der Unendlichkeit des absolut Anderen her sein läßt. „Nous sommes le Même et l'Autre."[3] und „L'altérité n'est possible qu'à partir du moi."[4]

Dieser ethische Bezug beinhaltet keinesfalls eine Verpflichtung im Sinne einer normativen Ethik, wie sie auf dem Fundament der klassischen Ontologie als Verhaltensregel gegenüber dem anderen Menschen als gleichem und damit gleichwertigem Selbst zu entwickeln wäre. Der ethische Bezug zum ‚absolut Anderen', wie ihn Lévinas konzipiert, ist die fundamentale ethische Bedingung meines Selbstseins und dieser Bezug zum Anderen ist metaphysisch vor aller Ontologie, da „l'Autre, malgré le rapport avec le Même, demeure transcendant au Même"[5], da also die Erfahrung des Anderen als absoluter Differenz jeder Erfahrung des Selbst vorausgeht. „La métaphysique précède l'ontologie"[6].

Die klassische Kopplung von Ontologie und Metaphysik ist hier insofern übersprungen, als die „Begründung des vielen und bewegten Seienden durch ein singuläres, selbstbezügliches und unbewegtes Seiendes (= Gott)"[7] ersetzt wird durch eine Begründung, die auf Transzendenz setzt, doch Transzendenz nicht als Totalität eines Seienden, sondern als absolute Exteriorität, als nichtintegrierbare Unendlichkeit zu begreifen sucht, durch eine Begründung, die durch die Fixierung des Bezugs zum absolut und unendlich Anderen im anderen Menschen eine primär ethische ist und dadurch Metaphysik als Ethik neu definiert.

Sofern der andere absolut und ‚metaphysisch' anders ist, ergibt sich ein neuer Sinn von Metaphysik: Ethik statt Ontologie.[8]

Diese ethische Philosophie des Anderen versucht, mit der „primauté du Même"[9], das heißt nicht zuletzt, mit der maßgeblichen Tradition der Philosophie von Sokrates über Descartes bis zu Husserl und Heidegger zu brechen. Ethik als Erste Philosophie zu konzipieren, bedeutet, das Interesse von „le Même" auf „l'Autre" zu verlegen, auf das Andere und den Anderen in einer von Lévinas strikt erhobenen Differenz, die er Transzendenz nennt, weil sie das Unendliche ‚Jenseits des Seins' in keinem seinsgemäßen Verständnis und keinem Begriff von Totalität mehr aufgehen läßt.

Wenn in diesem Sinne von Metaphysik gesprochen wird, dann geht das Andere vor jede Erfahrung von Sein und von Welt, dann geht Humanität vor Subjektivität, Fremdheit vor Selbstgewißheit, Gerechtigkeit vor Bewußtsein, Verantwortung vor Erkenntnis.

---

3. Ibid., S. 8.
4. Ibid., S. 10.
5. Ibid., S. 9.
6. Ibid., S. 13.
7. Bernhard Taureck: Lévinas zur Einführung. Hamburg 1991, S. 118.
8. Ibid., S. 58.
9. Lévinas: Totalité et infini, S. 13.

Zentrales Motiv der Lévinas'schen Ethik ist das Gesicht[10] des Anderen, Ort der Begegnung mit dem Anderen in seiner unauslöschbaren Differenz, Offenbarung von Transzendenz.

Deshalb gehen die folgenden Überlegungen vom Motiv des Gesichts in einigen Texten von Botho Strauß aus, um von hier aus mit Lévinas Strauß' metaphysische Rede vom Anderen zu erschließen und nachzuvollziehen, wie sich aus Strauß' metaphysisch angelegter „Ästhetik der Anwesenheit" eine Ethik der ästhetischen Erfahrung ableiten läßt.

Ein weiterer Ort der Begegnung mit dem Anderen im anderen Menschen ist für Lévinas die Sprache, die Sprache, die mich in Beziehung setzt, die Hinwendung zum Anderen ist, die dem Anderen antwortet und in der Antwort das Unaussprechliche darbietet. Sprache als An-Sprache, als An-Rede des Anderen, als Anrufung Gottes und Spiegelung von Transzendenz, auch Sprache als Sagen des Unsagbaren vor jeder Repräsentation, als repräsentationsversehrtes Sagen, das in der Literatur seine Heilung und Heiligung erfährt, - diese Aspekte sind hier anknüpfend bei Botho Strauß zu verfolgen.

Das Gesicht des Anderen

Es gibt eine Stelle im Werk von Botho Strauß, die uns unmittelbar der Begegnung mit dem Gesicht des Anderen aussetzt. Jene Stelle in *Der junge Mann*, an der wir im Verlauf dieser Überlegungen schon mehrmals angelangt sind, ist gleichermaßen der ästhetische Fluchtpunkt dieses Romans. Hier findet Leon Prachts ästhetische Existenz, die in den mythisch-phantasmatischen Irrläufen der Binnenkapitel an den Rand eines nicht mehr assimilierbaren Grenzgängertums getrieben wird, eine Auflösung in der Begegnung mit dem Gesichtswesen Yossica.

Mit dieser Ankunft im anderen Gesicht schließen sich zunächst zwei ästhetische Motivfelder zusammen. Zuerst die poetischen Bezüge dieses Romans zu Novalis' *Heinrich von Ofterdingen*, die hier im Liebesmotiv zusammenlaufen, das sich auch bei Novalis im Anblick der Geliebten auflöst. Für Heinrich von Ofterdingen erfüllt sich der im Traum erlebte Anblick des „zarten Gesichts" in der blauen Blume[11] im Anblick Mathildes, nachdem er wie auch Leon Pracht „am Ende [seiner] Reise"[12] angekommen ist. Für ihn wie bei Strauß für Leon Pracht erfüllt sich das Dichterleben in der Liebe.

---

10. Der Begriff des Gesichts bei Lévinas ist auch verschiedentlich mit „Antlitz" übersetzt worden, so auch in der Übersetzung von *Totalität und Unendlichkeit* von Wolfgang Nikolaus Krewani (Freiburg München 1987). Neuere Übersetzungen, wie etwa die von *Autrement qu'être ou au-delà de l'essence* (Jenseits des Seins oder anders als Sein geschieht. Übersetzt von Thomas Wiemer. Freiburg München 1991.), ziehen den Begriff „Gesicht" vor.
11. Vgl. Schriften 1, 196.
12. Schriften 1, 277.

Man betrachte nur die Liebe. Nirgends wird wohl die Notwendigkeit der Poesie zum Bestand der Menschheit so klar, als in ihr. Die Liebe ist stumm, nur die Poesie kann für sie sprechen.[13]

Das, was Strauß hier wieder in die romantische Motivik einmünden läßt, hatte sich zuvor als „erotisches Denken" (JM 244) präsentiert, als ekstatische Begegnung mit der Grenze des Denkens, die als Bewegung der „Übertretung" im Raum der Sprache nicht weniger als das romantisch-universalpoetische Liebeskonzept ein Argument für die „Notwendigkeit der Poesie" darstellte.

Ein anderes Motivfeld, dasjenige von Gedächtnis und Erinnerung, das im vorhergehenden Kapitel offengelegt wurde, schließt sich hier an.

„Die Erinnerung ist der sicherste Grund der Liebe"[14] heißt es für Heinrich von Ofterdingen, womit Strauß' Verknüpfung von Gedächtnis und Poesie für Heinrich von Ofterdingen, für den das erinnerte Traum-Gesicht der blauen Blume in einem poetisch generalisierten Liebeskonzept aufgeht, vorformuliert wird.

Richard Schroubek, der in *Die Widmung* einen orphischen Erinnerungsversuch im Schreiben unternimmt - „Urlaub zum Erinnern" (W 29) nennt er seine Versenkung in die der abwesenden Geliebten gewidmete Schrift -, formuliert das gleiche poetische Prinzip: „Begehren und Gedächtnis reizten einander, das eine exaltierte im Schutz des anderen." (W 23)

In *Der junge Mann* nun mündet jene erotisch-anamnetische Poetik in das Motiv des Gesichts, das Novalis' romantische Liebespoetik mitverbildlicht.

In den erotischen „Stürmen der Enthaltsamkeit" (JM 325), in der ästhetischen Geste der Übertretung in ihrer Unerlöstheit, hatte Leon Pracht, wie schon zitiert, den anderen Menschen notwendig verfehlt.

[...] und es ist zuletzt nur noch die Synkope, die Unterbrechung des Daseins im Geschrei, im sinnlichen Winseln, im Aufbäumen der Hüfte, die wir suchen, und nicht den anderen Menschen. (JM 244)

Den „anderen Menschen", den der „Erotiker aus Entsagung" in seinen ästhetisch-ekstatischen Grenzgängen am Rande des Sprachlichen entbehrte, findet er nun im Gesichtswesen Yossica, jenem „Wesen, das nur noch Antlitz war und Stimme" (JM 316) und das, indem es Blick und Sprache verkörpert, Klingsohrs Rede von Erinnerung und Liebe als vereinten Kräften des Poetischen einlöst.

Dann traf mich ihr tiefer, lebensdunkler, unbeirrbarer Blick und durchdrang mich ruhig. Wir traten langsam einer aus des anderen tiefster Erinnerung hervor. (JM 325)

In der Begegnung von Leon und Yossica geschieht jedoch auch das, was Lévinas „accueil du visage"[15] nennt. Die ästhetische Konstellation des Romans geht hier auf in der Erscheinung des Unendlichen in seiner ethischen Dimension.

---

13. Schriften 1, 287.
14. Schriften 1, 290.
15. Lévinas: Totalité et infini, S.171.

Yossica, das bare Menschenwesen, bietet sich in all seiner Blöße dar, in der Nacktheit des Gesichts, ungeschützt ausgesetzt dem Blick der anderen.

Das Gesicht, im Laufe der Evolution von der Erde abgehoben, ist nicht nur das aktivste soziale Organ des Menschen, es ist auch der einzige Körperteil, der, von Maske und Schleier einmal abgesehen, so gut wie immer unbekleidet bleibt, es ist die Blöße selbst, die höchste Instanz und das eigentliche Gebilde der ‚ungeschützten' Vorderseite des aufrecht gehenden Menschen. (PP 66)

Die Nacktheit des Gesichts ist die Blöße des Unendlichen „[qui] luit dans le visage d'autrui, dans la nudité totale de ses yeux, sans défense, dans la nudité de l'ouverture absolue du Transcendant."[16]

Hier, im bloßen menschlichen Gesicht, begegnet „la présence d'un être n'entrant pas dans la sphère du Même"[17], es begegnet der Andere in seiner unendlichen Andersheit, die jeden Begriff des Selbst übersteigt.

La manière dont se présente l'Autre, dépassant *l'idée de L'Autre en moi*, nous l'appelons, en effet, visage.[18]

Das Gesicht des Anderen, sehend erfahrene Offenbarung von Unendlichkeit und Transzendenz, beruft sein Gegenüber in einen Bezug, der nur als unendliche Fremdheit erfahrbar ist und der doch die einzige Kraft ist, die dem Sehen, dem Sehnen Halt bietet.

Da ist es aufeinmal, das sehende Gesicht, das nicht erkennt, um sogleich zu zerstören, das dich hält und einbraumt in seine Ferne, und du weißt, wohin du auch weitergehst, einem solchen wirst du im Leben nie begegnet sein. (PP 65/66)

Das Sehen des Anderen, der sehnende Blick, das offene Auge suchen im anderen Menschen den „Durchschein der Seele" (PP 66), ein Gegenüber, in dem der „tiefe, lebensdunkle" Grund des Menschseins zu erblicken wäre. Die „suchende[ ], wartende[ ], sehnsüchtige[ ] Seele" erwartet

den Menschen, der erst in Rücksicht auf sie, ebendiese Seele, seine Andersheit - zu seiner Andersheit fände. Die gemeinsame Hervorbringung eines Gegenübers und nicht die show, die fertige Manier [...]. (B 96)

Den Synkreas, jener synthetisch-postmodernen Kultgesellschaft in *Der junge Mann*, ist dieser offenbarende Anblick des Gegenübers verwehrt. Im Volk der „Gesellschaftslosen" - gesellschaftslos, weil sie die Riten des Gesellschaftlichen bis zur parodistischen Aufhebung übersteigern, vielleicht ‚hyperrealisieren' im

---

16. Ibid., S. 173.
17. Ibid., S. 169/170.
18. Ibid., S. 21.

Sinne Baudrillards[19] - darf das Gesicht des Nächsten nicht geschaut werden. Die gesellschaftlich ‚hypersaturierten' Synkretisten sind von einer eigentümlichen „Gesichtsscheu". Sie bedecken in Anfällen von Scham ihre Gesichter mit Masken, um sich gegen die Blicke der anderen abzuschirmen (JM 143/144).

Das Tabu der Synkreas entspricht dem entmenschlichten Portrait einer Gesellschaft ohne Gesichter, wie es Botho Strauß in *Paare, Passanten* ausmalt.

Du merkst, wie eines vollends sich entzieht und nachgerade utopisch wird und brauchst es doch so sehr: das sehende menschliche Gesicht.
Gesichtslöschenden Kräften sind wir ausgesetzt. Wie die Schwefelsäure in der Luft, in der von giftigen Gasen gedunsenen Luft die antiken Säulenschäfte und die Marmorgesichter ebenfrißt, so zersetzt, verstumpft die Pest der vielen Fotos, der Fernsehschimmer, die Blow ups der Reklamewände den Glanz unseres Blicks. Den Glanz nur? Alles Wesen, das im Auge lag, hat sich von dort zurückgezogen: Suche und Wissen, Vertrauen und Berechnung, Güte und Gier. Wir sehen nicht und sehen auch nicht aus. (PP 65)

Botho Strauß redet von der heutigen Gesellschaft, in der das Interesse am Menschen verlorengeht, weil die Gesichter verschwimmen in der Menge der „Passanten", weil die Blöße der Andersheit bedeckt ist unter der Vielfalt medialer Vorspiegelungen und die Fremdheit des Anderen getilgt durch eine „Überfülle von Identifikationsangeboten" (PP 189).

Eine Gesellschaft ohne Gesichter ist eine Gesellschaft ohne ethischen Appell: „l'appel venant de l'autre pour m'appeler à ma responsabilité"[20] entspringt dem menschlichen Gesicht.

L'épiphanie du visage comme visage ouvre l'humanité. Le visage dans sa nudité de visage me présente le dénuement du pauvre et de l'étranger; [...].[21]

Behauptet wird hier eine ethische Dimension der Andersheit des Anderen, eine Verpflichtung zur Humanität, die sich aus der Begegnung mit Transzendenz im menschlichen Gegenüber herleitet: „L'épiphanie du visage est éthique."[22]

Die ursprüngliche ethische Botschaft, die sich im Gesicht des Anderen mitteilt, ist das Gebot „Du sollst nicht töten."[23] Zwar kann das Gesicht in seiner Nacktheit

---

19. Baudrillard prägt den Begriff der Simulation, um die postmoderne Gesellschaft im Zustand einer hyperrealen ‚Ekstase des Sozialen' zu beschreiben:
„Ce qui laisse à rêver aussi, c'est l'outrepassement du social, l'irruption du plus social que le social [...]. La logique du social trouve là son extrémité - le point où elle inverse ses finalités et atteint à son point d'inertie et d'extermination, mais en même temps où elle touche à l'extase. Les masses sont l'extase du social, la forme extatique du social, le miroir où il se refléchit dans son immanence totale.
Le réel ne s'efface pas au profit de l'imaginaire, il s'efface au profit du plus réel que le réel: l'hyperréel. Plus vraie que le vrai: telle est la simulation." In: Jean Baudrillard: Les stratégies fatales. Paris 1983, S. 14.
20. Lévinas: Totalité et infini, S. 188.
21. Ibid.
22. Ibid., S. 174.
23. Vgl. ibid., S. 172-175.

sich physischer Gewalt nicht erwehren, doch zeichnet sich in ihm ein ethischer Widerstand ab, der nicht überwunden werden kann. Zwar kann physische Gewalt sich über den leiblichen Widerstand hinwegsetzen, doch wird der ethische Widerstand des Anderen niemals in der Weise gebrochen werden, daß das Töten Zustimmung erhielte. Der Widerstand gegen das Töten ist das Verhältnis zum absolut Anderen des anderen Menschen, die „inviolabilité éthique d'Autrui"[24] garantiert das Andersbleiben des Anderen. Das „Davor-Sein" (B 73) vor dem Blick des Anderen bewahrt den anderen Menschen in der Unendlichkeit seiner Andersheit und dieses „Davor-Sein" ist zugleich ein „Davor-Sein" *vor* dem Gesetz (vgl. ibid.), indem es auf das Gebot „Du sollst nicht töten" verpflichtet. So wenden sich durch den ethischen Widerstand des Gesichts die Unendlichkeit und Transzendenz des Anderen in Verantwortung und Humanität.

La positivité de l'Infini, c'est la conversion en responsabilité, en approche d'autrui, de la réponse à l'Infini non-thématisable, dépassant glorieusement toute capacité, manifestant, comme à contre-sens, sa démesure dans l'approche du prochain, qui obéit à sa mesure.[25]

Deshalb ist das Gesicht das Höchste, die buchstäblich höchste Blöße des aufrecht gehenden Menschen und auch „la manifestation de la hauteur où Dieu se révèle"[26], das Höchste im Sinne eines philosophisch-metaphysischen, nicht mehr theologischen Gottesbegriffs, der die ethische Transzendenz des Anderen und den gebietenden Appell des „Du sollst nicht töten" verkörpert.

La dimension du divin s'ouvre à partir du visage humain. Une relation avec le Transcendant - cependant libre de toute emprise du Transcendant - est une relation sociale. C'est là que le Transcendant, infiniment Autre, nous sollicite et en appelle à nous. La proximité d'Autrui, la proximité du prochain, est dans l'être un moment inéluctable de la révélation, d'une présence absolue (c'est à dire dégagée de toute relation) qui s'exprime. Son épiphanie même consiste à nous solliciter par sa misère dans le visage de l'Étranger, de la veuve et de l'orphelin.[27]

Das Gesicht des Anderen setzt das Signal einer höheren Verpflichtung, die über jedes gesellschaftliche Interesse und jedes menschliche Maß hinausgeht und hierdurch entsteht ein metaphysischer Bezug, in dem Gott begriffen werden kann.

Dès lors, la métaphysique se joue là où se joue la relation sociale - dans nos rapports avec les hommes. Il ne peut y avoir, séparée de la relation avec les hommes, aucune ‚connaissance' de Dieu.[28]

---

24. Ibid., S. 169.
25. Lèvinas: Autrement qu'être ou au-delà de l'essence, S. 14.
26. Lèvinas: Totalité et infini, S. 51.
27. Ibid., S. 50.
28. Ibid., S. 51.

Inmitten der „bösen Strahlen der Welt" (R 94) gilt es also, das menschliche Gesicht zu suchen als Offenbarung des Höchsten, als metaphysischen Appell zur Humanität.

Und doch bleibt nur ein Ort auf der Welt aller Sehnsucht wert, kein Haus in der Heide, kein noch so guter Garten und nicht die Freiheit, sondern allein das Ganz Andere Gesicht. (R 93)

Deshalb bleibt in *Der junge Mann* als letztes die Hinwendung zum menschlichen Gesicht. Mit den Worten „Keine Absicht, nur Gesicht" (JM 325) kommt Leon Prachts ästhetische Existenz zur Ruhe.

Diese ethisch-ästhetische Auflösung am Ende der Illusionsreise Leon Prachts hat ihr Pendant am Beginn jener Reise in der Episode vom „Stehenden Liebespfeil", in der die Handlung des Romans am „Punkt des Nicht-weiter-Schreitens", dem im sich wandelnden Sportfeld leitmotivisch wiederkehrenden ästhetischen Grenztopos des Romans, ins Imaginäre umkippt.

Über den gespannt wartenden Läufern auf dem Sportfeld, Männern und Frauen in einer hochgradig erotischen Wartehaltung, erhebt sich eine „leise, allgewaltige Stimme, welche Zeiten, Namen und Siege verkündet" (JM 63). Die „überaus gerechte Lautsprecherstimme" (JM 62) spricht hier, belegt mit Attributen wie „allgewaltig", „weithin sorgend[ ]" und „groß", als eine metaphysische Instanz, die „verhaltene Gerechtigkeit von hier bis zum Horizont auszubreiten scheint" (JM 63). „Aufgerufen von dieser weithin sorgenden Instanz" (ibid.) löst sich die angespannte Erotik der Situation und die Läufer brechen auf zum verspäteten Lauf im menschenleeren Stadion, um den gerechten Wettkampf anzutreten, den weltlichen Geschlechterkampf auszufechten. Würden diese „schlafwandelnden" Männer und Frauen, die hier die Poetologie des Romans in das „Zeitmaß des Säumens" (JM 64) überführen, der lenkenden, verkündenden Stimme nicht folgen, dann höbe sich die männlich-weibliche Spannung auf im Blick von Angesicht zu Angesicht, der Kampf endete *vor* dem Auge des Anderen.

Plötzlich würden sich die Frauen einmal für immer umdrehen und stünden im Angesicht ihrer Hintermänner. Diese aber sähen nicht länger über die weibliche Schulter dem Kampf entgegen - sie sähen dann nur noch *bis ans* Auge der Frau. (JM 63)

Gerechtigkeit wäre dann aufgehoben im „face-à-face", die metaphysische Instanz riefe nicht auf zur Gerechtigkeit im entfremdenden Wettkampf, sondern offenbarte sich als eine Gerechtigkeit, die jeden Subjekt-Objekt-Antagonismus, jede Konfrontation der Geschlechter, jede Erkenntnis Gottes in einer objektivierbaren Instanz außer Kraft setzte. Gerechtigkeit herrscht über der Sportfeldsituation wie durch die Stimme Gottes, doch wird Gott erst eigentlich präsent, indem das „face-à-face" imaginiert wird. Hier erst, vor dem Auge des Anderen, würde eine Beziehung zu Gott möglich, die ihn als Unendlichen gewahrbar machte, indem sie die totale Transzendenz des Anderen unangetastet ließe, eine Beziehung, die nicht dem Subjekt-Objekt-Antagonismus des Erkennens entspräche. Gott wäre nicht eine gebietende personale Autorität wie die zum Wettkampf aufrufende Lautsprecherstimme, nicht „un être superlativement être, sublimation de l'objectif ou, dans une solitude amoureuse, sublimation d'un Toi", „mais un Dieu accessible dans la justice", zugänglich in einer Gerechtigkeit, die auf jener ethischen Transzendenz gründet, die das Gesicht des Anderen signalisiert.

Il faut oeuvre de justice - la droiture du face-à-face - pour que se produise la trouée qui mène à Dieu - et la ‚vision‘ coïncide ici avec cette oeuvre de justice.[29]

Der Wettlauf verlegt die Erlangung von Gerechtigkeit und damit die Präsenz Gottes in einen permanenten Antagonismus, in eine Dialektik des Kampfes, die dem Leben gleicht. Die Geschlechterdifferenz und die Vermeidung des Blicks, der immer „über die Schulter der Frau" auf den Kampf gerichtet bleibt, bewirken ebenfalls eine Verschiebung des „face-à-face", in dem sich Ethik und Transzendenz gewahren ließen. Das „Zeitmaß des Säumens" ist auch das eines Versäumens. Was versäumt wird, ist der Blick des Anderen, ist Gerechtigkeit im Sinne einer ethischen Begründung des Seins, ist die Anschauung Gottes, der in der absoluten Andersheit des Anderen seine Transzendenz offenbart.

In dieser Schlüsselsituation des Romans deutet sich im Irrealis - die Passage ist im Coniunctivus irrealis gehalten - das an, was bei Leons Prachts Ankunft im anderen Gesicht geschieht. Der „Stehende Liebespfeil" ist als phallisches Symbol zunächst Symbol der Geschlechterdifferenz und jener differentiellen Spannung, die sich ästhetisch im „erotischen Denken" Leon Prachts entlädt. Poetologisch entbindet sich aus der männlich-weiblichen Konfrontation und ihrer Symbolisierung im phallischen Liebespfeil die von Zenon hergeleitete Zeitpfeil-Symbolik, die das poetologische Zeitmaß des Romans vorgibt. Die poetologische „Gleiche Zeit", die von hier an den „illusionären Teil" (JM 306) des Romans regiert, korrespondiert der erotischen Schwellenzeit in der Allegorie von der „Frau auf der Fähre", mit der der „Erotiker aus Entsagung" Leon Pracht ein weiteres ästhetisches Zeitmaß des Unvermittelten setzt. Die Pfeilsymbolik dieser Schlüsselpassage am Übergang zum ästhetischen Komplex der Binnenkapitel weist erotisch und poetologisch zum Auge des Anderen, das hier in der Episode vom „Stehenden Liebespfeil" wie auch später bei der Ankunft in Yossicas Gesicht jenen „Punkt des Nicht-weiter-Schreitens" markiert, an dem der Roman ein ästhetisches Anderes auszumachen sucht. „Bis ans Auge der Frau" sehen bedeutet hier auch, die ästhetische Grenze sehen, die der Roman aufwirft und die er schließlich im Gesicht der bloßen Yossica und im platonischen Zusammenwachsen der Geschlechter - ethisch - aufhebt.

[...] wir kommen der Sache doch niemals näher als mit den Augen, die sich nicht vereinigen lassen. (R 94)

Wir kommen dem Ästhetischen in jener ethisch-metaphysischen Dimension, die Strauß zu umreißen versucht, niemals näher als an der Grenze des Anderen, die in Dichtung und Sprache umschrieben wird und die man im menschlichen Auge erblickt.

---

29. Ibid.

„Unüberwindliche Nähe"[30]: Es bleibt die Schranke des Absoluten im Auge des Anderen, Zurückweisung vor einer unzugänglichen Fremdheit, doch in der Zurückweisung Offenbarung zugleich.

Gesicht, Auge und Blick erscheinen bei Strauß als Orte einer letzten Undurchschaubarkeit, auch innerhalb eines durch die Humanwissenschaften, insbesondere aber durch die Psychologie und die Gehirnphysiologie, scheinbar restlos durchschaubar und explizierbar gemachten Bildes vom Menschen.

Die Materie hat ihre letzten Hüllen fallen lassen; es ist unwiderruflich und unverdunkelbar alles zur Kognition gebracht. Der Stein strömt und mein Auge strömt. Kein Gegenüber blieb erhalten. Doch hinter dem Auge trennt uns ein pedantisch Ordnung schaffender Geist aus der gemeinsamen Verschwommenheit. (B 67)

Das Auge, der Brennpunkt des Sehens, ist der Brennpunkt des Existierens. Das Auge wird nicht nur von anderen angesehen, es ist selber der Punkt, von dem das Sehen des Anderen ausgeht. Im nicht nur gesehenen, sondern im selber als sehend erfahrenen Gesicht des Anderen zeigt sich durch jede Durchschaubarkeit hindurch die undurchschaubare ethisch-transzendente Gewißheit der Existenz.

In dieser Philosophie des Gesichts, die Strauß sich anverwandelt, kommt die Einsicht zum Tragen, daß

[...] der Mensch seine Orientierung ebenso im Gesehenwerden wie im Sehen findet.
Wohl kann man leben, ohne zu sehen, als Blinder, aber ein Lebewesen, das nie und nirgends gesehen wird, scheint unvorstellbar. Irgendeiner Bremse in den Facetten, einem Hund im verschwommenen Raster, einem Bussard als Umriß und Schatten müssen wir erscheinen, um zu existieren. (B 95)

Die kybernetische Wissenschaft und die Systemtheorie fixieren diese Einsicht in der Funktion des Beobachters, die die Geschlossenheit jedweden Denk- und Erklärungssystems erst feststellt und so erst jene Erkenntnisstruktur herstellt, in der uns die Welt als Gefüge sinnvoller Ordnungen erscheint. Mit anderen Worten: Die Wissenschaft präzisiert den Gedanken, daß die Schöpfung nur im Auge des Beobachters entsteht.

Licht soll es ebenfalls am ersten Tag der Schöpfung nicht gegeben haben. Der Beobachter fehlte, das lichtende Auge. Denn Licht existiert nur *für* jemanden. Die elektromagnetische Strahlung an sich ist schwarz. Gott sagte - wann? nicht vor dem fünften Tag, nicht vor der Geburt des ersten Lebewesens: es werde Sicht und schuf das Auge. [...]
Alle physikalischen Gesetze bedürfen des Beobachters, der sie formuliert. Ein Universum, das den Menschen nicht hervorgebracht hätte, könnte gar nicht existieren. Es wäre Chaos geblieben, universales Allerlei. (B 10)

„Gottes einzige Zeugen sind wir.", schließt diese Passage. Wenn das Universum zu seiner Entstehung eines Beobachters bedarf, dann auch sein Schöpfer und

---

30. Dies ist der Titel eines frühen Gedichtzyklus von Botho Strauß, veröffentlicht 1976 in: Tintenfisch. Jahrbuch für Literatur 9 (1976), S. 57-63.

dieser Gedanke läßt sich fortdenken bis zu jenem Paradox, das uns von Borges bekannt ist, daß nämlich nicht nur die Schöpfung des Schöpfers bedarf, sondern daß auch der Schöpfer die Schöpfung braucht, um in ihr verherrlicht zu werden, daß also die Schöpfung entstand, um den Schöpfer zu schauen.

Gesehenwerden in der Antike: nach geläufigen Vorstellungen des Orients waren die Götter auf den Opferdienst der (eigens zu diesem Zweck geschaffenen) Menschen angewiesen. Vgl. beobachterabhängiges Universum ... (B 94/95)

Die Interdependenz des Blicks wird hier auf das ursprüngliche Schöpfungsverhältnis, die Begegnung zwischen Gott und Mensch, zurückgeführt.

[Die Wissenschaft] ist ihrem ganzen Bau und Streben nach in unseren zentralen, einzigen Auftrag gegeben: Zeuge des Alls zu sein, das unbeobachtet nicht existieren könnte. Das begonnen wurde, um gesehen zu werden. So wie zur Schöpferkraft Gottes seine Offenbarung gehört.
Oder wie, umgekehrt, das Auge sich nicht gebildet hätte ohne den Widerstand - den heimlichen Attraktor der Verborgenheit. (B107/108)

Mit Lévinas ist der Ursprung des Blicks zurückzuführen auf den ursprünglich ethischen Widerstand des Anderen, der sich im Anblick des Gesichts darbietet. Der Ursprung dieses Seins-für-den-Anderen, das seinen Ausdruck im menschlichen Gesicht findet, liegt für Lévinas in einer nicht mehr erinnerbaren Vergangenheit. Er denkt Gott und die Schöpfung des Menschen als ungegenständliche Unendlichkeit, „qui a toujours déjà passé"[31], auf die ich aber dennoch bezogen bleibe in meiner Verpflichtung auf das menschliche Gegenüber. Die Interdependenz des Blicks, die ursprüngliche Notwendigkeit, den Anderen zu sehen und von ihm gesehen zu werden, rührt bei Lévinas aus jener Verpflichtung auf das immer schon Vergangene, die mich im Blick des Anderen ethisch ins Sein beruft. Interdependenz des Blicks heißt hier zugleich Präexistenz des Blicks im Sinne einer ursprünglichen Ethik. Der Lévinas'sche Gedanke einer ethisch-transzendenten Verpflichtung ohne Anfang setzt jedes ontologische Ursprungsdenken außer Kraft. Der Blick des Anderen existiert schon immer und wartet auf Entgegnung.

Die „Beginnlosigkeit" des ethischen Blicks findet eine bildliche Darstellung bei Botho Strauß.

Der eine ist wie eine schwarze Kugel aus Obsidian, die alles abglänzt. Nichts mehr erkennen lassen, keinen Durchschein geben! Des anderen Leben war wie ein bemaltes Fenster mit bunten Legenden und Episoden, die nur etwas sind, wenn sie ein offener Hintergrund erhellt. Fiele nur das Licht aus dem Innern auf sie und draußen wäre der Laden geschlossen, so bliebe die Glasmalerei stumpf und leblos.
Das Feststehende von Anfang an. Du beginnst etwas, das vor dir schon vollendet ist. [...] (B 106)

---

31. Lévinas: Autrement qu'être ou au-delà de l'essence, S. 188.

Das Jenseits des Blicks ist immer schon vorhanden. Im Blick des Anderen bietet sich die Schöpfung in ihrer ungegenwärtigen Unendlichkeit dem Anblick dar und wartet auf Erweckung durch den Blick.

Der philosophischen und der wissenschaftstheoretischen Analytik des Sehens läßt sich mit Lacan eine psychoanalytische hinzufügen.

[...] nous sommes des êtres regardés, dans le spectacle du monde. Ce qui nous fait conscience nous institue du même coup comme *speculum mundi*.[32]

Lacan prägt die psychoanalytische Formel von der „Präexistenz des Blicks", um jene Umkehrbarkeit des Sehens zu umschreiben, durch die das „Schauspiel der Welt" und der Identitäten - im Lacanschen Spiegelstadium erfolgt als Voraussetzung zunächst der Blick auf die eigene Identität - erst entsteht.

Ce qu'il s'agit de cerner, par les voies du chemin qu'il [l'oeil] nous indique, c'est la préexistence d'un regard - je ne vois que d'un point, mais dans mon existence je suis regardé de partout.[33]

Präexistenz des Blicks heißt bei Lacan „la dépendance du visible à l'égard de ce qui nous met sous l'oeil du voyant". Weil jeder, der den Anderen sieht von vornherein dem Blick des Anderen ausgesetzt ist, weil es also eine vorindividuelle Interdependenz des Blicks gibt, spricht Lacan von „[un] voir à quoi je suis soumis d'une façon originelle".[34]

Botho Strauß' Stück *Schlußchor* ist angelegt als ein Versuch zur Konstitution des Blicks unter den eben erläuterten Vorgaben. Mit den Worten von Botho Strauß:

[Das Stück] handelt in allen drei Teilen vom Auge und vom Augenblick, den man nicht gewärtigen, nicht ‚sehen' kann.[35]

Der Titel des ersten Akts lautet *Sehen und Gesehenwerden*. Es präsentieren sich hier fünfzehn Frauen und Männer dem Kamerablick des Fotografen für ein Gruppenfoto. Dieser „Chor" (SC 30) der anonymen Stimmen - die Frauen und Männer figurieren nur unter den numerierten Kürzeln F und M - , die fragmentarischen Geschichten, die Beziehungen, die Anziehungen, die kursierenden Anspielungen, Erinnerungen und Gerüchte zwischen den Menschen dieser indifferenten Gruppe - es könnte sich auch um ein „Betriebsjubiläum" oder ein „Klassentreffen" handeln (ibid.) - sollen von dem Fotografen zusammengefaßt werden im einheitlichen Anblick eines Gruppenbilds. Die unkontrolliert agierende Figurengruppe soll ‚Gesicht bekommen'.

---

32. Jacques Lacan: La schize de l'oeil et du regard. In: J.L.: Le séminaire, Livre XI. Paris 1964, S. 71.
33. Ibid., S. 60.
34. Ibid.
35. Botho Strauß in einer Entgegnung auf Marion Gräfin Dönhoffs Kritik der Münchener Uraufführung von *Schlußchor*. In: Die Zeit 2.8.1991.

Ich fotografiere euch so lange, bis ihr ein Gesicht seid. Ein Kopf - ein Mund - ein Blick. Ein Antlitz. (SC 28)

Der Fotograf steht hier für das, was Lacan „préexistence du regard" nennt. Sein Blick durch die Kamera erst verleiht der diffusen Gruppe Identität und umgekehrt suchen die anonymen Figuren jenen Blick, der sich immer schon auf sie richtet, um sie zu erkennen.

Der Fotograf ist in einer anderen Sichtweise der systemtheoretische Beobachter, der die entropische Bewegtheit der Figurengruppe in einem geschlossenen System zu ordnen bemüht ist, hier im sozialen System Gesellschaft, das in diesem Stück unter der Frage nach einer deutschen Identität nach der Wiedervereinigung betrachtet wird.

Das Gesicht, das der Fotograf zu erblicken sucht, ist das neue deutsche Gesicht in einem Staatswesen, das sich auf nationale Identitätsmuster rückbesinnt. Es ist der Anblick ‚des Deutschen', der durch die Kamera festgehalten werden soll.

Sie sind - Sie alle, wie Sie da stehen und eine beliebige Anzahl bilden - Sie sind ein einziges Wesen, ein Wesen mit einem völlig n e u e n Gesicht. Ja! Ja! (ibid.)

Das Verlangen nach dem Gesicht, das sich hier mit nationalen Werten und gesellschaftlichen Bedürfnissen verbindet, führt in der fotografischen Blicksituation dieses ersten Aktes des Stückes *Schlußchor* zunächst in eine Katastrophe. Die zügellose „Gesellschaft" entledigt sich der legitimierenden Instanz des Beobachters. Die entfesselte deutsche Gesellschaft scheint jeden Anblick zu überfordern und jede Form von Legitimation zu sprengen.

Ein Gesicht wie die Fratze des Kopfungetüms in *Der junge Mann*, das nur „blinde oder nur scheinbare Augen" (JM 88) hat, das Gesicht des „Wesen[s] aller Deutschen" (JM 90), überwältigt sein Gegenüber - der Fotograf stirbt -, doch ohne dessen reflektierenden Blick bleibt nur wuchernde Formlosigkeit, Nation ohne Gesellschaft, Gesellschaft ohne Nation. Mit der neuen Fotografin findet die ‚Gesellschaft' zu einer Normalität, die sich ablichten läßt, doch vielleicht nur vorläufig. „Bei der wird es etwas länger dauern, bis sie in der Schlinge ist." (SC 32), prognostiziert eine der Frauen im Gruppenbild das baldige Ende der Fotografin. Eine unsichere Prognose für den Umgang mit nationaler Identität im wiedervereinigten Deutschland.

Der nächste Akt des Stücks zeigt eine andere Blicksituation. *Aus der Welt des Versehens* lautet der Untertitel dieses Akts und „Versehen" meint hier zunächst den verbotenen Blick in der Begegnung zwischen Mann und Frau, der exemplarisch Gestaltung fand im hier verarbeiteten Mythos von Diana und Aktäon.

Lorenz, der die nackte Delia im Bade erblickt und dafür zuletzt wie Aktäon, der die nackte Diana sah, mit dem Leben bezahlen muß, entschuldigt sich sogleich mit den Worten „Entschuldigen Sie: ein Versehen." und nochmals: „Es tut mir leid. Es war ein Versehen." (SC 36/37). Im Falle Lorenz' ist das Versehen zugleich ein Ver-Sehen, ein buchstäblich verfehltes Sehen.

Das Sehen des Anderen ist nach Lacan auch das Sehen des anderen Geschlechts.

Das Auge ist, so für Lacan, so für Bataille und so gibt auch Botho Strauß in *Paare, Passanten* zu bemerken, ein „psychoanalytisches Symbol für die Genitalorgane" (PP 68). Bataille gestaltet diese symbolische Verklammerung von Auge und Eros in geradezu obsessiver Weise. In *Histoire de l'oeil*, etwa in jener Szene, in der sich Simone das Auge eines Toten in die Vagina einführt[36] und in jener anderen Szene, die Foucault analysiert, wo im selben Moment, da der Torero Granero durch einen Stoß ins Auge stirbt, Simone die Hoden des Stiers in ihrer Vagina aufnimmt.

Ainsi deux globes de consistance et de grandeur analogues avaient été brusquement animés d'un mouvement simultané et contraire; l'un, couille blanche de taureau, était entré dans le cul ‚rose et noir', dénudé dans la foule, de Simone; l'autre, oeil humain, avait jailli hors du visage de Granero avec la même force qu'un paquet d'entrailles jaillit hors du ventre.[37]

Foucault zeigt sich fasziniert von dieser Doppelung der erotischen Bewegung, das Horn des Stiers, das in das Auge des Toreros eindringt, „die Nacht in einer Bewegung aufnimmt, die genau der zuwiderläuft, mit der das Licht aus der Nacht der Augen dringt"[38], die Frau, die das Genital des Stiers in sich aufnimmt und die „große leuchtende Männlichkeit, die eben ihren Mord begangen hat, in ihre ursprüngliche Nacht [zurückführt]"[39]. Foucault entdeckt mit Bataille in der Bewegung der erotischen Durchdringung eine Bewegung, die dem Sehen gleicht im Reflex von Licht und Dunkel im Auge, eine Bewegung, die sich zuletzt aufhebt an der Schwelle zwischen Tod und Ekstase, Blindheit und Sehen: „das Auge wird seiner Nacht wiedergegeben"[40].

Für die Surrealisten der Generation Batailles war das Auge der Ort der Überschreitung zum Jenseits der Realität, zum Unterbewußten und zum Traum, zu Ekstase und Halluzination und zu jener dunklen Region, in der sich Eros und Thanatos verbinden.

In *Le chien andalou* inszenierte Luis Buñuel jenen imaginären Schnitt durch das Auge, der das Dunkel der Grenze offenlegt in Blindheit und Schmerz. Die erotische Version dieses Schnitts findet sich nicht nur bei Bataille gestaltet. Picasso malte enorme Frauenköpfe, in denen das Auge die Region des Unterleibs symbolisiert, Mirós Augen blicken aus erotischen Ideogrammen mit spermienähnlichen Symbolen, André Masson illustrierte Batailles *Histoire de l'oeil* mit nackten

---

36. Vgl. Georges Bataille: Histoire de l'oeil. In: G.B.: Oeuvres complètes, Band I: Premiers écrits 1922-1940. Présentation de Michel Foucault. Paris 1973, S. 68.
37. Ibid., S. 57 und vorhergehende Seiten.
Dazu Foucault in: Zum Begriff der Übertretung, S. 88/89.
38. Foucault: Zum Begriff der Übertretung, S. 88.
39. Ich zitiere hier in der Übersetzung von Walter Seitter (unter dem Titel *Vorrede zur Überschreitung* in: Von der Subversion des Wissens. Hrsg. und aus dem Französischen und Italienischen übertragen von Walter Seitter. Frankfurt a.M. 1987, S. 44/45), die mir an dieser Stelle passender scheint. Vgl. S. 88 der bis hierhin zitierten Übersetzung in *Schriften zur Literatur*.
40. Hier wieder nach der Übersetzung in *Schriften zur Literatur*, ibid.

Frauenkörpern, deren Augen aus der Vagina blicken, Dalí erfand augenbevölkerte Traumlandschaften.[41]

Laut Foucault bezeichnet dieses surrealistische Auge, das Auge Batailles, „eine kreisförmige Grenze, die nur das Hereinbrechen des Blicks überschreitet. [...] Es ist das Bild des Seins, das nichts ist, als Übertretung der eigenen Grenze."[42]

Das „Sein des Auges, wenn es die Grenze seines Blicks überschreitet"[43], wenn es in jener dem Erotischen verwandten Bewegung durchdringt zu jenem Dunkel im Innern des Körpers, von dem sein Sehen ausgeht, dieses „Sein des Auges" verkörpert jenes „Sein der Grenze"[44], an dem sich Foucaults nicht-dialektisches Denken bricht.

Ebenso [...] bezeichnet das Auge bei Bataille den Raum, wo Sprache und Tod zusammengehören, da wo Sprache ihr Sein in der Übertretung ihrer Grenzen entdeckt: eine Form nicht-dialektischer philosophischer Sprache.[45]

Foucault nennt das Auge „Figur für den Ort, an dem Bataille spricht"[46]. Es handelt sich hier für ihn um eine sprachliche Figur, mit der sich undialektisch die Grenzen des Denkens festmachen lassen, Grenzen, die nur im „Sein der Sprache" aufscheinen, in der „Rückwendung der Sprache zu sich selbst im Augenblick ihrer Ohnmacht"[47]. Sprache und Tod sind bei Bataille in der Auslegung Foucaults Grenzsteine des Anderen, weiße Grenzen im gebrochenen Auge.

Lorenz blickt durch das philosophische Auge Batailles und Foucaults auf die entblößte Delia und erblickt die todbringende Grenze, die ihm Erfüllung versagt. Er ist wie Leon Pracht ein „Erotiker aus Entsagung", verwandt hierin auch dem obsessiven Leser Friedrich Aminghaus aus *Kongreß*, den die phantasmatische Begegnung mit der Erotik der Schrift in den Tod zieht.

Das gebrochene Auge verrät nicht so sehr den ‚kleinen Tod', sondern den Tod schlechthin, dessen Erfahrung es dort macht, wo es ist, in diesem [plötzlichen sich] Aufbäumen, das es brechen läßt. Der Tod ist für das Auge nicht die stets ferne Linie des Horizonts, sondern er ist da, wo es selbst ist, als Hohlraum in allen möglichen Blicken, als Grenze, die es immer wieder übertritt, die es als absolute Grenze auftauchen läßt in der Bewegung der Ekstase, die es auf die andere Seite springen läßt. Das gebrochene Auge entdeckt das Band zwischen Sprache und Tod, wenn es das Spiel von Grenze und Sein spielt.[48]

Ist die Sprache der Sexualität die Sprache der Grenze, so ist diese nicht-dialektische Sprache und die untranszendente Definition des „Seins der Grenze", die sie

---

41. Die surrealistische Geschichte des Auges wurde dokumentiert in der Austellung *¿Buñuel! Auge des Jahrhunderts* in der Kunsthalle Bonn vom 4.2. - 24.4.1994.
42. Foucault, Zum Begriff der Übertretung, S. 82.
43. Ibid., S. 84.
44. Ibid., S. 86.
45. Ibid., S. 85:
46. Ibid.
47. Ibid.
48. Ibid., S. 84.

leistet, an das Inerscheinungtreten jener epistemologischen Konstellation gebunden, die Foucault in *Les mots et les choses* beschreibt, an das Inerscheinungtreten des Menschen in seiner ungewissen ontologischen Bedingtheit, die sich dem epistemologischen Tod Gottes verdankt.

Vielleicht ist das Zutagetreten der Sexualität in unserer Kultur ein multivalentes Ereignis: sie ist an den Tod Gottes gebunden und an die ontologische Leere, die dieser Tod an den Grenzen unseres Denkens hinterlassen hat.[49]

Die ästhetisch-philosophischen Konsequenzen dieses Ereignisses, das nach Foucault weniger als ein historischer oder theologischer Umbruch verstanden werden sollte und auch nicht als endgültiger Beweis der Inexistenz Gottes, sondern das in der Theorie Foucaults in erster Linie einen epistemologischen Erfahrungsraum kennzeichnet, sind im Verlauf dieser Überlegungen schon ausführlich erörtert worden.

In *Der junge Mann* weist der poetologisch-erotische „Liebespfeil" zum Auge des Anderen und eröffnet damit jenes „Spiel von Grenze und Sein", das schon ganz zu Anfang mit Foucault als ästhetisches Prinzip dieses Romans dargestellt wurde.

Die beschriebene ethische Auflösung der ästhetischen Disposition dieses Romans, die Ankunft Leon Prachts im anderen Gesicht, läßt nun eine erweiterte Perspektive zu. Die ethische Perspektive Lévinas' verwandelt die prekäre erotische Transzendenz des Auges, die in der „erotischen Synkope", im Aufbäumen im Tod, also an der ungegenwärtigen Schwelle der Übertretung endet, in die metaphysische Transzendenz der wahren ethischen Begegnung.

Zunächst weil sie jenen Erfahrungsraum verändert, den Foucault durch den Tod Gottes gekennzeichnet sieht und der in einem der vorhergehenden Kapitel als ästhetischer Erfahrungsraum beschrieben wurde. Das Wort vom Tod Gottes, das Nietzsche in den philosophischen Diskurs einbrachte, gilt für Lévinas nur als theologisches Faktum. Tot ist der Gott der christlichen Theologie, der als allgewaltige, persönliche Macht über Gut und Böse der irdischen Welt ein Jenseits eröffnete. Dieser Gott war von dieser Welt her gedacht, und sein Jenseits war ein idealisches Diesseits.

Eine Theologie, die Gott von der Realität dieser Welt her zu begreifen sucht, indem sie ihn mit antropomorpher Herrschergewalt und moralischer Urteilskraft ausstattet - nicht zuletzt ist auch die Rede vom Tod Gottes ein Anthropomorphismus - verfehlt das Wesen Gottes und läuft notwendig auf den Tod Gottes hinaus. Der moralisch-antropomorphe Gott der metaphysisch-ontologischen Theologie seit Aristoteles ist tot, weil er schon immer tot war, weil er nie existiert hat, und demzufolge hat die Rede von diesem Gott zum gegebenen historischen Zeitpunkt zu verstummen.[50]

---

49. Ibid., S. 87.
50. Auch Lévinas setzt diesen Zeitpunkt am Ende des 18. Jahrhunderts an. Vgl. hierzu und zum Thema des Todes Gottes bei Lévinas: Rudolf Funk: Sprache und Transzendenz im Denken von Emmanuel Lévinas. Freiburg 1989, S. 67-74 und 86-91, hier S. 87.

Soll das Wort vom Tod Gottes fortgeführt werden zur Rede vom Tod des Menschen, wie dies in der Thematik des Straußschen Gedichts nachgewiesen wurde, so bringt dies auch das Ende der Philosophie mit sich, die sich in der abendländischen Tradition aus dem ontologischen Interesse am Menschen entwickelt hatte.

Zu Ende ist nur eine gewisse Rede von Gott, dies ist die These, die Lévinas dem oft unter postmodernen und dekonstruktivistischen Vorzeichen behaupteten Ende der Philosophie entgegenhält, um die Philosophie aus der Krise der Ontologie zu retten.

Seine philosophische Rede von Gott soll Gültigkeit haben jenseits der Ontologie und jenseits ontologischer Vorstellungen von Tod und von Transzendenz. Der philosophische Gott Lévinas', der wahrhaft transzendente Gott, kann nicht sterben. Gegen die abendländische Ontologie entwickelt der jüdische Denker Lévinas seinen Gottesbegriff vom jüdischen Glauben her, der im Bilderverbot und in der talmudischen Lehre die Unsichtbarkeit und Begrifflosigkeit Gottes wahrt. Der Gott, der nicht geschaut werden darf, der noch nicht Mensch wurde und nicht für die Menschen starb und dennoch in stetiger Erwartung gegenwärtig ist, ist wahrhaft göttlich und wahrhaft transzendent, weil er unendlich und absolut vom Menschen getrennt ist und insofern kein Gott, der personalen Vorstellungen von Allmacht und Gerechtigkeit entspräche.

Lévinas' „athéisme métaphysique"[51] - Atheismus insofern, als er den personalen theologischen Gott nicht anerkennt - ist geeignet, den epistemologischen Tod Gottes mit seinen ontologischen Konsequenzen, deren Korrespondenzen im Ästhetischen hier zur Rede standen, zu überwinden.

Lévinas geht von jenem Punkt aus, den Foucault mit dem „Sein der Grenze" als ontologische Bruchstelle bezeichnet hat und versucht, die Ontologie der Leere, wie sie etwa Derrida von hier aus entwickelt hat, umzuwenden in einen ethischen Humanismus, einen atheistischen Humanismus im Sinne einer nicht-ontologischen Metaphysik.

Lévinas' Überschreitung der Ontologie auf ein Außen hin und Derridas Dekonstruktion treffen sich. Zwei Wege kreuzen sich. [...] Während Derrida die Signifikanten im Hinblick auf ihre Verschiebung von Gegenwärtigkeit bedenkt, erblickt Lévinas im Verlust einer Sicherung der außersprachlichen Welt durch die Signifikanten eine Chance zu einem anderen Denken, nämlich das Denken des anderen Menschen. [...] Was in der Dekonstruktion Derridas als Mangel erscheint, könnte nunmehr als das ‚Bessere', als die nicht mehr ontologische, sondern als ‚ethische' Nähe zum anderen Menschen gedacht werden, die im ‚Äußern' geschieht.[52]

Von daher kann ein ethisches Sehen die im erotischen Blick gezogene Grenze überschreiten, und zwar anders als Foucault dachte, der die Gebärde der Übertretung an dieser Grenze der Leere sich brechen sah. Von daher kann Leon Pracht,

---

51. Lévinas: Totalité et infini, S. 50.
52. Bernhard Taureck: Lévinas zur Einführung, S. 74.

der an der ästhetischen Schwelle der Übertretung aufbrach, zuletzt Ankunft finden im anderen Gesicht

Auch das ‚Ver-Sehen' in *Schlußchor* läßt sich in dieser Richtung weiterdeuten.

In *Beginnlosigkeit* kommt Botho Strauß auf das Liebes-Versehen, das in *Schlußchor* nur ein kurzer Augen-Blick war, zurück.

Jede Begierde ist auf ein schnelles und gewaltiges Versehen zurückzuführen. Jede aufgenommene Liebesbeziehung ist dann aber auch der Beginn einer Entgegenwärtigung. Das Versehen kämpft mit allen Mitteln blinder Leidenschaft um seine Selbsterhaltung, kämpft gegen die aufklärenden Tendenzen, die sich in der Liebes-Geschichte zwangsläufig entfalten. (B 104)

Das Versehen streift „die unendlichen Schattierungen des Fremdseins in einem dich anblickenden Auge" (PP 67/68), es gewahrt das Fremdsein des anderen Menschen, seine absolute Andersheit, die keine Sprache der Liebe einholen kann, es ist das Begehren einer Beziehung, die das Gegenüber ausschließt, es ist der überwältigt sich abwendende Anblick göttlicher Transzendenz. Fremdsein heißt Ausgesetztsein, dem Blick und dem Gegenüber des Anderen in seiner unendlichen Andersheit. Die Blöße des Göttlichen, der nackte Anblick Artemis/Dianas steht für die Erfahrung von Andersheit und Transzendenz im „Auge, unsere[r] höchste[n] Blöße" (PP 68), für die „empfindliche Blöße", die in der Begegnung mit dem anderen Menschen zutage tritt und die in der Nacktheit des Gesichts offenliegt.

Wir jagen mit unseren Schwächen und strafen wie Artemis denjenigen mit tödlicher Verachtung, vor dem wir uns eine empfindliche Blöße gaben. (B 96)

Wenn Lorenz sein Versehen begeht, dann begegnet er der „unüberwindlichen Nähe" des Anderen, die ihn einberaumt und befremdet, die sein Begehren weckt und doch absolut unzugänglich bleibt.

Die Elemente des Sehens - Gesicht, Auge, Sehen, Versehen - bilden ein Motivgeflecht, das im Werk von Botho Strauß die Begegnung mit dem Menschen kennzeichnet, das das Rätsel der Fremdheit in den zumeist instabil-be*fremd*lichen Figuren in den Theaterstücken und Prosawerken vertieft und das Mysterium der Andersheit in einer überaus fragilen Zwischenmenschlichkeit offenlegt. Die Begriffe der Fremdheit und der Blöße konnotieren bei Strauß die metaphysische Tiefe der Begegnung mit dem Anderen, die Befremdlichkeit als eine Form des Überwältigtseins hervorruft. Das An-Sehen des Anderen im anderen Menschen und die Begegnung mit Transzendenz fallen in diesen Begriffen zusammen.

Wenn davon gesprochen wurde, daß es sich in diesem Stück auch um die Darstellung des „Versehens einer Gesellschaft" handelt, gezeigt in „Augenblicke[n] der Verfehlung"[53] vom verfehlten Gruppenfoto über den verfehlten Liebesblick bis zum im Todeskampf verfehlten Liebesakt mit dem Adler, dem Emblem

---

53. Peter Iden: Niemand wird mehr wissen, wer wer war. *Schlußchor* von Botho Strauß - an der *Schaubühne* von Luc Bondy noch einmal entdeckt. In: Frankfurter Rundschau 6.2.1992.

des deutschen Staates, dann bedeutet diese Serie der Verfehlungen des Anderen auch ein Scheitern am ethischen Wert der Gesellschaft in einer verfehlten (deutschen) Vereinigung. Die Begegnung mit dem anderen Menschen - wäre sie nicht auch im deutsch-deutschen Gegenüber zu suchen?

Beschrieben ist hier ein ethischer Mangel in unserer Gesellschaft, indem ästhetische Prizipien buchstäblich zum Durch-Schauen des Gesellschaftlichen in Anschlag gebracht werden.

Es läßt sich für diesen ästhetisch-philosophischen Blick auf die Gesellschaft und die Mitlebenden eine andere Stelle anführen, aus Strauß' Essay *Anschwellender Bocksgesang*. Hier, in dieser überaus kontrovers diskutierten Analyse der deutschen Gesellschaft, beschreibt Strauß gleich zu Beginn die Mechanik des Gesellschaftlichen, den „Organismus des Miteinander" mit dem ästhetischen Bild des Tanzes, das er aus Kleists Aufsatz *Über das Marionettentheater* bezieht:

Jemand, der vor der freien Gesellschaft, vor dem Großen und Ganzen, Scheu empfindet, nicht weil er sie heimlich verabscheute, sondern im Gegenteil, weil er eine zu große Bewunderung für die ungeheuer komplizierten Abläufe und Passungen, für den grandiosen und empfindlichen Organismus des Miteinander hegt, den nicht der universellste Künstler, nicht der begnadetste Herrscher annähernd erfinden oder dirigieren könnte. Jemand, der beinahe fassungslos vor Respekt mitansieht, wie die Menschen bei all ihrer Schlechtigkeit au fond so schwerelos aneinander vorbeikommen, und das ist so gut wie: miteinander umgehen können. Der in ihren Geschäften überall die Balance, die Tanzbereitschaft, das Spiel, die listige Verstellung, die artistische Manier bemerkt - ja, dieses Miteinander muß jedem Außenstehenden, wenn er nicht von einer politischen Kraft befallen ist, weit eher als ein unfaßliches Kunststück erscheinen denn als ein Brodelkessel, als eine ‚Hölle der anderen' ... (AB 9)

Nicht erst Paul de Man hat erkannt, daß Kleist in seiner Abhandlung *Über das Marionettentheater* hinter dem argumentativen Scheingefecht der Erzählfiguren einen eminent ästhetischen Erkenntnisprozeß aufrollt, der für die moderne Literatur von einschneidender Bedeutung ist.[54] Wohl aber hat Paul de Man diesen ästhetischen Erkenntnisprozeß auf einen Punkt zugetrieben, an dem sich das Kleistsche Erkenntnisargument als dekonstruktivistische „Falle"[55] darstellt. „Die Idee der durch Erfahrung wiedergewonnenen Unschuld, des nach dem Sündenfall des Bewußtseins durch Bewußtsein wiedererlangten Paradieses"[56], die Kleist am Schluß seines Aufsatzes im Gedanken eines zweiten Essens vom Baum der Erkenntnis erfaßt, läßt Paul de Man auf einen dekonstruktivistischen Nullpunkt zulaufen, indem er Kleists Parallele zwischen „Gliedermann" und „Gott"[57], zwischen perfekter Formalisierung und unendlichem Bewußtsein, auf der Seite der Formalisierung in eine leere Grammatikalität des „Falls", des Sünden-Falls in be-

---

54. Vgl. Paul de Man: Ästhetische Formalisierung: Kleists *Über das Marionettentheater*. In: P.d.M.: Allegorien des Lesens, S. 205-233.
55. Ibid., S. 232.
56. Ibid., S. 209.
57. Heinrich von Kleist: Über das Marionettentheater. In: H.v.K.: Sämtliche Werke und Briefe, Band 2. Hrsg. v. Helmut Sembdner. München 1987, S. 345.

wußtlose, tote Form überführt. „Gliedermann" und „Gott" stehen sich bei de Man insofern nahe, als weder die formalistische Reduktion von Bewußtsein noch das unendliche Bewußtsein, das sich der Mensch durch Reflexivität, durch das Essen vom Baum der Erkenntnis, zu erschließen sucht, der Schwerkraft des Todes entkommt. Ein zweites Essen vom Baum der Erkenntnis würde nach Paul de Mans dekonstruktivistischer Lesart des Kleistschen Texts niemals in den „Stand der Unschuld"[58] zurückführen, wie dort die Hypothese lautet. Gott ist hier unwiederbringlich verloren im Mühen um jenen Schwerpunkt, den Kleist zum einen in der „Seele des Tänzers" annimmt und zum anderen in den „mechanische[n] Kräfte[n]", die ohne einen „Bruch von Geist"[59] die Marionette bewegen, den Schwerpunkt, in dem de Man die Macht des Todes, die ursprungslose Leere der Formen erkennt.

Diese „Metapher der Gravitation"[60], bei Kleist Urbild der Grazie mit zwei Polen im Unendlichen, bei de Man gedeutet als ästhetischer Schnittpunkt von leerer Form und Tod, greift Botho Strauß auf, wenn er in der oben zitierten Passage von „Balance", von „Tanzbereitschaft", „Spiel" und „artistischer Manier" im gesellschaftlichen Miteinander spricht. Der Organismus Gesellschaft als „unfaßliches Kunststück" hat für Strauß, dies war auch in den Akten des Sehens und Ver-Sehens in *Schlußchor* zu ersehen, einen Fluchtpunkt im Ästhetischen, an dem sein ethischer Wert auszumachen ist. Der Gesellschaft in Kleistscher Balance ist bei Strauß ein ethisch-ästhetischer „Stand der Unschuld" verheißen. Wo Paul de Man Leere und Tod als unüberbrückbare Grenzwerte des Ästhetischen annimmt, wo der Dekonstruktivismus die leere Supplementarität der Formen und ihre irreversible Ursprungslosigkeit erblickt, spricht Strauß im Kleistschen Sinne von Unschuld. In *Beginnlosigkeit* führt er den Kleistschen Ansatz, der in der einleitenden Passage von *Anschwellender Bocksgesang* anklingt, weiter aus und versucht „Grazie" im heutigen Denken nach Kleistschem Muster zu definieren. Er knüpft an bei dem schon referierten Gedanken, daß sich heute die Wissenschaft jener Unendlichkeit nähert, die auch Kleist mit ästhetischen Kategorien fassen wollte.

Der wissenschaftliche Geist hat sich vorgearbeitet bis zur Schwelle des - als Ersatz für das velorenene Dunkel - Unübersehbaren, des Undeutlichen, einer sich selbst organisierenden, anlaßfreien Akrokomplexität. Damit hat das Geheimnisvolle sich auf hohem Abstraktionsgrad wieder eingestellt. Aber hat es noch bindende Kraft? Die Menschen überall sind lose, sie trudeln, wirbeln, schlendern und schlendern noch inmitten ungeheurer Prozesse, die sie nichts angehen, zu deren Bewußtsein sie niemals gelangen: sie sind im Grunde bei all ihrer ‚Intelligenz' unendlich unschuldig, sie handeln trotz ihres heillosen subjektiven Wissens um sich selbst aus einem geheimen kollektiven Schwerpunkt wie die Kleistsche Marionette - leider kommt ihre Grazie nur selten zum Vorschein. (B 76/77)

---

58. Ibid.
59. Ibid., S. 340.
60. Paul de Man: Ästhetische Formalisierung, S. 228.

„Wenn die Erkenntnis gleichsam durch ein Unendliches gegangen ist" und sich die „Grazie" wieder einfindet, der „Stand der Unschuld" erreicht ist[61], dann ist sie heute durch die neuen Dimensionen der Wissenschaft gegangen.

In *Der Park* ist der bewußtseinserschütternde Fall aus dem „Stand der Unschuld" sehr konkret verbildlicht. Die Zirkusakrobatin Helen stürzt vom Trapez, weil sie „die Hand von Pascal nicht erwischt" (P 10). Der Name des Trapez-Partners, Pascal, der hier kaum mißzuverstehen ist als Hinweis auf den Philosophen[62], stellt diese Trapez-Szene unter ein ontologisches Vorzeichen: der Mensch in der Schwebe zwischen Nichts und Unendlichkeit, bei Kleist die beiden Pole der Grazie zwischen denen sich Tänzer und Marionette bewegen. Helen *fällt* in den Zustand zwischen diesen Polen, aus dem Kleist, de Man und auch Botho Strauß ein ästhetisches Potential entbinden.

In *Schlußchor* ist die Blickszene zwischen Lorenz und Delia ähnlich wie das Stück *Der Park*, das nach Shakespeares *Sommernachtstraum* gearbeitet ist, verknüpft mit der Situation des Paradiesgartens. Im Blick des ersten Mannes auf die erste Frau verschmelzen Sexualität und Erkenntnis mit der Entdeckung von Blöße und Scham. Blöße und Scham scheinen den Menschen in jenem Schwebezustand zu halten, in dem er, gebannt in den existentiellen Widerstreit von Unschuld und Erkenntnis, auszuhalten hat, und so spricht Botho Strauß davon, daß das Bewußtsein „in seinem tiefsten Augenblick, im Akt der Erkenntnis [...] immer erneut mit Scham erfüllt [ist]" (B 76), wenn er in *Beginnlosigkeit* versucht, sich Kleists „Stand der Unschuld" anzunähern.

Bei Lévinas und in der hier von Lévinas her gedeuteten Motivik von *Schlußchor* und *Beginnlosigkeit* war die Blöße des Anderen das entscheidende Moment einer Offenbarung, die in einen ethischen Bezug einberaumt. Im Gesicht des Anderen hatte diese Blöße ihren Ort.

Im Durchgang durch die Reihung der Motive von Blick, Unschuld und Paradies, die hier zuletzt aus dem Zusammenhang von Kleists Aufsatz *Über das Marionettentheater* entwickelt wurde, war der Ort dieser Blöße anzusiedeln in der ästhetischen Schwebe zwischen Unschuld/Unwissenheit und der Unendlichkeit des Bewußtseins, zwischen Ursprung/Ursprungslosigkeit und der Sehnsucht nach Wiedererlangung des Ursprungs.

Jean-François Lyotard geht es darum, diesen ästhetischen Ort der Blöße philosophisch zu bestimmen. Er belegt das ästhetische „arrive-t-il", das Ereignis des Undarstellbaren, mit dem Namen der Blöße.

Ein Geschehnis, ein Vorkommnis, das, was Martin Heidegger Ereignis nannte, ist unendlich bloß und dieser Blöße vermag man sich nur in der Entäußerung zu nähern. Was Denken genannt wird, ist zu entwaffnen.[63]

---

61. Kleist: Über das Marionettentheater, S. 345.
62. Vgl. Ursula Kapitza: Bewußtseinsspiele: Drama und Dramaturgie bei Botho Strauß. Frankfurt a.M. 1987. (Literarhistorische Untersuchungen, Bd. 9.), S. 284.
Vgl. auch Berka: Mythos-Theorie und Allegorik, S. 21.
63. Lyotard: Das Erhabene und die Avantgarde, S. 152. Vgl. J.-F.L.: Le sublime et l'avantgarde, S. 102.

Diese Entäußerung des Denkens scheint Botho Strauß in Kleists Rede vom zweiten Essen vom Baum der Erkenntnis und vom Stand der Unschuld zu entdecken.

In Lyotards Haupwerk *Le différend*, das „eine entscheidende Prägung seines eigenen Denkens durch Lévinas erkennen läßt"[64], verknüpft Lyotard den Gedanken des Ereignisses mit einer Theorie der Gerechtigkeit, mit der sich erneut zurückkommen läßt auf die Frage der Wirkung des Ethischen im Ästhetischen, die diese Überlegungen leitet und die sich bei Lyotard wie bei Strauß mit dem Legitimationsproblem unserer Gesellschaft schneidet.

Le différend ist Sprachphilosophie und richtet sich auf den ethisch-politischen Zusammenhalt unserer Gesellschaft, die Lyotard als rein sprachlich geregelter Zusammenhang gilt. Das Ereignis geschieht hier zwischen den Sätzen, die, dies ist die These von *Le différend*, immer verschiedenen und immer inkompatiblen Diskursarten angehören. Die agonistische Struktur, die Lyotard innerhalb der unsere Gesellschaft regelnden sprachlichen Praktiken annimmt - die von Wittgenstein bezogene Theorie der Sprachspiele prägte schon die Gesellschaftstheorie von *La condition postmoderne* - stiftet den Ort des Ereignisses. Hier kommt der Kantsche Begriff des Abgrunds wieder ins Spiel, denn auch der Begriff des Widerstreits ist, dies wurde zuvor schon angemerkt, der Kantschen Theorie entnommen. Die Satz-Regelsysteme und Diskursarten in unserer Gesellschaft sind in ihrer Heterogenität und Inkommensurabilität getrennt durch jenen Abgrund, den schon Kant in der Idee des Unendlichen geltend machte und über dem Lyotard seine Theorie des Erhabenen aufbaut. Der Gedankengang in der sprachphilosophischen Konzeption von *Le différend* ist ähnlich wie dort: die Leere des Abgrunds zwischen den in verschiedene Diskursarten gespaltenen Sätzen ist der Ort des Ereignisses[65], des „arrive-t-il", das Lyotard im Französischen in der Frageform beläßt, weil hierin die Frage nach der Fortsetzung des Geschehens steckt. Die Fortsetzung des Sprachgeschehens ist nur gewährleistet, solange der Widerstreit zwischen den heterogenen Sprachformationen Ereignis ist, solange die Brüche im Sprachkontinuum zu Tage treten und immer aufs neue Überbrückung fordern. Die Frage des „arrive-t-il" entspringt der Angst, daß das Ereignis ausbleiben könnte, daß ein Satz der letzte sein könnte und es nicht Fortsetzung gäbe, sondern Abbruch, Nichtgeschehen und damit Tod.[66] Aus diesem Grund behauptet Lyotard, daß vom Widerstreit der heterogenen Diskursarten Zeugnis abgelegt werden müsse[67] und damit auch vom Ereignis, das in der Zone des Abgrunds zwischen dem sprachlich Möglichen letztendlich undarstellbar bleibt.[68] Gefordert ist also wiederum, Zeugnis vom Undarstellbaren abzulegen, damit das Denken

---

64. Walter Lesch: Fragmente einer Theorie der Gerechtigkeit. Emmanuel Lévinas im Kontext zeitgenössischer Versuche einer Fundamentalethik (Habermas, Lyotard, Derrida). In: Lévinas. Zur Möglichkeit einer prophetischen Philosophie. Hrsg. v. Michael Mayer und Markus Hentschel. Gießen 1990, S. 172.
65. Vgl. Lyotard: Le différend, S. 180/181, S. 187, S. 257.
66. Diese Denkstruktur ist innerhalb der Theorie des Erhabenen schon erläutert worden.
67. „Témoigner du différend." Lyotard: Le différend, S. 11.
68. Vgl. ibid., S. 260.

sich fortsetze und dies ist ein Akt der Gerechtigkeit gegenüber der Ungerechtigkeit des Sprachgeschehens, einer Ungerechtigkeit, die sich unvermeidlich ereignet, wenn ein Satz geäußert wird, da in diesem Moment aus der Vielzahl von möglichen Anschlußsätzen alle bis auf den, der ‚geschieht', unaktualisiert bleiben.

[...] n'est-il pas nécessaire que l'enchaînement, quel qu'il soit, fasse un tort aux régimes ou aux genres dont les phrases possibles restent inactualisées?[69]

Die Fortsetzung der Rede impliziert Unrecht, weil andere mögliche Fortsetzungen ausgeschlossen werden. Vom Ereignis des Undarstellbaren Zeugnis ablegen, bedeutet somit, eine Idee von Gerechtigkeit aufrechterhalten, die nicht vom Unrecht des Sprachgeschehens einnehmbar ist.

Im Anschluß eines Satzes - aber eben: welchen Satzes? welchen Satz-Regelsystems? welcher Diskursart? - an den anderen stehen das Denken, die Erkenntnis, die Ethik, die Politik, die Geschichte, das Sein auf dem Spiel.[70]

Lyotards Sprachphilosophie in *Le différend* ist als Ansatz zu einer philosophischen Politik gedacht[71], die ethische und ästhetische Prinzipien verbindet.

Man erkennt, daß seine ethisch-politische Konzeption erstens eine wesentlich ästhetische Dimension hat (‚ästhetisch' freilich im alten, aufklärungs-ursprünglichen Sinn anthropologischen Empfindens, nicht eines besonderen Kunstbezugs zu nehmen) - es kommt darauf an, für die verschiedenen Ziele *sensibel* zu sein. Zweitens bedeutet diese Ästhetik keine Flucht in Quietismus - gedacht ist vielmehr an eine praxisleitende Entwicklung der diversen Möglichkeiten.[72]

Im ethischen Sinne ist eine Gerechtigkeit gefordert, die nicht in der Regelhaftigkeit eines Diskurses besteht, dann gälte Unrecht im Namen der Gerechtigkeit. Die Heterogenität der Diskursarten macht Gerechtigkeit als allgemeingültige Regel unmöglich. Die Idee universaler Gerechtigkeit ist nur jenseits der Ordnung der Diskurse haltbar. Damit meint Lyotard in der Tat, daß sie als positive Realform unmöglich und nur im Widerstreit der Diskurse, in den Brüchen der Heterogenität, als Idee im Sinne Kants mit allen Implikationen der Abgründigkeit faßbar ist.[73]

Im ästhetischen Sinne geht es also um eine Gerechtigkeit, die sprachlich nicht darstellbar ist, um eine Darstellung des Undarstellbaren.

Was den Anspruch einer philosophischen Politik angeht, so versucht Lyotard hier, der schon in *La condition postmoderne* analysierten Heterogenität der postmodernen Gesellschaft gerecht zu werden. Wenn man wie Lyotard davon ausgeht, daß sich die postmoderne Gesellschaft aus verschiedenen Diskurssystemen

---

69. Ibid., S. 10.
70. Welsch: Unsere postmoderne Moderne, S. 234.
71. Vgl. Lyotard: Le différend, S. 11.
72. Welsch: Unsere postmoderne Moderne, S. 246.
73. Vgl. ibid., S. 240.

zusammensetzt, die sich heterogen und agonistisch zueinander verhalten, dann werden allgemeinverbindliche Metaregeln, wie etwa die von Freiheit und Gerechtigkeit ‚für alle', strukturell unmöglich. Kant, der bei Lyotard immer im Hintergrund steht, hatte noch dies im Sinne, wenn er Glückseligkeit soweit für realisierbar hielt, wie sie dem für alle verbindlichen Wert der Freiheit des Mitmenschen keinen Abbruch tut.

Nur solange man von einem Konkordanzmodell der Lebensentwürfe ausgehen konnte, ließ sich annehmen, diese könnten realisiert werden, ohne einander ‚Abbruch zu tun'. Postmodern aber sieht man die Heterogenität und damit die Unvermeidlichkeit des ‚Abbruchs'. Und muß daher Gerechtigkeit und Politik im letzten anders denken als Kant: nicht als Formen, zusammenstimmend zu machen, sondern als Weisen, mit unaufhebbarer Nicht-Zusammenstimmung gleichwohl noch ‚gerecht' und förderlich umzugehen.[74]

Es geht um eine sprachphilosophische und ästhetische Vermeidung des Abbruchs durch das undarstellbare Ereignis. Es geht um die Fortsetzung des sprachlichen, des gesellschaftlichen, des politischen Geschehens im Widerstreit der Redeordnungen durch die Überbrückung des Abgrunds, der sie voneinander trennt und allein hierin, im Ereignis, zwischen den Sätzen wäre der ethische Impuls zu finden, der den Bestand der - postmodern diversifizierten - Gesellschaft garantiert und das Fehlen legitimierender Metaregeln kompensiert.

Wenn es diesen inkommensurablen Impuls - die Grazie, die Blöße - nicht gäbe, dann fiele unsere Gesellschaft ins Gleichgewicht und das hieße, daß sie am Ende wäre, weil sie dem Menschen keinen ethischen Halt, keinen Aufenthalt mehr böte. *Das Gleichgewicht* ist der Titel des bis dato letzten Theaterstücks von Botho Strauß, in dem er sich ein weiteres Mal mit der, nunmehr unwiderruflich wiedervereinigten und mehr schlecht als recht zusammenwachsenden deutschen Gesellschaft beschäftigt. In *Anschwellender Bocksgesang* führt er aus, was mit diesem Titel gemeint ist, und wir können dies nun auf dem ethisch-politischen und ästhetischen Hintergrund, der hier von Kleist bis zu Lyotard entwickelt wurde, verstehen. Die Passage, die unmittelbar an die oben zitierte von der Gesellschaft in Kleistscher Balance anschließt, schildert das nicht mehr ethisch noch ästhetisch motivierte Gegenteil, die Gesellschaft im Gleichgewicht.

Mitunter aber will es ihm scheinen, als hörte er jetzt ein letztes knisterndes Sich-Fügen, hauchdünne Lamellen klimpern in den natürlichsten Vibrationen, und so, als sähe er gerade noch die Letzten, denen die Flucht in ein Heim gelang, vernähme ein leises Einschnappen, wie ein Schloß, ins Gleichgewicht. Danach: nur noch das Reißen von Strängen, gegebenen Händen, Nerven, dinglichen Kohäsionen, Kontrakten, Netzen und Träumen. Sogar von Schulterschlüssen und Marschkolonnen. (AB 9)

Deshalb ist Lyotards philosophisch-ästhetische Konzeption, die das Gesellschaftliche und das Politische miteinschließt, für Botho Strauß so aufschlußreich: sie macht einen Punkt aus, eben jenes nicht-darstellbare Ereignis jenseits des Sprachlichen, an dem sich das Problem gesellschaftlicher Diskursivität, das für

---

74. Ibid., S. 247.

Strauß, wie wir im ersten Kapitel dieser Arbeit sahen, die Ausgangslage seines ästhetischen Vorstoßes ins Unverfügbare darstellt, ethisch auffangen läßt. Dieser Punkt könnte auch ein ethisch-ästhetischer Schwerpunkt sein im Kleistschen Sinne, Grazie, die sich einfindet, wenn der Abgrund, der in der Sprache die Kluft zwischen dem Nichts und den Sätzen, Geschehen und Nicht-Geschehen, Leere und Wissen aufreißt, durchschritten ist. - So zumindest verfolgt Botho Strauß die Denkstruktur des Unverfügbaren, die hier mit Lyotard skizziert wurde, bis an jene Blöße, die Lyotard dem Ereignis zuschreibt, die Kleists „Stand der Unschuld" als paradiesische Scham des Bewußtseins eigen ist und die bei Lévinas im Gesicht des Anderen als unzugängliche Fremdheit des Absoluten sich zeigt.

Kleist hatte seine ästhetische Reflexion mit der Frage des Anfangs verknüpft. In *Beginnlosigkeit* löst Botho Strauß diese Verknüpfung auf.

DER STERBENDE ANFANG

Steady state und Beginnlosigkeit. Das Dogma der Zeiten: der heilige Urzustand oder dessen ersehnte Wiederherstellung, gestürzt. (B 36)

In *Beginnlosigkeit* versucht Botho Strauß im Durchgang durch die Wissenschaft einen ähnlichen Erkenntnisprozeß wie ihn Kleist in seinem Aufsatz *Über das Marionettentheater* vollzieht, doch hier, versehen mit dem kybernetischen Rüstzeug der Autopoiesis, findet er zu einem gewandelten „Mythos von Anfang und Ursprung" (B 38/39).

[...] die ganze schöne Geschichte der verlorenen Einheit: Lüge, weder Unschuld noch Paradies sind irgendwo ursprünglich anzunehmen, sie befinden sich als Zufall und als Stunde im Geheimnis jeder Zeit und jedes Alters. (B 37)

Das heißt, Anfang ist immer, Unschuld ist immer, Schöpfung ist immer. Das kybernetische Denkmodell des steady state, Grundlage der Reflexionen in *Beginnlosigkeit*, verkehrt das Verhältnis von Schöpfung und Ursprungsmythos, von dem Kleists ästhetische Reflexion ihren Ausgang nahm.

Nichts beginnt, alles schwebt und weilt. Steady state. Raubt man Gott den Anfang, so bekräftigt man doch nur sein Immerdar! Ewigkeit als das einzige metaphernlose Absolutum. Nicht umbenennbar. Weder durch Das Nichts noch durch Das All. Nicht im Anfang schuf Gott den Anfang, sondern irgendwann. Oder er schuf nie: er ließ geschehen. Er hinderte nicht. (B 9)

Das „zweite Essen vom Baum der Erkenntnis" führt auch in *Beginnlosigkeit* an jene Schnittstelle von Schöpfung und Ursprung, von All und Nichts, Erkenntnis und Unschuld, die Kleist als ‚Schwerpunkt' des Ästhetischen ausmachte, doch hier ist der Kleistsche Gedanke gereinigt von jenem Anklang utopischer Zeitlichkeit, der sich mit der mythischen Verklammerung von Ursprung und Paradies seit jeher verbindet. Er ist überführt in die Stetigkeit des Gegebenen, mit dem Prinzip der Rekursivität als einzigem Richtpunkt in der marionettenhaften Schwebe des Bewußtseins, die auch in der Trapez-Szene in *Der Park* verbildlicht ist.

Angemessenheit - Homöostase und Selbstregulation sind Verwandte des Gleichgewichts, des Schwerpunkts (im Sinne der Kleistschen Marionette), biotechnische Ableger des Paradieses und der Unschuld. Obgleich das Bewußtsein als Störung auftritt, so befindet es sich in Wahrheit keineswegs außerhalb der Unschuld der Regulationsmechanismen. Paradies, auch nur ein Gestaltbauteil unseres Geistes: was uns die Totale bedeutet, geräumte Zeit, vom Verlauf geräumte. (B 37)

Das Paradies, der „Stand der Unschuld" als ‚Stand des Ästhetischen' im Sinne Kleists, ist hier verlegt in die Unmittelbarkeit eines Denkens, das durch keinerlei Mythen und keinerlei Utopien, durch keinerlei anthropologische Schöpfungstheorie, keine bewußtseinsorientierte Menschheitsidee, wie sie Kleists ästhetischen Erkenntnisprozeß leitete, mehr aus der Zirkularität autopoietischer Selbstregulation zu lösen ist.

Gerade hier hält Strauß fest an Begriffen wie Paradies, Unschuld, Schöpfung und Gott im Gegensatz zum Dekonstruktivismus de Mans, der den verlorenen Ursprung in einer Ästhetik der leeren Formalisierung preisgibt. Es gibt eine Blöße im kybernetisch „Angerichteten" - ein an Heidegger inspirierter Begriff aus *Anschwellender Bocksgesang* (AB 10) - eben jenen von Kleist hergeleiteten Schwerpunkt der Grazie, an dem die kybernetische Deanthropologisierung, das Nichts des Selbstverlusts und die Unendlichkeit einer autopoietisch sich selbst regulierenden Erkenntnis sich aufheben. Es ist die Blöße des Ereignisses, die die Faktizität des Gegebenen durchbricht, im Fortsetzung, das heißt Welt stiftenden Widerstreit von Geschehen und Nicht-Geschehen.[75]

Mit den Begriffen Paradies, Scham, Unschuld, Schöpfung und Gott faßt Strauß die ästhetische Reflexion, die von Kleist ihren Ausgang nahm und die hier mit Lyotard in eine weitere politisch-ethische Dimension überführt wurde, zusammen im Motiv der Blöße, dem ‚besseren' Korrelat des dekonstruktivistischen Nichts, und Lévinas trägt bei zur ethisch-transzendenten Auflösung dieses Motivs: Blöße des absolut Anderen, Blöße des Göttlichen, Offenbarung von Transzendenz, ethischer Bezug.

„Die Frage des Anfangs wird eine Frage des Glaubens sein" (B 29), so deutet Botho Strauß diese ‚bessere' Antwort auf das Problem des Ursprungs und auf das Problem des menschlichen Bewußtseinssturzes zwischen Kleist und Kybernetik, postmoderner Gesellschaftstheorie und dekonstruktivistischem Nihilismus in Richtung auf Transzendenz.

Gott ist von allem, was wir sind, wir ewig Anfangende, der verletzte Schluß, das offene Ende, durch das wir denken und atmen können. (PP 177)

Die Rückkehr an den Ursprung, die Wiederherstellung des Paradieses scheint für immer verwehrt, doch Transzendenz scheint nähergerückt in die ungegenwärtige Nähe des absolut Anderen am Schnittpunkt von Nichts und Unendlichkeit.

---

75. Auch Lyotards Theorie des Ereignisses ist als philosophische Alternative zum anthropozentrischen Denken gedacht. Vgl. Welsch: Unsere postmoderne Moderne, S. 249.

Le désir métaphysique n'aspire pas à un retour, car il est désir d'un pays où nous ne naquîmes point. D'un pays étranger à toute nature, qui n'a pas été notre patrie et où nous ne nous transporterons jamais.[76]

Wenn wir nun auf die ‚Geschichte des Auges' im Werk von Botho Strauß zurückkommen, dann ist hier festzuhalten, daß Strauß mit der Motivreihung von Gesicht, Auge und Blick bis hin zum Komplex von Paradies, Unschuld und Göttlichkeit und mit der Zusammenfassung dieser Motive im Motiv der Blöße für sich einen ästhetischen Ort der Schöpfung festlegt. „Das Auge, unsere höchste Blöße" (PP 68) ist die „offene Zone der Schöpfung", von der Strauß in *Niemand anderes* spricht (NA 140), Ort ästhetischer Transzendenz und der Mahnung des Ethischen im Ästhetischen.

In Rilkes Gedicht *Archaïscher Torso Apollos* ist diese ethisch-ästhetische Blöße des Auges erkennbar in einer poetischen Figur. Rilkes poetisches Sehen, das Sehen in Blindheit, zieht sich hier zurück in den gesichtslosen Torso Apollos, in dem jedoch „sein Schauen, nur zurückgeschraubt, / sich hält und glänzt."[77] Die fragmentarische Statue ist in diesem Gedicht der Ort des poetischen Sehens. Aus der Abwesenheit des Auges wird ein Sehen erschaffen, das den Betrachter einberaumt und ihn nicht entkommen läßt: „denn da ist keine Stelle, / die dich nicht sieht". Das fehlende Auge sieht und nimmt „in den andern Bezug"[78], den der Schlußvers des Gedichts in einen ethischen Appell übersetzt: „Du mußt dein Leben ändern." Die ästhetische Umkehrung des Sehens, die Verwandlung des abwesenden Auges in ein größeres, ein allumfassendes Sehen wird zur Äußerung ethischer Existentialität.

George Steiner greift Rilkes appellativen Schlußvers auf als Argument für den ethischen Gehalt des Ästhetischen, den er in seinem Essay *Von realer Gegenwart* durch ein „Setzen auf Transzendenz"[79] zu begründen sucht.

Der archaische Torso in Rilkes berühmtem Gedicht sagt zu uns: ‚Du mußt dein Leben ändern.' Und das sagen alle Gedichte, Romane, Dramen, Gemälde, Musikstücke, denen zu begegnen sich lohnt. [...]
Die Begegnung mit dem Ästhetischen ist neben bestimmten Arten religiöser und metaphysischer Erfahrung der ‚ingressivste' Aufruf zur Wandlung zu dem menschliche Erfahrung fähig ist.[80]

George Steiner faßt auch zusammen, wie diese ethische Erfahrung des Ästhetischen aus dem Bezug zum Gegenüber, aus dem ethischen Sehen des Anderen, das Rilke poetisch gestaltet, herzuleiten ist. In der Philosophie Lévinas' wird nachvollziehbar, wie aus dem Sehen des Anderen Bedeutung wird.

---

76. Lévinas: Totalité et infini, S. 3.
77. Werke I, 557.
78. Werke I, 717.
79. Steiner: Von realer Gegenwart, S. 279.
80. Ibid., S. 189/190.

Einige moderne Denker, vornehmlich Buber und Lévinas, vertreten eine Theorie der Bedeutung, die auf dem buchstäblichen Ins-Auge-fassen basiert, das heißt auf dem Anblick, den wir vom Gesicht, vom expressiven ‚Da-Sein' des anderen Menschen haben. Die ‚offene Undurchdringlichkeit' dieses Gesichtes, seine fremde, jedoch bestätigende Spiegelung unseres eigenen, sind eine Umsetzung der intellektuellen und ethischen Herausforderung der Beziehungen des Menschen zum Menschen und des Menschen zu dem, was Lévinas ‚Unendlichkeit' nennt (die Potentialitäten von Beziehung sind immer unerschöpflich).[81]

Das Sein-für-den-Anderen, das Gegenübersein von Angesicht zu Angesicht, der Kerngedanke der Lévinas'schen Philosophie, ist auch Bedeutungsein.

[...] parce que je-suis-pour-l'autre, parce que je suis signification - parce que le *contact de la peau est encore la proximité du visage, responsabilité, obsession de l'autre, être-l'un-pour-l'autre*: naissance même de la *signification* au delà de l'*être*.[82]

„Gegenüber sein / und nichts als das und immer gegenüber", wie es Rilke in seiner achten Elegie wendet[83], bedeutet die Unausweichlichkeit der Beziehung zum Anderen, die mich sein läßt, indem ich Bedeutung für den Anderen werde.

Im Ästhetischen, so es vordringt in die Zonen des Unverfügbaren, in die unmittelbare Nähe von Andersheit und Transzendenz, wie dies hier auf den Spuren des Sehens für das Werk von Botho Strauß nachvollzogen wurde, ergibt sich ein ähnliches Gegenüber. „Von Angesicht zu Angesicht im Gegenüber zur Gegenwart gebotener Bedeutung, die wir einen Text nennen"[84], erreicht uns der ethische Appell des Anderen, und Bedeutung entsteht durch diesen ethischen Bezug jenseits aller Signifikation.

In der Erzählung *Theorie der Drohung* wird die ästhetische Konfrontation mit Bedeutung ein „innige[s] Versehen" (TD 101) genannt. In diesem „Versehen" befindet sich der Erzähler gegenüber einem Bild des kanadischen Malers Alex Colville, das er beharrlich falsch interpretiert, weil er vorgibt, daß Lea, die Geliebte und Allegorie der Dichtung in dieser Erzählung, ihm „die Bedeutung der Dinge vorschreibt" (TD 100).

Betrachte ich zum Beispiel eine Reproduktion des Bildes ‚Departure', das von dem kanadischen Maler Alex Colville stammt und mir natürlich besonders nahegeht, seitdem Lea verschwunden ist, so glaube ich ohne jeden einschränkenden Zweifel, daß die Frau, die dort in der einsamen Telefonzelle am leeren Quai steht, mit ihrem Geliebten auf dem Schiff, das man schon in einiger Entfernung abfahren sieht, telefoniert. Ich denke mir nämlich, die beiden haben beim Abschiednehmen kein Ende finden können und werden nun solange miteinander telefonieren, bis das Schiff nicht mehr zu sehen ist oder die Verbindung wegen allzugroßer Entfernung abreißt. Nur diese Deutung eines endlos verzögerten Abschiednehmens lasse ich zu - obwohl sie aus verschiedenen Gründen reichlich unwahrscheinlich ist (zum Beispiel ist es ein Frachtschiff, das da ausfährt, man wird es nicht so ohne weiteres aus einer Telefonzelle anwählen können ...). Aber nur dies innige Versehen erregt mein

---

81. Ibid., S. 195.
82. Lévinas: Autrement qu'être ou au-delà de l'essence, S. 114.
83. Werke I, 715.
84. Steiner: Von realer Gegenwart, S. 206.

Mitgefühl, es läßt Lea und mich auf dem Bild vorkommen, und das Bild selbst, weil es sich nicht rührt, verspricht das ersehnte Halt inmitten einer Trennung, in einem unvergänglichen Augenblick zwischen Noch-Nicht-Verlassensein und endgültiger Abkehr ... (TD 101)

Es handelt sich hier um eine Bedeutung, die jede zeichentheoretische Deutung, jede Vorstellung gesicherter Signifikanz übersteigt, indem sie, wie Robert Leroy und Eckart Pastor in ihrer Analyse dieser Erzählung darlegen, die Entfernung zwischen Bezeichnendem und Bezeichnetem so weit auseinandertreibt, daß „im ‚versehentlich' geschaffenen Raum eine Welt sich formt, die weder vertraute Empirie noch vertraute Kunstwelt oberhalb bzw. außerhalb dieser Empirie ist. Es entsteht ein wahrlich künstlicher ‚Ort' [...]"[85]. Leroy/Pastor beschreiben, wie in dieser Deutung deutenden, das heißt autoreferentiellen Passage im Durchgang durch die Unendlichkeit zwischen Zeichen und Bezeichnetem, Wirklichkeit und Fiktion, eine Art zeichentheoretischer „Stand der Unschuld" konstruiert wird.

[...] so schafft das ‚innige Versehen' eine Stätte, in der - wenn man so sagen darf - das Wunder geschieht, daß Kunst und Wirklichkeit bis zur Ununterscheidbarkeit sich verschränken: was im Kunstbereich einsetzt, mündet nahtlos in Wirklichkeit, um von dort wieder in Kunst zurückzukehren, ohne daß je eine Grenze überschritten würde.[86]

Das „innige Versehen" in *Theorie der Drohung*, die „innig irrende Deutung"[87] des Kunstwerks, versetzen in einen Bezug, der Bedeutung stiftet im bloßen Gegenüber des Kunstwerks, im Ausgesetztsein an einer Stätte, die sich in keiner Zeichentheorie verorten läßt. Bedeutung *ist* im „reinen Bezug" - wieder die Worte Rilkes[88] -, der in *Theorie der Drohung* durch Lea, die Allegorie der Dichtung, vermittelt wird, indem sie den Erzähler jenseits aller interpretatorischen Evidenz in ihren Bann schlägt.

Lorenz' „inniges Versehen" in *Schlußchor*, von dem wir ausgegangen waren, hat somit ‚Bedeutung' in einem durchaus philologischen Sinne, wenn wir den Begriff der Philologie hier im Sinne George Steiners gebrauchen wollen, der den „reiche[n], legitime[n] Boden des Philologischen" im durchaus unnachweisbaren Raum zwischen der Hermeneutik und ihrem Anspruch „daß Interpretation [...] zu einer stabilen, nachweisbaren Einzigartigkeit der Bedeutung gelangen kann" und dem „willkürlichen Spiel von interpretatorischem Nonsens"[89], das auf der Seite des Dekonstruktivismus die Bedeutung eines Textes gegen Null streben läßt, ansiedelt.

---

85. Vgl. Robert Leroy; Eckart Pastor: Inniges Versehen - Wege in die Kunst-Spielräume der „neuen Subjektivität". Die „Theorie der Drohung" von Botho Strauß. In: Colloquia Germanica 17 (1984), S. 282.
86. Ibid.
87. Ibid., S. 281.
88. Werke I, 759.
89. Steiner: Von realer Gegenwart, S. 218.

[...] eine gute Deutung verfehlt den Text oder den Kunstgegenstand um eine Entfernung, um einen Umkreis der Inadäquatheit, der selbst wiederum so erleuchtet ist wie die Korona um die verfinsterte Sonne. Das Verfehlen ist ein Garant für die erlebte ‚Andersheit' [...].[90]

Das philologische „Versehen", das bis hierhin in allen geschilderten Dimensionen des Sehens und Ver-Sehens begriffen werden muß, trifft auf das „Auge der Undeutlichkeit" (S 42) im literarischen Text, das Bedeutung anzeigt, indem es in Bezug nimmt.

Die Widmung zeigt an Richard Schroubek, wie Schrift entsteht „unter dem aufgesperrten Auge einer Vermißten" (W 19), wie das fehlende Auge, das „Fehlen des *Anderen*" (PP 120), den Text generiert, der Bedeutung ist durch diesen Bezug, in Relation zum unerreichbaren Anderen.

Die Interdependenz des Blicks hat hier ihr philologisches Pendant. In den „graphitfarbenen Augen" (K 78) der Schrift erblicken wir den Aufschein von Transzendenz. „Wir antworten mit Widerschein." (A 317)

An-Sprache

Gegenübersein - das Gegenübersein des anderen Menschen, das Gegenübersein der Dichtung - erfordert eine Sprache, „die rein ist zum *An*sprechen" (E 42).

George Steiner beschreibt dieses Gegenübersein, dies wurde schon angesprochen, als ein Verhältnis von Antwort und Verantwortung, in dem der Prozeß des Vestehens zu einem Akt der „Verantwortlichkeit gegenüber der Bedeutung der Welt"[91] gerät. Im Begriff der Ant-wort sieht Steiner das Gegenübersein des Worts festgehalten, das Bedeutung wird in Relation zu jener transzendenten Bedeutung, die sich, wie Steiner mit Lévinas postuliert, als unendliche „Andersheit"[92] darbietet und die er schließlich als „reale Gegenwart" faßt.

Umgekehrt ist der „Empfänger" des Worts, der „Beschenkte" des Kunstwerks, der „Angesprochene", der in „Ver-antwortung" steht gegenüber jener höheren Bedeutung, die ihn in Bezug nimmt. So faßt es Botho Strauß in seinem Kommentar zu Steiners Essay (A 317).

Sprache, so sie ein „Verhältnis zwischen Wort und Welt" als „Beziehung der Verantwortung"[93], das heißt als „Ansatz zum Handeln" und „Aufruf zur Wandlung"[94] herstellt, ist, soweit in den Bahnen der Lévinas'schen Ethik das ontologisch fundierte Verhältnis von Zeichen und Bezeichnetem in Richtung Metaphysik überschritten wird, Antwort auf Transzendenz. Sprache ist dann Ansprache Gottes und Gott antwortet als ethische Verpflichtung aus unendlicher Transzendenz.

---

90. Ibid., S. 232.
91. Steiner: Von realer Gegenwart, S. 124.
92. Ein schon mehrfach erwähnter Kernbegriff in Steiners Essay, der kaum seine Verwandtschaft mit Lévinas' Begriff des ‚Anderen' verleugnet. Vgl. ibid., S. 195, auch S. 186 und S. 218. „Es gibt Sprache, es gibt Kunst, weil es ‚das andere' gibt.", pointiert Steiner sein Interesse an diesem Begriff. Ibid., S. 183.
93. Ibid., S. 123.
94. Ibid., S. 190.

Ich kann nur vor Gott treten, nur vor die allergrößte mir versagte Gegenliebe. (S 53)

Als riefe Rilke „Du, Nachbar Gott"[95], formuliert Strauß hier in *Sigé* eine „Anrufung eines quasi literarischen Gottes"[96] (die Präsenz Rilkes in *Sigé* wird auch in diesem Gestus wieder überdeutlich). Die Literatur spricht zu Gott, einem unsichtbaren, einem unendlich entfernten Gott, der sich im poetischen Schweigen, dem großen Thema in *Sigé*, verborgen hält.

Was kann ich noch tun? Ich kann nur zu Dir sprechen. Haltlos, hemmungslos abfließend wie der Strom. Denn *jeder*, der mir Antwort gäbe, hätte meine Frage nicht verstanden.

Du aber bist das unerweichliche Schweigen, dem der Begriff meiner Verworfenheit entsprang. Du hörst auch, daß ich der Einschluß bin im Stein, ohnmenschlich geworden und doch noch Stimme. Du hörst, daß ich nicht heute schreie. Denn hier bin ich, aber nicht jetzt. (S 53)

Das Gegenübersein - der Antwortcharakter der Sprache, das Angesprochensein in der Sprache - drückt sich hier aus in einer Reziprozität des Schweigens:

zum einen nämlich das Schweigen Gottes, in dem zugleich die Herausforderung liegt, zum andern aber das des Dichters, der das göttliche Schweigen nachzuahmen sucht, notwendig mit seiner Stimme. Denn der Dichter kann das Schweigen des Gottes nur durch seine Sprache erreichen, wie er umgekehrt nur im Angesicht jenes unerweichlichen Schweigens zur Stimme wird. Und daran ist zugleich die Hoffnung geknüpft, daß aus dem Schweigen des Absoluten heraus, Sprache am Ende wiedergeboren wird, und zwar in einem Wort, das trifft, indem es sich in das Schweigen, das in ihm ist, auflöst.[97]

Es geht hier um die Entstehung des poetischen Worts aus dem Gegenüber des Göttlichen. Das Schweigen, von dem hier die Rede ist, ist das Schweigen Rilkes und Mallarmés, das in *Sigé* Sprache wird, exemplarisch die Sprache der Dichtung konstituiert, „ce langage qui ne dit rien, ne se tait jamais et s'appelle littérature" in den bekannten Worten Foucaults - Sprache, radikal selbstbezüglich, referenzlos, reine Manifestation des Ästhetischen. Der Dichter, der diese Sprache spricht, stellt sich der „Forderung des Absoluten"[98] in der Blöße des Ästhetischen.

Ich rede zu Dir, weil ich so bloß bin, wie nur einer vor Dir bloß sein kann. (S 54)

Und an anderer Stelle fragt der Dichter:

---

95. Werke I, 255.
96. Reinold Werner: Ahnungen, Bahnungen - Die negative, poetische Theologie des Botho Strauß. In: manuskripte 32 (1992), S. 113.
97. Bischof: Das Buch nach dem Buch, S. 123/124.
98. Ibid., S. 123.

Wohin sollte ich noch gehen? Ich bin nackt und zerschnitten. Ich kann keine Kleider mehr tragen. Ich habe die Schrift der Entblößung gewählt. Sie wird nicht einhalten, bevor sie vor meinen Schatten gelangt. (S 52)[99]

Blöße heißt hier wiederum Ausgesetztsein vor absolutem Bedeuten und Transzendenz.

Lévinas gebraucht hierfür Begriffe von fast schmerzhafter Eindringlichkeit: „l'exposition d'une peau mise à nu", „nudité", „vulnérabilité", „blessure", „dénudation de la dénudation" oder „dénudation au-delà de la peau"[100].

Blöße heißt auch das Ereignis des Undarstellbaren im Sinne Lyotards, das wie die Lévinas'sche Konzeption der Blöße das Eintreten des ästhetischen Geschehens ethisch motiviert.

Die Steigerung des poetischen Schweigens ins Göttliche auf der anderen Seite wird zur schweigenden Äußerung unendlicher Andersheit. „Die allergrößte mir versagte Gegenliebe", die sich im „unerweichlichen Schweigen" äußert, offenbart und entzieht sich als uneinnehmbare Nähe, als absolute Fremdheit, die das Schweigen des Dichters herausfordert, Ant-wort fordert im poetischen Wort, die in Beziehung setzt, in eine Beziehung der Ver-antwortung, welche die Sprache der Dichtung aus ethischem Grund „ins-Dasein-kommen"[101] läßt.

Der Name Gottes, den Strauß hier in *Sigé* als Gegenüber des Dichters setzt, kommt in die Sprache als „Siegel des Unendlichen" und „sein Name fällt nicht zuerst als das Wort Gott in die Sprachen ein, vielmehr durch deren ethisches Bedeuten allein"[102], durch deren Ant-wort-sein auf den schweigenden Appell des absolut Anderen. Sprache ist „au nom de Dieu" und das heißt „in der Abwesenheit Gottes", der aus unendlicher Distanz seinen Namen spendet in jedem Wort, das Ant-wort ist. Der Name Gottes ist „Pro-nom [qui] marque de son sceau tout ce qui peut porter un nom."[103]

---

99. Ganz ähnlich beschreibt Richard Schroubek seine Versenkung in die Schrift: „Ich schäme mich, es zu erzählen. Ich schäme mich meiner Handschrift. Sie zeigt mich in voller Geistesblöße. In der Schrift bin ich nackter als ausgezogen. Kein Bein, kein Atem, kein Kleid, kein Ton. Weder Stimme noch Abglanz. [...]" (W 17)
Eine detaillierte Analyse von *Die Widmung* hätte zu erweisen, daß Strauß hier noch stark an einer einer Theorie der Schrift interessiert ist, der das Etikett ‚poststrukturalistisch' anstünde und die durchaus im Trend der Rezeption Derridas oder Lacans in den achtziger Jahren zu sehen ist. Es ist dies in der Reihe von Strauß' ausgesprochenen Schrift-Werken *Theorie der Drohung - Die Widmung - Kongreß* eine zeichentheoretische Vorbereitung der expliziten Wende ins Transzendente.
100. Lévinas: Autrement qu'être ou au-delà de l'essence, S. 62/63.
101. Steiner spricht vom „ ‚Ins-Dasein-Kommen' des Ästhetischen". Von realer Gegenwart, S. 205.
102. Thomas Wiemer: Das Unsagbare sagen. Zur Vergleichbarkeit von philosophischem Diskurs und literarischem Schreiben. Nach Emmanuel Lévinas. In: Lévinas. Zur Möglichkeit einer prophetischen Philosophie, S. 27.
103. Vgl. ibid. mit Bezug auf Lévinas: Autrement qu'être ou au-delà de l'essence, S. 194 und S. 233.

In der Sprache klingen Signale nach, wie in der Wohnung eines Verstorbenen das Telefon noch hin und wieder läutet. Doch der (in der Sprache) Angerufene ist nicht mehr da. Alles wirkt so bewohnt wie früher und der für immer geräumte Stuhl scheint nun selbst bereit, den Anruf entgegenzunehmen. (B 42)

Die Signale in der Wohnung eines Toten, die Signale in der Sprache, dem „Haus des Seins", das vom Menschen verlassen wurde, diese Signale, die Strauß hier beschwört[104], sind für Lèvinas „l'écho de l'autrement":

Le Dit contestant l'abdication du Dire qui se fait pourtant dans ce Dit même, maintient ainsi la diachronie où, le souffle retenu, l'esprit entend l'écho de l'*autrement*. L'en deçà, le préliminaire que le Dire pré-originaire anime, se refuse, notamment, au présent et à la manifestation ou ne s'y prête qu'à contre-temps. Le Dire indicible se prête au Dit, à l'indiscrétion ancillaire du langage abusif qui divulge ou profane l'indicible, mais se laisse réduire, sans effacer l'indicible dans l'ambiguïté ou dans l'énigme du transcendant où l'esprit essoufflé retient un écho qui s'éloigne.[105]

Lévinas trifft in der Sprache die Unterscheidung zwischen „le Dire" und „le Dit", wobei „le Dire" das ursprüngliche Sagen, das Sagen des „Pro-nom" vor dem Namen, als „Echo" der Transzendenz im „Dit", dem Gesagten in seinem objektiven Redegehalt, nachklingt.[106] Das unaussagbare Sagen, das aus dem Gegenüber von Tanszendenz unmittelbar entspringt, muß in das Gesagte eingehen, wie Denken immer Sprache werden muß und dennoch ist das Sagen durch alles Gesagte unausschöpfbar. Es gibt einen Überschuß des Sagens gegenüber dem Gesagten, der immer wieder abgetragen werden muß, um in das ursprünglich ethische Verhältnis der wortlos transzendenten An-Sprache zurückzufinden.

[...] il faut du *Dit* remonter au *Dire*. Le Dit et le Non-Dit, n'absorbent pas tout le Dire, lequel reste en deçà - ou va au-delà - du Dit.[107]

Wo das Gesagte strukturell dominiert ist durch das Verbum ‚sein' und damit einer ontologischen Zeitlichkeit unterworfen ist[108], versucht Lévinas hinter die onto-

---

104. „Der telefonische ‚Anruf' bezeichnet bei Strauß stets den homonymen ‚Anruf' des Metaphysischen.", stellt Helga Kaussen in Bezug auf Strauß' Roman *Rumor* fest, der ausklingt mit einem Anruf der verkappten Dichterfigur Bekker und dem „waldestiefe[n] Atmen" (R 231), das dieser als elementaren Hauch von Geist, Inspiration und Transzendenz durch den Hörer schickt. Kaussen verweist auf parallele Stellen: auf den Anruf Hannahs in *Die Widmung* (W 46/47, W 100), auf die Telefonzellen-Szene in *Groß und klein* (GK 211/212) und auf den hier weiter oben schon erwähnten Anruf in *Theorie der Drohung* (TD 46/47), der den Erzähler mit der Dichtungsallegorie Lea in Verbindung bringt. In: Kunst ist nicht für alle da, S. 313-315 und S. 320.
Sigrid Berka kommt zu ähnlichen Ergebnissen, wenn sie feststellt: „Bei Strauß hat das Telefon endgültig die alten Götter ersetzt." Mythos-Theorie und Allegorik, S. 28.
105. Lévinas: Autrement qu'être ou au-delà de l'essence, S. 57.
106. Diese sprachbezogene Unterscheidung wird vor allem in *Autrement qu'être ou au-delà de l'essence*, Lévinas' zweitem Hauptwerk, ausgearbeitet.
107. Ibid., S. 95.

logische Aussage zurückzugehen zu einem Sagen, das vor allem Sprechen ein ethisches Verhältnis meint.

„Le Dire" als das Unsagbare, als das unaufweisbare „Mehr" (vgl. TD 98) der Sprache von je her, vor jeder Gegenwart des Sprechens, und „le Dit" als die Oberfläche der Rede, als notwendig ontologisch und zeitlich strukturierte Aussageform der Sprache - dies ist eine Unterscheidung, die sich insbesondere für die Sprache der Dichtung geltend machen läßt.

Mallarmé war zu einer ähnlichen Unterscheidung gelangt. Bei ihm standen sich „parole brute" und „parole essentielle" als referentielle und a-referentielle Qualitäten der Sprache gegenüber.

Die Autonomisierung des Ästhetischen, die mit Mallarmé ihren Ausgang nahm, trieb eine Kluft der Differenz in das Weltbild der Sprache, die den philosophischen und ästhetiktheoretischen Diskurs einer im Anschluß an Mallarmé ästhetisch zu nennenden Moderne bis in die aktuelle post-postmoderne Auseinandersetzung durchzieht. Diese Kluft schuf Raum für neue Deutungsmöglichkeiten dichterischen Sprechens, die über die Kongruenz von Zeichen und Bezeichnetem, von Sprache und Bedeutung hinausgehen.

Die ersten Kapitel dieser Arbeit haben gezeigt, wo Botho Strauß an Mallarmés antirepräsentationistische Deutung von Sprache als Dichtung Anschluß sucht, wie er in seinem Werk, insbesondere an seinem Protagonisten Leon Pracht, die Loslösung der Dichtung aus dem sozialisierten Raum der Sprache vollzieht, wie er in *Sigé* das Mallarmésche Schweigen „in der geräumigen Wanderschaft alter, das ewige Weiß suchender Verse" (S 63) aufhebt und im „andere[n] Wort" (S 46), der „parole brute" Mallarmés, ankommen läßt.

Hier nun, in der zitierten „Anrufung eines quasi literarischen Gottes" in *Sigé*, läßt Botho Strauß die ästhetisch autonomisierte Sprache an ihr transzendentes Gegenüber gelangen, um jene aus der innersprachlichen Scheidung von Rede und Schweigen, Sagbarem und Unsagbarem, „Dit" und „Dire" gewonnene Literarizität in jenen ethischen Bezug zu stellen, den Lévinas, den Steiner, den, anders gelagert auch Lyotard, definieren.

Lévinas selbst hat seinen philosophischen Ansatz auf die Deutung dichterischer Sprache übertragen, nicht zuletzt, weil es ihm auch in seiner philosophischen Sprache darum geht, Strategien zu verfolgen, die das Sagen vom Gesagten ablösen, die thematisierende Rede brüchig machen, revidieren, immer wieder neu und anders hervorbringen und durchlässig machen für das unaussagbare Sagen jenseits der Aussagesprache, für das Ethische jenseits der Ontologie, das er in seiner Philosophie zu umschreiben sucht.[109]

---

108. Vgl. das Kapitel *Langage*, ibid., S. 43-47.
109. Die auffälligste dieser Strategien der Subvertierung der Sprache durch die Mittel der Sprache selbst in der philosophischen Rede von Lévinas ist die Nominalisierung von Wortfolgen oder ganzen Sätzen in Bindestrichkonstruktionen. Zu den Strategien der philosophischen Sprache von Lévinas vgl. Elisabeth Weber: Verfolgung und Trauma. Zu Emmanuel Lévinas' *Autrement qu'être ou au-delà de l'essence*. Wien 1990, die eine antirepräsentationistische „Verwundbarkeit als Movens der philosophischen Rede" in seiner „Methode der Schrift" nachweist (S. 45-150).

In seinem Buch *Noms propres*[110] hat Lévinas den Versuch der Durchdringung des Gesagten auf ein ursprüngliches Sagen hin als Deutungsmöglichkeit dichterischer Sprache vorgeführt, am Beispiel Paul Celans. Er situiert die Lyrik Celans auf der „vor-syntaktischen und vor-logischen"[111] Ebene des ursprünglichen Sagens, die an der Oberfläche des Gesagten immer noch durchschimmert. Lévinas nennt diese Lyrik „pré-dévoilant":

au moment du pur toucher, du pur contact, du saisissement, du serrement, qui est, peut-être, une façon de donner jusqu'à la main qui donne. Langage de la proximité pour la proximité, plus ancien que celui de la *vérité de l'être* - que probablement il porte et supporte -, le premier des langages, réponse précédant la question, responsabilité pour le prochain, rendant possible, par son *pour l'autre* toute la merveille du donner.[112]

Das, was entschleiert wird auf dieser vor-syntaktischen und vor-logischen Ebene der Sprache, die Lévinas in der lyrischen Sprache Celans erreicht sieht, ist die ursprüngliche Hinwendung zum anderen Menschen, die alles Sagen bedingt. „Donner" ist hier das Schlüsselwort und es heißt hier nicht „délivrance de signes"[113], Weitergabe von Zeichen und Information, sondern ist die an-archische[114] Geste des „*pour l'autre* du Dire"[115]. „Donner" ist die Geste des Gegenüberseins, die notwendig Sprache wird, ohne daß sie sich aussagen ließe, die Sprache entstehen läßt, ohne daß sie als Information faßbar wäre.

Lévinas konzipiert Sprache nicht als Informationsaustausch zwischen separaten Individuen, zwischen ego und alter ego, nicht als „modalité de la connaissance"[116], sondern als Hinwendung und als Nähe (proximité), als prä-originäre[117] Beziehung, in der der Andere als unendlich Anderer erfahren wird.

Sprache ist nicht zuletzt Gabe, die im Sprechen dem Anderen Bedeutung anbietet.

Lévinas' Reflexionen über Paul Celan gehen aus von einer Äußerung Celans in einem Brief an Hans Bender:

Ich sehe keinen prinzipiellen Unterschied zwischen Händedruck und Gedicht.[118]

Sie enden mit einer Auflösung dieses Vergleichs in der Geste des Gebens.

---

110. Emmanuel Lévinas: Noms propres. Paris 1982.
111. „à ce niveau pré-syntaxique et pré-logique", ibid., S. 60.
112. Ibid.
113. Lévinas: Autrement qu'être ou au-delà de l'essence, S. 61.
114. Vgl. ibid., S. 8.
115. Ibid., S. 65.
116. Ibid., S. 62.
117. „le pré-originel du Dire", ibid., S. 8.
118. Brief vom 18. Mai 1960. In: Briefe an Hans Bender. Unter redaktioneller Mitarbeit von Ute Heimbüchel hrsg. v. Volker Neuhaus. München Wien 1984, S. 49. Vgl. Lévinas: Noms propres, S. 59.

[...] l'interrogation de l'Autre, recherche de l'Autre. Recherche se dédiant en poème à l'autre: un chant monte dans le donner, dans l'un-pour-l'autre, dans la signifiance même de la signification. Signification plus ancienne que l'ontologie et la pensée de l'être et que supposent savoir et désir, philosophie et libido.[119]

Die Gabe der Sprache ist Bedeutung, Bedeutung jedoch nicht in jenem zeichentheoretischen Sinne, der aus dem ontologischen Denken hervorgeht, sondern Bedeutung in jenem ethischen Sinne, der vor jeder Ontologie die Transzendenz des absolut Anderen ins Blickfeld rückt.

Dire, c'est approcher le prochain, lui ‚bailler signifiance'.[120]

Es ist dies jenes ethische Bedeuten, das sich im Gesicht des Anderen anzeigt. Sprache und Gesicht sind für Lévinas eins im Gedanken eines noch vor allem Sprechen schon sprechenden Angesichts. Sprache ist „présence du visage".[121] Das ursprüngliche Sprechen vor dem Sprechen ist das, was das Gesicht des anderen Menschen be-sagt[122].

Auch Borges war - auf dem Wege der Mystik, nicht dem der Philosophie - auf der Suche nach einer göttlichen Sprache vor der Sprache, die er in das universaltextuelle Gewebe der Literatur geheimnisvoll verwoben sah.

Wenn man Botho Strauß' intertextuelles Glaubensbekenntnis vom „großen Archiv", in dem er Borges' universalliterarische Suche zur poetischen Glaubensfrage erhebt, als „imaginäre Einssetzung" begreift, die „von der Bezeichnung ‚Gott' abgedeckt werden kann"[123], dann ist die „Wiederbegegnung mit dem Primären" (A 318), die Strauß im imaginären „Urbild des Satzes"[124] sucht, eine Begegnung mit Transzendenz im Sinne der Lévinas'schen Ethik.

Im intertextuellen Raum, der in dieser Arbeit für das Werk von Jorge Luis Borges abgesteckt wurde, ergab sich aus einer Reflexion über das verlorene Antlitz Gottes eine Assoziation des Intertextualitätsgedankens mit der gnostischen Vorstellung vom zerstückelten und in die Welt verstreuten Gott, dessen totes, verblaßtes Gesicht in unendlichen Facetten im Traum uns erscheint und nach dem Erwachen im Vergessen versinkt. Genauso reicht der universale Text an jenen prä-originären oder göttlichen Ort des Sagens, an dem Sprache entsteht, bevor im Gesagten das Vergessen einsetzt, und macht Vergessen unvergeßlich in den unendlichen Facetten des Sprachlichen, so als ob ihm das verlorene, verstreute Antlitz Gottes - wie im Schweißtuch eines Toten - in unendlich vielen Partikeln eingeprägt sei.

Diese Vorstellung aus der gnostisch-intertextuellen Welt von Jorge Luis Borges bezieht ihre Konzeption von Literatur ebenfalls aus dem unvordenklichen Bezug

---

119. Lévinas: Noms propres, S. 66.
120. Lévinas: Autrement qu'être ou au-delà de l'essence, S. 61.
121. Lévinas: Totalité et infini, S. 187.
122. Vgl. Taureck: Lévinas zur Einführung, S. 67.
123. Werner: Ahnungen, Bahnungen, S. 113.
124. Hage: Schreiben ist eine Séance, S. 195.

zu einem unendlich entfernten, einem abwesenden, vielleicht inexistenten Gott, dessen „Signale" im Text, dem Manifest des Sprachlichen nachhallen. Und auch Lévinas konzipiert seine philosophischen Strategien der Entschleierung des Sagens im Gesagten als Arbeit am Schon-Gesagten, das heißt am vorhandenen Material der Sprache, das nicht zuletzt in der Schrift niedergelegt ist. Er geht bis hin zu dem Gedanken, wir seien „ ‚vom Buche' her"[125]. Philosophie als Spurenlesen in der vielfach überschriebenen, umgeschriebenen, „umzuräumenden" Schrift, als Freilegung einer Urschrift im Palimpsest des Schon-Gesagten und Schon-Geschriebenen, nähert sich der Literatur des Weltbuchs mit ihren vielfachen Schichtungen und Verschiebungen an, der „littérature selon Borges", die hier eines der letzten Kapitel einnahm.

Der Rückbezug auf das schon Gesagte im Allgemeinen, das schon Geschriebene und nicht mehr unmittelbar Präsente, und das Entziffern, das Ausdrücklichmachen einer latenten Sprache oder Schrift im besonderen, sind nun allemal konstitutiv auch für den Prozeß des literarischen Schreibens.[126]

Wie Borges vom Judentum und insbesondere von der talmudischen Schriftauslegung her den Gedanken der Urschrift auf den literarischen Welttext überträgt, so entwickelt der jüdische Philosoph Lévinas von der jüdischen heiligen Schrift her die Spur der Urschrift, die der Sprache des Antlitzes als Spur des unsagbaren Sagens eingeprägt ist.

Diese [die heilige Schrift] ist es, die übersetzt in die Sprache des Antlitzes, uns unabdingbar anspricht und eine Sittenwelt horizontalisiert. Im Antlitz des Anderen physiognomisiert sich die überlieferte Ur-Schrift, das schwarz auf weiß Niedergeschriebene, die verbriefte Zusage, und bringt die egoistische Ordnung des Menschen unwiderruflich durcheinander. [...] Prämisse dieser Behauptung ist, daß es eine verbindliche *Urschrift* und eine erfahrbare und verleiblichte erste *Bedeutung* gibt, die dem geschichtlichen Spiel der Vernetzung und Verweisung definitiv vorauflliegt: *das Sein für den Anderen*.[127]

Borges' Reflexion über das Antlitz Gottes, das im Traum wie im Text in Partikeln des Vergessens aufscheint, drängt sich auf als eine literarisch-essayistische Illustration dessen, was Lévinas philosophisch faßt: die „physiognomisierte Urschrift" ist das Antlitz Gottes, das im Gesicht des Anderen aufscheint und Sprache wird vor allem Sprechen, Sprache des reinen Gegenüberseins, Sagen, das durch die Schrift hindurch An-Sprache hält.

In *Sigé* setzt Strauß den Namen Gottes explizit als Gegenüber der Literatur. Der Name Gottes läßt hier das Gesicht des Anderen aufleuchten in der prä-originären Geste des Gegenüberseins und zeigt den ethischen Gehalt dieser Geste an in der unaufhebbaren Differenz, die sich auftut in dieser Begegnung mit dem

---

125. Lévinas in: Philosophie, Gerechtigkeit und Liebe. Ein Gespräch. In: Concordia 4 (1983), S. 53. Zitiert bei Klaas Huizing: Physiognomisierte Urschrift. Lévinas Postscriptum der Moderne. In: Lévinas. Zur Möglichkeit einer prophetischen Philosophie, S. 31.
126. Wiemer: Das Unsagbare sagen, S. 26.
127. Klaas Huizing: Physiognomisierte Urschrift, S. 31.

Anderen in seiner absoluten Andersheit. In der literarischen Geste der Hinwendung zu Gott, Geste der schweigenden Gabe und der Entblößung, die die unendliche Differenz des Sagens und des Gesagten in der Sprache indiziert, macht Botho Strauß die Literatur zum Schauplatz des Anderen, der sich in der Unendlichkeit dieser Differenz offenbart.

Der irreduzible Abstand zwischen dem Sagen und dem Gesagten entspringt nach Lévinas der unaufhebbaren Differenz zwischen Sprechendem und Angesprochenem, zwischen dem *einen* und dem *Anderen*.[128]

Literatur, die diese Differenz anzeigt und das Unsagbare zu sagen versucht, verweist auf den anderen Menschen und bietet demnach ethische Bedeutung an, wie dies Lévinas bei Paul Celan nachzuweisen sucht. „Vor-syntaktisch" und „vor-logisch" heißt hier ethisch, meint das ursprüngliche Verhältnis zum anderen Menschen, das vor jedem Sprechen ist und vor jeder Ontologie und doch in der Menge alles Gesagten und in der Zusammenfassung des Gesagten in der Schrift, die die Stätte der Literatur ist, die die Szene des Anderen, die Szene des Ethischen eröffnet.

Die Schrift wird so zur Möglichkeit einzigartiger Begegnung mit dem Anderen, Verflechtung der Gabe an ihn mit dem permanenten Gefordertsein durch ihn. In diesem Sinne kann die *Schrift* par excellence *die Szene des Anderen* genannt werden.[129]

Ausgehend von Botho Strauß' Anrufung Gottes in *Sigé* haben wir bis hierher verfolgt, wie mit Lévinas der Name Gottes, der hier gesetzt wird, in das Geschehen von Sprache und Schrift und damit in die Beziehung zwischen Menschen zu übersetzen ist.

Maurice Blanchot, der verwandte Denker und Freund, erläutert, wie sich diese Übersetzung aus dem jüdischen Humanismus herleitet, einem jüdischen Humanismus, der vor Lévinas seine Prägung vor allem Martin Bubers religiöser Konzeption von „Ich und Du" verdankt.

[...] ce que nous devons au monothéisme juif, ce n'est pas la révélation de l'unique Dieu, c'est la révélation de la parole comme du lieu où les hommes se tiennent en rapport avec ce qui exclut tout rapport: l'infiniment Distant, l'absolument Étranger. Dieu parle et l'homme lui parle. Voilà le grand fait d'Israël. Quand Hegel, interprétant le judaïsme, déclare: ‚Le Dieu des juifs est la plus haute séparation, il exclut toute union' ou bien ‚Il y a dans l'esprit du Juif un abîme insurmontable', il néglige seulement l'essentiel dont les livres, l'enseignement, une tradition vivante depuis des millénaires, portent l'expression: c'est que s'il y a en effet séparation infinie, il revient à la parole d'en faire le lieu de l'entente, et s'il y a un insurmontable abîme, la parole traverse l'abîme. La distance n'est pas abolie, elle n'est même pas diminuée, elle est au contraire maintenue préservée et pure par la rigueur de la parole qui soutient l'absolu de la différence. [...] Parler à quelqu'un, c'est accepter de ne pas l'introduire dans le système des choses à savoir ou des êtres à connaître, c'est le recon-

---

128. Wiemer: Das Unsagbare sagen, S. 19.
129. Ibid., S. 27.

naître inconnu et l'acceuillir étranger, sans l'obliger à rompre sa différence. En ce sens, la parole est la terre promise où l'exil s'accomplit en séjour [...] L'humanisme juif, au regard de l'humanisme grec, étonne par un souci des rapports humains si constant et si prépondérant que, même là où Dieu est nominalement présent, c'est encore de l'homme qu'il s'agit, de ce qu'il y a entre l'homme et l'homme, lorsque rien d'autre ne les rapproche ni les sépare qu'eux-mêmes.[130]

Blanchot erschließt hier aus dem Judentum eine Konzeption von Sprache als Exil, die er an anderer Stelle für den Dichter in Anspruch nimmt.[131] Derrida bezieht in ähnlicher Weise aus dem Judentum die Erschließung der Schrift, er spricht in Bezug auf Edmond Jabès von „judaïsme comme naissance et passion de l'écriture", woraus folge, daß „la situation judaïque devient exemplaire de la situation du poète, de l'homme de parole et d'écriture".[132] Das, was bei Blanchot und Derrida gemeint ist, umschreibt derselbe Edmond Jabès, wiederum auf Lévinas sich beziehend, als die „Spur in der Wüste" und nimmt die jüdische Erfahrung des Exils zum Gleichnis für Lévinas' philosophische Lehre des Ausgesetztseins und der Fremdheit, die ebenfalls auf die Sprache sich ausrichtet.

Il n'y a de trace que dans le désert, de voix que dans le désert. La mise en acte est le passage, l'errance.[133]

Die jüdischen Denker Lévinas, Derrida, Jabès verfolgen das Exil des Judentums in die Wüste der Sprache, den entfremdeten Aufenthalt des menschlichen Daseins, das ‚verwüstete' „Haus des Seins".

Blanchots Begriff der „erreur"[134], auch dieser ein Ausdruck jüdischer Welterfahrung, wird hier ergänzt durch den des Exils und mit beiden Begriffen erfaßt Blanchot jene Befindlichkeit in der Sprache, die mit Derridas Jabès-Lektüre als Bewegung auf der Spur der Abwesenheit zu fassen ist - Derridas Feststellung „L'écriture se déplace sur une ligne brisée entre la parole perdue et la parole promise.", umschreibt die „absence de lieu"[135], die für Blanchot die sprachliche „erreur" zwischen dem Tod Gottes und der noch nicht erfolgten Auferstehung bedingt - und die Lévinas als conditio humana des Fremdseins beschreibt.

Exil bedeutet aber auch Aufenthalt, wenn auch nie endgültig, es bedeutet Aufgenommenwerden und Angesprochensein. Das unterstreicht Blanchot in seinen Ausführungen über den jüdischen Humanismus und das menschliche Dasein in der Sprache und dies ist der ethische Ansatzpunkt für Lévinas, der dem anderen Menschen als absolut Anderem, als Fremdem in der Sprache Aufnahme gewährt.

---

130. Maurice Blanchot: L'entretien infini. Paris 1969, S. 187/188.
131. Vgl. Blanchot: L'espace littéraire, S. 249-251.
132. Jacques Derrida: Edmond Jabès et la question du livre. In: J.D.: L'écriture et la différence. Paris 1967, S. 99/100.
133. Edmond Jabès: Avec Emmanuel Lévinas. In: Textes pour Emmanuel Lévinas. Hrsg. v. François Laruelle. Paris 1980, S. 16.
134. Blanchot: L'espace littéraire, S. 259.
135. Derrida: Edmond Jabès et la question du livre, S. 104/105.

Der Gast ist die Figur par excellence in diesem sprachlich-existentiellen Raum des Exils und der „erreur", im Gegenüber des Fremdseins und der gütigen Humanität.

Gast, Fremder, ist ein jeder, der in der Sprache begegnet, ist der Nächste, der Nachbar im sprachlich-gesellschaftlichen Raum, wenn auch dieser „Nächste" in unserer publizitären, unserer überinformierten und maßlos kommunizierenden Gesellschaft leicht sein Gesicht, seine Andersheit, verliert.

Die meisten Überzeugungsträger, die sich heute vernehmen lassen, scheinen ihren Nächsten überhaupt nur als den grell ausgeleuchteten Nachbarn in einer gemeinsamen Talkshow zu kennen. Sie haben offenbar das sinnliche Gespür - und das ist oft auch: ein sinnliches Widerstreben und Entsetzen - für die Fremdheit *jedes* anderen, auch der eigenen Landsleute, verloren. (AB 13)

So schildert Strauß' Gedicht *Diese Erinnerung an einen, der nur einen Tag zu Gast war* den Gast als den ortlosen und verlassenen Menschen unserer Episteme. Diesen Gast aufzunehmen, wie es dieses Gedicht auf poetischem Wege tut, allein ihn zu erkennen als Fremden, ihn anzusprechen und zu empfangen, wird in unserer Gesellschaft immer problematischer, da die Spur unseres Denkens den Menschen immer weiter von seiner ontologischen Beheimatung entfernt und die Erscheinung des Fremdseins immer weiter getilgt wird durch die extreme Ausdifferenzierung unserer Diskurssysteme und die fortschreitende Ausbreitung der gesellschaftlichen Rede, durch die alles erfassende „Obszönität der Kommunikation" (AB 20) in unserer medial vernetzten Öffentlichkeit.

Von Gastlichkeit spricht George Steiner in Bezug auf das Kunstwerk und er berührt sich hier mit Lévinas' Deutung dichterischer Sprache als „l'un-pour-l'autre", als „Händedruck"- auch Steiner benutzt diesen Begriff[136] - und als Gabe, wie auch mit Strauß' poetischer Aufnahme des „lebenslangsamen Ankömmling[s]" (E 65) Mensch in *Diese Erinnerung* und seiner poetisch-transzendenten Geste der Ansprache in *Sigé*.

Doch Steiner wendet das Gebot der Gastfreundschaft nur in eine ganz besondere Richtung an, was ihn wider sein ausdrückliches Interesse als literaturkritischen Rezipienten, als Vertreter des Sekundären, erweist: für ihn ist das Kunstwerk zu Gast beim Rezipienten. Es ist Aufnahme dichterischer Sprache im Besonderen, die dem Prozeß des Verstehens das Feingefühl der Gastlichkeit abverlangt, „Takt", „Höflichkeit des Gemütes" und „Ehrfurcht der Wahrnehmung"[137] als Bezeugungen einer „moralischen Intuition"[138] entgegen der Fremdheit tilgenden „Vorherrschaft des Sekundären und Parasitären"[139] bei der Rezeption von Kunst.

---

136. Steiner: Von realer Gegenwart, S. 198.
137. Ibid., S. 197/198.
138. Ibid., S. 197.
139. Ibid., S. 18.

Gegen die herrenlose Erlaubnis des Sagbaren und Besprechbaren rät Steiner eine ‚Ziemlichkeit des Verstehens' an. Das Kunstwerk, um ihm neu zu begegnen, sei zu behandeln als ein Gast, ein Fremder, der plötzlich erscheint in unserem Alltag, dessen Ankunft Freude und leise Furcht bereiten. (A 313)

Steiner hebt ab auf „die numinosen Andeutungen, die in zahllosen Kulturen und Gesellschaften die Gastfreundschaft mit religiösem Empfinden aufladen"[140], also auf Muster religiöser Verehrung, die in der Kunst jenseits des Sagbaren jenes „Mysterium der Andersheit"[141] wahren, das den Akt des Verstehens mit ethischer Bedeutsamkeit anfüllt. Die „zeremonielle Würde des Sakramentalen"[142], die Steiner gegenüber dem Kunstwerk fordert, soll einem Verständnis von Ethik gerecht werden, das jenseits zeichentheoretischer und ontologischer Vorgaben, jenseits also der in der objektiven Rede verfügbaren Strukturen der Erklärbarkeit, Sinn auffindbar macht, den Sinn des Menschen als des absolut Fremden, der nicht in einer zentrischen Welt- und Sinnkonzeption sein Dasein gründet, sondern in unantastbarer und uneinnehmbarer Andersheit und Transzendenz. Strauß entspricht diesem Verständnis mit dem Begriff der „Demut" (A 310), auch dieser Ausdruck religiöser Ehrfurcht vor jener Zone des Unantastbaren, die im Ästhetischen das Dominium Gottes bildet. ‚Demütige' Rezeption im Sinne dieser ästhetisch-metaphysischen Ethik sieht ab vom repräsentativen Gehalt des Gesagten, auch von dessen dekonstruktivistischer Unterminierung und empfängt das Andere/den Anderen im Kunstwerk als Eintreten ethischer Bedeutung ins Dasein.

Für Steiner also findet die ethische Begegnung mit Andersheit in der Begegnung des Rezipienten mit dem Kunstwerk statt, das bei uns Gastrecht beansprucht.

Doch ist dies nur eine Seite der Gastfreundschaft, die uns die Begegnung mit dem Anderen abfordert. Zu Gast sind wir in der Sprache, wenn es sich um Dichtung handelt, und diese Begegnung mit der Sprache hat mehr Dimensionen als dies Steiners literaturkritisches Lob der Gastfreundschaft nahelegt. Das Buch ist nicht nur zu Gast beim Leser, auch der Leser ist zu Gast beim Buch und das Buch bietet der Sprache Aufenthalt, wie wiederum der Dichter in Sprache und Schrift Aufenthalt findet – und jedesmal ereignet sich eine Begegnung mit dem Anderen in der Sprache, das nur in der Begegnung allein, im bloßen Gegenüber erfahren wird.

Mallarmé hatte die Sprache im Ästhetischen derart autonomisiert, daß sowohl Autor als auch Leser nurmehr als Gäste das selbstbezügliche und anonyme Sprachwerk der Dichtung, das in seinem universalen Buch kulminieren sollte, passieren konnten.

Der anonyme Charakter des Buches rührt auch von seinem Inhalt her, der die Begegnung mit der Sprache selber ist. Das Buch scheint vor allem der Aufenthalt der Sprache zu sein, und Schriftsteller ist, wer in diesem Haus häufig bei der Sprache zu Gast ist. Worum es den

---

140. Ibid., S. 206.
141. Ibid., S. 235.
142. Ibid., S. 198.

modernen Dichtern geht, ist nichts Geringeres, als die Sprache selbst zum Sprechen zu bringen [...].[143]

Das heißt, zur Ansprache zu bringen, wenn wir Botho Strauß' ethische Wendung von hier aus nachvollziehen wollen. Gastlichkeit im Ästhetischen, das durch die Moderne Mallarmés zur selbstreferentiellen Reinheit der Sprache destilliert wurde, bedeutet - von diesem Erfordernis des menschlichen Gegenüber-Seins war dieses Kapitel ausgegangen - zu wissen,

wie Sprache klingt, die rein ist zum *An*sprechen.
Mit Worten, die über holen, und Worten, die Vereinigung stiften.
Mit Worten, die weiter reichen als die Gewißheit des Auges. (E 42)

Dagegen sind wir „Aus-Gesprochene", sofern wir die Gastfreundschaft im „Haus des Seins" nicht achten.

Abschreckend, weil jedes letzte Vertrauen ins Wort zerstörend, sind aber auch diejenigen, die jetzt weiter mit ihren Worten feixen, obgleich sie zutiefst Aus-Gesprochene sind, Wortlose, die Schaugespräche führen: seht, ich zeige mich sprechend ... doch leider, in Wirklichkeit spreche ich seit langem nicht mehr ... (AB 22)

Umherirrende, Fremde, Verlassene, die in der Sprache nur flüchtigen, weil nicht mehr sinnzentrisch und ontologisch abgesicherten Aufenthalt finden, sind wir „Aus-Gesprochene", wenn wir die Gastlichkeit dieses einzigen Aufenthalts nicht mit entsprechendem Takt, mit der gebührenden Demut, mit „magischem Anstand" (NA 132) beantworten, „verlieren wir an Sprache" (NA 128), wenn wir ihren „Abstieg [...] in den Weltbetrieb" (NA 131) zulassen und nicht beachten, „daß in verschwätzten Zeiten, in Zeiten der sprachlichen Machtlosigkeit, die Sprache neuer Schutzzonen bedarf" (AB 17).

Das viele Reden, das langsam versiegt. Sie haben sich um Seele und Sehen geredet. Sie haben den ganzen Atem der Sprache ausgehaucht. Der Hauch, gottgegeben, Menschensprache, verbraucht, verpufft, vergeudet. Nach der Beschwörung wurde das Wort Gesetz. Nach dem Gesetz wurde das Wort Gespräch. Nach dem Gespräch wurde das Wort Kommunikation. Nach der Kommunikation wurde das Wort - ausgestoßen aus der menschlichen Gemeinschaft. Sinnlos irrt es nun von Mund zu Mund und läßt uns zurück in einer unberufbaren Welt. Ewiger, armer Wanderer ... Wir vergehen in Ausgesprochenheit. (NA 44/45)

Botho Strauß' Aufbegehren gegen die fortschreitende Sprachentweihung im Zeitalter der Information, gegen die Profanierung des Sagens im Sog der medientechnisch perfektionierten Kommunikation, findet in *Niemand anderes* Ausdruck in jener Bildlichkeit von Haus, Herz und Auge, die nach dem Gang der bisherigen Überlegungen als Bildlichkeit des „Ganz Anderen" (NA 132) zu verstehen ist, das im hier beschriebenen Zusammenhang von Sprache, Ethik und Dichtung umschlossen ist.

---

143. Bischof: Das Buch nach dem Buch, S. 117/118.

Haben sich eingenistet die Späher. Mein Haus war ohne Augen. Jetzt sehe ich, das jeder vorbeistreunende Schatten mich sieht. Jetzt endlich habe ich zur Furcht jener Greisin gefunden, die wußte, daß jeder im Fernsehen sie sieht, und fernsehen nichts anderes heißt, als von weitem in Augenschein genommen zu werden. (Kam nicht in jüdischen Mythen der Tod in einem Kleid voller Augen?) Es genügt schon die Gewißheit, auch dort gesehen zu werden, wo man sich allein Herr des Sehens wähnte. Mehr Politik braucht es nicht, um ein Herz zu knicken. Sie sehen mich - wir erblicken einander über die distanzlose Weite der innersten Öffentlichkeit.
Mein Haus ist ohne Augen gewesen. Nun verkommt es unter waberndem Sehen. Wie Dolden fauliger Trauben hängen in Klumpen die einmal benutzten, ausgewischten Augen. (NA 128/129)

Gegen dieses „wabernde Sehen", das die Kraft des Auges zerstört und in die Privatheit des Hauses eindringt, das das Haus der Dichtung war, setzt Botho Strauß - dies war dem letzten Kapitel zu entnehmen - ein Sehen, das jenseits des Auges den ethischen Ort einer ursprünglichen Begegnung mit dem anderen Menschen ausmacht und damit an den unverfügbaren Ursprung von Sprache reicht. Gegen die „herrschsüchtige[ ] Ausgesprochenheit, die die Gesamtheit der Begriffe kontrolliert" (S 46) setzt er damit eine Konzeption von Sprache, die durch die Sprache hindurch zu einem vorlogischen Kern vorstoßen möchte, an dem die repräsentative und kommunikative Funktion von Sprache hintergehbar wird.

Strauß versucht, gegenüber dem Triumph der Sagbarkeit im alles beherrschenden Verbund von Gesellschaft, Medien und Kommunikation einen substantiellen Rest in der Sprache zu retten und ihn in der Dichtung auffindbar zu machen.

Das Schreiben, das Buch, die Linie wollen immer noch dabeisein, sich rühren und mittun, auch wo sie nicht mehr gebraucht oder gelesen werden können, sondern als unhandliches Utensil eines vergangenen Fortschritts linkisch verwendet werden. Warum den Abfall gefallener Sprache (der Technizität, der Informatik) noch einmal ‚zur Sprache' bringen? [...]
Ihr ‚heiliger Bezirk' wird umso stiller und anziehender, je ohnmächtiger draußen in der Breite mit ihr operiert, herumgewörtert wird. [...]
Die Sprache soll keiner Kommunikation ‚dienen', sie soll communio sein jederzeit: wie Christen in jeder Epoche gleichzeitig sind mit Christus (Kierkegaard), so Sprache zu jeder Zeit einig mit ihrer Stiftung, ihrem schöpferischen Element, der Poesie, ganz gleich, was sich jeweils an ihren historischen Rändern einrollt oder ausfranst. Leben kann sie nur im steten Ursprung. Es gibt keinen nicht-werdenden Augenblick, keine Nicht-Neuigkeit der Sprache. (B 108/109)

Es handelt sich hier um ein poetisches Konzept der Läuterung, das die Sprache von ihrer repräsentationistischen Verpflichtung und von ihrer Verstrickung in das öffentliche Netz der Kommunikation befreien und als Stätte reiner, ethischer Begegnung retten will.

Strauß' Anklage ist - dies braucht nicht unterstrichen zu werden und dies ist auch im ersten Kapitel dieser Arbeit schon unmißverständlich angeklungen - deutlich reaktionär, aufklärungskritisch und politikfeindlich. Sie deutet den beklagten Zustand unserer Gesellschaft als Resultat links-liberaler Politisierung und die Sprachkritik richtet sich konkret gegen die links-aufklärerischen Bemühungen, die gesellschaftliche Rede für die kritische Meinungsäußerung und den herrschaftsfreien Umgang mit Wissen und Information umzurüsten, was für Strauß in einem Markt der Beliebigkeit, der „gigantischen Indifferenz" (AB 16) und des Konformismus - nunmehr „intelligent, facettenreich, heimtückischer und gefräßiger als vordem" (AB 20) - endete. So wird bei Strauß Liberalisierung zur Profanierung, Politisierung zur „bigotte[n] Frömmigkeit" (AB 15) und zum beifallheischenden Anpassertum, Emanzipation zur „Vermehrung der Gleichgültigkeit" (AB 19), öffentliche Meinungsbildung zum beliebigen Meinungskonsum.

Wie bedauerlich sind diese armen, heruntergekommenen Überzeugungen, die da weitersprudeln aus den Köpfen unserer Lehrer! (Die achtundsechziger-Generation, die noch einmal Glück gehabt hat und ihre bescheidenen Gescheitheiten nun jahrzehntelang von bequemen Lehrstühlen verbreiten wird ...) Mit solchen Beschwörungsformeln - Realitätsbewältigung! - versucht die bedrängte Vernunft, das Dickicht des Lebendigen in eine leere Begriffswelt zu verwandeln, und das ist doch der eigentliche Irrationalismus. (PP 198/199)

Läuterung ist aber auch gefordert hinsichtlich der Verstrickung von Sprache in das Machtgeflecht der Geschichte, eine Verstrickung, die die deutsche Sprache nach dem Holocaust mit totalitärem Grauen und mit der untilgbaren Schuld des millionenfachen Mordes unentrinnbar belastete. Auch hier richtet sich Strauß' Ansinnen gegen liberale Formeln der Vergangenheitsbewältigung und der ‚Trauerarbeit', die, nicht zuletzt mit Unterstützung vergangenheitsbewältigender, politisch-gesellschaftlich engagierter Literatur - Autoren wie Grass und Böll stehen mit ihrer Popularität für dieses gesellschafts- und identitätsfördernde Interesse der Literatur in den sechziger Jahren -, zur Konsolidierung unseres westdeutschen Nachfolgestaates beigetragen haben.

Die Erblast der Geschichte, die sich der Sprache aufbürdet, wurde für das Deutsche und für die deutsche Literatur nach der Katastrophe des Nationalsozialismus und nach dem Diktum Adornos, daß ein Gedicht zu schreiben nach Auschwitz unmöglich sei, zur Kernfrage ihrer Legitimierbarkeit, die sich bis zum deutschen Literaturstreit im Jahre 1990 und anschließenden Stasi-Debatte um politisch-moralische Integrität und literarische Qualität, die etwa Christa Wolf, Heiner Müller und die jungen Autoren vom Prenzlauer Berg betraf, durch die deutsche Literaturgeschichte der Nachkriegszeit hindurchzieht.

Die Anklage der katastrophisch-totalitären Vorzeit der Bundesrepublik und damit auch der totalitären Prägung der deutschen Sprache ist evident bei Botho Strauß, sie setzt an in der Reflexion über nationale Identität und Dichtertum in *Diese Erinnerung an einen, der nur einen Tag zu Gast war*, sie artikuliert sich als konkrete Sprachkritik in *Rumor*[144] und sie wird zu einem Bild des Verhängnisses in der großen Geschichts-Allegorie in *Der junge Mann* (JM 294 ff), in der die bundesrepublikanische Gesellschaft im allegorischen Leichenzug hinter dem „Kadaver des größten Frevlers und schlimmsten Deutschen" (JM 296) erstarrt.

Die Worte Rilkes dienen Botho Strauß zur Formulierung für das deutsche Verhängnis:

---

144. Vgl. Helga Kaussen: Kunst ist nicht für alle da. Loc. cit., S. 243-263.

Unser Älterwerden kreist in immer erweiterten Gedächtnis-Ringen um unsere einzigartige Geburtsstätte, den deutschen Nationalsozialismus. Der Abstand vergrößert sich, doch können wir aus der konzentrischen Bestimmung niemals ausbrechen. Für diejenigen, die aus dem Exzeß des Jahrhunderts hervorgingen, wird es keine Lebensphase geben, in der sie nicht erneut zu diesem Ursprung sich innerlich verhielten, so daß er eigentlich das geheime Zentrum, ja das Gefängnis all ihrer geistigen (und seelischen) Anstrengungen bildet. Gegen die Verbindung wird zuweilen krampfhaft aufbegehrt, zuweilen scheint sie selbst zu reifen, souveräner, lockerer zu werden. Was ist allein im künstlerischen Bereich nicht alles versucht worden, um unseren geschichtlichen Stimmungen den jeweils wahrheitsgemäßen Ausdruck zu liefern; das reicht vom expressionistischen Schwulst bis zur psychoanalytischen Metamorphotik, vom Dokumenten-Drama bis zur obszönen Revue der Embleme. Eine wahre Lösung, ein Sich-lösen-Können wurde nicht erreicht. Nur der Tod der Geschichte selbst kann uns befreien, nur die Erledigung der Erinnerung durch die totale Gegenwart der Massenmedien, in der alles bloß Erscheinung, bloß ästhetisches Vorüberziehen ist. (PP 171)

Mit Rilke indiziert Strauß wiederum den poetischen Gehalt seiner Argumentation, denn Erinnerung wird sehr wohl im Ästhetischen gewahrt, auf sehr komplizierte, sehr verborgene, teils sehr abgründige Weise, wie dies die vorangegangenen Ausführungen über die verschiedenen Erscheinungsweisen des Zusammenhangs von Literatur und Gedächtnis ergaben. Die Aufrechterhaltung der Erinnerung im Ästhetischen wirkt aber immer als Erschütterung des Sprachlichen, als Einbruch des „unvergeßlich Vergessenen" in die sprachliche Oberfläche der Darstellbarkeit[145] und weist über die Sprache hinaus zu einem Sprechen jenseits der Sprache, in dem der Dichter Zuflucht suchen muß vor der Bedrängnis durch Gesellschaft und Geschichte, die sein Medium, die Sprache, vereinnahmen.

Bekkers „Raus aus der Sprache...!" (R 76) in *Rumor* gilt damit vor allem für den deutschen Dichter, den das Gebot der Erinnerung aus dem Haus der Sprache zwingt, in dem das Wohnen durch Heidegger angeraten war.

Das deutsche Entsetzen der deutsche Selbsthaß die deutsche Leere. Ich spürte Vergangenheit hochsteigen wie Hochwasser in mir. Es verwüstete mein Wohnen und zwang mich, auf dem Dach meines Hauses zu biwakieren. (S 54)

Für diese - man sollte hier den Begriff Blanchots benutzen - Exilierung des Dichters im Unsagbaren, wo sich für den deutschen Dichter die Maßlosigkeit des Entsetzens kristallisiert, setzt Strauß das sakrale Tabu, das demütige Verharren vor der Unaussprechlichkeit der Schuld - gegen die Bemühungen der historischen Bewältigung, die immer sprachliche sind und die in der Überführung der unaussprechlichen Schuld in die Aussprechlichkeit der Reue eine sprachliche Befriedung des Entsetzens versuchen, Versuch nicht nur der politischen Rede sondern auch der Literatur der sich konsolidierenden Bundesrepublik, wie es der Vorwurf

---

145. Vgl. Jean-François Lyotard: Heidegger et les „juifs". Paris 1988, S. 54/55.

der „Gesinnungsästhetik"[146] im deutschen Literaturstreit kritisch zu bedenken gab.

Die Verbrechen der Nazis sind jedoch so gewaltig, daß sie nicht durch moralische Scham oder andere bürgerliche Empfindungen zu kompensieren sind. Sie stellen den Deutschen in die Erschütterung und belassen ihn dort, unter dem tremendum; ganz gleich, wohin er sein Zittern und Zetern wenden mag, eine über das Menschenmaß hinausgehende Schuld wird nicht von ein, zwei Generationen ‚abgearbeitet'. Es handelt sich um ein Verhängnis in einer sakralen Dimension des Worts und nicht einfach um ein Tabu, das denen, die zum Schutz bestimmter zwischenmenschlicher Verkehrsformen oder der Intimsphäre dienen, vergleichbar wäre. (AB 22)

Versagung und Schweigen also als Wege zur Heilung der versehrten und entwerteten Sprache. Diese Heilung wird zur Heiligung durch die Entdeckung der ‚heilen' Unversehrtheit eines ursprünglichen Sagens in der Sprache an der Grenze zum Schweigen und diese Entdeckung zu leisten, die Wunde der Sprache zu heilen, hat vorzüglich die Dichtung die Mittel und das Privileg.

So kommt es der Dichtung zu, jene „Schutzzonen" zu errichten, die die Sprache vor dem „Abstieg in den Weltbetrieb" und der - für das Deutsche auch historisch festzumachenden - Gewalttat der Verfügbarkeit retten, einen „Schutzraum des Heiligen" (B 102), der mit der Autorität des Sakralen vor der „verheerenden Tabuzertrümmerung" (B 66) der Aufgeklärten bewahrt. Wenn Botho Strauß hier auf kultische Denkweisen zurückgreift, nach sakralem Muster die Werte der Unversehrtheit und der Unantastbarkeit wiedereinführt - Werte, die es für die unaufgeklärt Unterdrückten der vergangenen Epochen umzustoßen galt - und die verworfenen Traditionen unaufgeklärten Denkens heraufbeschwört, so ist dies, trotz des, wie man festzustellen nicht umhin kann, bemüht weihevollen Tons, keine religiöse Umwertung der Kunst, keine prämoderne Retheologisierung oder eine Wiedererweckung der geschichtlichen Allianz von Kunst und Religion.[147]

Lévinas benutzt den Begriff des Heiligen in jener Doppeldeutigkeit von Heilung und Heiligung, die auch bei Botho Strauß gilt. Heilig ist bei Lévinas das Gesicht des Anderen als uneinnehmbare Zone der Andersheit und dieses Gesicht bleibt ‚heil' und unversehrt durch sein ethisches Bedeuten im Gebot „Du sollst nicht töten."[148]

Lévinas ist es auch, der diese Ethik der „sainteté"[149] und damit sein Philosophieren mit dem Schicksal der Juden verbindet. An den Beginn seines Werkes *Autrement qu'être ou au-delà de l'essence* setzt er die Erinnerung an den millionenfachen Tod der Juden in den Konzentrationslagern der Nationalsozialisten und

---

146. Vgl. Ulrich Greiner: Die deutsche Gesinnungsästhetik. In: Die Zeit 2.11.1990. Ähnlich der die Debatte auslösende Artikel von Frank Schirrmacher: Abschied von der Literatur der Bundesrepublik. In: Frankfurter Allgemeine Zeitung 2.10.1990.
147. So lautete der Tenor der Vorwürfe in der Debatte um Strauß' Essay zu Steiners *Von realer Gegenwart* und das Steinersche Buch. Vgl. hierzu Anmerkung 178 des ersten Kapitels dieser Arbeit.
148. Vgl. Taureck: Lévinas zur Einführung, S. 106.
149. Lévinas: Totalité et infini, S. 169.

bezeichnet damit den innersten Impuls seines Denkens. Blanchot präzisiert für Lévinas:

Comment philosopher, comment écrire dans le souvenir d'Auschwitz, de ceux qui nous ont dit, parfois en des notes enterrées, près des crématoires: sachez ce qui s'est passé, n'oubliez pas et en même temps jamais vous ne saurez.
C'est cette pensée qui traverse, porte, toute la philosophie de Lévinas et qu'il nous propose sans la dire au-delà et avant toute obligation.[150]

Zeugnis ablegen für das unvorstellbare Grauen, Denken im Zeichen des unermeßlichen Leids, heißt an jenen Tod rühren, der so unaussprechlich ist, daß ihn nur das Schweigen der Opfer bezeugen kann. Diejenigen, die diesen Tod sagen könnten, sind ihn selbst gestorben und wir anderen werden niemals wissen.[151] So unaussprechlich ist dieser Tod, daß allein die Unaussprechlichkeit an sein Unrecht gemahnt, denn, was geschah im nationalsozialistischen Massenmord, war die „Tötung des Todes"[152], die Auslöschung des Gesichts in der Masse der Gemordeten, die „négation totale"[153], die so weit geht, daß Tod als Tod nicht mehr gilt, weil das Recht auf Existenz eines ganzen Volks ausgelöscht wurde.[154]

Die Andersheit des Anderen, seine ethische Bedeutsamkeit, manifestiert sich in seinem möglichen Tod.

Autrui, inséparable de l'évènement même de la transcendance, se situe dans la région d'où vient la mort, possiblement meurtre.[155]

Das Gebot „Du sollst nicht töten" mahnt an den Tod als ethische Größe, als Dimension der absoluten Andersheit des Anderen, an den Tod, der auch mein Tod ist.[156] Die nationalsozialistische ‚Endlösung' wollte den Tod der Juden endgültig vergessen machen, indem selbst die Vollstreckung des Todes in den Konzentrationslagern durch die vollständige Beseitigung aller Spuren ungeschehen gemacht werden sollte.[157] Wenn der Tod ungeschehen gemacht wird und nicht einmal mehr vergessen werden kann, dann ist der Tod getötet worden, dann hat das Unrecht sich selbst aufgehoben als wäre nichts geschehen, dann kann nichts mehr erinnert werden und mit dem Fall dieser Erinnerung ist jedes ethische Gesetz gefallen.

---

150. Maurice Blanchot: Notre compagne clandestine. In: Textes pour Emmanuel Lévinas, S. 86/87.
151. Vgl. Lyotard: Le différend, S. 31.
152. Elisabeth Weber: Nachdenken als Nach-Denken: Anamnesis. In: Lévinas. Zur Möglichkeit einer prophetischen Philosophie, S. 266.
153. Lévinas: Totalité et infini, S. 172.
154. Vgl. Weber: Nachdenken, S. 265/266 mit Bezug auf entsprechende Reflexionen bei Adorno - seine *Meditationen zur Metaphysik* im letzten Abschnitt der *Negativen Dialektik* bilden die Grundlage der hier referierten Gedankengänge - und bei Lyotard.
155. Lévinas: Totalité et infini, S. 210.
156. Vgl. ibid., S. 212.
157. Vgl. Jean-François Lyotard: Heidegger et les ‚juifs', S. 49/50.

Deshalb muß das Unerinnerbare, der nie geschaute, nie gesagte Tod, erinnert werden, um „den Tod als möglichen zu retten"[158]. Hier erhält Blanchots ästhetische Forderung des „rendre la mort possible"[159] ihre ethische Dimension. Im Zurückweichen vor dem Gebot „Du sollst nicht töten" drückt sich die Achtung aus vor dem Tod des Anderen, wie im Ästhetischen für Blanchot dem Tod als einer fundamentalen Abwesenheit, die wir im ästhetischen Wort erfahren, Tribut gezollt wird. Wo das Ästhetische der Abwesenheit im Denken Platz schafft und an den Tod gemahnt, erhält die Ethik des Anderen, die „dans la région d'où vient la mort" die „différence absolue"[160] unendlicher Andersheit gewahrt, ihre Geltung.

Damit wird das Undenkbare und Unsagbare, die Erinnerung des Unerinnerbaren, die Darstellung des Undarstellbaren, zu einer ethisch-ästhetischen Grundfigur unserer Wirklichkeit, eben auch unserer historischen Wirklichkeit, die durch die unbeschreibliche „Wunde der Erinnerung" gezeichnet ist, die „nicht nur eine Wunde innerhalb der jüdischen Familien und Gemeinden bedeutet, sondern die eines Jahrhunderts, einer Kultur, eines Kontinents ist."[161]

Auch Lyotard hat das Nachdenken über das Verhängnis des Judentums in diesem Jahrhundert in seinem ethischen Ausmaß mit der ästhetischen Frage der Darstellbarkeit verbunden.[162] Die Darstellung des Undarstellbaren, die er in der Theorie des Erhabenen fordert, wird in Bezug auf die Greuel der Vernichtung an den Juden zur möglichen Form einer Thematisierung des Unvorstellbaren. Darstellung des Undarstellbaren heißt hier, im historisch konkreten Fall, die Präsenz eines unfaßbaren ‚Ereignisses' bezeugen, heißt Erinnern des Vergessens, heißt, den Namen des namenlosen Unheils aussprechen.

Der Name Auschwitz bildet als „signe d'histoire" des undarstellbaren Grauens ein Leitmotiv in *Le différend*[163]. Das tödliche Schweigen der Opfer von Auschwitz, das niemals gebrochen werden wird, „c'est le signe que quelque chose reste à phraser [...] qui n'est pas déterminé"[164]. Dieses Schweigen ist der „Bruch der Darstellung"[165], die „Bresche im Gegebenen"[166], an der das Eintreten des ‚Ereignisses' anzeigt, daß etwas geschieht. In der Diskurstheorie von *Le différend* ist dieses Schweigen die Unterbrechung aller Verkettungen von Sätzen, die anzeigt, „[qu'] il n'y a pas de dernière phrase"[167], daß weiter gesprochen wird, weil es nach allem, was gesagt wurde, immer noch etwas zu sagen geben wird, das nicht gesagt werden kann.

---

158. Weber: Nachdenken, S. 266.
159. Blanchot: L'espace littéraire, S. 95.
160. Lévinas: Totalité et infini, S. 168.
161. Weber: Nachdenken, S. 258.
162. Besonders in *Le différend* und in *Heidegger et les ‚juifs'*, auf die hier schon verwiesen wurde.
163. In Anlehnung wiederum an Kant. Vgl. Lyotard: Le différend, S. 236-238.
164. Lyotard: Le différend, S. 91.
165. Das Undarstellbare - wider das Vergessen. In: Das Erhabene, S. 328.
166. Ibid., S. 321.
167. Lyotard: Le différend, S. 10.

Ces silences interrompent la chaîne qui va d'eux, les déportés, les SS, à nous qui parlons d'eux.[168]

Das Schweigen der Opfer ist die Unterbrechung des Unrechts, das geschieht, wenn Sätze geäußert werden und wenn weitergesprochen wird, wenn der Diskurs der Geschichte das Ereignis des Schreckens in Sprache faßt. Die ethische Dimension des Unrechts an den Juden wird hier im Unrecht der Sprache aufgedeckt, die die schockierende Präsenz des Undarstellbaren dementiert. Wenn Wiedergutmachung möglich ist, dann nur jenseits der Sprache, jenseits des Darstellbaren, dort, wo für Lyotard das Erhabene liegt.

Dennoch, wenn das Unrecht darin besteht, die Präsenz zu leugnen, das *Ereignis* [im Original deutsch] zu antizipieren; wenn jede Verkettung, jede Formgebung dem Möglichen Unrecht tut, dann könnte das Erhabene - dieses Freilassen der Form oder diese Deschematisierung der Welt - eine ästhetische Wiedergutmachung des Unrechts, dessen Anamnese und dessen Erlösung einleiten.[169]

„Unter dem tremendum", im „Heiligen Schauder" (B 102), der in die Sprache einfällt als ästhetisches Ereignis des Unsagbaren, wäre dann der Ort der Gerechtigkeit. Diese ästhetische Sprache, die im Unsagbaren ihr Anderes umschließt, die heile und heilige Unversehrtheit des Anderen, der historisch das Antlitz des Juden trägt, diese Sprache wäre An-Sprache der Gerechtigkeit gegen das Unrecht der sprachlichen Wirklichkeit.

---

168. Lyotard: Le différend, S. 57.
169. Rogozinski: Lyotard: Der Widerstreit, die Präsenz, S. 84.

Schlußwort: Vom rechten Dichten

Am Ende dieses Durchgangs durch das Werk von Botho Strauß steht ein emphatischer Literaturbegriff von ethischem Rang.

Strauß nun nennt dieses emphatisch zu sich selbst und zu metaphysischer Unverfügbarkeit geläuterte Dichten in seinen jüngsten Verlautbarungen ‚rechtes' Dichten, ‚recht' wie das Richtige, ge‚recht' im ethischen Eintreten für den Menschen, „in der Richte" (AB 14) auf ‚recht' die richtige Richtung weisend - aber auch politisch rechts, und so wurde dieses vieldeutige semantische Signal in erster Linie verstanden, wie die aufgeregte Debatte um den Essay *Anschwellender Bocksgesang* zeigte.

Rechts zu sein, nicht aus billiger Überzeugung, aus gemeinen Absichten, sondern von ganzem Wesen, das ist, die Übermacht einer Erinnerung zu erleben, die den *Menschen* ergreift, weniger den Staatsbürger, die ihn vereinsamt und erschüttert inmitten der modernen, aufgeklärten Verhältnisse, in denen er sein gewöhnliches Leben führt. (AB 13)

So grenzt Strauß in aller Deutlichkeit die ‚rechte' Phantasie des Dichters, die sich, wie auch in unserem Gedankengang zu ersehen war, dem höchsteigenen Erlebnis einer weltdurchdringenden Erinnerung verdankt, gegen die ‚linke' Phantasie ab, die eine politische ist und sich gemäß der hergebrachten Wortsemantik „im Zeichen des Verhexten und Verkehrten" mit „fehlgehenden" ideologischen Utopien (ibid) abgibt, deren Scheitern zudem allenthalben zu beobachten ist.

Wir haben Reiche stürzen sehen binnen weniger Wochen. Menschen, Orte, Gesinnungen und Doktrinen, von einem Tag auf den anderen aufgegeben, gewandelt, widerrufen. Das Unvorhersehbare hatte sich sein Recht verschafft und zerschnitt das scheinbar undurchdringliche Geflecht von Programmen und Prognosen, Gewöhnungen und Folgerichtigkeiten. Es belehrte alle, daß es der Geschichte sehr wohl beliebt, Sprünge zu machen, ebenso wie der Natur. Obgleich in diesem Zusammenhang keine Partikel häufiger verwendet wurde als die Vorsilbe ‚wieder', ging es doch am allerwenigsten um Wiederherstellung oder Wiederkehr. Was geschah, besaß vielmehr etwas von jener Ereigniskraft, die man in den biologischen Wissenschaften mit dem Ausdruck ‚Emergenz' bezeichnet: etwas Neues, etwas, das sich aus bisheriger Erfahrung nicht ableiten ließ, trat *plötzlich* in Erscheinung und veränderte das ‚Systemganze', in diesem Fall: die Welt. (A 305)

Wo das Scheitern der sozialistischen Utopien die Agonie der Linken zu besiegeln und die rechte Gegenoption ‚ins Recht' zu setzen scheint, macht Botho Strauß ein besonderes Prinzip der Veränderung geltend, jenen plötzlichen, jenen unvermittelten, undialektischen „Einschlag", der sich im ersten Kapitel dieser Arbeit als ästhetische Alternative zum Modell dialektischer Prozessualität abzeichnete.

So wie in *Paare, Passanten* gleich im ersten der Prosastücke das unvermittelte „Psst!" die strukturelle Vorgabe setzt, die diese Reflexionen einhalten, um mit dem dialektischen Denken zu brechen, so ist es in *Beginnlosigkeit*, dem in so vieler Hinsicht verwandten Werk, im ersten der Reflexionsstücke das hervorbrechende Lachen einer Frau, das in dem in kybernetischem Gleichmaß und organisch-fraktaler Ornamentik gehaltenen Eingangsbild eine Unterbrechung setzt, die als Strukturprinzip in *Beginnlosigkeit* durchgehalten wird.

Aufgerichtet im windgestreiften Zelt, das durchscheinend weht wie ein Gewand aus leichtem Zindel, mit zuckenden, geblähten Flanken, klappenden Borten, an das Rohrgestänge des Eingangs gestützt mit erhobenem, angewinkeltem Arm, den Knöchel des rechten Mittelfingers zwischen den Zähnen, bis ein Lachen ihr plötzlich den Mund löst, ausgeworfen nach oben, ohne Grund, ohne Gegenüber, ungeachtet auch des Mannes, dem sie den Rücken kehrt, des vollkommen Beigesellten, der ausgesöhnt am Boden schaukelt, die Arme um die Knie geschlungen, auf dem Gesäß rollt und leise vor sich hin summt, ohne Takt und Phrase, ein kleines Rinnsal Töne, das neben der unendlichen Melodie der Sonne, des Winds und des Sands seinen Weg sucht.
In der Ferne tuten die kleinen Signalhörner und melden, daß eine Sprengung in der Schlucht bevorsteht. (B 7)

In *Beginnlosigkeit* sind es die fraktalen Ornamente, die selbstähnlichen Figuren, die organisch-chaotischen Formen, die hier wie auch in dem Naturbild am Ende des Bandes „selbstähnliche[ ] Piktogramme"[1] erkennen lassen, ist es die indifferente Stetigkeit der Kybernetik, die von der „Blüte der Sprengung" (B 14) durchbrochen wird, und diese „Sprengung" bewirkt in *Beginnlosigkeit*, wie wir sahen, die Herzmetapher.

Die Blüte einer Sprengung, nahezu unendlich gestückt und doch umgrenzt, sie wäre das Grundbild einer Einsicht, die in Ähnlichkeit mit der Vorrichtung, die sie erzeugt, der neuronalen Textur, das Feld einer Streuung, einer Distraktion erfaßte. (B 92)

Grundbild dieser Einsicht war bei Botho Strauß die Dichtung, die in *Beginnlosigkeit* in Form des Leitmotivs Herz in die „neuronale Textur" dieses technizistischen Schreibentwurfs eingeführt wurde. Die „Distraktion", die sie erfaßt, das Plötzliche, Unvorhersehbare, schafft „Raum für Emergenz" (B 41) im verselbständigten Kontinuum des Wissens, für eine Emergenz , die geeignet ist, das funktionale „Systemganze" zu verändern. Was in *Paare, Passanten* das Prinzip dialektischer Prozessualität aus den Angeln hob, muß im kybernetischen Zeitalter Systemdistraktionen auslösen, das autopoietische Gleichmaß sich selbst erhaltender Systeme durch unplanmäßige Störungen auf Veränderung ausrichten.

Wenn, wie Gerhard Neumann festhält, *Beginnlosigkeit* den epistemologischen Entwurf zur (deutschland-)politischen Frage der Systemveränderung in *Schlußchor*[2] darstellt, so geht es in beiden Fällen um die ästhetische Dimension jener Emergenzen, deren systemtheoretische Grundlage *Beginnlosigkeit* definiert und deren ‚literarische Modellierung'[3] *Schlußchor* erprobt.

Die wahre Erinnerung entflieht auf den Bahnen der Sprengung und fällt in verstreuten Brocken in die Ebene der Gegenwart. (B 56)

---

1. Gerhard Neumann: Gedächtnis-Sturz, S. 110.
2. Vgl. ibid., S. 108 und S. 112.
3. Vgl. ibid., S. 108.

Die „wahre Erinnerung" entflieht der abgeschiedenen Phantasie des Dichters, und verursacht kaum vermutete Sprengungen, denen Botho Strauß weltverändernde „Ereigniskraft" zuschreibt.

Botho Strauß' elitäre Neigung für den „Typus des Außenseiters" (NA 147), die er in *Anschwellender Bocksgesang* noch einmal stark macht, ist nicht unpolitisch oder gar „*anti*politisch"[4], nicht Ausflucht poetischer Weltentrücktheit. Strauß verspricht sich von einer ästhetisch rein auf sich selbst und auf den unverfügbaren Grund der Erinnerung bezogenen Dichtung einen undialektischen Veränderungseffekt, eine korrektive Wirkung im systemischen Zusammenhang der Gesellschaft, der Politik, der Erkenntis, ein Aufbegehren des „Unerwartete[n] als geschichtliche ‚Ankunft'" (A 307) unter der „totalen Diktatur der Gegenwart" (PP 111).

Sein Ketzertum des „verbotenen Geists" (NA 147) soll den „wahrhaft Oppositionelle[n]"[5] schaffen, das heißt durchaus in politischem Sinne eine Opposition bilden, die aber gerade in ihrer Widersetzlichkeit bestandsgarantierend wirkt.

Ich bin davon überzeugt, daß ein versprengtes Häuflein von inspirierten Nichteinverstandenen für den Erhalt des allgemeinen Verständigungssystems unerläßlich ist. (AB 16)

Auch an *Der junge Mann* ersahen wir jenes - hier als ästhetisches erwiesene - Prinzip, das wirksam ist, weil es unvereinnehmbar ist, das ohne die Stütze von „Programmen, Prognosen, Gewöhnungen und Folgerichtigkeiten", ohne die prozessuale Logik der Dialektik und gegen die Regel systemischer Funktionalität, in das Denken eingreift, und durch unvorhersehbare, unerwartete, unvermittelte Irritation das geregelte Denken, das wir für die Strukturierung unserer gesellschaftlichen Lebenswelt brauchen, erst eigentlich in Bewegung hält und befähigt, „Gesellschaft gerade eben noch bilden zu können" (JM 12).

Was in dem Essay *Anschwellender Bocksgesang* so politische Konfrontationen auslöste, die in ihrer antipodischen Ausrichtung nach rechts und links einen „performative[n] Beleg für Strauß' Behauptungen über den intellektuellen Mainstream"[6] abgeben konnten, ist die Phantasie eines „metapolitischen Poeten" (D 102), den am politisch-gesellschaftlichen Zusammenspiel, oder auch, wie oben zitiert, an dessen Zusammenbruch, allein jener unterbrechende und wiederum zur Fortsetzung appellierende Effekt interessiert, der in der vorliegenden Untersuchung als ästhetisch definiert wurde.

Strauß selbst hat mit dem semantischen Reiz „rechts" diese ästhetisch-metapolitische Anschauung dem Streit um die politische Positionierung im bipolaren Meinungsfeld parlamentarischer Tradition ausgesetzt.

Was Strauß betreibt in der Haltung des „metapolitischen Poeten", ist eine Ästhetisierung der Politik, eine Überbietung des Politischen mit den Mitteln des Ästhetischen, und eine solche war schon immer mit Namen wie Jünger, Borchardt, Nietzsche, die auch Strauß für seine Sache anführt, mit ‚dem Rechten' in Verbindung zu bringen.

---

4. Kaussen: Kunst ist nicht für alle da, S. 346.
5. Botho Strauß: Der Geheime. In: VE 252.
6. Nordhofen: Von der Bundeslade des Bösen. In: Die Zeit 9.4.1993.

Strauß scheint es um eine neue Ausbalancierung des Rechten zu gehen, um den durch den Nationalsozialismus geschändeten Begriff für einen neuen Rechtsintellektualismus im Zeichen einer ästhetischen Gegenaufklärung gebrauchsfähig zu machen.

Jenes „Rechte", um das der Streit noch geht (und für mich ist es zuerst das Rechte des gegenrevolutionären Typus von Novalis bis Rudolf Borchardt) ist inzwischen ein intellektuelles Suchtproblem geworden. In erster Linie wohl deshalb, weil es in besonders spannungsreichem Verhältnis zu *der* Rechten steht, der revolutionären und totalitären, die Staat und Volk ins Verderben führte. Hier ist die kategorische Unterscheidung noch längst nicht so geläufig wie auf Seiten der Linken, wo niemand gegen einen Literaten, der für den demokratischen Sozialismus eintritt, den Vorwurf erhöbe, er mache Stimmung für die Wiederkehr stalinistischer Blutbäder. Aber bekanntlich gilt vielen schon dieser Symmetriegedanke als Frevel.[7]

Die kategorische Unterscheidung, auf die Strauß sich hier beruft, soll eine „ideale, unhistorische Rechte"[8] abgrenzbar machen gegen die verderbliche nationalsozialistische Rechte und damit zwischen links und rechts rein intellektuelle Gegensätze zuordnen, namentlich die von Strauß herausgestellten Gegensätze zwischen dem Gesellschaftlichen und dem Ästhetischen, zwischen Aufklärung und Gegenaufklärung, zwischen „den Kräften des Hergebrachten und denen des ständigen Fortbringens, Abservierens und Auslöschens" (AB 11), zwischen dem öffentlichen „Mainstream" (AB 23) und dem elitär Besonderen.

Daß Botho Strauß trotz seiner proklamierten Neigung nach rechts von einer Huldigung an den Faschismus weit entfernt ist - dies zu betonen scheint, wie einige Angriffe im Zuge der Debatte um *Anschwellender Bocksgesang* zeigen, tatsächlich eine moralische Pflicht[9] - wurde hier erklärt mit Begriffen wie „Scham", „Erschütterung", „Tabu", „tremendum" aus dem fraglichen Essay, die die Sprache der „deutsche[n] Nachkriegs-Intelligenz" in ihrem „Ursprung (in Hitler)" (AB 12) brandmarken und „den heißen Kern einer Seelenwirtschaft der Nachkriegszeit: Auschwitz" einer selbstgerechten „Moralwirtschaft"[10] entziehen, die, wie Strauß meint, durch das Geschichtsinteresse der Linken befördert, die beredte Abarbeitung des nationalsozialistischen Unheils zum moralischen Ausweis der deutschen Nachkriegs-Identität machte.

Gegenaufklärung heißt im Sinne der hier vorgestellten Ästhetik, das Ungeheure vor der Bereinigung durch die alles zur Darstellbarkeit klärende Geschichte zu bewahren und in seiner Undarstellbarkeit stehen zu lassen, heißt daher auch

---

7. Der eigentliche Skandal. Botho Strauß antwortet seinen Kritikern. In: Der Spiegel 18.4.1994, S. 169.
8. Karl-Ludwig Baader: Aufbauscher und Abwiegler. Mit seinem Essay *Anschwellender Bocksgesang* landete der Medienverächter Botho Strauß den Mediencoup des Jahres. In: Hannoversche Allgemeine 29.12.1993. Zitiert nach: Deutsche Literatur 1993, S. 311.
9. Vgl. Volker Hage: Dichter nach der Schlacht. Über Botho Strauß, seine Kritiker und ein neues Theaterstück. In: Der Spiegel 26.7.1993, S. 146 zu diesen Angriffen und ihrer Entgegnung. Vgl. auch Karl-Ludwig Baader, Loc. cit.
10. Eckhard Nordhofen: Von der Bundeslade des Bösen.

Schuld in nicht zu tilgendem Ausmaß geltend machen, und ist deshalb nicht von einer totalitären und militanten ideologischen Rechten zu vereinnahmen.

Daher handelt es sich auch bei den Schändungen, die Neonazis begehen, im besonderen ihren antisemitischen Ausschreitungen, keineswegs um militante Akte der Gegenaufklärung. Diese, im strengen Sinn, wird immer die oberste Hüterin des Unbefragbaren, des Tabus und der Scheu sein, deren Verletzung den Strategen der kritischen Entlarvung lange Zeit Programm war. (AB 22)

Strauß nimmt die binäre Logik der Politik in Anspruch, um Tabu gegen Kritik zu setzen, Geheimnis gegen Aussprechlichkeit, Geist gegen Macht und um „von der ‚geheilten' Sprache zur ‚heiligen' Literatur"[11] zu gelangen, und er sieht das politische Problem dieser links-rechts-Schematisierung augenscheinlich nicht mit jener Schärfe, die französische Intellektuelle zum „appel à la vigilance" gegen die in Frankreich sich formierende Woge des Rechtsintellektualismus, die Nouvelle Droite, nötigte.[12]

Strauß' „Polit-Ästhetizismus"[13], dem zwar „an der Wiederherstellung früherer Verhältnisse gar nichts, an der Wiederkehr der Frühe alles gelegen" (D 103) ist, rührt aber an Bestände konservativen Denkens von durchaus geschichtlicher Bedeutung. Die Konservative Revolution der Weimarer Zeit stand zwar in durchaus „spannungsreichem Verhältnis" zum rechtsextremistischen Machtbegehren des Nationalsozialismus, hatte durchaus vielfältige Orientierungen, auch nach links, die nicht einmal ein eindeutiges ideologisches Profil ergeben[14], aber die konservativen Kräfte in der deutschen Geschichte können sich nicht freisprechen vom Anruch der „konservativen Kollaboration" und vom Irrtum der Zustimmung zur Errichtung des Hitler-Regimes, die doch letztendlich den „Bankrott der politischen Rechten"[15] in Deutschland bedeutete.

Elitarismus, Herrschaft, Reich, Volk, Gemeinschaft, Begriffe der Straußschen Rede über Dichtertum und Literatur, stehen für solche Inhalte aus dem gedanklichen Bestand der Konservativen Revolution und sind durchaus nicht unbelastet, wenn auch Botho Strauß sich gerade dagegen verwehrt, alles ‚Rechte' am Terror des Nationalsozialismus scheitern zu lassen.

Die „Herrschaft" (AB 20), von der bei Strauß die Rede ist, ist nicht von dieser Welt, ist die machtverleugnende Souveränität der „sich selbst bestimmende[n]

---

11. Kaussen: Kunst ist nicht für alle da, S. 352.
12. Der „appel à la vigilance", der unter sehr vielen anderen von Pierre Bourdieu, Jacques Derrida und Umberto Eco mitgetragen wurde, wurde zuerst am 13. Juli 1993 in *Le Monde* veröffentlicht und wurde im Juli 1994 durch einen neuen, um viele Unterzeichner erweiterten Aufruf wiederholt. Vgl. Lothar Baier: Gegen rechts. Paris: Neuer Aufruf zur Wachsamkeit. In: Die Zeit 15.7.1994.
13. Harro Zimmermann: Die Ahnen des Botho Strauß. Stefan Breuers bestechende *Anatomie der konservativen Revolution*. In: Die Zeit 4.6.1993.
14. Vgl. die in obiger Rezension behandelte Untersuchung von Stefan Breuer: Anatomie der Konservativen Revolution. Darmstadt 1993.
15. Klaus Kleinschmidt: Geist oder Macht. Gedanken über die Rolle des Rechtsintellektuellen in der deutschen Geschichte. In: Süddeutsche Zeitung 10./11./12.4.1993

Poesie" (EK), der Herrscher der Dichter im „Sänger-Amt" (D 108). Die „Gemeinschaft", von der er spricht, ist eine verborgene Gemeinschaft von „vorausgangenen Geistern" (AB 20), die den poetischen Gedächtnisraum der Sprache bewohnen, ist die Gemeinschaft der geistigen Ahnen des Dichters.

Dies Volk ist gewiß ein sagenhaftes und nicht unter der Bevölkerung zu finden, auf Straßen nicht und auf Sportplätzen nicht, die die beschäftigte Menge füllt. Es ist vielmehr mit seinen Königen tief in die Berge gesunken und schlummert dort, bis seine Stunde kommt. Von dort, aus einmütiger Gemeinschaft steigen Heilkräfte zum alleinstehenden Dichter, von dort empfängt er seine poetische Legitimität, und man muß annehmen, daß die Mythe, die fromme Fiktion ihm tatsächlich die nötige Zuversicht verlieh [...]. (D 108)

Es war das Interesse dieser Untersuchung, darzulegen, inwiefern mit dieser poetischen Abgrenzung eine „Markierung von Alterität"[16] vorgenommen wird, die ethische Bewandtnis hat und „den *Menschen* ergreift" jenseits dieser Markierung, in unüberwindbarer Differenz, so daß sowohl die Berührung mit der Dichtung, als auch die Beziehungen zwischen Menschen als Begegnungen mit Andersheit und Fremdheit verstanden werden müssen. Der Dichter ist der Fremde, der Gast im ‚Haus des Seins', der durch seine Andersheit wiederum zur Aufnahme des anderen Menschen ermahnt.

Es nimmt sich aber bedenklich aus, wenn diese „Markierung von Alterität", die mit dem Differenzbegriff des Poststrukturalismus operiert, eingesetzt wird, um nationale und ethnische Ausgrenzungen vorzunehmen. Dies geschieht in der französischen Nouvelle Droite durch ihren Vordenker Alain de Benoist, der für einen sogenannten „Ethnopluralismus" wirbt, der nichts anderes meint als eine fremdenfeindliche Entmischung der Kulturen.

Die Anerkennung der Differenz, sowohl bei einem Einzelnen wie bei einem Volk, ist die Anerkennung dessen, was seine Persönlichkeit, seine Individualität ausmacht und den Einzelnen/das Volk unersetzlich werden läßt. Die Differenz leugnen heißt, den Menschen für beliebig auswechselbar zu halten. Der Rassismus ist nichts anderes als die Verweigerung der Differenz.[17]

Dieser ‚Respekt' vor dem Fremden und der Identität der Völker bedeutet die „Aussonderung des als ‚komplementär' gesetzten ‚Ungleichen', des ethnisch-kulturell Artfremden wie auch des ‚entwurzelten', vom ‚Liberalismus' atomisierten Stammesgenossen"[18] und kann ganz konkret in Form von Einwanderungsverboten ausgesprochen werden.

Botho Strauß verbleibt so weit im Metapolitischen, daß sich konkrete politische Handlungsanweisungen nicht ohne Irrtum ableiten lassen und nach dem eingangs

---

16. Nordhofen: Von der Bundeslade des Bösen.
17. Alain de Benoist in einem Interview mit einer Zeitschrift der deutschen Neuen Rechten, der *Jungen Freiheit*, im März 1993. Zitiert nach Richard Herzinger: Der neue Kulturnationalismus. In: Die Zeit 20.8.1993.
18. Herzinger, ibid., mit Bezug auf Benoist.

erläuterten Prinzip der unvermittelten Wirkung des Ästhetischen kann es ihm um programmatische, realpolitische Umsetzungen auch nicht gehen.

Gleichwohl stellt er seinen Essay *Anschwellender Bocksgesang* in den Zusammenhang der aktuellen politischen Herausforderungen, vom Problem der weltweiten Migrationsbewegungen und der Asylgesetzgebung über Bürgerkrieg und Nationalitätenfrage bis zum Ökonomismus der Wohlstandsgesellschaften - Herausforderungen, die Lösungsangebote der politischen Rechten und auch den aggressiven Rechtsextremismus haben stärker werden lassen. Hier, wie auch im Klima nationaler Besinnung, das sich über all dem politischen Übel im wiedervereinigten Deutschland ausbreitet, scheint sich zur Festigung ein Kulturnationalismus anzubieten[19], der sich bei Strauß aus dem geläuterten Status des Ästhetischen herleitet.

„Deutsch wirkt deutschzeugend" (D 117), insofern es in der Dichtung Sprachgemeinschaft stiftet, jenseits gesellschaftlicher und politischer Verständigung, und insofern auch das ‚niederringende Leid' (B 121) des Holocaust aus dem Wort deutsch nicht getilgt wird. Der Kulturnationalismus des „poetische[n] Fundamentalist[en]" (D 109) Botho Strauß geht so weit, „daß außerhalb des Dichters nichts eigentlich mehr deutsch sein kann" (B 121), daß Sprachgemeinschaft nur noch als ästhetischer Fluchtpunkt verstanden werden kann, Kulturgemeinschaft nur noch als „Geheimkultur"[20] der Dichtenden und Lesenden. Dieser Kulturnationalismus ist insofern national, als der Dichter die Muttersprache braucht, um sich in den ästhetischen Kulturraum versetzen zu können. Doch auch in dieser radikal-ästhetisch geläuterten Form leitet er sich her aus der deutschen Tradition kulturnationaler Besinnung in der Dichtung, die von Goethe, Kleist und Hölderlin über die Romantik bis in unser Jahrhundert verläuft und auch der Konservativen Revolution und rechter Volkstumsideologie Argumente lieferte.

Diese Arbeit hat bei der Darstellung der mit dem Werk von Botho Strauß verbundenen Ästhetik darauf verzichtet, die tendenziöse Ausrichtung nachzuvollziehen, die Botho Strauß selbst mit seiner jüngsten semantischen Sophisterei um die Begriffe links und rechts andeutet. Sie hat im Gegenteil, anstatt diese Ästhetik wie auch immer meinend ‚rechts' zu nennen oder konservative und reaktionäre Aspekte zu kennzeichnen, die Verbindungen zur ästhetischen Moderne betont, denn „der Reaktionär ist eben nicht der Aufhalter oder unverbesserliche Rückschrittler, zu dem ihn die politische Denunziation macht - er schreitet im Gegenteil voran, wenn es darum geht, etwas Vergessenes wieder in Erinnerung zu bringen" (A 315/316), und hierzu erwies sich gerade auch unter dem Aspekt des Erinnerns der selbstreferentielle Ästhetikbegriff der Moderne von Nutzen. Durch die Einordnung in die aktuelle Ästhetiktheorie und die Einführung in eine mit dem Stand der aktuellen Ästhetik verbundene Theorie einer Ethik der Ästhetik wurde das Werk von Botho Strauß in Zusammenhängen begreiflich gemacht, die sich eher aus der geistesgeschichtlichen Linie erschließen, die Strauß immer im Einklang mit den neuesten Tendenzen verfolgte, als aus den klassischen Wurzeln des seit neuestem von ihm aufgerufenen Rechtsintellektualismus.

---

19. Vgl. ibid.
20. Botho Strauß: Der Geheime. In: VE 252.

Die Frage ist, inwiefern die Aufwertung der Ästhetik im aktuellen Denken nicht den politischen Verhältnissen entspricht, ‚Reaktion' ist im oben geschilderten Sinne, inwiefern auch die gegenwärtig im Raum stehende Behauptung, es sei ein neuer Rechtsintellektualismus vonnöten, ein konsequentes Ergebnis der geistesgeschichtlichen Linie ist, die hier für Botho Strauß nachverfolgt wurde - von der Kritischen Theorie über den Poststrukturalismus bis zum ästhetischen Denken, von der poststrukturalistischen Spaltung des Begriffs über den postmodernen Kult der Differenz bis zur ästhetischen Sakralisierung des Signifikanten.

Ist ästhetisches Denken rechts, rechts auch in einem ‚besseren' Sinne, wie Botho Strauß glauben will?

Ist, und dies wäre die kritische Steigerung dieser Frage, Ästhetizismus per se Faschismusverdacht ausgesetzt, weil Ästhetisierung der Politik im Faschismus und im Nationalsozialismus Beispiele hatte?

Anderen Vorwürfen als denen einer deutschlandbezogenen Nationalismusdebatte ist etwa auch Jean-François Lyotards Ästhetik des Erhabenen ausgesetzt, nämlich die Ausdehnung des Ästhetischen über den Bereich der Kunst hinaus führe zu einer ästhetischen Totalisierung, „die sich über sämtliche Sicherungen der Gesellschaft - wie sie etwa durch Wahrheitsintentionen repräsentiert und durch Gerechtigkeitsinstitutionen verbürgt seien - hinwegsetze, indem sie all dies ihrer Dynamik unterwerfe, damit außer Kraft setze und so konsequent zum ästhetisch-politischen Totalitarismus führe."[21]

Es konnte im Rückgriff auf Lyotard auch für Botho Strauß gezeigt werden, daß die metapolitische Beanspruchung des Ästhetischen vielmehr einem Denken der Inkommensurabilität entspricht als gesellschaftlichen und politischen Einssetzungen, daß „Unvereinbarkeit" im Ästhetischen, wie sie auch in der „Sprenglogik des Erhabenen"[22] sich äußert, Widerstand leistet gegen die „politisch-gesellschaftliche Hegemonie" (AB 23), Gerechtigkeit übt gegenüber dem Heterogenen[23] gerade in unseren pluralen Lebensformen, Freiheit sichert unter dem „Regime der telekratischen Öffentlichkeit", dem „umfassendste[n] Totalitarismus der Geschichte" (AB 18), Autonomie gewährt gegenüber dem alles erfassenden kybernetischen Systemgedanken, scheint doch auch die Demokratie oder, wie Strauß sagt, der Demokratismus, in die „Beständigkeit des sich selbst korrigierenden Systems eingelaufen" (AB 10).

Die moderne Ästhetik des Erhabenen hat mit diesen Aspirationen gebrochen. Sie hat von ihrer ganzen Konstitution her eine Sperre gegen solche Totalisierungen eingebaut, sowohl gegen die ‚schöne' wie gegen jede andere Totalisierung. Ihr kritisches Auge richtet sich gegen den Bombast des Ganzen, ihr fürsorgliches gilt der Diversität des Widerstreitenden.

---

21. Wolfgang Welsch: Adornos Ästhetik: eine implizite Ästhetik des Erhabenen. In: Das Erhabene, S. 210.
22. Ibid., S. 211.
23. Vgl. ibid., S. 210 und S. 196 mit Bezug auf Adornos *Ästhetische Theorie*, die Welsch im Ausblick auf Lyotard eine „implizite Ästhetik des Erhabenen" nennt. Adorno formuliert: „Ästhetische Einheit läßt dem Heterogenen Gerechtigkeit widerfahren." Ästhetische Theorie. Gesammelte Schriften, Band 7. Hrsg. v. Gretel Adorno und Rolf Tiedemann. Frankfurt a.M. ¹1970, S. 285.

Sie ist der Anwalt der Eigenständigkeit aller Wirklichkeitssphären - sowohl der ästhetischen wie auch der anderen ihr gegenüber. Sie mahnt, Differenzen zu beachten und den Unversöhnlichkeiten sich zu stellen.[24]

Strauß aber nun meint, dieses Interesse des Ästhetischen rechts nennen zu müssen, weil er nicht ‚links', nicht programmatisch-politisch, nicht gesellschaftlich totalitär sein will, und nimmt das politisch Fatale, das historisch Fragwürdige dieser Semantik in Kauf, darauf vertrauend, daß sich politische Voreingenommenheiten ausblenden lassen zugunsten einer intellektuellen Auseinandersetzung. Aber gerade die Aufhebung des politischen links-rechts-Dualismus ist ja ein klassisches Argument der Rechten, der Rechten der Konservativen Revolution, wie auch der Neuen Rechten, deren Neuheit gerade in der Überwindung der Blöcke bestehen soll, was, wie in der Spätphase der Weimarer Republik und neuerlich im heutigen Frankreich die Annäherungen zwischen Nationalismus und Kommunismus belegen, eine Vereinigung des Unvereinbaren bewirken und ehemals Linke, wie auch Botho Strauß, nach rechts bewegen kann.[25]

Traditionell ist die Definition dessen, was recht(s) ist, kompliziert, und auch Botho Strauß macht es selbst dem geneigten Leser schwer, sein rechtes Anliegen zu verstehen, aber ein Ruf nach Rechtsintellektualismus ist aus jener kategorischen Verrechnung der schlimmsten Mißstände unserer Zeit auf dem Verantwortungskonto der Linken, die er in *Anschwellender Bocksgesang* vornimmt, deutlich zu entnehmen.

Angesichts des weithin beschworenen Kollapses des linken Geistes nach dem Ende der Ideologien und dem Scheitern der Utopien ist, unabhängig von rechtsextremistischen und rechtsideologischen Bestrebungen, die Sorge über das Fehlen einer ernstzunehmenden Rechtsintelligenz und das Bemühen um eine Umwertung der Intellektualität durch das ‚Rechte' zu einer sich ausbreitenden geistigen Strömung geworden, und so erweist sich Botho Strauß' Eintreten für das ‚rechte' Dichten, wie eingangs vermutet, durchaus als Teil des allgemeinen Diskurses, wenn man es nicht eine geistesgeschichtliche Mode nennen will, deren Botho Strauß, wie das Kritiker-Wort vom „Mode-Autor"[26] besagt, schon einige - im ersten Kapitel dieser Arbeit wurden sie benannt - durchlaufen hat.

Die ästhetische Haltung von Botho Strauß ist, auch wenn sie sich „gegen jede gesellschaftliche Brauchbarkeit" (NA 147) verwahrt, ein Produkt jenes Denkens, gegen das sie sich abgrenzt und dessen Zugriff in der Tat ihre einsiedlerische Souveränität zunichte machen würde.

Die anarchischen Impulse, die *Selbstheit des Anderen*, die neuen Kunstmetaphysiken können nur im Rahmen von demokratisch eingerichteten Literaturverhältnissen und in den Formen des ‚zeitgenössischen' Diskurses zur Sprache kommen, ob gewollt oder nicht. Das

---

24. Ibid., S. 212.
25. Vgl. Herzinger: Der neue Kulturnationalismus. In ebendiesem Sinne äußern sich Pierre Bourdieu und Bernard-Henri Lévy gegnüber Iris Radisch in: I.R.: Nicht gesellschaftsfähig.
26. Christian Schultz-Gerstein: Das Evangelium der kritischen Opportunisten. Über den Mode-Autor Botho Strauß. In: Der Spiegel 30.8.1982.

Verhältnis von politischen Ideen und ästhetischer Einbildungskraft ist so, daß beides sich auszuschließen scheint, und doch bedarf eines des anderen.[27]

Der Literaturbegriff, den Strauß als rechtens verteidigt, entsteht in der aufgeklärten Bildungsgesellschaft, die in der Literatur erst das auffindbar machte, was es künftig gegen die Unbilden des Zeitenwandels und auch gegen die eigenen Auswüchse zu verteidigen galt: Freiheit, Souveränität, Gerechtigkeit, Kultur, die neben der Tradition durch Bildung und Lesen erworben wird, Ethik als Verpflichtung zur Humanität, die Fragen der Erkenntnis und der Existenz. Die Ästhetik ist ein Teil humaner Selbstversicherung, seitdem die Kunst und die Literatur in der bürgerlichen Gesellschaft zu erkenntnisstiftendem Eigenwert aufgestiegen sind.

Möge dieser Arbeit zu entnehmen sein, wie die Literatur im Zeitalter von Botho Strauß, auch unbeschadet der intellektuellen Richtungskämpfe, diesen ‚höheren' Eigenwert aufrechterhält.

---

27. Gert Mattenklott: Schönheitslinien nach dem Schweigen der Ideen. Botho Strauß, Peter Handke und Friederike Mayröcker. In: Ethik der Ästhetik, S.151.

Verzeichnis der Abkürzungen für die Werke von Botho Strauß

A	Der Aufstand gegen die sekundäre Welt
	(zitiert nach der Veröffentlichung als Nachwort zu George Steiners *Von realer Gegenwart*)
AB	Anschwellender Bocksgesang
	(zitiert nach der ungekürzten Fassung in *Der Pfahl* VII)
B	Beginnlosigkeit
D	Distanz ertragen
E	Diese Erinnerung an einen, der nur einen Tag zu Gast war
EK	Die Erde ein Kopf
GK	Groß und klein
	(zitiert nach der dtv-Taschenbuchausgabe München 1980)
H	Die Hypochonder
	(zitiert nach der dtv-Taschenbuchausgabe München 1981)
JM	Der junge Mann
	(zitiert nach der dtv-Taschenbuchausgabe München 1987)
K	Kongreß. Die Kette der Demütigungen
KF	Kalledwey, Farce
	(zitiert nach der dtv-Taschenbuchausgabe München 1984)
NA	Niemand anderes
P	Der Park
	(zitiert nach der dtv-Taschenbuchausgabe München 1985)
PP	Paare, Passanten
	(zitiert nach der dtv-Taschenbuchausgabe München 1984)
R	Rumor
	(zitiert nach der dtv-Tschenbuchausgabe München 1985)
S	Sigé
	(In: *Fragmente der Undeutlichkeit*, S. 33-65)
SC	Schlußchor
TD	Theorie der Drohung
	(zitiert nach der dtv-Taschenbuchausgabe von *Marlenes Schwester* München 1977)
T	Trilogie des Wiedersehens
	(zitiert nach der dtv-Taschenbuchausgabe München 1980)
VE	Versuch, ästhetische und politische Ereignisse zusammenzudenken
W	Die Widmung
	(zitiert nach der dtv-Taschenbuchausgabe München 1980)

Wo dies nicht anders vermerkt ist, wird nach den im Literaturverzeichnis aufgeführten Erstveröffentlichungen, d.h. bei Theaterstücken nach der Erstveröffentlichung in Buchform zitiert.

Literaturverzeichnis

BOTHO STRAUß

Unüberwindliche Nähe. Gedichte. In: Tintenfisch. Jahrbuch für Literatur. 9 (1976), S. 57-63.
Marlenes Schwester. Zwei Erzählungen (*Marlenes Schwester*, *Theorie der Drohung*). München Wien 1975.
Die Hypochonder. Bekannte Gesichter, gemischte Gefühle. Zwei Theaterstücke. München Wien 1979.
Trilogie des Wiedersehens. Theaterstück. Groß und klein. Szenen. München Wien 1978.
Die Widmung. Eine Erzählung. München Wien 1977.
Rumor. Roman. München Wien 1980.
Kalldewey, Farce. München Wien 1981.
Paare, Passanten. München Wien 1981.
Der Park. Schauspiel. München Wien 1983.
Der junge Mann. München Wien 1984.
Diese Erinnerung an einen, der nur einen Tag zu Gast war. Gedicht. München Wien 1985.
Die Fremdenführerin. Stück in zwei Akten. München Wien 1986.
Niemand anderes. München Wien 1987.
Versuch, ästhetische und politische Ereignisse zusammenzudenken. Texte über Theater 1967-1986. Frankfurt a.M 1987.
Distanz ertragen. In: Rudolf Borchardt: Das Gespräch über die Formen und Platons Lysis. Stuttgart 1987, S. 101-118.
Besucher. Drei Stücke (*Besucher*, *Die Zeit und das Zimmer*, *Sieben Türen*). München Wien 1988.
Fragmente der Undeutlichkeit (*Jeffers-Akt*, *Sigé*). München Wien 1989.
Kongreß. Die Kette der Demütigungen. München 1989.
Isolationen. In: Der Pfahl. Jahrbuch aus dem Niemandsland zwischen Kunst und Wissenschaft III (1989), S. 19-34.
Die Erde ein Kopf. Rede zum Büchner-Preis 1989. In: Die Zeit 27.10.1989.
Der Aufstand gegen die sekundäre Welt. Bemerkungen zu einer Ästhetik der Anwesenheit. In: George Steiner: Von realer Gegenwart. Hat unser Sprechen Inhalt? München Wien 1990, S. 305-320. Zuerst in: Die Zeit 22.6.1990.
Schlußchor. Drei Akte. München Wien 1991.
Auge und Augenblick. In: Die Zeit 2.8.1991.
Angelas Kleider. Nachtstück in zwei Teilen. München Wien 1991.
Beginnlosigkeit. Reflexionen über Fleck und Linie. München Wien 1992.
Anschwellender Bocksgesang. In: Der Pfahl. Jahrbuch aus dem Niemandsland zwischen Kunst und Wissenschaft VII (1993), S. 9-25. Zuerst in gekürzter Fassung in: Der Spiegel 8.2.1993, S. 202-207.
Das Gleichgewicht. Stück in drei Akten. München Wien 1993.
Der eigentliche Skandal. Botho Strauß antwortet seinen Kritikern. In: Der Spiegel 18.4.1994, S. 168/169.

Weitere Literatur

ADORNO, Theodor W.: Ästhetische Theorie. Gesammelte Schriften, Band 7. Hrsg. v. Gretel Adorno und Rolf Tiedemann. Frankfurt a.M. ¹1970.
ADORNO, Theodor W.: Minima Moralia. Reflexionen aus dem beschädigten Leben. Frankfurt a.M. 1987.
ADORNO, Theodor W.: Negative Dialektik. Gesammelte Schriften, Band 6. Hrsg. v. Rolf Tiedemann. Frankfurt a.M. ¹1977.
ÄSTHETIK IM WIDERSTREIT. Interventionen zum Werk von Jean-François Lyotard. Hrsg. v. Wolfgang Welsch und Christine Pries. Weinheim 1991.
AIZENBERG, Edna: Borges y la Cábala. Madrid 1986.
AISTHESIS. Wahrnehmung heute oder Perspektiven einer anderen Ästhetik. Hrsg. v. Karlheinz Barck u.a. Leipzig 1990.
DIE AKTUALITÄT DES ÄSTHETISCHEN. Hrsg. v. Wolfgang Welsch. München 1993.
ALAZRAKI, Jaime: Kabbalistic Traits in Borges' Narration. In: Borges and His Successors. Hrsg. v. Edna Aizenberg. Columbia London 1990, S. 79-91.
ALAZRAKI, Jaime: Borges and the Kabbalah. In: TriQuarterly 25 (1972), S. 240-267.
ANZ, Thomas: Die neue Überheblichkeit. Der Dichter als Priester und Prophet - Anmerkungen zu Botho Strauß und Peter Handke. Frankfurter Allgemeine Zeitung 17.4.1982.
ANZ, Thomas: Modern, postmodern? Botho Strauß' *Paare Passanten* In: The German Quarterly 63.3/4 (1990), S. 404-411.
ASSHEUER, Thomas: Was ist rechts? Botho Strauß bläst ins Bockshorn. In: Frankfurter Rundschau 10.2.1993.
BAIER, Lothar: Gegen rechts. Paris: Neuer Aufruf zur Wachsamkeit. In: Die Zeit 15.7.1994.

BATAILLE, Georges: Histoire de l'oeil. In: G.B.: Oeuvres complètes, Band I: Premiers écrits 1922-1940. Présentation de Michel Foucault. Paris 1973.
BAUDRILLARD, Jean: Les stratégies fatales. Paris 1983.
BAUMGART, Reinhart: Vertrauen ins Fremde. *Von realer Gegenwart*: George Steiners Versuch einer Metaphysik der Kunst. In: Die Zeit 2.11.1990.
BECHER, Martin Roda: Poesie der Unglücksfälle. Über die Schriften von Botho Strauß. In: Merkur 32 (1978), S. 625-638.
BECKER, Peter von: Die Minima Moralia der achtziger Jahre. Notizen zu Botho Strauß' *Paare, Passanten* und *Kalldewey, Farce*. In: Merkur 2 (1982), S.150-160.
BEHRENDT, Bernd: ‚Dieser Mann ist eine große Hoffnung ...'. Botho Strauß' Jünger und Kritiker. In: L'80 34 (1985), S. 77-87.
BENJAMIN, Walter: Ursprung des deutschen Trauerspiels. Hrsg. v. Rolf Tiedemann. Frankfurt a.M. ¹1978.
BERGFLETH, Gerd: Die statische Welt und die Technik. Überlegungen zur *Beginnlosigkeit* von Botho Strauß. In: Der Pfahl. Jahrbuch aus dem Niemandsland zwischen Kunst und Wissenschaft VI (1992), S. 250-271.

BERKA, Sigrid: ‚Vorsicht Lebensgefahr.' Die Spätfolgen der Romantik bei Botho Strauß. In: Romantik - eine lebenskräftige Krankheit: ihre literarischen Nachwirkungen in der Moderne. Hrsg. v. Erika Tunner. Amsterdam 1991, S. 187-208. (Amsterdamer Beiträge zur neueren Germanistik, Bd. 34)
BERKA, Sigrid: Mythos-Theorie und Allegorik bei Botho Strauß. Wien 1991.
BERNHARDT, Uwe: Die Kehrseite des abendländischen Geistes. Über Lyotards Versuch, Auschwitz zu denken. In: Merkur 43(1989), S. 929-934.
BISCHOF, Rita: Das Buch nach dem Buch - Figuren des Widerrufs. In: manuskripte 32 (1992), S. 115-125.
BLANCHOT, Maurice: L'entretien infini. Paris 1969.
BLANCHOT, Maurice: L'espace littéraire. Paris 1955.
BLANCHOT, Maurice: Le livre à venir. Paris 1959.
BLANCHOT, Maurice: La part du feu. Paris 1980.
BOHRER, Karl Heinz: Die Ästhetik am Ausgang ihrer Unmündigkeit. Merkur 500 (1990), S. 851-865.
BOHRER, Karl Heinz: Am Ende des Erhabenen. Niedergang und Renaissance einer Kategorie. In: Merkur 487/488 (1989), S. 736-750.
BOHRER, Karl Heinz: Identität als Selbstverlust. Zum romantischen Subjektbegriff. In: Merkur 38 (1984), S. 367-379.
BOHRER, Karl Heinz: Der romantische Brief. Die Entstehung ästhetischer Subjektivität. München Wien 1987.
BOHRER, Karl Heinz: Plötzlichkeit. Zum Augenblick des ästhetischen Scheins. Frankfurt a.M. 1981.
BOHRER, Karl Heinz: Zur Kritik der Romantik. Der Verdacht der Philosophie gegen die literarische Moderne. Frankfurt a.M. 1989.
BOHRER, Karl Heinz: Zur Modernität der Romantik. Zur Tradition ihrer Verhinderung. In: Merkur 42 (1988), S. 179-198.
BOLLMANN, Stefan: Kaum noch etwas - Zur Poetik von Botho Strauß. In: Das schnelle Altern der neuesten Literatur. Hrsg. v Jochen Hörisch und Hubert Winkels. Düsseldorf 1985, S. 73-96.
BOLZ, Norbert: Die Welt als Chaos und als Simulation. München 1992.
BOLZ, Norbert: Strukturen - Diskurse - Medien. In: Rhetorik. Ein internationales Jahrbuch 9 (1990), S. 1-10.
BONDY, Luc: Der Alchimist. Lobrede auf Botho Strauß. In: Die Zeit 27.10.1989.
BORGES, Jorge Luis: Obras completas. 3 Bände. Buenos Aires 1989.
BORGES, Jorge Luis: Werke in 20 Bänden. Hrsg. v. Gisbert Haefs und Fritz Arnold. Frankfurt a.M. 1991 ff.
BORGES LESEN. Hrsg. v. Gisbert Haefs und Fritz Arnold. Frankfurt a.M. 1991.
BORMANN, Alexander von: Mythos und Subjekt-Utopie. Bemerkungen zur gegenwärtigen Mythos-Diskussion. In: L'80 34 (1985), S.29-45.
BREUER, Stefan: Anatomie der Konservativen Revolution. Darmstadt 1993.
BRIEFE AN HANS BENDER. Unter redaktioneller Mitarbeit von Ute Heimbüchel hrsg. v. Volker Neuhaus. München Wien 1984.
BRUNKHORST, Hauke: Romantik und Kulturkritik. Zerstörung der dialektischen Vernunft? In: Merkur 39 (1985), S.484-496.

BÜRGER, Christa: Die Aufhebung der Literatur in der Allegorie. Anläßlich Botho Strauß' *Theorie der Drohung*. In: LiLi. Zeitschrift für Literaturwissenschaft und Linguistik 65 (1987), S. 140-143.
BÜRGER, Peter: Das Verschwinden der Bedeutung. Versuch einer postmodernen Lektüre von Michel Tournier, Botho Strauß und Peter Handke. In: Postmoderne oder der Kampf um die Zukunft. Hrsg. v. Peter Kemper. Frankfurt a.M. 1988, S. 294-312.

COLLIN, Françoise: Maurice Blanchot et la question de l'écriture. Paris 1986.
COLLIN, Françoise: The Third Tiger; or, from Blanchot to Borges. In: Borges and His Successors. Hrsg. v. Edna Aizenberg. Columbia London 1990, S. 80-95.

DERRIDA, Jacques: L'écriture et la différence. Paris 1967.
DEUTSCHE LITERATUR 1993. Jahresüberblick. Hrsg. v. Franz Josef Görtz, Volker Hage und Uwe Wittstock unter Mitarbeit von Katharina Frühe. Stuttgart 1994.
DER DISKURS DES RADIKALEN KONSTRUKTIVISMUS. Hrsg. v. Siegfried J. Schmidt. Frankfurt a.M. 1991.
DOKUMENTE DER GNOSIS. Hrsg. v. Wolfgang Schultz. Mit Aufsätzen von Georges Bataille, Henri-Charles Puech und Wolfgang Schultz. München 1986.
DREWS, Jörg: Die metaphysische Dampfwalze. George Steiners Kampf um die Kunst als letztes Mysterium - eine Polemik. In: Süddeutsche Zeitung 23./24. 3.1991.
DREWS, Jörg: Über einen neuerdings in der Literatur erhobenen vornehmen Ton. In: Merkur 38 (1984) S. 949-954.
DU SUBLIME. Hrsg. v. Jean-Luc Nancy und Michel Déguy. Paris 1988.

EPOCHENSCHWELLEN UND EPOCHENSTRUKTUREN IM DISKURS DER LITERATUR- UND SPRACHHISTORIE. Hrsg. v. Hans Ulrich Gumbrecht und Ursula Link-Heer. Frankfurt a.M. 1985.
DAS ERHABENE. Zwischen Grenzerfahrung und Größenwahn. Hrsg. v. Christine Pries. Weinheim 1989.
ESCOBAR PLATA, Dante: Las obsesiones de Borges. Buenos Aires 1989.
ETHIK DER ÄSTHETIK. Hrsg. v. Christoph Wulf, Dietmar Kamper und Hans Ulrich Gumbrecht. Berlin 1994.

FLUSSER, Vilém: Die Schrift. Hat Schreiben Zukunft? Frankfurt a.M. 1992.
FLUSSER, Vilém: Zum Abschied von der Literatur. In: Merkur 451/52 (1986), S. 897-901.
FÖRSTER, Jürgen: Der falsch verstandene Aufklärer? Die Prosa Botho Strauß' und ihre Rezeption. In: Diskussion Deutsch 20 (1989), S. 235-251.
FOUCAULT, Michel: Histoire de la sexualité I: La volonté de savoir. Paris 1976.
FOUCAULT, Michel: L'ordre du discours. Leçon inaugurale au Collège de France prononcée le 2 décembre 1970. Paris 1971.
FOUCAULT, Michel: Les mots et les choses. Une archéologie des sciences humaines. Paris 1966.
FOUCAULT, Michel: Schriften zur Literatur. Frankfurt a.M. 1988.

FOUCAULT, Michel: Von der Subversion des Wissens. Hrsg. und aus dem Französischen und Italienischen übertragen von Walter Seitter. Frankfurt a.M. 1987.
FRANK, Manfred: Das Problem der ‚Zeit' in der deutschen Romantik. Zeitbewußtsein und Bewußtsein in der frühromantischen Philosophie und in Tiecks Dichtung. München 1972.
FRANK, Manfred: Einführung in die frühromantische Ästhetik. Frankfurt a.M. 1989.
FREDERIKSEN, Jens: Das trügerische Licht der Kunst. Botho Strauß' Roman *Der junge Mann*. In: Rheinische Post 1.11.1984.
FRIEDRICH, Hugo: Die Struktur der modernen Lyrik. Reinbek bei Hamburg 1985.
FUNK, Rudolf: Sprache und Transzendenz im Denken von Emmanuel Lévinas. Freiburg 1989.

GEDÄCHTNIS. Probleme und Perspektiven der interdisziplinären Gedächtnisforschung. Hrsg. v. Siegfried J. Schmidt. Frankfurt a.M. 1991.
GEDÄCHTNISKUNST. Raum - Bild - Schrift. Studien zur Mnemotechnik. Hrsg. v. Anselm Haverkamp und Renate Lachmann. Frankfurt a.M. 1991.
GENETTE, Gérard: La littérature selon Borges. In: Les Cahiers de l'Herne: Jorge Luis Borges. Paris 1964, S. 323-327.
GENETTE, Gérard: Palimpsestes. La littérature au second degré. Paris 1982.
GIGON, Olof: Der Ursprung der griechischen Philosophie. Basel 1968.
GLOTZ, Peter: Freunde, es wird ernst. Die Debatte geht weiter. Botho Strauß als Symptom der nationalen Wiedergeburt oder: Wird eine neue Rechte salonfähig? In: Wochenpost 25.2.1993.
GOETHE, Johann Wolfgang von: Wilhelm Meisters Lehrjahre. Wilhelm Meisters Wanderjahre oder Die Entsagenden. In: Goethes poetische Werke. Vollständige Ausgabe. Neue Gesamtausgabe des Originalverlages, Band VII. Stuttgart o.J.
GRACK, Günther: Moderne Welt - romantisch reflektiert. Botho Strauß' Buch *Der junge Mann*. In: Der Tagesspiegel 25.11.1984.
GREINER, Bernhard: Vornehmer Ton? In: Frankfurter Rundschau 4.6.1990.
GREINER, Ulrich: Die deutsche Gesinnungsästhetik. In: Die Zeit 2.11.1990.

HABERMAS, Jürgen: Der Eintritt in die Postmoderne. In: Merkur 37 (1983), S. 752-761.
HABERMAS, Jürgen: Die Moderne - ein unvollendetes Projekt (1980). In: J.H.: Kleine politische Schriften, Band I-IV. Frankfurt 1981, S. 444-464.
HABERMAS, Jürgen: Über das Subjekt der Geschichte. In: Geschichte und Theorie. Umrisse einer Historik. Hrsg. v. Hans Richard Baumgartner und Jörn Rüsen. Frankfurt a.M. 1976, S. 391.
HAGE, Volker: Dichter nach der Schlacht. Über Botho Strauß, seine Kritiker und ein neues Theaterstück. In: Der Spiegel 26.7.1993.
HAGE, Volker: Das Ende vom Anfang. Botho Strauß' aufregender Versuch über *Beginnlosigkeit*, seine *Reflexionen über Fleck und Linie*. In: Die Zeit 10.4.1992.
HAGESTEDT, Lutz: Alles Denken ist ein Begradigungsdelirium. Botho Strauß' Grenzgänge zwischen Poesie, Technik und Wissenschaft: Reflexionen über Fleck und Linie. In: Süddeutsche Zeitung 26.3.1992.

HAMM, Peter: Nicht wissen möcht ich, sondern erklingen. Über Botho Strauß' *Diese Erinnerung an einen, der nur einen Tag zu Gast war*. In: Die Zeit 21.6.1985.
HARBERS, Henk: Psst! oder Das im Entwischen Erwischte: Über Paradoxe im Werk von Botho Strauß. Mit einer Interpretation der *Widmung*. In: Monatshefte 85 (1993), S. 37-54.
HARTMAN, Geoffrey: Criticism in the Wilderness. New Haven 1980.
HARTMANN, Rainer: Abenteuer aus der Wundertüte: Botho Strauß' Roman *Der junge Mann*. In: Kölner Stadtanzeiger 8./9.9.1984.
HEIDBRINK, Ludger: Ejakulation ohne Subjekt. George Steiners Predigt gegen die Coolness der Dekonstruktion. In: die tageszeitung 2.11.1990.
HEIDEGGER, Martin: Über den Humanismus. Frankfurt a.M. 1949.
DAS HEILIGE. Seine Spur in der Moderne. Hrsg. v. Dietmar Kamper und Christoph Wulf. Frankfurt a.M. 1987.
HENCKMANN, W.; LOTTER, K.: Lexikon der Ästhetik. München 1992.
HERWIG, Henriette: Verwünschte Beziehungen, verwebte Bezüge. Zerfall und Verwandlung des Dialogs bei Botho Strauß. Tübingen 1986.
HERZINGER, Richard: Der neue Kulturnationalismus. In: Die Zeit 20.8.1993.
höb: Die neue Sympathisantenjagd. In: Süddeutsche Zeitung 29.12.1993.
HÖRISCH, Jochen: Der ästhetische Ausnahmezustand. Die Debatte über das Erhabene in Frankreich. In: Merkur 487/488 (1989), S. 923-934.
HÖRISCH, Jochen: Gott, Geld und Glück. Zur Logik der Liebe in den Bildungsromanen Goethes, Kellers und Thomas Manns. Frankfurt a.M. 1983.
HÖRISCH, Jochen: Die fröhliche Wissenschaft der Poesie. Der Universalitätsanspruch von Dichtung in der frühromantischen Poetologie. Frankfurt a.M. 1976.
HOESTEREY, Ingeborg: Verschlungene Schriftzeichen: Intertextualität von Literatur und Kunst in der Moderne/Postmoderne. Königstein 1988.
HOFE, Gerhard vom; PFAFF, Peter: Botho Strauß und die Poetik der Endzeit. In: G. v. H. und P.P.: Das Elend des Polyphem. Königstein 1980, S. 109-137.
HOLTHUSEN, Hans Egon: Heimweh nach Geschichte. Postmoderne und Posthistoire in der Literatur der Gegenwart. In: Merkur 38 (1984), S. 902-917.
HORKHEIMER, Max; ADORNO, Theodor W.: Dialektik der Aufklärung. Frankfurt a.M. 1986.

IDEN, Peter: Niemand wird mehr wissen, wer wer war. *Schlußchor* von Botho Strauß - an der *Schaubühne* von Luc Bondy noch einmal entdeckt. In: Frankfurter Rundschau 6.2.1992.

JEAN PAUL: Siebenkäs. In: J.P.: Werke, Band 2. Hrsg. v. Gustav Lohmann. München 1959.
JOST, Roland: Botho Strauß' „regressive Universalpoesie". Von der Erzählung *Die Widmung* zum Roman *Der junge Mann*. In: Im Dialog mit der Moderne. Frankfurt a.M. 1986, S. 481-500.

KAFITZ, Dieter: Die Problematisierung des individualistischen Menschenbildes im deutschen Drama der Gegenwart (Franz Xaver Kroetz, Thomas Bernhard, Botho

Strauß). In: Basis. Jahrbuch für deutsche Gegenwartsliteratur, Band 10. Frankfurt a.M. 1980, S. 93-126.

KAISER, Joachim: Botho Strauß geht aufs Ganze. Wie sich der Autor vom dialektischen Denken freimacht. In: Süddeutsche Zeitung 14.10.1981.

KAISER, Joachim: Mysterien einer aufklärungssatten Benommenheit. Überreich, doch ohne Zentrum: *Der junge Mann* von Botho Strauß. In: Süddeutsche Zeitung 22./23.9.1984.

KALLDEWEY, FARCE. Programmheft zur Aufführung an der Berliner Schaubühne am Lehniner Platz. Berlin 1982.

KANT, Immanuel: Kritik der Urteilskraft. In: Werkausgabe. Hrsg. v. Wilhelm Weischedel, Band X. Frankfurt a.M. 1974.

KAPITZA, Ursula: Bewußtseinsspiele: Drama und Dramaturgie bei Botho Strauß. Frankfurt a.M. 1987. (Literarhistorische Untersuchungen, Bd. 9.)

KAUFMANN, Vincent: Le livre et ses adresses. Mallarmé, Ponge, Valéry, Blanchot. Paris 1986.

KAUSSEN, Helga: Kunst ist nicht für alle da. Zur Ästhetik der Verweigerung im Werk von Botho Strauß. Aachen 1991.

KAZUBKO, Katrin: Spielformen des Dramas bei Botho Strauß. Hildesheim 1990. (Germanistische Texte und Studien)

KILB, Andreas: Anschwellende Geistesfinsternis. Einiges über die Wiederkehr einer alten Epochenstimmung, den *Bocksgesang* von Botho Strauß und Oswald Spenglers Hauptwerk *Der Untergang des Abendlandes*. In: Die Zeit 2.4.1993.

KILB, Andreas: Spleen und Ideal. Neues von Botho Strauß. In: Die Zeit 6.10.1989.

KITTLER, Friedrich A.: Aufschreibesysteme 1800/1900. München 1985.

KITTLER, Friedrich A.: Der Dichter, die Mutter, das Kind. Zur romantischen Erfindung der Sexualität. In: Romantik in Deutschland. Ein interdisziplinäres Symposion. Hrsg. v. Richard Brinkmann. Sonderband der deutschen Vierteljahrsschrift für Literaturwissenschaft und Geistesgeschichte 52 (1978), S. 102-114.

KITTLER, Friedrich A.: Die Nacht der Substanz. Bern 1989.

KITTLER, Friedrich A.: Über die Sozialisation Wilhelm Meisters. In: Gerhard Kaiser; Friedrich A. Kittler: Dichtung als Sozialisationsspiel. Studien zu Goethe und Gottfried Keller. Göttingen 1978.

KLEIST, Heinrich von: Über das Marionettentheater. In: H.v.K.: Sämtliche Werke und Briefe. Hrsg. v. Helmut Sembdner. München 1987.

KLEINSCHMIDT, Klaus: Geist oder Macht. Gedanken über die Rolle des Rechtsintellektuellen in der deutschen Geschichte. In: Süddeutsche Zeitung 10./11./12.4.1993.

KOSELLECK, Reinhart: Vergangene Zukunft. Zur Semantik geschichtlicher Zeiten. Frankfurt a.M. 1979.

KRAJENBRINK, Marieke: „Romantiker der elektronischen Revolution?" Zur Verwendung romantischer Elemente in Botho Strauß' *Der junge Mann*. In: Romantik - eine lebenskräftige Krankheit: Ihre literarischen Nachwirkungen in der Moderne. Hrsg. v. Erika Tunner. Amsterdam 1991, S. 159-185. (Amsterdamer Beiträge zur neueren Germanistik, Bd. 34)

KÜBLER, Gunhild: Künstlerleben deutsch. Botho Strauß' Ausflug ins Mythische. In: Weltwoche 27.9.1984.
KURZ, Paul Konrad: Banken-Glamour in Klingsohrs Zauberwald. Botho Strauß: Sinnsuche im dritten industriellen Zeitalter. In: Rheinischer Merkur 5.10.1984.
LACAN, Jacques: La schize de l'oeil et du regard. In: J.L.: Le séminaire, Livre XI. Paris 1964, S. 65-74.
LACHMANN, Renate: Gedächtnis und Literatur. Intertextualität in der russischen Moderne. Frankfurt a.M. 1990.
LANGE, Wolfgang: Anläßlich erneut aufgebrochener Sehnsüchte nach einer Metaphysik der Kunst. In: Ästhetik und Rhetorik. Lektüren zu Paul de Man. Hrsg. v. Karl Heinz Bohrer. Frankfurt a.M. 1993, S. 329-360.
LAPIDOT, Ema: Borges y la inteligencia artificial. Análisis al estilo de Pierre Menard. Madrid 1990.
LE RIDER, Jacques: Die moderne Blindheit und die postmoderne Wiedergewinnung der Vision. In: manuskripte 32 (1992), S. 126-136.
LEROY, Robert; PASTOR, Eckart: Inniges Versehen - Wege in die Kunst-Spielräume der „neuen Subjektivität". Die *Theorie der Drohung* von Botho Strauß. In: Colloquia Germanica 17 (1984), S. 265-288.
LÉVINAS, Emmanuel: Autrement qu'être ou au-delà de l'essence. Den Haag 1974.
LÉVINAS, Emmanuel: Noms propres. Paris 1982.
LÉVINAS, Emmanuel: Totalité et infini. Essai sur l'extériorité. Den Haag 1961.
LÉVINAS. ZUR MÖGLICHKEIT EINER PROPHETISCHEN PHILOSOPHIE. Hrsg. v. Michael Mayer und Markus Hentschel. Gießen 1990.
LÜCKE, Bärbel: Botho Strauß *Der junge Mann*. München 1991.
LÜDKE, W. Martin: Seeleneiter. Botho Strauß' romantisches Roman-Konzept *Der junge Mann*. In: Frankfurter Rundschau 6.10.1984.
LES LUMIÈRES, LE SUBLIME. Un échange de paroles entre Jean-François Lyotard, Willem van Reijen et Dick Veermann. In: Les Cahiers de philosophie 5 (1988), S. 63-98.
LURJA, Alexander R.: Kleines Porträt eines großen Gedächtnisses. In: A.R.L.: Der Mann, dessen Welt in Scherben ging. Zwei neurologische Geschichten. Mit einer Einführung von Oliver Sacks. Reinbek bei Hamburg 1992, S. 147-249.
JEAN-FRANÇOIS LYOTARD. Hrsg. v. Walter Reese-Schäfer. Cuxhaven 1990.
LYOTARD, Jean-François: La condition postmoderne. Rapport sur le savoir. Paris 1979.
LYOTARD, Jean François: Le différend. Paris 1983.
LYOTARD, Jean-François: Das Erhabene und die Avantgarde. In: Merkur 424 (1984), S. 151-164.
LYOTARD, Jean-François: Heidegger et les ‚juifs'. Paris 1988.
LYOTARD, Jean-François: L'inhumain. Causeries sur le temps. Paris 1988.
LYOTARD, Jean-François: Le postmoderne expliqué aux enfants. Paris 1986.
LYOTARD, Jean-François: Que peindre? Adami, Arakawa, Buren. Paris 1987.

LYOTARD, Jean-François: Réponse à la question: Qu'est-ce que le postmoderne? In: Critique 37/419 (1982), S. 357-367. Deutsch: Beantwortung der Frage: Was ist postmodern? In: Tumult 4 (1982), S. 131-142.
LYOTARD, Jean-François: Über den Terror und das Erhabene. Ein Nachtrag. In: Verabschiedung der (Post-)Moderne? Hrsg. v. Gérard Raulet und Jacques Le Rider. Tübingen 1987, S.269-274.

MACHO, Thomas H.: Der gescheiterte Ausbruch. Zur Deutung gnostischer Motive bei Botho Strauß. In: manuskripte 32 (1992), S. 102-108.
MALCHOW, Helge: Im Glashaus gelebt. Antidemokratisches oder nationalistisches Denken ist dabei, wieder salonfähig zu werden. In: die tageszeitung 23.12.1992.
MALLARMÉ, Stéphane: Écrits sur le livre. Précédé par Henri Meschonnic: Mallarmé au-delà du silence. Paris 1985.
MALLARMÉ, Stéphane: Correspondance 1862-1871, tome I. Recueillie, classée et annotée par Henri Mondor et L.J. Austin. Paris 1959.
MALLARMÉ, Stéphane: Oeuvres complètes. Édition établie et annotée par Henri Mondor et G. Jean-Aubry. Paris 1989.
MAN, Paul de: A Modern Master. In: Jorge Luis Borges. Hrsg. v. Harold Bloom. New York New Haven Philadelphia 1986, S. 21-27.
MAN, Paul de: Allegorien des Lesens. Mit einer Einleitung von Werner Hamacher. Frankfurt a.M. ¹1988.
MAN, Paul de: Die Ideologie des Ästhetischen. Hrsg. v. Christoph Menke. Frankfurt a.M. 1993.
MANTHEY, Jürgen: Botho Strauß: Der junge Mann. In: Neue deutsche Hefte 32 (1985), S. 604-607.
MATHY, Dietrich: Poesie und Chaos: Zur anarchistischen Komponente der frühromantischen Ästhetik. München u.a. 1984.
MAURON, Charles: Mallarmé l'obscur. Genf Paris 1986. (Neudruck der Originalausgabe von 1941)
MEMORIA. Vergessen und Erinnern. Hrsg. v. Anselm Haverkamp und Renate Lachmann. München 1993. (Poetik und Hermeneutik, Bd. XV)
MNEMOSYNE. Formen und Funktionen der kulturellen Erinnerung. Hrsg. v. Aleida Assmann und Dietrich Harth. Frankfurt a.M. 1991.
MÜLLER, Heidy M. : Transformationen romantischer Inspirationsquellen im *Jungen Mann* von Botho Strauß. In: Amsterdamer Beiträge zur neueren Germanistik, Bd. 24. Hrsg. v. Gerd Labroisse und Gerhard P. Knapp. Amsterdam 1988, S. 181-199.
MÜLLER, Joachim: Die verantwortete Existenz im Erzählwerk von Botho Strauß. In: Universitas 11 (1985), S. 1223-1232.
MYTHOS UND MODERNE. Begriff und Bild einer Rekonstruktion. Hrsg. v. Karl Heinz Bohrer. Frankfurt a.M. ¹1983.

NERVAL, Gérard de: Oeuvres, tome I. Texte établi, annoté et présenté par Albert Béguin et Jean Richier. Paris 1952.

NEUBAUR, Caroline: Das neue Heilige und sein Subjekt. Romantische Tendenzen in der Literatur der Gegenwart. In: Merkur 41 (1987), S. 104-120.
NEUMANN, Gerhard: „Ich bin gebildet genug, um zu lieben und zu trauern." Die Erziehung zur Liebe in Goethes *Wilhelm Meister*. In: Liebesroman - Liebe im Roman. Eine Erlanger Ringvorlesung. In Verbindung mit Egert Pöhlmann hrsg. v. Titus Heydenreich. Erlangen 1987, S. 41-82.
NEUMANN, Gerhard: Der Wanderer und der Verschollene. Zum Problem der Identität in Goethes *Wilhelm Meister* und in Kafkas *Amerika*-Roman. In: Paths and Labyriths. Nine Papers read at the Franz Kafka Symposium held at the Institute of Germanic Studies on 20 and 21 October 1983. Edited by J.P. Stern and J.J. White. Institute of Germanic Studies, University of London 1985, S. 43-65.
NEUMANN, Gerhard: Essen vom Baum der Erkenntnis. In: Frankfurter Rundschau 4.6.1991.
NEUMANN, Gerhard: Gedächtnis-Sturz. In: Akzente 2 (April 1993), S. 100-114.
NORDHOFEN, Eckhard: Vor der Bundeslade des Bösen. In: Die Zeit 9.4.1993.
NOVALIS: Schriften. Die Werke Friedrich von Hardenbergs. Hrsg. v. Paul Kluckhohn und Richard Samuel. Zweite, nach den Handschriften ergänzte, erweiterte und verbesserte Auflage in vier Bänden und einem Begleitband. Darmstadt 1960 ff.

O'SULLIVAN, Gerry: The Library Is on Fire. Intertextuality in Borges and Foucault. In: Borges and His Successors. Hrsg. v. Edna Aizenberg. Columbia 1990, S. 109-121.
OCKENDEN, Ray: Recuperations of the Past. In: Times Literary Supplement 22.2.1985.
OLLES, Helmut: Botho Strauß: Der junge Mann. In: Neue deutsche Hefte 4 (1984), S. 811-813.
ORTHEIL, Hanns-Josef: Perioden des Abschieds: Zum Profil der neuen und jüngsten deutschen Literatur. In: The German Quarterly 63.3/4 (1990), S. 367-376.

PAZ, Octavio: Die andere Zeit der Dichtung. Frankfurt a.M. ¹1989.
PAZ, Octavio: Los hijos del limo. Barcelona 1986.
PIKULIK, Lothar: Mythos und ‚New age' bei Peter Handke und Botho Strauß. In: Wirkendes Wort 38.2 (1988), S. 235-253.
PLÜMER, Verena: Zur Entwicklung und Dramaturgie der Dramen von Botho Strauß. Frankfurt a.M. u.a. 1987. (Europäische Hochschulschriften, Reihe I: Deutsche Sprache und Literatur, Bd. 942)
POSTMODERNE: Alltag, Allegorie und Avantgarde. Hrsg. v. Christa und Peter Bürger. Frankfurt a.M. ¹1987.

RADDATZ, Fritz J.: Agee in Worten. In: Litfaß 27 (1983), S. 129-138.
RADDATZ, Fritz J.: Botho Strauß. In: F.J.R.: Die Nachgeborenen. Leseerfahrungen mit zeitgenössischer Literatur. Frankfurt a.M. 1983, S. 376-384.
RADDATZ, Fritz J.: Mein Name sei Parsifal. Der jüngste, der umfangreichste Roman von Botho Strauß, *Der junge Mann*: ein Irrgarten der Phantasie. In: Die Zeit 24.8.1984.

RADISCH, Iris: Nicht gesellschaftsfähig. (Gefolgt von einem Interview mit Bernard-Henri Lévy) In: Die Zeit 6.8.1993.
REESE-SCHÄFER, Walter: Lyotard zur Einführung. Hamburg 1988.
REICH-RANICKI, Marcel: Manchmal wurde die Langeweile schier unerträglich. Der Roman *Der junge Mann* des erfolgreichen Autors Botho Strauß. In: Frankfurter Allgemeine Zeitung 1.12.1984.
RILKE, Rainer Maria: Sämtliche Werke. Sechs Bände. Hrsg. vom Rilke-Archiv. In Verbindung mit Ruth Sieber-Rilke. Besorgt durch Ernst Zinn. Frankfurt a.M. ¹1987.
RILKES DUINESER ELEGIEN. Band 2: Forschungsgeschichte. Hrsg. v. Ulrich Fülleborn und Manfred Engel. Frankfurt a.M. 1982.
RÖTZER, Florian: Französische Philosophen im Gespräch. München 1990.
ROMANTIK. Literatur und Philosophie. Hrsg. v. Volker Bohn. Frankfurt a.M. ¹1987.
RORRISON, Hugh: Die Abkehr von der Politik und Botho Strauß. In: Subjektivität, Innerlichkeit, Abkehr vom Politischen? Tendenzen der deutschsprachigen Literatur der 70-er Jahre. Dokumentation der Tagungsbeiträge des britisch-deutschen Germanistentreffens in Berlin vom 12.4.-18.4.1982. Hrsg. v. Keith Bullivant und Hans-Joachim Althof. Bonn 1986, S. 308-319.
RÜGERT, Walter: Die Vermessung des Innenraumes. Zur Prosa von Botho Strauß. Würzburg 1991.

SANDHACK, Monika: Jenseits des Rätsels. Versuch einer Spurensicherung im dramatischen Werk von Botho Strauß. Frankfurt a.M. u.a. 1986.
SCHELLER, Wolf: Junger Mann mit Eigenschaften. Botho Strauß im Blick zurück. In: Die Presse 15./16.9.1984.
SCHERER, Jacques: Le *Livre* de Mallarmé. Paris 1977.
SCHERPE, Klaus R.; TREICHEL, Hans-Ulrich: Vom Überdruß leben: Sensibilität und Intellektualität als Ereignis bei Handke, Born und Strauß. In: Monatshefte 2 (1981), S. 187-206.
SCHIRRMACHER, Frank: Abschied von der Literatur der Bundesrepublik. In: Frankfurter Allgemeine Zeitung 2.10.1990.
SCHLAFFER, Heinz: Borges. Frankfurt a.M. 1993.
SCHLAFFER, Hannelore: Wilhelm Meister. Das Ende der Kunst und die Wiederkehr des Mythos. Stuttgart 1980.
SCHLEGEL, Friedrich: Kritische Friedrich Schlegel Ausgabe, Bd. 2: Charakteristiken und Kritiken I (1796-1801). Hrsg. v. Hans Eichner. München Paderborn Wien 1967.
SCHMIDT, Siegfried J.: Liquidation oder Transformation der Moderne. In: Besichtigung der Moderne: Bildende Kunst, Architektur, Musik, Literatur, Religion. Aspekte und Perspektiven. Hrsg. v. Hans Holländer und Christian W. Thompsen. Köln 1987, S. 53-71.
SCHMIDT, Siegfried J.: Unsere Welt - und das ist alles. In: Merkur 36 (1982), S. 356-366.

SCHMITTER, Elke: Vom Pegasus zum Schlachtroß. Der scheue Dichter Botho Strauß dachte im *Spiegel* über Fremdenhaß und Demokratie nach; heraus kam ein „Rechter von ganzem Wesen". In: Wochenpost 18.2.1993.
SCHNEIDER, Irmela: Im Fundus der Epochen: Zeit und Moderne in einigen Texten von Botho Strauß. In: Besichtigung der Moderne: Bildende Kunst, Architektur, Musik, Literatur, Religion. Aspekte und Perspektiven. Hrsg. v. Hans Holländer und Christian W. Thompsen. Köln 1987, S. 311-327.
SCHNEIDER, Michael: Botho Strauß, das bürgerliche Feuilleton und der Kultus des Verfalls. Zur Diagnose eines neuen Lebensgefühls. In: M.S.: Den Kopf verkehrt aufgesetzt oder die melancholische Linke. Aspekte des Kulturzerfalls in den siebziger Jahren. Darmstadt Neuwied 1981, S. 234-259.
SCHNEIDER, Michael: Ein neuer Festredner des ‚Grand Hotel Abgrund'. Über Botho Strauß' *Paare, Passanten* und die neue Menü-Karte des Feuilletons. In: Frankfurter Hefte 39 (1984), S. 53-60.
SCHÖDEL, Helmut: Ästhetik des Verlustes. Zur Literatur des Botho Strauß. In: Theater heute, Jahressonderheft 1976, S. 104-106.
DAS SCHÖNE UND DAS ERHABENE. Ein Gespräch zwischen Jean-François Lyotard und Gérad Raulet. In: Spuren 17 (1986), S. 11-40.
SCHOLEM, Gershom: Die jüdische Mystik in ihren Hauptströmungen. Frankfurt a.M. ⁴1991.
SCHRIFT UND GEDÄCHTNIS. Archäologie der literarischen Kommunikation. Hrsg. v. Aleida und Jan Assmann und Chr. Hardmeier. München 1983.
SCHUH, Franz: „Ist die Welt entzauberbar?" oder Was ich aus Botho Strauß herauslese. In: manuskripte 32 (1992), S. 97-101.
SCHULTZ-GERSTEIN, Christian: Das Evangelium der kritischen Opportunisten. Über den Mode-Autor Botho Strauß. In: Der Spiegel 30.8.1982.
SOLOTOREVSKY, Myrna: The Model of Midrash and Borges's Interpretative Tales and Essays. In: Midrash and Literature. Hrsg. v. Geoffrey Hartman and Sanford Budick. New Haven 1986.
SOMMERHAGE, Claus: Odeon oder der verschollene Krug. Über Botho Strauß' romantische Poetik der Erinnerung. In: Sinn und Form 43 (1991), S. 177-196.
SOMMERHAGE, Claus: Überflüssige Spinner - unruhige Traditionalisten: Zwölf Fragmente über Botho Strauß' Poetik der Erinnerung. Vorträge des Germanistentages Berlin 1987. In: Literatur und Literaturunterricht in der Moderne. Hrsg. v. Norbert Oellers. Tübingen 1988, S. 48-57.
SPENGLER, Tilman: Der Ekelpegel sinkt. Die stumme Rechte wird laut. Ihr neuer Rufer heißt Botho Strauß. Der Dramatiker fordert die Gegenaufklärung im Geist der alten Werte. In: Die Woche 18.2.1993.
STEINER, George: Tigers in the Mirror. In: Extraterritorial. Papers on Literature and the Language Revolution. New York 1971, S. 22-34.
STEINER, George: Von realer Gegenwart. Hat unser Sprechen Inhalt? Mit einem Nachwort von Botho Strauß. München Wien 1990.
STEINFELD, Thomas; SUHR, Heidrun: Die Wiederkehr des Nationalen. Zur Diskussion um das deutschlandpolitische Engagement in der Gegenwartsliteratur. In: The German Quarterly 62.3 (1989), S. 345-356.
STRAUß LESEN. Hrsg. v. Michael Radix. München Wien 1987.

TAURECK, Bernhard: Lévinas zur Einführung. Hamburg 1991.
TEXT + KRITIK. Zeitschrift für Literatur. Heft 81: Botho Strauß. Hrsg. v. Heinz Ludwig Arnold. München 1984.
TEXTES POUR EMMANUEL LÉVINAS. Hrsg. v. François Laruelle. Paris 1980.
TIMM, Hermann: Phantombild der Neoromantik. Eine Mutmaßung zum Dekadenwandel. In: L'80 15 (1980), S. 5-19.
TÜRCKE, Christoph: Die Auferstehung als schlechte Unendlichkeit. Zu einem besonderen Motiv bei Botho Strauß. In: Theater heute 4 (1979), S. 22-24.

URSZENEN. Literaturwissenschaft als Diskursanalyse und Diskurskritik. Hrsg. v. Friedrich A. Kittler und H. Turk. Frankfurt a.M. 1977.

VESTER, Heinz-Günther: Konjektur der Konjekturen. Postmodernität bei Eco, Born und Strauß. In: L'80 34 (1985), S. 11-28.
VESTER, Heinz-Günther: Modernismus und Postmodernismus - Intellektuelle Spielereien? In: Soziale Welt 1 (1985), S. 3-26.
DIE VORSOKRATIKER. Hrsg. v. Wilhelm Capelle. Stuttgart 1968.
VOßKAMP, Wilhelm: Gattungen als literarisch-soziale Institutionen. In: Textsortenlehre. Gattungsgeschichte. Hrsg. v. Walter Hinck. Heidelberg 1977, S. 27-44.
VOßKAMP, Wilhelm: Utopie und Utopiekritik in Goethes Romanen *Wilhelm Meisters Lehrjahre* und *Wilhelm Meisters Wanderjahre*. In: Utopieforschung. Interdisziplinäre Studien zur neuzeitlichen Utopie, Band 3. Hrsg. v. Wilhelm Voßkamp. Stuttgart 1982, S. 227-249.

WEBER, Elisabeth: Verfolgung und Trauma. Zu Emmanuel Lévinas' *Autrement qu'être ou au-delà de l'essence*. Wien 1990.
WEFELMEYER, Fritz: Botho Strauß' *Der junge Mann* und die Literaturkritik. Überlegungen und zwei fromme Wünsche. In: Literaturmagazin 17 (1986), S. 51-70.
WEINRICH, Harald: Gedächtniskultur - Kulturgedächtnis. In: Merkur 508 (1991), S. 569-582.
WEINRICH, Harald: Typen der Gedächtnismetaphorik. In: Archiv für Begriffsgeschichte 9 (1964), S. 23-26.
WELSCH, Wolfgang: Ästhetisches Denken. Stuttgart 1990.
WELSCH, Wolfgang: Unsere postmoderne Moderne. Weinheim 1991.
WERNER, Reinold: Ahnungen, Bahnungen - Die negative, poetische Theologie des Botho Strauß. In: manuskripte 32 (1992), S. 109-114.
WILKE, Sabine: Poetische Strukturen der Moderne. Stuttgart 1992.
WINKELMANN, Christine: Die Suche nach dem ‚großen Gefühl'. Wahrnehmung und Weltbezug bei Botho Strauß und Peter Handke. Frankfurt a.M. u. a. 1990.
WINKELS, Hubert: Literatur und Chaos - eine kleine Antwort auf eine so nicht gestellte große Frage. In: manuskripte 29 (1989), S. 110.
WINKELS, Hubert: Selbstheilung des Fragments. Zur Krise des Sinns bei Botho Strauß und bei Peter Handke. In: Sprache im technischen Zeitalter 85 (1983), S. 89-92.

WINKELS, Hubert: Von Lettern und Leibern. Botho Strauß und die Buchfee. In: H.W.: Einschnitte. Zur Literatur der 80er Jahre. Frankfurt a.M. 1991.
WINKELS, Hubert: Weiterlesen! In: manuskripte 29 (1989), S. 101-109.
WOLFSCHÜTZ, Hans: Botho Strauß. In: Kritisches Lexikon zur deutschsprachigen Gegenwartsliteratur. Hrsg. v. H.L. Arnold. München 1979 ff.
WOLFSCHÜTZ, Hans: Die Selbstdefinition des schriftstellerischen Standorts. Möglichkeiten der Literatur bei Botho Strauß. In: Subjektivität, Innerlichkeit, Abkehr vom Politischen? Tendenzen der deutschsprachigen Literatur der 70-er Jahre. Dokumentation der Tagungsbeiträge des britisch-deutschen Germanistentreffens in Berlin vom 12.4.-18.4.1982. Hrsg. v. Keith Bullivant und Hans-Joachim Althof. Bonn 1986, S. 320-331.

YATES, Frances A.: The Art of Memory. London Chicago 1966.

ZIMMERMANN, Harro: Die Ahnen des Botho Strauß. Stefan Breuers bestechende *Anatomie der Konservativen Revolution.* In: Die Zeit 4.6.1993.